DIE FUNDGRUBE
BAND 50

VLRICHVS·AB HVTTEN EQ.::

Ulrich von Hutten

DEUTSCHE SCHRIFTEN

Winkler Verlag München

Herausgegeben und mit Anmerkungen versehen von Peter Ukena. Nachwort von Dietrich Kurze. Übersetzung des Pirckheimer-Briefes von Annemarie Holborn.

ISBN 3 538 06050 9

 Schutzumschlag: Else Driessen
Gesamtherstellung: Graphischer Großbetrieb Friedrich Pustet, Regensburg
Printed in Germany 1978

Hie nach folget ein scharfes künstlichs [gelehrtes] Gedicht von einem Tyrannen und etzlichen grausamen, unmenschlichen Geschichten. Erstlich durch den Ehrnfesten und hochberühmten Herrn Ulrichen von Hutten, gekrönten Poeten und Orator im Latein sehr zierlich beschrieben, darnach durch andere in das Teutzsch (wie sich das hat schicken wöllen) bracht. Einem jeden lustig und nützlich zu lesen.

Vorred in das nachfolgende Büchlin Herr Ulrichs von Hutten.

Zu weiterer und klärer Verständnüs dieses gegenwärtigen Gedichts ist zu merken, daß etwan [vorzeiten] die heidenischen Poeten geschrieben haben, wie die Seelen der Menschen nach diesem Leben unter das Erdreich in ein andere Welt durch den Gott Mercurium geführet werden, daselbst sei ein fließens Wasser, Acheron genannt, daruber müssen sich alle Seelen führen lassen, und der Ferge oder Schiffmann heiße Charon. Dem muß ein jeglich Seele einen Heller zu Lohn geben. Von demselbigen Geld behält er ihm [sich] ein Teil, das ander Teil muß er geben in den gemeinen Schatz des hellischen [höllischen] Königreichs, welches regiere ein Gott, Pluto genannt. Und wiewohl solichs die heidnischen Gelehrten dem gemeinen Volk haben vorgeben, ist es doch ihr ernstlich Meinung nit gewest und haben selbs ihr Gespött darvon getrieben. Sie haben auch geschrieben, wie etzliche von den alten Hilden [Helden], als Hercules, Theseus, Pirithous, Orpheus, Aeneas, Castor, Pollux und andere etwan lebendig seien in die Helle gefahren und wieder heraus, darvon darnoch viel schöner Schimpfrede [Satire; Scherz, Kurzweil] und höfliche [kunstreiche] Gedicht durch die krichischen und latinischen Lehrer gemacht und etwan große ernstliche Ding im Schimpf begriffen. Dann ein eigene Art und Gewohnheit haben die Alten gehabt, daß, wann sie den großen Fürsten ihr Schand und Ubeltat nit haben offentlich dorfen vorwerfen, haben sie das in einen Schimpf gemenget, auf daß solichs dester lieblicher und lüstiger zu lesen sei, und doch die

Wahrheit unter dem Gedicht wie ein Roß [Rose] aus den Dornen erscheine. In der Schar solicher Lehrer und Dichter ist ein Häupt und Fürst gewest Lucianus, von Geburt ein Kriech. Dann er hat die anderen alle mit seinen Dialogen und Schimpfgedichten weit ubertroffen. Darum pflegt ihm der vom Hutten denselbigen bevor zu haben und folget ihm nach uberzufahren in diesem Büchlin. Dem hat er auch aus der Ursach einen kriechischen Titel oder Namen geben: Phalarismus. Das ist auf Latein so viel als ein Leben ader [oder] Sitte ader Regiment wie Phalaris geführet hat, dann derselbig Phalaris ist der bös[es]te und grimmigste Tyrann gewesen, so in dem Land Sicilia in der Stadt Agrigent geherrschet hat. Nun ist des vom Huttens Gedicht alldo hingericht, daß er schreibt, wie ein teutzscher Tyrann*, den man wohl kennet und vielleicht noch lebt, hinab in die Unterwelt oder Helle ziehe. Do wölle er von dem Tyrannen Phalari lernen, wie er ein tyrannisch Regiment anfahen sölle. Und wiewohl sölichs nit geschehen, so würd doch darnach die Wohrheit unter dem Gedicht erkannt, als ein jeder wohl ermessen kann, dann die Geschicht etzlicher Jahren in teutschen Landen bekannt sein. Und obschon der Tyrann noch in der Hellen nit gewesen ist, so gehören doch alle Tyrannen darein. Und das hernach geschrieben ist, wie er Lehre vom Phalari nehme, das ist zu verstehen, daß es des Tyrannen boshaftigem Gemüt zugeben werde, daß er also geneigt sei, daß er gern söliche Bosheit und Wüterei wissen und uben wöllte wo er könnte. Wiewohl er, als die Wahrheit ist, leider, das Gott erbarm, bisher solicher Dinge mehr dann zuviel geübt hat. Derhalben man sich nichs Gutes immer zu ihm versehen kann. So soll auch niemands Wunder darab nehmen, daß allhie die heidenischen Abgötter genennt und eingezogen [berufen] werden, dann solichs ist darumb geschehen, daß der wohr Gott unser Herre und Seligmacher sall in keinen Schimpf, Fabei [Unterhaltung] oder Gespei genommen werden. Aber der Tyrannen und bösen Sitten der Wüterichen ist gemäß, keinen rechten Glauben zu haben und Gott zu verachten, dann wenn sie das nit tun und ein gutes Gewissen hätten, wär nit müglich, daß sie soliche unmenschliche Tat begingen. Aus der Ursach ist dieser Tyrann auch mit den Abgöttern eingeführt, und in keiner andern Meinung. Weiter ist zu wissen von dem Künstner [Künstler, Techniker] Perillo. Der ist ein Erzgießer gewest in Grecia zu den Zeiten, do Phalaris in Sicilien wütet. Von dem hat er viel gehört, wie er den armen Leuten vielerlei Marter anlegt; derhalb gedacht, wie er ihm möchte ein kunstreich Werk zurichten, damit er die Leut peiniget, uff daß ihm ein Geschenke von dem Tyrannen würde, und macht den erzen Ochsen, wie hernach steht beschrieben, bracht ihn dem Tyrannen. Da fraget Phalaris, wie er [da]mit tun sollt. Sprach Perillus: Du mußt ein Feuer darunter machen und darnach den Menschen hinein schieben und wieder zuschließen, so würd von des Menschen Geschrei der Ochs brullen. Da lacht Phalaris und sprach: Verwor [fürwahr], das ist ein lustig Spiel. Darum will ich es mit dir erst versuchen. Stieß Perillum in den Ochsen und erdämpfet ihn. Do sprach man, Phalaris hätt nie kein besser Werk geton. Diese seint vor dem Anfang des Büchleins zu merken und folget das Büchlein hernach.

Unterreder: Mercurius, Charon, Tyrann, Phalaris und die Tyrannen.

Charon spricht. Was bringestu [bringst du] daher Mercuri? Und wie kommt es, daß du uns ein lebendigen Menschen einher führest? Wer ist er?

Mercurius. O Charon, er ist ein Tyrann.

Charon. Warumb kommt er dann lebendig her?

Mercurius. Durch Zulassung Jupiters, als vorzeiten Hercules, Theseus, Perithous und andere ist er mir durch Patricius Loch einhergekrochen, seinen Meister, den Tyrannen Phalarim, anzureden.

Charon. Wie soll ich das verstohn? Mag einer dieses Tyrannen Meister sein, der soviel hundert Jahr vor ihm gelebt hat?

Mercurius. Es hat ein ander Rechnung [Aufschluß]. Vor nit langer Zeit ist ihm Phalaris in einem Traum vorkommen und hat ihm etzlich Unterweisung geben, sich zu einem Tyrannen uffzurichten und in Wesen halten.

Charon. Warumb hat dann Phalaris diesen mehr dann andere ausgelesen, daß er ihn soliche Ding lehre?

Mercurius. Umb des willen, daß Phalaris ein Begier und Verlangen hat, wie er mög anrichten, daß in teutzschen Landen auch Tyrannen seien, als vormals nie gewesen.

Charon. Ist dann dieser ein Teutzscher? O wie wunderlich Ding begeben sich nun! Ein Tyrann in teutzschen Landen? Das ist ein Wonder ewiger Gedächtnis würdig. Und als mir itzo einfällt, so ist es vielleicht der, von welchem ich vor etzlichen

Monaten ein Seele, als ich die uberführt, erbärmlich klagen höret. Sprach, sie wär ein fränkischer Edelmann und an eines Tyrannen Hofe gewesen, etzlich Jahr lang, darnach unschuldiglich durch denselbigen Tyrannen grausamlich ermordet*. Die Histori solicher Geschicht was [war] etwas lang, ich hat auch Erbärmnüs darab, und ein Zeitlang darnach kam auch allhier des Jungen Vater*, ein ehrlicher alter Mann, welcher in diesem Schifflin seines unschuldigen Sunes Elend beweinent. ⟨V⟩erzählet uns nach der Länge all Gelegenheit der Sache, wie es ergangen wäre. Darmit er aller, so das [dieses] Mal uberfuhren, Augen und Ohren zu ihm reizet, aller Herzen erschüttelt und mit Trauren erschreckt. Vorwor, ich hab jämmerlicher Geschicht nie gehört, derhalb mich höchlich bewegt.

Mercurius. Ja Charon, du hast recht geraten. Es ist eben derselbig.

Charon. An welchem Ort des teutzschen Landes regieret er?

Mercurius. In Schwaben.

Charon. Bei Gott, das ist ein großmütig, tapfer Volk, und das gar hart bei seiner Freiheit hält. Darum ich so viel dester mehr Wonder nimm, wie es den Wüterich leiden möge.

Mercurius. Söliche und andere Ding gibt die Zeit, dann dieser wird auch aus Geschick Gottes etwan seinen Lohn entpfahen. Darvon wöllen wir jetz nit weiter reden, sonder hinuberfahren. Du Charon stoß her die Nehen [Fährschiff] und du Tyrann schreit hinein.

Charon. O wie schwer ist er, darumb greif an diesen Riemen und hilf hinüber rügen [rudern].

Tyrann. Deine Toten magstu solche Ding heißen, aber mir solltu [sollst du] noch nichts gebieten. Und höre mich: Wie darfstu einen Fürsten aus Schwaben zu Schiffarbeiten verordenen?

Charon. Das darf ich wohl tun, einen solichen Fürsten als du bist, den ich in einer Kürtz will sehen viel schnöders und dienstlichers angehen und leiden, aus der Ursach, daß du ein Tyrann bist.

Tyrann. Nit Tyrann, sonder ein Fürst, und der rechtlich regiere.

Mercurius. Wohl ist es Charon, daß ihm an dem End [in dieser Beziehung] zu regieren gebührt. Aber, du Teutzscher, höre eines von mir: Nit allein söllen Tyrannen genennt werden, die sich etwan in einer freien Stadt ader Landschaft mit Vertrukkung [Unterdrückung] der Freiheit eines Regiments gewältiglich unterwunden haben, sunder auch diejenen, so verlassen die Grechtigkeit, Mildikeit, Starkmütigkeit, Gottförchtikeit, Mäßigkeit, Sanftmütigkeit, Barmhertzikeit und ander künigliche und fürstliche Tugend. Haben in Gebrauch gewendt [angenommen] Grimmikeit, Geitzigkeit, Ungeschicklicheit, weibisch und weich Gebär, Unreinikeit, unmenschliche Hartigkeit und dergleichen bös Sitten.

Tyrann. Dir als einem Gott und meinem Geleitsmann ist etwas zu verzeihen, ob du dich Freiheit gegen mir gebrauchest, aber wer wollt leiden, daß dieser Ferge sich mit Worten gegen einen Fürsten erhebe?

Mercurius. Du mußt dich demütiglicher gegen den Charon halten, dann er ist auch ein Hellengott und allhie hat er großen Gewalt.

Charon. Hin hin, greif an den Riemen und hilf uber rügen. Wie sichestu harrend [zögerst du]? Soll ich dich beim Hals nehmen und aus dem Schiff stürtzen?

Tyrann. Solichs würdestu mir im teutzschem Land nimmer tun, und wollt Gott, du unterwündest dich des.

Charon. Laß dein Dräuen, oder ich werde dir diesen Schaltbaum [Ruderstange] uber den Kopf schlagen.

Mercurius. Bitt ihn, dann verwore des obersten Gottes Vermögen ist so groß nit, daß er dir erläube, den Untergötten Stoltz oder Hochmut zu beweisen. Aber du Charon sollt ihm Gnad beweisen, dann ihm sei wie ihm wölle, so ist dieser dannoch ein Ursach gewest, daß dir man⟨i⟩cher Heller worden und den Schatz Plutonis sehr gemehret, dann er hat viel Menschen getötet.

Charon. Das will ich tun, soferre daß mich der Böswicht vor darumb bitte.

Tyrann. O Charon, biß [sei] mir gnädig, nimm wahr, ich greif an den Riemen und bin dir gehorsam.

Charon. Es sall noch die Zeit kommen, du mußt mir die Unreinikeit, so sich etwan unten in dem Schiff sammelt, ausgießen und den allerschnödesten Dienst gern annehmen und verwesen. Und alsdann würd solicher Stoltz und Pracht weit von dir sein. Ihr Seelen, tretet uff die anderen Seiten, dann das Schifflein neiget sich hieher. Wir seind nun uber, gehet aus. Du Tyrann denke, dastu [daß du] mir mehr gebest dann die andern; bist wohl so schwer als sechshundert Seelen.

Mercurius. Er würd es tun, dann er ist auch geudisch [verschwenderisch] und ein Prasser.

Charon. Heb dich an einen Galgen! Du Mercuri hör mich eines, wär es aber nit not, daß der Poet Virgilius itzo wie vorzeiten gegen den Himmeln rief das Verslein ›O ihr Götte, wendet ab uns armen tödlichen Menschen dieses Ubel‹, und laß mich gantz dunken, dieser werde dem Tyrannen Phalari gleich, oder ihn mit Wüterei ubertreffen. Wöllt gern von dir hören, wie doch Jupiter darauf komme, daß er ihn zu einem solichen Meister, soliche Ding zu lernen, ausziehen lasse.

Mercurius. Uff daß die Leut ein Beispiel und Ansehens haben, sich fortan wissen zu hüten. Dann wohl wurd ihm ein Weil zugelassen, große Ubel und Missetat zu uben, aber darnach würd er seinen Verdienst nach Lohn und Strafe entpfahen [empfangen]. Das kann ich doher abnehmen, daß Jupiter, als er mir befahle, mit diesem hierein zu gehen, gebot er mir darneben, dem Kaiser Maximiliano zu sagen, daß er gedenke und der Sachen achthabe, auf daß sich nit weiter Unrat oder Uffruhr in dem Reich erhebe, und ihm zum öfftern Mal in die Ohren bloß [bläse] die zween Vers des kriechischen Poeten Homeri, die er etwan der Kriechen öbersten Hauptmann Agamemnoni durch mich sagen ließ. Der Meinung [Sinn] ist: ›Der soll nit schlafen die gantze Nacht, dem befolhen ist eine große Macht‹.

Charon. Ich förchte, du werdest nit viel ausrichten.

Mercurius. Ich werde, dann Maximilian ist ein redlicher Fürst. Darzu hasset er diesen Wüterich sehr und fast [gar sehr] umb sein Missetat, also, daß man meinet, er werd ihm bald sein Recht tun lassen [seiner Strafe zuführen]. Aber ich will itzo den Tyrannen, dahin mir befolhen ist, führen, darnach mich zu dem Kaiser erheben. – Hörestu, Tyrann, wir haben durch die Finsternus, die da sichst, zu gehen. Darnach uber einen Berg; jenseit des Berges ist ein Tal, durch dasselbig Tal kommen wir uff ein große Ebne, und bald wieder an einen Berg, daruff ist ein stickeler [steiler], spitziger und scharfer Fels. Durch den steigen wir ab in ein weite Höhle, darinn sitzen beieinander versammlet alle Tyrannen, die je gelebt haben; ist ein großer Haufen. Wir haben nun den Weg vollebracht und nimm wahr: dieses ist die Versammlung der Tyrannen. Richte dein Sach aus, ich hab etwas weiters zu schaffen.

Tyrann. Und willt mich nit wieder hinausführen?

Mercurius. Ich will zu rechter Zeit wieder bei dir erscheinen.

Tyrann. Gegrüsset seistu, Meister Phalaris.

Phalaris. Du mein Schwäbischer Schuler, biß [sei] auch gegrüsset, und biß noch einmal gegrüßt. O wie erfreuet mich dein Zukunft [Ankunft], kumm her mein Wollust, du auserwählter Schatz.

Tyrann. Nachdem du mich etwan im Schlaf vermahnet, hab ich dir in etzlichen Dingen gefolget.

Phalaris. Uff was Weis [Auf welche Weise]?

Tyrann. Ich hatte an meinem Hofe einen edlen Jungling, dem gab ich ein Weib, was sehr schön, jung und holdselig. Als ich nun in Lieb gegen derselbigen entbrann, tötet ich den Jungling. Und nit allein entleibet ich ihn, sonder auch uff ein sonderliche Art und Weis, als ich dann meinet deiner Lehr gemäß sein. Ich erfordert ihn gewohnlicher Weis zu Dienst und in Schein aller Gutwilligkeit und freundlicher Zuneigung hab ich solichen Mord vollbracht, wiewohl er mich lieb und in großen Ehren hätte und mir allweg treulich gedienet. Des ich oft genossen [Davon hatte ich oft Nutzen]. Zu dem jedermann eine gute Hoffnung hätte, bei welchem man alle Ehre und Redlichkeit befonden. Des Vater mir nit lang darvor in meinen allergrößten Nöten unwiedergeltliche Wohltat erzeiget hätte. Dann als vielleicht die Sage herab kommen, ist er ein Sun des Ritters, von dem ich nit kleine Hilf und Beistand, als mich die Meinen vertreiben wollten, entpfangen hab.*

Phalaris. Eine soliche Tat hab ich nie getan oder zu tun gedacht, dann allweg pflag ich zu töten diejenen, die mir anbracht worden, als ob sie mir nachtrachteten oder auf die ich ein Verdachte geworfen, daß sie mir nit wohl wöllten. Und derhalben gib ich dir etwas zuvor und weich dir in der Tyrannei, als ein alter Tyrann einem jungen. Sage, du bist sehr zu loben, umb daß du bisher soliche Sachen betrieben hast, die aller andern Tyrannen Werke zurückwerfen und ubertreffen. Aber sag mir, wie ist es förter [weiter] zugangen? Und was Endes hat solicher Anfang genommen?

Tyrann. Ich verhilte [verhehlte] ihm, was ich Willens wäre. So hat er sich nit dermaßen gehalten, daß er etwas von mir förchten dörfte. Und do er mir nun wohl getrauet, stellt ich mich gantz gnädiglich und geselliglich mit Worten gegen ihm, fordert ihn, einen Weg aus der Stadt mit mir zu reiten, dann ich hätt ihm etwas zu sagen. Sprach, er sollte kein Harnisch anlegen oder Wappen [Waffen] zu ihm nehmen, das [hat] er getan. Aber ich hab mich gewappnet und auf alle Fortel [Überlegenheit, Vorteil] gerüst, und als er aus solichem Geheiß mit mir geritten was und in ein Wald kommen, uberfiel ich ihn ungewarnet und bloß, grimmiglich und grausamlich tötend, dann uber das [darüber hinaus, daß] ich mein Schwert fünf Mal in ihn gestochen und mit sieben tödlichen Wunden geletzet, hab ich noch gegen dem toten Leichnam gewütet. Darnach das unschuldig Blut, als bei uns Teutschen vor [für] sehr⟨e⟩ schändlich geacht würd, mit Henken geschmä⟨c⟩ht.

Phalaris. Da hastu recht an getan. Hat er aber auch Vater und Mutter, die umb ihn traureten?

Tyrann. Er hat einen Vater, und ich achtet mir vor einen großen Mangel in meinem Glück, daß sein Mutter nit noch lebet*, uff daß sie ihn auch beweinen möchte. Doch was ein groß Trauren umb ihn bei seinem Vater, dreien Brüdern und einer Schwester, welche alle klageten, als ob ihnen ein große Hoffnung benommen wäre.

Phalaris. Wie ging es darnach?

Tyrann. Ich versaget seinen Freunden den toten Leichnam, als sie den zu Begräbnus fordreten.

Phalaris. Ist auch der Sachen gleich [Es entspricht den anderen Taten].

Tyrann. Darnach ließ ich einen reissigen [ritterlichen] Mann*, der unverleumbd und redlich was, umb daß er aus Barmhertzigkeit den unschuldigen ertöten Edelmann geklaget hätte, umbringen.

Phalaris. Die Barmhertzikeit strafen ist ein Natur und angeborne Eigenschaft der Tyrannen. Ist aber kein Roch [Rache] auf solich dein Tat gefolget?

Tyrann. Es erhub sich wohl etwas wider mich, aber ich fand einen Rat, darmit ich solichs von mir schub. Dann als man sich mit viel Volkes gegen mir entbüret [empört] und ich den Unfall vor meinen Augen sa⟨c⟩h, nahm ich Mittel an, die doch mir ungelegen vorgeschlagen wurden.

Phalaris. Was hastu dann darumb müssen tun?

Tyrann. Gantz nichts, hab aber viel vorheißen und gelobt zu tun und des zu Urkund Briefe und Siegel uber mich geben, Bürgen gesatzt. Seit aber sich die Fehde verrückt, halt ich der keines, die ich gelobet. Und welcher mich meines Glaubens [Gelöbnisses] ermahnet, dem weis ich die Feigen*.

Phalaris. Das ist auch ein adeliche Geschicht von dir, dann ein Tyrann soll zuforderst die Eigenschaft an ihm haben, daß er treulos und meineidig sei.

Tyrann. Nach dem hab ich mir vorgesetzt, alle, so des Entleibten Geschlecht oder Verwandtnüs seind, wo ich einen jeglichen uberkomme, jämmerlich umbzubringen.

Phalaris. Ich hör noch eitel Tyrannei von dir, was du getan oder noch zu tun in Willen bist. Sag mir aber, in was Wegen stehen deine Vorschleg [Ränke]?

Tyrann. Das will ich dir nit vor[ent]halten. Du mußt aber [zu]vor etwas von meinem Weib hören*.

Phalaris. Das sag mir.

Tyrann. Ubermaßen hasset ich sie, wüßte doch selbs nit, aus was Ursach, dann sie von Schönheit ihres Leibes, auch Zucht der Gebär[d]en und Sitten also geschickt, daß sie billig aller Gunst und Liebe würdig ist. Darzu von altem und edlem Geschlecht, also, daß größer Zier in mein Haus und Geschlecht nie kam, dann aus derselbigen Ehe; jedoch hasset ich sie.

Phalaris. Gemein und gewohnlich ist den Tyrannen, viel Ding begehren, viel förchten, viel hassen und neiden – und in den allen keinen Bedacht, Ursach, noch Ansehen haben.

Tyrann. Darumb hatt ich mir vorgenommen, sie zu töten. Und dasselbig gedacht ich zu tun, sobald ich wiederkäm, dann ich von eines Geschäfts wegen ausgeritten was.

Phalaris. Hastu sie dann nit umbbracht? Oder was hat dich verhindert, daß es nit geschehen ist?

Tyrann. Dieweil ich das unselig Geschäft ausrichtet, ist sie mir entwichen.

Phalaris. Kundt [Konnte] sie das wohl tun?

Tyrann. Mit Hilf derjenen, den ich solichs vergelten will!

Phalaris. Wo ist sie aber hingewichen?

Tyrann. Zu ihren Brüdern, die in Bayerland herrschen.

Phalaris. Darumb ist die Begier deines Hertzens unerfüllt und als man in einem gemeinen Sprichwort sagt, gehestu hungeriger Wolf mit ginendem [offenem] Mund hinweg.

Tyrann. Wie du sagest. Aber itzo rüste ich mich, alsbald die Bayern mit Krieg zu uberziehen, in Schein einer großen Billikeit: als mein Weib, das sie mir entführt, von ihnen forderen, aber doch mit großer Bosheit und schalckhaftigem Fürsatz.

Phalaris. Wie das?

Tyrann. Ich hab viel Reutter [Reiterei] bestellt und etzliche aus Frankenland, verheissend jenen großen Sold und Geschenk. Und uber sie setze ich Häuptleut und Rottmeister, die bö[se]sten und verleumdesten so ich finde, dann solche seind mir lieb.

Phalaris. Getrauestu dann den Franken, die dir doch umb des Entleibten willen feind sein?

Tyrann. Ja, ich getrau ihnen. Ursach, diejenen, so sich einmal böser Sachen underwunden, werden nit bald darvon lassen. Dann sie sich schuldig wissen und vor Augen haben, daß man ihnen Ubels redet und gedenkt. Und darumb meinen sie mit einem Gewalt das Gerücht zu uberwinden.

Phalaris. Ich fallen [stimme] dir zu und bedunkt mich selbes, du seiest genug mit ihnen verwahrt. Trag aber Wunder darab, daß itzo uff deiner Parteien seind, von welchen du etwan also verfolget bist, daßtu durch Bitte und Gab Frieden hast müssen umb sie [von ihnen] erwerben.

Tyrann. Hab einen guten Mut: Zu diesen Zeiten seind alle Ding im teutzschen Land umb Geld feil.

Phalaris. So wär Not, daß du reich wärst, uff daß du oft etwas dergleichen kauftest. Sag mir aber, was ist meher [noch für] Bosheit in deinem Fürnehmen?

Tyrann. Ich denke mich mit Feinden an Feinden zu rächen, dann die Franken, so mir dienen, will ich der Far [Gefahr] entgegenwerfen. Aber was Frommen in meinem Land seind, will ich darnach daselbest hinrichten.

Phalaris. Ich schwer [schwöre] bei der Göttin Tyrannide, daß du dein Sach gantz weislich und fürsichtiglich anschlagest.

Tyrann. Wo ich dann den Feinden obsieg, werde ich viel Blutes vergießen. Zum ersten mein Weib ubel marteren und auch töten, darnach alle diejenen, so mir Hilf beweisen, mit mancherlei Pein und Marter würgen. Und in solichem will ich ununterschiedlich gegen Freunden und Feinden wüten. Bin derhalben herab zu dir kommen zu lernen, was mir in solichem großem Zufall [Ereignis] zu tun stehe und was dein Rat sei, oder wie ich mich alsdann halten solle, dann wo du mich recht underweisest, werd ich mir einen großen Lust schaffen.

Phalaris. Als ich noch vermerke, hast du meines Blutes viel bei dir und dir mangelt nicht⟨e⟩s von meinen Tugenden. Derhalben ich dir nit vorhalten will, sondern alles, was ich weiß, offenboren. Und zum ersten frag ich dich: Hastu je von meinem gegossen ertznen Ochsen gehöret?

Tyrann. Darein du diejenen, die dir zu peinigen gefielen, hast geschlossen, und wann du dann ein Feuer darunder gemacht hattest, so ward der ertzenen Ochs von dem Geschrei des eingeschloßnen Menschens gleich wie ein lebendiger brüllen und du hättest große Frohlocken ab [von] solicher Stimm.

Phalaris. Ja ich meine denselbigen und will, daß du dir einen dergleichen lassest zurichten und ihn nach deiner Notdurft brauchest.

Tyrann. Das werd ich tun.

Phalaris. So wollt ich auch ger⟨e⟩n, daß du die lateinischen Schrift verstündest, uff daß du alle Ding, die von den Kaisern Tyberio, Caligula, Nerone, Domiciano und anderen geschrieben seind, lesen möchtest. Du sollt dir aber soliche geschrieben Geschicht in das Teutzsch lassen auslegen [übersetzen], dann du würst viel hübscher Stück von ihnen hören. Darnach schick dir [laß dir machen] auch ein Faß, wie etwan gewesen ist, das die von Karthago brauchten, inwendig mit spitzenden Nägelen beschlagen, darinnen sie den Römer Marcum Regulum welgeten [rollten].

Tyrann. Desgleichen stehet wohl zu bekommen.

Phalaris. Du sollt etzlichen die Augenlider abschneiden und dieselbigen darnach gegen der Sonnen stellen, daß sie in der[en] Schein müssen sehen.

Tyrann. Ist nit ein ungeschickter Fund.

Phalaris. Dasselbig haben die von Karthago erfunden. Nun solltu gießen lassen ein erens [ehernes] Pferd, inwendig hohl, darein glühend Kohlen legen und darnach einen Menschen daruff setzen.

Tyrann. So würd es sich eben recht schicken, daß ich den Ochsen und das Pferd beieinander stelle.

Phalaris. Ja eben, mehr saltu [sollst du] etlichen die Haut vom gantzen Leib bis uff Händ, Füß und den Kopf abschinden [abziehen], darnach Kleider anlegen und sie lassen hin und her g[e]hen.

Tyrann. Das will ich auch versorgen.

Phalaris. Du magst auch einen, der also geschwunden ist, mit Eschen [Asche] beißen [beizen, quälen].

Tyrann. O Tyrannei, was Lustes von Martern lehrestu mich do!

Phalaris. Magst sie auch mit Essig gießen.

Tyrann. Würd lustig sein.

Phalaris. Oder mit Nesselen reiben.

Tyrann. Das ist freilich [als] ein süße Marter anzusehen.

Phalaris. Vielen Menschen salltu Händ und Füeß abhauen, darnach sie lassen leben, ob sie schon lieber tot wären. Etzlichen die Augen ausstechen, andern die Ohren abschneiden und Nasen, die Zähn mit Zangen ausbrechen oder die Zungen ausreißen.

Tyrann. Solicher Stück hab ich schon gereid [bereits] etzlich geübt, so pflag ich das Hirßhorn [Geweih], meines Woppens Zeichen, etzlichen in die Backen zu brennen*.

Phalaris. O du großmütiger Schwab, also muß man dir Tyrannen nachgehen. Ich lehre dich auch, daßtu junge Kinder lassest kochen und sie ihren Eltern zu Tisch auftragen und essen geben.

Tyrann. Ich könn es dann nit schicken [Wenn die Gelegenheit nicht fehlt, Wenn ich irgendeine Möglichkeit sehe], soll dein Will erfüllt werden.

Phalaris. Dasselbig Stück haben dir erfunden der krichiß Tyrann Atreus und einer aus Media, Astiages genannt.

Tyrann. Des weiß ich ihn[en] großen Dank.

Phalaris. Aber daß man einem die Sehnen und Adern ausreißet, die Nägel ab den Händen brennet, auch mit einer höltzenen Sägen enzwei schneid, oder daß man, wie der römisch Käiser Alexander Severus gepflagen, einen im Rauch erdämpfet, glaub ich dir wohl bekannt sein, oder daß die Behemen [Böhmen], die man doch auch under die Teutzschen rechent, erfunden haben, daß man einen aus einer Büchsen [Geschütz] schieße.

Tyrann. Ich hab wohl darvon gehöret.

Phalaris. Ich hat etwan in Willen, den lebendigen Menschen ihr Schienbein zu zerbrechen und dann zurlassen Blei inwendig in die Röhren gießen oder ein glühend Eisen in das Mark stoßen.

Tyrann. Das will ich von Stund an auch versuchen.

Phalaris. Noch ist eines uber diese all, soviel ich verstehe. Kann aber nit denken, wie dir dasselbig unbekannt sei, dieweil es doch zu diesen Zeiten in Polen, die den Teutzschen Nachboren sein, erfunden ist.

Tyrann. Ich merke schon, was du meinest: Daß man einen nack⟨e⟩t an ein Säu⟨e⟩l binde, umb die Mitte, daß ihm die Händ los seien, darnach glühende Kohlen umb ihn schütte, doch an einem Ort ein Faß mit kaltem Wasser stelle.

Phalaris. Du hast recht gemerket, und wann der Nacket also stehet und ihm die Hitz von den Kohlen an allen Orten angehet, so lecket [spritzt] er das kalt Wasser uff sich. Und je mehr man das tut, je länger er lebt und je größer und langwähriger sein Pein und Marter ist. Verwor solltu wissen, daß ich vorzeiten viel wunderlicher, grimmiglicher und grausamlicher Stück wider meine Burger zu Agregent erdacht und geübt hab, aber diesesgleichen ist mir nie in Sinn kommen. Darumb ich es vor das best acht.

Tyrann. Es ist wohl als du sagest ein auserlesen, artig [kunstvolles] Stück und soll mir in Gedächtnus bleiben, will sein nit vergessen. Ich weiß auch einen, dem will ich dermaßen begegnen. Weistu [Weißt du] mich aber noch etwas zu underweisen, so fahr wie du angefangen furt.

Phalaris. Vor allen Dingen solltu nit glauben, daß Gott sei, und die Tyrannei salltu vor die ewigen Seli[g]keit achten, und Wüterei salltu dir lassen befolhen sein.

Tyrann. Solicher Zuneigung bin ich an das [ohnedies] aus eigner Natur, also daß du mich deshalben gar nichts ermahnen darfst.

Phalaris. Je frommer und unschuldiger ein jeglicher ist, je hässiger salltu auf ihn sein und je lieber salltu ihn peinigen und anfechten.

Tyrann. Das hab ich mir gereid [schon] vorgenommen.

Phalaris. Was ich bisher gesagt hab, gehört alles darzu, wie du dir dein Undertan mit Forcht mögest underwörflich machen. Nun will ich dich auch lehren, wie du dir sollt ein Gunst erwerben. Und dasselbig stehet daruff, daß du dir etzlich mit Wohltaten geneigt machest. Die würden dann bei dem gemeinen Volk das best von dir reden und dein Sach fördern, die Leut uberreden, man tu dir im gemeinen Gerücht Unrecht und was man dir vor Tyrannei rechnet, das habest du alles in guter Meinung getan. Denselbigen deinen Förderern solltu frei und mildiglich geben alles, das du andern mit Gewalt nehmen magst. Uberdas salltu Angeber [Zuträger] und Verräter halten, welche dir mit großem Fleiß antragen werden alle heimlich verborgene Red, so in dem Volk von dir geschehen. Mit solichem Rat magstu allzeit eines jeden Meinung wissen und was ein jeder von dir halt, auch was du dich zu allem und jeglichem versehen sollest. Mehr und zuforderst, was du betreibest (du sollt aber allerhand Bosheit, Laster und Schand betreiben), salltu dich des [be]fleißen, daß du allweg den bösen, schandlichen und unbiederen Werken ein ehrliche Gestalt gebest und mit einem hübschen Umbhang dein Ubeltat bedeckest. Dann wo das von dir beschicht, werden die Leut – wiewohl sie nit glauben, daßtu habest wohlgetan – doch auch nit dörfen sagen, daßtu habst ubelgetan und man würd dein Handlung in einen Zweifel setzen und einer dieses, der ander jenes darvon reden: das mag dir zu großer Steuer kommen. Darumb sall dir nit [zu]wider sein, zuzeiten ein gut Werk zu tun, es sei mit Mildigkeit, Gerechtigkeit, mit Starckmüti[g]keit oder mit Gottesforcht. Ist nit bald zu glauben, wie förderlich dir das würd sein, dann eine deine Wohltat, wo man die von dir höret oder sicht, würd dir mehr nützen, dann dir viel schändlicher, böser Laster schaden mögen und würd die Bitterkeit deines Gerüchts [Leumunds] gelindert und gemäßiget. Gib dir des ein Beispiel: Do ich den Künstner Perillum strafte, umb daß er zu peinlichem [qualvollem] und tödlichem Schaden der Burgergemein und aller Leut ein ubel Ding erdacht hätte, vergaß j[e]dermann meiner vorbegangner Grimmikeit und Tyrannei und entstund ein Gerücht von mir, ich wär dannoch nit in allen Dingen ungerecht; des hab ich mich viel und oft getröst. Fortan salltu alle Sinn und Gedanken dahin richten, wie du erlernen mögest, was man von dir sage, uff daß du wissest, wen du förchten müssest oder was du dich zu einem j[e]den vorsehen und wen du zu dir ziehen sollest. Dardurch kannstu entweichen den Listen derjenen, die dir nachstellen. Wo es aber käm, daß dir Unglückes Fall Zurstörung dräuen wird, und du das zeitlich erkennest oder vermerkest, salltu alle dein Zuflucht auf die Zusammenschwerung [Verschwörung], die vormals oft in teutzschen Landen angericht, aber nie Vorgang gehabt, setzen; zu dir ziehend das gemein arm Volk, alle Verzweifelte[n], Spieler, Prasser, Buben und diejenen, so weder an Ehren noch Gütern etwas zu verlieren haben, uff daß sie mit dir die Geistlichen und Reichen uberfallen und einen Raub der gemein teutzschen Nation holen.

Tyrann. Ich hatte das wohl im Sinn und wollt es auch getan haben, aber ich fing es zu langsam an, und die Franken zugen also schnelliglich wider mich, daß ich nit Zeit hatte, das Bannyr des Bundschuchs* aufzurichten. Aber ich denke, den nochmals, sobald mich Not angehen würd, uffzuwerfen.

Phalaris. Wir söllen uns solichs Unfalles nit versehen [erwarten] und ein bessers hoffen. Auch nit denken, daß es also bös werden möge, aber doch, wo es sich dermaßen begäb, hastu Rat von mir, wie den Fällen zu begegnen sei. Aber als die Sachen itzo gelegen sein, wie wolltestu ⟨ihm⟩ tun, wenn du einen Krieg hättest angefangen und dir dann Geldes gebrech?

Tyrann. Wie meinest du, daß ⟨ihm⟩ zu tun wär?

Phalaris. Wie anders, dann du solltest die Kirchen berauben und die Pfaffen plünderen.

Tyrann. Könnte ich aber auch, wie du vormals geraten, derselbigen Ubeltat einen Schein der Ehrberkeit geben?

Phalaris. Jawohl, dann du sallt fürgeben [sollst vorgeben], wie dich die höchste Not bezwing, dein Land und Leut zu beschirmen, wissest kein ander Hilf dann ⟨al⟩daher. Derhalben seistu bereit, dich mit dem Eid, mit Briefe und Siegeln, mit höchster menschlichs Glaubens Verwahrung den Geistlichen zu verpflichten, daß du ihnen das Kirchengut, so du itzo genötiget werdest zu entle[i]hen, noch dem Krieg uberflüssiglich [im Übermaß] und mit Gewinn wiedergeben und alle Ding besseren wöllest.

Tyrann. Domit würd die Sach wohl versichert werden.

Phalaris. Zum letzten will ich dich auch unterweisen, wie du dir zuzeiten einen Lust schaffen sallt. Und das ist mein Lehr: Würd es je kommen, daß du gegen eines Weib in Lieb entbrünnest und er hat soliche Wart [Bewachung] darbei, daß du nit kannst hinzukommen, so salltu ihn umbringen, aber doch heimlich und mit der Weis, daß man nit eigentlich wissen könne, ob er durch dich oder andere umbkommen sei.

Tyrann. Vielleicht meinest du mit Gift.

Phalaris. Oder dergleichen, dann mit dem Franken hast du nit weislich umbgangen.

Tyrann. Es ist nit an [Es ist richtig], ich hab mir einen Lust wöllen schaffen und dasselbig hab ich, als nun erscheinet, nit mit Vernunft angegriffen. Und sehe wohl, daß mir deines Rats not gewesen ist, den sollt ich vor der Tat bei dir gesucht haben.

Phalaris. Darumb folge hiernach gutem Rat und biß [sei] vorsichtig in allen deinen Händelen, ubergehe nicht⟨e⟩s von allen den Lehren, [die] ich dir geben hab, dann vorwahr, du hast die Häuptlehr [Hauptlehre], und was ich dir geraten, darfstu nit verachten. Hätt sich solicher Weisheit gebraucht der syracusanisch Dionysius, er wär nit aus einem Tyrannen ein Schulmeister [ge]worden. Weiters weiß ich dich nicht⟨e⟩s zu underweisen, dann allein, daß dir sehr fürträglich sein würd, Teutzschland in Zwietracht zu bringen und an allen Orten Gezänk anrichten. Darnach die deinen mit Schinderei, Martern, Foltern, Henken, Radbrechen [Rädern], Vierteilen und ander Weis töten, zu plagen, allen frommen und redlichen Leuten nachzustellen, nimmer friedsam, nachlässig [nachgiebig] oder ruwig [ruhig, friedsam], dem Kaiser, womit du kannst oder magst, verdrießlich zu sein.

Tyrann. Ich will von itzo an bis hinfür allen Fleiß ankehren, wie ich soliche deine Lehr erfülle, und als ein dankbarer Schuler danke ich dir meinem getrauen [getreuen] Meister, umb daß du mich also fleißiglich underweisest.

Phalaris. Ich erkenne dein dankbar Gemüt und seitmal [da] es Zeit ist, daß du von hinnen scheidest, so wünsch ich dir zu deiner Hinfahrt alles Glück und Heil. Begehr aber, du wöllst [zu]vor alle diese Tyrannen grüßen. Dieses ist Astyages aus Media, das sein Cambyses von Persia, darbei Atreus und Pisistratus aus Krichenland, Tereus und Diamedes aus Thracia. Sich, dieses ist der Tyrann Busyris, welcher sich vorzeiten dunken ließ, er hätt den Götten ein Opfer geben, wann er einen Menschen totschlüge. Dieses seind mein Landsleut Agathocles und Dionisius. So sitzen do die Römer Nero, Caligula, Domitianus und andere bei ihnen. Nimm wahr, hie ist Herodes, der gibt dir ein Beispiel und Lehr, wie du junge, noch nit redende, unschuldige Kinder sollst umbringen. Und dieses sein die vornehm⟨isch⟩sten und Fürsten der Tyrannen, es ist mir nit müglich, die andern all anzuzeigen oder jeglichen sunderlich zu nennen.

Tyrann. Seid gegrüßt, ihr lieben Tyrannen, welche ihr wohl verdienet habt, daß euch alle Menschen hold sein.

Tyrannen. Und du biß [seist] auch gegrüßt und folg unsern Fußstapfen, wie du angefangen, nach.

Tyrann. Ich will Fleiß ankehren. Meister Phalaris, bis gesegnet!

Phalaris. Biß gesegnet, lieber Schuler! Aber hör mich noch eins.

Tyrann. Was willtu mein [von mir]?

Phalaris. Sobald du wieder uff das Erdreich kommest, brenn deinem Marschalck das Hirßhorn in den linken Backen.

Tyrann. Meinem Marschalck, des[sen] Tochter ich bei dem Franken. . .*

Phalaris. Ja, ich mein denselbigen, der dir, als ich höre, sein Fleisch und Blut dargeben hat. Des vergiß nit.

Tyrann. Seitmal du es haben willt.

Phalaris. Nit darumb, sonder seitmal er das verdienet hat, dann du sallt ihm solichen Lohn umb sein Schalkheit, damit [womit] er dir gedienet hat, wiedergeben, gleich wie ich vorzeiten dem Perillo tät. Hör noch ein anders: Willtu deinen alten Vettern sehen, der etwan des Lands verjaget ist von den Seinen?*

Tyrann. Gern und begierlich.

Phalaris. Er ist sehr gern allein, des verwondert sich j[e]dermann. Hat sein Spiel mit einer Äffin und etwan sieht man ihn auch under dem Fich [Vieh] desselben Königs Plutoni. Grüß ihn und nimm wahr, hie ist Mercurius, will dich wieder hinausführen. Biß gesegnet und leb als ein Tyrann.

Martinus Lutherus.

Vlrichus ab Hutten.

Veritatem meditabitur guttur meum.

Gespräch büchlin
herr Vlrichs von Hutten.

Feber das Erst.
Feber das Ander.
Wadiscus. oder die Römische dreyfaltigkeit.
Die Anschawenden

*

Perrumpendum est tandem, perrumpendu͂ est.

Odiui ECCLESIAM malignantium.

Gesprächbüchlin Herr Ulrichs von Hutten

Vorred Ulrichs von Hutten

Dem edlen, hochberühmpten, starkmütigen und ehrnfesten Frantzen von Sickingen, Kai[serlicher] Ma[jestät] Rat, Diener und Hauptmann, meinem besondern, vertrauten und tröstlichen guten Freund, entbeut ich, Ulrich von Hutten, meinen freundlichen Gruß und willigen Dienst.

Ohn Ursach ist das Sprichwort (In Nöten erkennt man den Freund) nit in Gebrauch kommen. Dann worlich [wahrlich] darf niemand sagen, daß er mit einem Freund verwahret sei, er hab dann den in seinen notdürftigen anliegenden Sachen dermaßen, daß er ihn inwendig und auswendig kenne, versucht und geprüft. Wiewohl nun der glückselig zu achten, dem nie vonnöten ward, einen Freund diesergestalt zu probieren, mögen doch auch sich die der Gnaden Gotts berühmen, so in ihren Nöten beständige und harthaltende Freund erfunden haben. Unter welchen ich mich dann nit wenig Gott und dem Glück zu bedanken hab. Dann als ich uff [auf] das außerlichst [äußerste] an Leib, Ehren und Gut von meinen Fei⟨he⟩nden genötiget, so ungestümigklich, daß ich kaum Freund anzurüfen Zeit gehabt, bist du mir nit (als oft geschicht) mit tröstlichen Worten, sonder hilftragender Tat begegnet. Ja, mag ich (als das Sprichwort ist) sagen: vom Himmel herab zugefallen. Hierumb ist wohl die Freundschaft deren, die sich zu guten und glückhaftigen beweisen (wiewohl die mehr ein lustige Gesellschaft dann [als] wohre Freundschaft genennt werden mag) dannocht nit zu verwerfen. Aber ich hab unter den zweien eben den Unterscheid, den die Ärtzt unter den Speisen [machen], deren etzliche allein süß und schmackhaftig, etzliche auch darzu gesund und heilsam s⟨e⟩ind. So ist es mir darzu kommen, daß ich nit lustigs Geschmacks, sonder heilsamer Artznei, nit fröhlichs Beiwesens, sonder gewärtiger bedörft, hab alsdann dich (ich achte aus göttlichem Zuschicken und Versehung [Vorsehung]) funden, der nit geachtet, was ein jeder von meiner Sachen rede, sonder wie die an ihr selbs gestalt[et], behertziget. Hast dich nit durch Schrecken meiner

Widerwärtigen von Vorfechtung der Unschuld abziehen lassen, sonder aus Liebe der Wahrheit und Erbarmnus meiner Vergewaltigung für und für über [zu] mir gehalten. Und do mir aus Größe der [Ge]fahr die Städt verschlossen gewest [gewesen], alsbald deine Häuser (die ich aus der und anderen Ursachen willen Herbergen der Gerechtigkeit nennen mag) aufgetan und also die angefochten und verjagte Wahrheit in die Schoß deiner Hilf entpfangen und in den Armen deiner Beschirmung gantz kecklich gehalten. Daraus dann gefolgt, daß ich in meinem Fürsatz, den auch du ehrber und redlich nennest, nit wenig gestärkt, alle Gelehrten und Kunstliebenden teutscher Nation (den[en] dann auch nit weniger dann mir selbs an dieser Sachen gelegen) sich in Freuden und Frohlocken erhaben und, gleich als nach einem trüben Wetter, von der freudenreichen Sonnen erquicket worden. Dargegen die boshaftigen Kurtisanen und Romanisten*, die mich verlassen gemeint und derhalben nahet [fast] einen Triumph von mir geführt hätten, do sie gesehen, daß ich mich (im [wie ein] Sprichwort ist) an eine feste, unerschütte Wand gelehnet hab, ihren Stoltz und Übermut gegen mir etwas niedergelassen, sich fast [ganz] ingeton [zurückgezogen] und kleines Lauts worden. Für solche deine Wohltat dir genugsamen Dank sagen, hab ich nit Mangel an Gemüt und Willen, sonder am Glück und Vermögen Gebrechen. Würd mir aber je ein bessere Zeit erscheinen und sich Anderung des Glückes (als dann mein freie Hoffnung zu Gott) begeben, will ich dir allem meinem Vermögen nach dermaßen wieder dienen, daß du je uffs wenigest, mich keinen Fleiß, dir Dankbarkeit zu erzöigen [erzeigen], gespart haben, spüren soll[s]t, und mittlerzeit mit dem, das mir kein Frevel noch Gewalt, kein Trotz noch Übermacht, kein Armut noch Elend benehmen mag, das ist, mit Kräften meiner Sinnen und Vermögen der Verständnus treulich und fleißigklich dienen, auch dir jetzo, wie etwan [einstmals] Virgilius den zweien wohlverdienten Jünglingen, zugesagt haben:

Wo etwas mein Geschrift vermag,
Dein Lob muß sterben keinen Tag.

Wiewohl, ob du dich schon gegen mir dermaßen (wie ob[en] berührt) nit gehalten, hättest du dannocht ohn das mit deinen ritterlichen ehrlichen Getaten verdient (als ich und alle, deren Vermögen ist, gegenwärtige oder vergangene Ding durch Behelf der Geschrift in Erkanntnüs zukünftiger Zeit [zu] bringen), deinen Namen uß dunkelem Vergeß in das Licht der ewigen Gedächtnus setzeten. Dann ohn Schmeichelen und Liebkosen zu reden, bist du, der zu dieser Zeit, do jedermann bedäucht, teutscher Adel hätte etwas an Strengkeit der Gemüten abgenommen, dich dermaßen erzöigt und bewiesen hast, daß man sehen mag teutsch Blut noch nit versiegen, noch das adelich Gewächs teutscher Tugend gantz ausgewurtzelt sein. Und ist zu wünschen und zu bitten, daß Gott unserem Haupt, Kaiser Karlen, deiner tugendhaftigen, unerschrockenen Mutsamkeit Erkanntnus [e]ingebe, damit er dich deiner Geschicklicheit nach in hohen, trefflichen seinen Händlen, das Römisch Reich oder auch gantze Christenheit betreffend, so mit Rat und der Tat brauche. Denn alsdann würde Frücht deiner Tugend zu weiterem Nutz kommen. Fürwahr, einen solichen Mut sollt man nit ruwen [ruhen] lassen, noch inwendig [im] Bezirk⟨s⟩ kleiner Sachen gebraucht werden lassen. Aber ich hab mir nit fürgenommen, in dieser Vorred dein Lob zu beschreiben, sonder einmal meinem Hertzen, das gesteckt voll guter Gedänken und freundlicher Gutwilligkeit, die ich gegen deinen unwidergeltlichen an mir begangenen Wohltaten, die doch du noch täglich je mehr und mehr überhaufest, trag, einen Luft geben, schenk dir zu diesem neuen Jahr die nachfolgende meine Büchlin, die ich in nächst verschienenen Tagen in der Gerechtigkeit (wie vor genannt) Herbergen eilends und ohn größeren Fleiß verteutscht hab. Und wünsch dir damit, nit als wir oft unseren Freunden pflegen, ein fröhliche sanfte Ruh, sonder große, ernstliche, tapfere und arbeitsame Geschäft, darin du vielen Menschen zugut dein stoltzes heldisch Gemut brauchen und üben mögest. Darzu wöll dir Gott Glück, Heil und Wohlfahrn verleihen. Geben zu Ebernburg uff den heiligen Neu⟨en⟩jahrsabend im Jahr nach Christi Geburt 1521.

Zu dem Leser dieser nachfolgenden Büchlin Ulrich von Hutten

Die Wahrheit ist von neuem gborn,
 Und hat der Btrug sein Schein verlorn,
Des sag Gott jeder Lob und Ehr,
 Und acht nit fürter Lugen mehr.
Ja, sag ich, Wahrheit was verdruckt,
 Ist wieder nun herfür geruckt.

4 Lugen = Lügen 5 was = war

Des sollt man billich genießen Lohn,
Die darzu haben Arbeit gton.
Dann vielen es zu Nutz erscheußt,
Wiewohl es manchen auch verdreußt.
Die faulen Pfaffen lobents nit.
Darumb ich jeden Frommen bitt,
Daß er gemeinen Nutz bedenk
Und kehr sich nit an lose Schwänk.
Es ist doch je ein Papst nit Gott,
Dann auch ihm ist gewiß der Tod.
Ach, fromme Teutschen, halt ein Rat,
Das nun so weit gegangen hat,
Daß nit geh wieder hinter sich.
Mit Treuen habs gefordert ich,
Und bgehr des anders keinen Genieß,
Dann, wo mir geschäh deshalb Verdrieß,
Daß man mit Hilf mich nit verlaß.
So will auch ich geloben, daß
Von Wahrheit ich will niemer lan,
Das soll mir bitten ab kein Mann.
Auch schafft zu stillen mich kein Wehr,
Kein Bann, kein Acht, wie fast und sehr
Man mich darmit zu schrecken meint,
Wiewohl mein fromme Mutter weint,
Do ich die Sach hätt gfangen an.
Gott wöll sie trösten, es muß gahn,
Und sollt es brechen auch vorm End.
Wills Gott, so mags nit werden gwend,
Darumb will brauchen Füß und Händ.

Ich habs gewagt.
Ulrich von Hutten.

8 gton = getan 9 Dann = Denn erscheußt = gedeiht 17 ff. = sorgt dafür, daß das, was nun so weit gediehen ist, nicht wieder zurückgehe 25 lan = lassen 27 schafft zu stillen = bringt zum Schweigen 28 fast = stark 32 gahn = gehen 34 werden gwend = fehlschlagen

Gesprächbüchlin Herr Ulrichs von Hutten das erst Feber [Fieber] genannt

Unterreder: Hutten und das Feber.

Hutten. Gingestu [Gingest du] hinweg, wär mir viel lieber, wölchen dich so mügsamen [beschwerlichen] Gast ich doch des ersten Tags hätt sollen austreiben. Hörstu nit? Geh hinweg, flugs! Heb dich!

Feber. Es wär aber doch deiner Gütigkeit gemäß, so ist auch ṣunst [sonst] der Teutschen Gebrauch nach Herkummen, daß, so du mich austreibst, doch zuvor in ein ander Herberg weisest. Wiewohl [Wenn] ich dich abermals bitt, mag es ⟨ge⟩sein, daß du mich (dieweil ich nit weiß wa [wo] aus) doch diesen Winter nit ausjagest.

Hutten. Ich sag dir erstlich, geh hinweg. Darnach, als du mich bittest der Herberg halben, siehstu dort jene Pforten? Daselbst hinaus gehstu recht.

Feber. Lieber, so führ mich doch etwa zu einem, der nach lustigem, gutem Leben tracht, der mächtig reich sei, der Pferd, viel Diener, Nachgänger, ein groß Gesind, hübsche Kleider, lüstig Gärten und Bäder habe.

Hutten. Zu dem ich dich führe, ist selbs hie ein Gast, aber ihm mangelt solcher Ding nit, gebraucht sich auch der. Und sieh dort jehns Haus, dorin hält sich der Kardinal Sant Sixten* mit einem großen Hofgesind, ist von Rom heraus kummen, daß er Geld von uns Teutschen aufbring, darmit die Römer ein Weil zu zehren haben (ich glaub) wider den Türken, über den sie abermals mit großem Gepräng ein Heer⟨t⟩zug fürnehmen. Dann es sind gar erfahren geübt Kriegsleut und an [ohne] das ein Volk, das dir gemeinlich unterwürfig ist. Hör mich und nimm dir diesen für, du würdst ihn dort gebogen [liegend] rühen [ruhen] finden, in einem scharlachen Talar, hinter viel Umbhängen. Er isset nur aus Silber, trinket aus Gold, aber so schleckhaftig, daß er nit will [glaubt], daß in teutschen Landen Leut seien, die des Geschmacks Verstand haben. Er veracht auch die hie[s]igen Feldhühner und Krammatsvögel, spricht, sie seien den wel⟨i⟩schen im Geschmack und sunst gantz ungleich. So widersteht ihm unser Wildbret, sagt, das Brot unschmackhaft sei⟨n⟩. Und wann er dieses Weins trinkt, so gehn ihm die Augen über und schreiet alsdann: O Italia, o Italia, den guten welschen Curß [Corso] anrufend. Und zuforderst umb der Ursach willen nennet er uns grob, vie[hi]sch und trunken Leut. Sagt auch, er hab in vier Monaten sein Gelust nit künnen büßen [befriedigen], ⟨d⟩weil er gut Schlecklin und recht saftige Bisslin hie nit bekummen möge.

Feber. Solchs Liedlin singestu einer Tauben.

Hutten. Wie? Gefällt er dir dann nit zu einem Wirt? Nü, wen möchtestu doch ein größern Fürsten hie finden, gegen dem man mehr Gepräng, Verneigens und Bückens braucht? Oder meinstu, daß er des Febers nit würdig sei?

Feber. Ja, auch des Podagrams [Gicht].

Hutten. Nu, warumb gfällt er dir dann nit?

Feber. Da ist er mager, dürr, schwank[end] als ein Bintz [Binse], hat keinen Saft hinter ihm [in sich], er hängt den Kopf, ist etwan [früher] ein Münich [Mönch] und Käs[e]jäger gewesen, jetzo ein neuer Kardinal, sunst in andern Dingen alt; er darf wohl drei Heller zu eim Mahl verprassen, des Koch ich oft ein halb Untz Fleisch vom Markt heim sich [sehe] tragen.

Hutten. Ei, du verkehrest alle Ding. Ich sag dir, es ist der groß geachtest, der allerehrwirdigst, der von der Seiten, den man nennet a latere [der zu denen gehört], zu welchen man redt: Euer Herrlichkeit und Gnad, Euer Väterlicheit, Euer fürstlich Mildigkeit. Von dem nit zu glauben, daß er nit kostlich oder wohl leben sollt, dweil er doch die Teutschen nit reichlich oder zierlich gnug achtet.

Feber. Wie er für sich selbst lebe, streit ich nit. Aber wie wollt er mich wohl halten, der all die Seinen übel speiset und kleidet? Dann als ich jüngst vor seiner Tür klopfet und ein Tag oder etliche Herberg begehrte, grein[te] mich der Torwart an sagend: Höerestu nit das Gepölter? Ja, ich hör es wohl, sprach ich. Dann ich hört ein Geklöpf, gleich als ob man etwas haben wöllt. Do sprach der Pfortner: Es hat diese Gestalt, unser Gesind, das jetzu ge[g]essen hat, fordert Brot. Sprach ich: Wie? Brot? Gibt man dann so kärglich hie in Speis, daß auch des Brots nit gnug dargelegt würdet? Ja, sagt er, eben so kärglich. So seind auch kein Küsselin [Kissen] noch Pflumfeder oder einiche weiche Wat [Decken] hie in, ausgenummen die, da sich der Kardinal selbs aufstreckt, dorinnen er seinen Lust hat. Aber er ist wahrlich wider dich gewappent mit Vermaledeiung, würd dich in Bann tun, alsbald du einen Fuß herin setzest. Er ist ein Legat Papst Leonis und steht in seinem Gewalt, einen darnach er Übels oder Guts verdient hätte oder wie es ihm gefällt, zu behalten oder zu verdammen. Das ließ ich mir gnug gesagt sein. Und im Hingehn hab ich dich, wohl ein bessern Würt [Wirt] funden.

Hutten. So mußt ich (als ich merk) bisher auch schmäler ge[g]essen haben, wollt ich dein anders überhaben blieben sein. Nun wohlan, du sollt mich (ich vorgeß dann mein selbs) füro nimmer fünden bei den großen Herren also überflüssig essen. Aber die Handwerker und das gmein Volk, halt ich, seind ouch nit fur dich.

Feber. Ohn Zweifel, dann zum Teil verjagent sie mich mit Hunger, zum Teil vertreiben sie mich weit von ihnen mit harter Arbeit.

Hutten. Wie, wann ich dich aber zu der Fürsten oder der Reichen Häuser führte, oder daß ich dir auch die großen Kaufleut und die Fugger anzeigte?

Feber. Ei, nichts. Als ich etwan zu ihm [ihnen] gangen bin, hab ich sie allweg mit einer Schar der Ärtzt umbgeben funden, deshalb ist bei ihnen kein Statt für mich. Ein ander Ort, des bitt ich dich umb alter Guttät willen.

Hutten. Durch was [Für welche] Guttät? Was sagst du mir da für ein Gedicht? Lieber, meinst du, daß du denen Guttät beweisest, bei den[en] du herbergst?

Feber. Ja, und dir am meisten. Ist es dir vergessen, wie ich vor acht Jahren dich als lernhaft, geduldig, zame und gottsförchtig machte, da ich viertäglich bei dir was [war], doch nit über sechs Monat lang*?

Hutten. Ja wohrlich, da du mich also hart plagtest und ich dein so gar mud [müde] was, daß ich anders nit schaffen mochte, da saß ich fleißiger über den Büchern. Aber ich erkenn jetz dein Behelf, dann als mich bedunkt, zeugstu dich auf einen deiner Beschirmer*, der dich diese Red gelernt hat, die du brauchest bei denen, die du nit ein Genügen hast, mit der Krankheit zu plagen, sunder speiest sie noch mit solichen und dergleichen Worten, nimmpst dich an, als ob du einen fleißig, tugendlich und geschickt machest. Wann nun das wahr ist, das derselb dein Beschirmer von dein Guttaten schreibt, nämlich welcher vom viertäglichen Feber einmal wieder genese, daß der dornoch gesünder sei dann vor je, warumb hast du mich dann nit auch gesunder darnach gemacht? Aber ich bin dieselbigen Jahr alle nach deinem

Abscheiden krank gewesen, dann mit diesem, dann mit jenem ohnunterlassigem Gebrechen.

Feber. Das ist darumb, daß mein Will noch nit gewesen, dich gar [für immer] zu verlassen. Dann als ich dasselb Mal von dir schied, was mein Fürsatz, bald wiederumb zu dir zu kummen. Und will dir eben itzu gesagt haben, wo du mich nit in ein gut Herberg hinführest, bin ich entschlossen, dich noch nit zu begeben, wann du gleich sehr zürnest und sechs oder sieben gantzer Jahr (lust michs [nicht] anders) bei dir sein.

Hutten. So kann ich doch wohl, wie der Kardinal undertagen [täglich] umb drei Heller zehren und ein nüchters Leben führen.

Feber. So kann ich dich dargegen wohl schleckhaft machen und anreitzen, daß du mancherlei und verboten Ding begehren würdest.

Hutten. So will ich dir Ärtzt übern Hals führen, und eben mit sonderm Vertrauen Doktor Heinrichen Stromer.

Feber. Jawohl Ärtzt, jawohl den Stromer! Als ob ich dein Weis nit wüßte. Du wärest lieber ein gantz Jahr krank, ehe du einmal oder zwei Rheubarbarum, Nieswurtz oder sunst einer Purgatz [Abführmittel] nur zwen Skrupel inschlundest. Vielmehr führ den über mich, der ein Haberkorn in einem Harnglas sahe und meint, derselbig Krank hätte ein Pferd fressen.

Hutten. Da will ich wohl vor sein und dich nü⟨w⟩ zu andern Wirten hinführen. Und dweil du gern mit schleckhaftigen zu tun hast, so folg mir nach, wir wöllen hingehen zu den München [Mönchen], die mit allen Dingen sanft [wohl] leben, als dann gut Anzeigung gibt, daß sie feist sein und wohlgemäs[te]ter Häute [Leiber], leben lüstlich und im Saus. So wohnen sie stets in den Zellen und haben selten (das dir dann zuwider wär) ziemliche Leibsübung, auch saufen sie Wein und essen Fisch uff [auf] das unmäßigest. Sie⟨c⟩h zu, das ist eben ein recht Herberg für dich.

Feber. Nein, du bringst mich mit den Worten nit von dir. Dann sie hören die alten Weiber zu Beicht und lernent viel Segen, darmit sie, als weit [sobald] sie mich sehen, [mich] hinwegtreiben.

Hutten. Willtu [Willst du] dann zu den Thumherrn [Domherren], den[en] dergleich auch nit mangelt, sunder überflüssig haben, allein daß sie zuzeiten ausreiten und jagen umb Übung und Lust willen? Ich mein, es sollt gantz vor [für] dich sein, dieweil du doch Saftig[e] und Wohlgemäste begehrst, die da gantz köstlich essen, süßlich ruhen, sanftlich müßig gehen, da darfestu nit förchten, daß sie sich vorwahren mit Ärtztenien. Dann so sie leben gar ohn Sorg, zeigen die Feigen* den Artzten, die du (ich weiß nit warumb) so übel forchst [fürchtest] bei den Fuggern, so doch gemeinlich mehr krank seien, bei welchen die Ärtzt wohnen, dann die Sachsen, die ohn Ärtzt leben. Wo du sie aber je förchten willt, so nimm wahr, die, von den[en] ich gesagt hab, vorachten [verachten] die Ärtzt, über das, so liegen sie gemeinlich am Rücken und haben ihre Kurtzweil im Bad und prassen⟨d⟩ stets, sitzen da unter den schönen Metzen oft die gantz Nacht. Daraus folgt, daß sie böse, rohe und undäu⟨w⟩ige Mägen überkummen.

Feber. Solchs, fürwahr, wäre ein geschickt Volk zum Feber und auch wohl wert, daß ich ihne[n] lang beiwohnte. Ich förcht aber, daß viel ander Krankheiten bei denselben mir vorkummen seien, bei der Weise, die sie führen. Glaubstu auch, daß einer unter denen noch nit krank sei? Den nit neulich [kürzlich] das Podagram [Gicht] besessen hab oder der Stein, die Wassersucht, das Gesucht [Ischias], das Hüftweh, oder der nit aussätzig sei oder mit der Gel[b]sucht, dem fallenden Siechtag [Epilepsie], mit dem Malfrantzoß [Syphilis] oder sunst mit den bös[e]sten Geschweren [Geschwüren] behaft, als dem Krebs, dem Wolf, der Fistel, mit der Halsgeschwülst, oder aus lang herbrachter Füllerei und Trunkenheit an Händen und Füßen zittere? Oder sich in der Seiten [über Seitenschmerzen] klage oder wie er sunst geplaget ist, deshalb ich Feber destminder Statt haben mög? Dann die jetz erzählten und sunst andere unzahlbarlich Gebrechen folgend auch so wohl als ich der Küchen nach und suchen wahrlich dic Tisch und den Praß [Prasserei], haben ein Freud, bei den Feisten und Schleckhaftigen zu wohnen, zu der Fülle und mancherhand der Richt [Gerichte, Speisen] und zum Schlemm (eben wie ich auch tun) fließent sie haufendweis zu.

Hutten. Lieber, getrau mir darumb, sie sind noch nit alle krank, und zuforderst der Kurtisan*, der jüngst wieder von Rom kummen, nachdem er bei einem Kardinal daselbst gelernt weichlich zu leben, hat er sich jetz gar mitten in Praß geworfen und lebt gantz überaus fröhlich.

Feber. Trinkt er auch Wein?

Hutten. Ja, er schluckt den.

Feber. Würtzet er auch mit Pfeffer, Zimmetröhren, Ingber und Negelin [Nelken]?

Hutten. Gantz geudisch [verschwenderisch].

Feber. Hat er weiche Bett, hüpsche Tapet[en], Pflumfedern,

Pfülblin [Federkissen], Hauptküssen und seiden Wat [Decken und Kleider]?

Hutten. Aufs kostlichst.

Feber. Isset er dann auch Fisch?

Hutten. Ja, freilich, er schluckt sie, aber nur die besten und teuersten, so hält er auch viel von den Feldhühnern und Fasanen, und wann er eins Hasen isset, meint er bald hübscher davon zu werden, ihm bedunkt auch der Winter lang sein, daß die Spargen [Spargel] nit zeitig wöllen werden.

Feber. Badet er etwan [manchmal]?

Hutten. Uber Maß gern und oft.

Feber. Ist er nit beiweilen karg?

Hutten. Nein, sunder aufs geudischt reichlich [aufs äußerste verschwenderisch].

Feber. Behilft er sich auch mit den Ärtzten?

Hutten. Er hasset die feindlich und sagt, man sällt [sollte] sie des teutschen Lands verjagen.

Feber. Geht er auch in peltzen Röcken, oder ist er sunst wohl gekleidet?

Hutten. Ja wohl, eben wie einer, davon Martialis schreibt:

Frost, Regen, Schnee er wünschen tut,
Sechshundert Schauben hat er gut*.

Feber. Ich förcht, daß er mich nit lang leiden möge bei dem Wesen.

Hutten. Da sie⟨c⟩h du zu, dann warumb wolltestu einen bald umbringen, den du wohl lang brauchen magst?

Feber. Eben aus der Ursach, wo er mir zu viel gutlich tät. Aber hörstu, hat er auch Spielleut?

Hutten. Ja, und Schalksnarren dorzu.

Feber. Hat er nit auch ein schöns Metzlin, das unser pflege?

Hutten. Ja wohrlich, ein glatt[e]s, zarts und fründlichs.

Feber. Hat er ein großen Bauch?

Hutten. Er wächst ihm schon daher.

Feber. Wann er mich aber nit annähme, wo wolltestu mich dann hinführen?

Hutten. Dann will ich dich umbführen [hinhalten, nasführen].

Feber. So will ich dich durchächten [verfolgen, überlisten].

Hutten. So will ich dich verachten.

Feber. So erwürg ich dich.

Hutten. So bescheiß ich dich.

Feber. Wer? Du mich?

Hutten. Ja, ich dich, verlassend mich auf Hilf des Hungers, ziemlicher Leibsübung, Nüchterkeit und eins harten Lebens in allen Dingen.

Feber. Nun hin, ich würd den Kurtisanen versuchen, darnoch wieder nach dir denken.

Hutten. Wie du willt, ich will mich aus dem Staub heben.

Das Feber zum Kurtisanen

Herr Kurtisan, ich wünsch euch Gruß.
In euerm Haus ist Überfluß,
Drumb kumm ich, euch zu wohnen bei.
Tragt Essen, Trinken auf, seid frei.
Doch erst ein Bad man wörmen soll,
Und unser dorin pflegen wohl,
Mit Reiben, Jucken, warm und kalt,
Daraus wir gehn zum Essen bald.
Do werd ein schön Bankett gemacht,
Mit großem Kosten, reichem Pracht,
Das währe bis nach Mitternacht.
Do müssen viel Gerichten sein,
Fisch, Vögel, Wildbret, Bier und Wein.
Kein Wurtz man spar, noch Spetzerei.
Schad nit, ob das schon teuer sei,
Obs sei geholt aus India,
Gewachsen in Arabia,
Kumm aus der neuen Insel her,
Tragt auf, die Fugger bringens mehr.
Mit Essen, Trinken schafft ein Mut,
Mit vollem Bauch ist schlafen gut.
Ob dann schon ich bin auch im Spiel,
Hat wohl sein Fug, ist nit zuviel,
Ein j[e]des Wesen hat sein Ziel.

Ich habs gewogt.

4 frei = freigebig 14 Wutz = Wurzelwerk, Gewürz 18 neuen Insel = Amerika

Gesprächbüchlin Herr Ulrichs von Hutten das ander Feber genannt

Ulrich von Hutten

Do ich das Feber hätt gemacht,
 Von Pfaffen ward ich bald veracht.
Die worfen großen Zorn auf mich,
 Mich scholten ungestumiglich.
Ich sprach: Ihr Herren nun fahrt schon,
 So übel ist noch nit geton,
Ob einer liegt am Feber krank,
 Ich meint umb euch wollt verdienen Dank.
Kein Antwort mich do helfen mocht,
 Alls, was ich redt, zunichten docht.
Darumb mich dunkt der beste Rat,
 Dem Feber geben ander Statt.
 Ein j[e]der Pfaff sein Feber hat,
Des pfleg er nach dem Willen sein,
 Oft j[e]tzig Freud ist morgen Pein.
Also hab ich sie absolviert.
 Ein j[e]der des wohl innen würd,
 Ob er j[e]tz besser sei geziert.

Ich habs gewogt.

Gesprächbüchlin Ulrichs von Hutten

Unterreder: Hutten, das Feber und Huttens Knab

Hutten. Hörestu dieses Anplatzen? Horestu den Schall der gestoßenen Tür? Willtu [Willst du] uns lossen die Tür zerbrechen? Aber hör eins, sie⟨c⟩h zu dem Fenster hinaus, und würstu etwas Unbequemes innen, so sprich, ich sei nit doheimet.

5 fahrt schon = mäßigt euch 7 ob = wenn 10 docht = taugte

Feber. Du seist nit doheimet? Den ich doch diese Wort reden hör! Vielmehr laß auftun und mich aus dem Wind, Kält und Regen hineinweichen.

Knab. Es ist das Feber. Hilf Gott, hilf du ewiges Heil, wie wöllen wir uns vor dem Übel wahren? Willtu, daß ich es mit Steinen hinwegtreib? Mit Pfeilen? Und allerhand Woffen [Waffen]?

Hutten. Erstlich vorschleuß das Fenster, daß es uns nit wie etwan vor ein giftigen Luft einer [hinein] blas. Schleuß zu, und mit Fleiß!

Feber. Mach auf!

Hutten. Mitnichten!

Feber. Diese Tür pflag mir unerfordert offenzustehen.

Hutten. Aber itzo ist sie zugeschlossen.

Feber. Des ich mich verwondere, und hierumb mach auf, Wirt, mach auf.

Hutten. Das ist eben[so] geraten, als ob du sprächest: Wirt, henke dich, henke dich.

Feber. So willtu dem Feber nimmer auftun?

Hutten. Wo ich anders zuschließen kann.

Feber. Du allergastmildester Wirt, durch die [um der] Freundschaft alter Beiwohnung [willen], schleuß auf!

Hutten. Umb Gedächtnüs willen derselbigen haßwirdigen Beiwohnung ausschließe ich dich vielmehr.

Feber. Allerfreundlichster, allergütichster Wirt, willtu mir nit hinein gunnen und diese Tur auftun?

Hutten. Ich gar nit.

Feber. Ein Wollust aller Künstiger [Künste], mach auf!

Hutten. Zerstörung guts Studierens, gehe hinweg!

Feber. Mach auf, mach auf, Hutten! Ich bin das Feber!

Hutten. Das bleib.

Knab. Sprich ihm härter zu, anders würd es die Tür zerbrechen und dieses Haus erstürmen. Wie zittern die Balken, treib ab, schelt und flüch [fluche].

Hutten. Schlag für einen Riegel, und bald diesen zweischühigen. Was willtu unser, die pflegest große Herren und die Wollüstiger zu süchen? Sein [Sind] also gar kein Pfaffen mehr oder Kaufleut?

Feber. Dich suche ich zuförderst.

Hutten. Und dich flüch [fliehe] ich zuförderst.

Feber. Ist Ursach . . .

Hutten. Auch hie [Das ist es eben].

Feber. Darumb ich dich suche.

Hutten. Darumb ich dich flühe.

Feber. [Ich] verkündige dir etwas.

Hutten. Ich hör nit.

Feber. Mir ist not, dich anzureden.

Hutten. Aber mir ist des nit not.

Feber. Etwan [Früher] warestu ein ander Mann.

Hutten. Recht, dann gern sehe ich mich besser.

Feber. Laß mich unter Dach aus der Kält, aus dem Regen.

Hutten. Wie oft muß ich dir sagen, ich tu das nit?

Feber. Darumb würd unbillich von dir gesagt, du seist gutig, freundlich und herbergst gern.

Hutten. Gegen andern bin ich wohl derselbig.

Feber. Und mich schleussestu aus?

Hutten. Wie du sie⟨c⟩hst.

Feber. Unvordienter Sach.

Hutten. Vordienter Sach.

Feber. Argwöhniglich hie hestu [haßt du] mich und unbillich.

Hutten. Mich dunkt anders.

Feber. Mich aber, daß ich dir nie Leids geton hab.

Hutten. Desto weniger fugen wir zusammen, zweiträchtiglich urteilende.

Feber. So will ich dir zufallen und förter sprechen, wohl mög sein, daß ich dir etwan Leides getan, aber nun will ich dir Liebs tun.

Hutten. Würst kein Dank vordienen.

Feber. Wie weißtu das?

Hutten. Wie? Ein alter Wirt des Febers, aus langwieriger Gewohnheit vieler Weis, des viertäglichen, des täglichen, des drütäglichen, des scharfen, des gewöhnlichen und ander, der[en] Namen mir vergessen?

Feber. Ich hab ein ander Weis an mich genummen.

Hutten. Mag ich wohl leiden.

Feber. Und läßt mich ein?

Hutten. Vorwahr lasse ich dich d[r]außen!

Feber. Nit weiter dann zu Gespräch.

Knab. Erschrecke es!

Hutten. Auch nit zu Gesicht!

Knab. Willtu, daß ich ein Buchsen abschieße?

Hutten. Ehe würf ihm⟨e⟩ Linsen entgegen, Feber, meiner Guti[g]keit nach, uff daß du nit Hunger leiden dörfest, schließe ich dich aus und sende dich wieder zu den Wollüstigern, uff daß du nit klagest, ich hab dich übel gehalten.

Feber. Bei dir liebt mir, wie du mich auch haltest, zu sein.

Hutten. Aber mir weit von dir, wie du dich auch erzeigest.

Feber. Fleichstu [Fliehst du] einigs Gespräch?

Hutten. Deines vor allen.

Feber. Wie gar hastu dich verwandlet. Nit mehr dann drei Wort will ich dir sagen.

Hutten. Ich hör nit.

Knab. Du, die Wollust, Bankett, Überflüssigkeit und Roheit [verdorbene Mägen] suchest, dieses ist am nächsten unser Speis gewesen.

Feber. Ich sehe wohl Linsen.

Knab. Das ist unsere Kost, dann wir sein itzo Pythagorici*.

Feber. Aber gestert [gestern] aßet ihr Pythagoram selbst, wo anders der Fabeln nach die Seel Pythagorae in dem Hahnen was.

Knab. Wir sein verdorben [verloren], dann das Feber hat uns sehen Hühner essen.

Hutten. Den Hahnen, Feber, haben wir getötet, umb daß [weil] er auch Linsen aß.

Feber. Und gleich, als ob der Hahn in Linsen, nit die Linsen in Hahnen verwandelt wären, habt ihr ge[ge]ssen?

Hutten. Was ist es dann mehe [mehr]?

Feber. Und den Most mildiglichen [reichlich] getrunken?

Knab. Wir trunken Wasser.

Hutten. Gekocht Wasser.

Feber. Es sei also.

Ich meid auch nit die Wassertränker und hab itzo gelernet, bei ihn[en] [zu] sein.

Hutten. Darumb gehe zu dem nächsten Hüttlin, des[sen] Würt in zwentzig Jahren kein Wein nie versücht.

Feber. Wann ich dir zuvor die drei Wort hab gesagt.

Hutten. Hast gereid [schon] wohl sechshundert gesagt, doch sag die drei und gehe dann hinweg.

Feber. So ich eingelossen bin.

Hutten. Geschie⟨c⟩ht nit, sag mirs d[r]außen.

Feber. So sie⟨c⟩h heraus.

Hutten. Ich hör nit mit den Augen.

Feber. Werd dich aber ansichtiglich mehe bewegen.

Hutten. Ich begehr doch von dir nit bewegt werden.

Feber. Will dir des Kurtisans halber, wie ich den gehalten und er mich traktieret hab, Rechenschaft geben.

Hutten. Do frag ich nit viel nach.

Feber. Aber vor dieser Zeit fragstu [fragtest du] wohl darnoch.

Hutten. Uff daß ich dein loswürde, die auch noch, wölltest meinem Rat folgen, bei dem Kurtisanen bliebest.

Feber. Ich hab ihn schon verlassen.

Hutten. Such ihn wiederumb.

Feber. Das kann nit geschehen, dann er nun andere Krankheit zu ihm genummen hat, zuforderst die Frantzosen [Syphilis], mit den er elendichlich behaft ist. So was ihn auch nähest der reisend[e] Stein [Lithiasis] ankummen, darzu hat er die Gliedsucht und das Gicht [Arthritis rheumatica et uratica], uberdas ist Notdürftigkeit im Haus.

Hutten. Hat er dann nit mehe Schalksnarren, Hund und Pferde?

Feber. Nit ein Mäuslin.

Hutten. Und hat auch sein Freundin, das hübschs Dirnlin verlassen?

Feber. Nein, sunder sie hat ihn verlassen, aus nötlicher Ursach, daß nit mehe da was.

Hutten. Aber dann, warumb hast dich die [von den] andern Krankheit vertreiben lassen?

Feber. Daß ich nit im Armut sein will und süch die Küchen.

Hutten. Darin Rauch ist.

Feber. Und darin lüstiger Fratem [Brodem] und Geschmack [Geruch] ist.

Hutten. Solich sein doch bei mir nit.

Feber. Werden aber sein, wann du nun (als man sagt tun wöllest) ein Weib nimmbst.

Hutten. Jawohl Weib, vielmehr hab acht uff des Kurtisanen Dirnlein, wo es hinkumme, dann ich glaub, es werde in ein feiste Herberg wenden.

Feber. Es ist zu einem alten Thumherren [Domherren] kummen, der hat das Zipperlin [Gicht] und ist gebrochen [hat Brüche], an das [zudem] unlüstig, stinkend, langweilig, verdrießlich, unflätig und unter seinsgleichen ein Sau.

Hutten. Den es mag liebhaben?

Feber. Des Geld es lieb hat.

Hutten. Desto bequemlicher würstu bei ihm sein, dann dieweil das Dirnlin des Geldes wartet, so wartestu sein[er].

Feber. Mich erbarmet aber sein, dann er so viel Pein von ihr hat, daß er des Febers wohl entbiret [entbehret].

Hutten. Aber mein hat dich nie erbarmet.

Feber. Do warestu mit dem Übel nit beladen. Dann du weißt nit wie ein großes Übel ist ein Zuhälterin im Haus.

Hutten. Ein Übel? So doch die Pfaffen soliche nit allein mit Fleiß, sunder auch mit Zank begehren und wohl so sehr⟨e⟩ umb sie kriegen als zu Rom umb die geistlichen Lehen.

Feber. Umb der Ursach willen ist auch das Übel desto größer, daß es mit Willen und Begier kummpt.

Hutten. Mag dann einer Übel mit seinem Willen haben?

Feber. Ab [Ob] das ander Leut mögen, weiß ich nit, vorwahr, die Pfaffen mögen das.

Hutten. Daß sie an ihre Zuhälterin freundlichen Fleiß köhren und etwan umb derenwillen von Sinnen kummen, weiß ich wohl, daß ihn[en] aber das ein Ubel sei, ist uber mein Verständnüs. Dann ich kann nit vormerken, wann es ihne ein Übel wär, wie sie das mit gutem Willen zu ihn [sich] ziehen wörden.

Feber. Ich vorstehe es aber wohl, und aus langer Gewohnheit hab ich das gelernet. Zum ersten haben sie inbrünstigklicher[e] Lieb zu den[en] dann [als] die Ehemänner zu ihren Hausfrauen.

Hutten. Das weiß ich wohl.

Feber. Aber die hinwider haben e⟨i⟩n[t]weder gar kein oder aber ein sehr kalte Lieb zu den Pfaffen, Ursach, daß solich Weiber uff ein Zeit viel zugleich liebhaben, ein Teil umb fründliches Beiwesens willen, andere, daß sie reich, etliche, daß sie guts Vermögens sein.

Hutten. Wenn man denn eine fünde, die ihre Lieb nit zerteilet, sunder allweg einen liebhätte, wär auch von derselbigen Ubel?

Feber. Mitnichten, wenn man eine fünd. Dann ein solch[e] unter den Pfaffenkellnerin ist wie der Vogel Phönix seltsam, dann wie kann eine, die einmol ihr Ehr, ein unwiederbringlich Ding, verloren hat, immer ab Schanden Entsetzung haben?

Hutten. Du willt sagen, dieselbigen Frauen achten forter mehr [fernerhin] leicht uff das, das sie dermaßen verloren haben, daß es nimmer wiederbracht werden mag?

Feber. Eben also. Und darumb, die einmal sich uff den Platz ergeben hat, will darnach allwegen freilich uff demselbigen umbgehen. Und seitemal sie vor gewiß hat [weiß], daß sich niemand Ehren zu ihr versie⟨c⟩ht, acht sie klein Gerücht und Leimund [Leumund]. Derhalben gebraucht sie sich der angenummen

Schand. Und wo ihr gebuhren mag, schafft sie ihr [sich] Lust mit Fleiß der Männigfältikeit. Dann Verlust der Ehren (dem lüstiger Gebrauch anhängt) ist nit wie andere Ding.

Hutten. Solichs ist aber ein böser Gebrauch.

Feber. Davon disputier ich nit. Aber fürwahr unter solichen Frau⟨w⟩en, welch nit viel Männer sücht, allein die meint, ihr Ehr mit Schaden verloren [zu] haben. Dann zu Ergetzlicheit der verloren Ehren ist erfunden, daß sie an viel Örtern ihre Gelust erfüllen. Deren auch etzlich ein bös Leben angehen, umb daß ihn[en] an einem Mann nit genüget. Welchen Mannen nun soliche Zuhälterin werden, haben große Marter von Eiferen [Eifersucht].

Hutten. Ist dasselbig nit auch in der Ehe?

Feber. Zuzeiten auch, und sein wohl Eheweiber, die dergleichen auch sündigen. Aber soliche fallen in die Schar der losen Frau⟨w⟩en und bleiben nit teilhaftig der ehelichen Würdikeit. Dann die Frummen enthält erstlich Scham. Dornoch bezwingt sie Gewissen ehelicher Pflicht und Ansehens ihrer Kinder, inwendig den Enden [Schranken] der Ehrberkeit, deren Ding die Losen nit acht haben dörfen. Dann sie sich ohn Sorge erlüstieren. Und je geneigter sie zu dem seind, je sorgfältiger ihr[e] Liebhaber bei ihn[en] leben, die werden erbärmklicher Weis gep[e]iniget, darumb daß sie sehen, [daß sie] mit solchem ihrem Schaden ⟨sich⟩ veracht werden.

Hutten. Mit welchem Schaden?

Feber. Vielfältigem. Dann überdas, [daß] die, so in der Unehe sitzen, uff daß sie ihren Zuhalterin behäglich leben, ihre Seelen (das edelst Teil ihres Lebens) verderben, so müssen sie auch angehaltens Fleiß mit Wohlessen und Trinken und köstlicher Kleidung viel vortzehren und mit überiger Unreinigkeit die Kräft ihres Leibs schwächen. Neben diesem achtet ein itzlicher solicher gar gering, sein gut Gerücht, domit er ihres Gefallens lebe, in [Ge]fahr zu setzen.

Hutten. Daraus ich nimm dein Meinung, daß die Pfaffen, so Zuhalterin haben, all das Ihre, Leib, Seel, Ehr und Gut verlieren?

Feber. Wo sie sich denn angezeigter Maß ergeben, sehe ich nichtes, das sie behalten.

Hutten. Bald würdestu mich überreden, daß ich spräch, sie wären unselig.

Feber. Daß du sprächest? Wer ist unseliger dann die, [die] also leben, daß sie bei solicher Verliesung [Verlust] ihrer Güter nimmer geruglichen [ruhigen] oder friedsamen Müt haben, dieweil sie kein Treu umb sich sehen.

Hutten. Daß unter dem großen Hausgesind der Pfaffen selten j[e]mands, der sie mit Treuen meine, erfunden werd, hab ich gut Wissen, welches ist aber die Unrüwe [Unruhe], mit der sie beladen?

Feber. Nit eine. Uff daß ich dir aber mit kurtzen Worten Bericht gebe, sag ich, bei den ist die Peinigung und Fülterei [Folter], von den der Poet Plautus will verstanden werden, do er den Buhler also redend einführt:

Mit Marter, Pein ich übertriff
  All Leut in meinem Hertzen tief.
Mein Sinn gerückt würd hin und dar,
  Gekreutziget, zerstoßen gar,
In einem Rad mich Lieb umbtrebt
  In Todesfahr mein Leib umbschwebt,
Ich werd gezogen und geziert,
  Gedehnt, zurrissen und gesperrt.
Von mir hat sich geteilt mein Sinn,
  Von Witz ich gar verlassen bin.
Do ich itz bin, do bin ich nit,
  Do ich nit bin, mein Seel da wit.
Manchfaltig ist mir mein Gedank,
  Uff Fürsatz allerlei ich wank.
Itz liebt mir das, dann jehns ich will,
  Mit mir die Lieb treibt Affenspiel,
Wegt, zwingt, stößt, jagt mich hin und her,
  Daß ich itz jehns, dann das begehr.

Das wiewohl in einer gemein von allen Buhlern, so in Lieb wüten, gesagt, mag es doch zuforderst diesen unsern zugeben werden. Dann erstlich fressen sie sich in ihren Hertzen, daß, wiewohl sie ihre Frauwen uff das allerinbrünstigest lieb haben, mögen sie doch dergleichen von ihn[en] wiederumb nit erlangen. Ab [Ob] sie ihn dann schon liebten, wäre ihn doch soliche Lieb mit viel andern gemein. Dieweil dann Lieb ein Ding ist, das ⟨es⟩ keinen gemeiner [daneben] leidt, ist ihre Sorgfältigkeit [Sorge] so viel desto größer, daß sie ihre Lieb an die Leut kehren, den[en] einiglich Lieb nit annehmlich ist. Ob dann nun ein

3 dar = her 5 umbtrebt = herumwirbelt 7 geziert = gezerrt
10 Witz = Verstand 12 wit = weilt 17 Wegt = Wiegt

Buhlerin von Natur unfreundlich oder auch häderisch und zankhaft ist, wer mit der in Lieb behaft, dem ist bekümmerlich, daß er nit gute Wort, ich gschweig der Taten, von ihr haben mag. Ist aber ein[e] freundlich und macht sich gantz holdselig, so macht sie einen Verdacht und Argwohn, dann er nit glauben darf, daß sie einweder solchs aus Hertzen oder aber einem andern nit auch tu. Mein Wirt, sooft ihn das Meidlin freundlich anlachte, lieblich umbfing, ihr Mündlin bot, sprach er mit einem Seufzen: O mein liebs Elslin, wöllt Gott, du meinest mich mit Treuen und diese deine ertzeigte Lieb wär dir im Hertzen. Antwort sie: Wie dann anders, mein ich dich dann nit mit Treuen? Oder ist mein Lieb nit von Hertzen? Kennestu mich also? Dann warf er ihr für [vor] einen von den Jünglingen, die täglich pflagen in sein Haus zu gehen, die er etwan sa⟨c⟩h das Meidlin küssen oder aber sunst freundlicher, dann ihm zu leiden gebühren wollt, halten. Do erhub sich ein Gerüf, ein Hadern, ein Schelten und ⟨zeiten⟩ ein langwierige Zerteilung [Streiten]. Dann Elslin rüf, es hätt mit so langem, freundlichem Beiwesen anders nichts umb ihn verdienet, dann daß er bös Vordacht uff sie hab. Sprach, die Pfaffen ein untreu, argwehnig Volk sein, und fragt: Wo sein nun die tapfere [großen] Verheißungen, die groß gemachte Hoffnung, die du mir eingesprochen? Ist dieses der Dank, daß, do ich fürstlicher Lieb teilhaftig sein möcht und ward von viel Reichern beworben, hab ich dich vor alle gesetzt, mein Wollust, mein Schimpf [Späße, Tändelei] und mein junges Leben dir allein untergeton? Hab dich also lieb gehabt, daß ich den reichen Jüngling, der mich zu der Ehe genummen und zun Ehren bracht hätte, übergeben [aufgegeben] hab. So mag in dieser gantzen Stadt kein[e] sein, die also einen Glauben halt, die also häuslich und dem Gut verständig. Ich hab dasjene, so andere zerstreuen, gesammlet, das andere vorwüsten, behalten [erhalten]. Unter solichem ward sie weinend und treib dem Armen auch Zehern [Tränen] aus sein[en] Augen. Also gar nit verstund er ihre Betrügnüs.

Hutten. Was sie dann nit ein soliche?

Feber. Das will ich dir sagen, wie sie was. Zehen andere Liebhaber hätte sie also heimlich, daß sie die oft alle zu einer Mahltzeit geladen. Dann sie zwang den Pfaffen, wie oft sie wollt, die zu heischen [laden], eins an diesem, das andere an jenem lobende. Sie kunnten uff der Lauten pfeufen, Sprüch dichten, etzlich tantzen, ein Teil schimpflich [kurzweilig] Geschwätz treiben, itzlicher [jeder] was uff etwas gut. Ab [Ob] dann schon einer etwas nit wohl kannt, genoß er doch ihres Angeben [Rühmens]. Und oft uberredt sie den Pfaffen, einer kannt [könnte] das, [was] er nie gelernet hatte. Dann nütz was ein jeder, der ihr wohl gefiel. Aber ihre Liebhaber hielt sie ungleicher Weis: von etzlichen nahm sie, gab den andern; vor allen Dingen leeret sie das Haus.

Hutten. Dieses was, als ich sich [sehe], der ander Grad seiner Unseligkeit.

Feber. [Es] ist, die äußerlichen Güter [zu] verlieren, ein Unseligkeit. Wein und Getreide hintragend und dasselbig nach ihrem Gelüst austeilend, hat in der Vorstadt ein Häuslin, darein sie trug, was sie behalten wollt, befahl⟨ch⟩ das einem alten Fräulin, das sich meisterlich wohl uff der Buhlerei verstund. Desselbigen Geschäft was, neu Kundschaft und Lieb zu bewerben, wo es mocht etwa einen schönen oder wohlhabenden Jüngling funden, er wär gleich Frembd[er] oder Landsmann.

Hutten. Als ich sihe, ist er an dem unseliger gewest, daß er das Übel mit solchem seinem Schaden gehalten, dann daß er ihr Lieb nit erworben hat. Dann der Lieb halben hat er daran genug gehabt, daß er geglaubt, sich von ihr geliebt werden. Seitemal, als in viel andern Dingen, Glaub in der Lieb großes Vermögens ist.

Feber. Es ist, wie du sagst. Aber umb den Glauben hat es diese Gestalt, daß, je mehr es einem nach seinem Willen geht, je mehr förcht er mittele [dazwischenkommende] Zufäll, die ihm die geglaubten Lieb benehmen. Darumb, do der Kurtisan krank ward erstlich durch mein Anzündung . . .

Hutten. Also verderbstu den Frau⟨w⟩en ihre Männer?

Feber. Verstör mich nit mit Einreden. Erstlich durch mein Anzundung, darnach als ihn der Stein ankam und nach dem andere Krankheite, eine nach der andern, und er sich, sie ihres Gelustes zu erstatten, gebrechlich befand, zittert er, sooft er einen sa⟨c⟩h ins Haus gehen, Elslin grüßen, umbfahen [umfassen] oder ihm [ihr] freundlich winken, förchtende, daß es ihm nit einer dieweil er krank wär abspannet.

Hutten. Ich glaub, er hab den Turn [Turm] Danaes gewüns[ch]t, darein er sie schlüssen möcht.

Feber. Nit, sonder vielmehr p[f]lag er ihres Willens. Dann Elslin wollt unverschlossen sein, was gern bei viel Gesellschaft, also daß es sich meint allein sein, wenn es zwüschen drei oder vier starken Jünglingen zu Tisch saß. Do der Pfaff nun solichs vermerkt (dann er mußt eigentlich achthaben, wazu sie geneugt wär, ihr das zu bestellen), macht er oft Bankett, darzu er leud [lud] von allen Orten, wer künnt Freud oder Kurtzweil machen, uff daß er den Gebrechen an ihm mit Vorwesung anderer erfüllet [über seine Gebrechen hinwegtäuschte], sprechend: Mein Elslin, schaff dir einen guten Mut und Gebrauch dieses Lebens [amüsier dich], bis es besser mit mir würde. Dann er verhieß ihr nach wiedererlangter Gesundheit ein seliges [glückliches] Leben.

Hutten. Sa⟨c⟩h er unter diesem nit, daß ihm sein Haus geleert ward?

Feber. Die Buhler sehen nichs, dann die Lieb ist blind.

Hutten. Merket er das auch nit?

Feber. Weniger wann [als] ein Kind.

Hutten. Do sollt man ihn vormahnet haben.

Feber. Er was nit gehörig, dann als Menander der greckischs [griechische] Poet spricht: Natürlich jeder Buhler hat verstopfet Ohrn gein [gegen] weisem Rat.

Hutten. Darumb seind die von Thespien unsinnig gewest, daß sie gleich wie Iovi, also auch Amori Spiel machten, so anders [wenn] solicher Unrat von der Lieb kummpt.

Feber. Es kummpt denjenen, die ihr Lieb nit wohl anlegen und allein Gestalt des Leibs vor Augen haben. Dann anders ist es mit der Tugend Liebhaber geton.

Hutten. Das seind diejenen, so ihr eheliche Weiber liebhaben?

Feber. Es seind ihr etzliche.

Hutten. Ich verstehe, daß es ein große Pein ist, etwas lieb [zu] haben, das nit lieblich ist, und doch [zum] Liebhaben gezwungen [zu] werden.

Feber. Und also gezwungen werden, daß einer sein Sinn darüber verleust [verliert].

Hutten. Wie werden sie aber also sinnlos, daß sie soliche Torheit tun?

Feber. Darumb, daß Amor ein Kind ist, geboren [gebahren sich] kindlich alle Buhler, und darumb, daß die Lieb leicht ist und fliehen [flüchtig], vormeiden die Buhler alle Tapferkeit und gehen mit Leichtfertigkeit umb.

Hutten. Darumb auch gleich wie die Kinder lieber mit Nüssen dann mit Geld umbgehen, also auch die uff das heftigst liebhaben, dieweil sie ihrer Narrheit nachgehen, versaumen sie ihr Gesundheit, ihr Heil, ihr Freundschaft, ihr Gut, ihr Haus, Ehr, Gerucht und alles, das nit allein nit zu mangeln, sunder mit Schweiß und Erbeit [Mühe] zu erwerben ist.

Feber. Uff ein Nadelspitz nahe hastu hinzu getroffen. Dann uff daß sie etwan ein gute Nacht haben mögen, ein fröhlich Bankett, Tantz oder Schimpf, kummpt ihn[en] nit in ihre Gemüt, was ehrlich oder nütz sie [sei].

Hutten. Als mich aber bedunkt, haben sie dannoch den Nutz dargegen, daß sie in der Buhlschaft erjüngen und allweg einen leichten, fröhlichen Mut haben.

Feber. Du willt sagen, daß sie allweg Narren seind und leben in Irrtumb, ihr Wesen uff keinen Grund setzend, sunder, als Seneca spricht, allweg anheben sie zu leben*, dann soliche Leut vortreiben ihre Zeit in dem Müßiggang.

Hutten. Meinstu dann, daß niemand sein Leben grundfestige dann der, [der] ein Eheweib hab?

Feber. Fürwahr, dieselbigen haben ihr Leben in Bestand gesetzt.

Hutten. Willtu dann, daß ich ehelich werde?

Feber. Das will ich nit.

Hutten. So willt auch nit, daß ich meinem Leben einen Grund setz?

Feber. Das will ich, aber uff ein ander Gestalt.

Hutten. Daß ich mit einer Zuhälterin haushalt?

Feber. Mitnichten. Sunder daß du ohn ein Weib lebst.

Hutten. Des hab ich keinen Willen. Sag mir aber, warumb verbeutestu mir, ein Weib zu nehmen?

Feber. Erstlich deinenthalben, umb daß sie dir Mühe machen und kein Rüwe [Ruhe] lassen, dich an deinem Studieren verhindern würd. So rat ich es auch meinenthalben nit, dann die Eheweiber leiden das Feber nit, mit Fleiß ausschließend⟨e⟩ von ihren Mannen, deren Wartung sie sorgfältiglicher dann not ist pflegen.

Hutten. Mit den Worten machstu mich eines Weibes noch me[hr] wider vor [als zuvor] begierig, aber vergiß der Red von den Buhlern nit.

Feber. Alles, was nötlich ist, achten sie nit, haben allein Fleiß auf ihre Geucherei [Narreteien], die sie doch nimmer vollkummentlich zu Gefallen erlangen. Dann ob es ihn[en] schon etwan wohl uff der Buhlschaft zustehet, ist das doch ein kurtze Freud, und sei, wie ihm wöll, so haben sie das nit zu eigen. Dann dieweil soliche Frau⟨w⟩en einen umbfahen [umfangen], denken sie an den andern, haben zu keinem rechte Lieb, sunder denken nur, wie sie vieler Mannen teilhaftig mögen werden. Nit an [ohne] große Fürsichtikeit, dann sie ihr hinlaufend Zeit bedenken, zählen oft ihre Jahr und etwan strofen [strafen] sie sich selbst, daß sie ihn [sich] nit mit so viel Mannen als wohl müglich gewest wär, Lust geschafft haben. Und mehr seind sie der Zeit karg dann keines andern Dinges, zuvoran wo Gewinst ist. Dann umb Gelds willen machen sie sich unterton und lassen sich damit bewegen.

Hutten. Sag mir eins, werden sie mehr durch Geld dann durch Wohlgestalt bewegt?

Feber. Die Weisern lassen sich mehr [durch] Geld bewegen. Dann welche ihre Lieb unweislich anlegen, sein [sind] den Hübschen also geneigt, daß sie den[en] oft Geld zugeben.

Hutten. Aus deinen Reden folget, daß zwei Geschlecht sein der Buhlerin, etzlich buhlen nützlich, etzliche lüs⟨ch⟩tlich.

Feber. Noch ist das dritt, die beider Gestalt buhlen.

Hutten. Als das Elslin, das einem gab, von dem anderen nahm, jenen umb Gestalt willen, diesen des Gelds halben liebhabend.

Feber. Als noch viel und ohn Zahl tun. Darumb hab ich oft die Pfaffen vor Forcht zittern gesehen, wann man bei ihn[en] etwan von einem sagt, der viel Geldes hätte oder sunderliche hübsche von Gestalt wäre.

Hutten. Ich hab dergleichen selbs gesehen, wiewohl ich noch nit all Ding gesehen.

Feber. Noch viel mehr, wo ihrn ein reicher oder ein wohlgestalter Jüngling ins Haus kam.

Hutten. Nit ohn Ursach, wo anders das Glick also viel in der Lieb vermag.

Feber. Gleubt man den[en] von Ägyra*, so vermag es mehr dann Gestalt, darumb hatten bei ihnen die zwen Götter Amor und Fortuna einen Tempel.

Hutten. Warumb ließ dann der Pfaff diejenen, so dermaßen geschick [beschaffen] waren, nit auswendigs Haus?

Feber. Er hätt es wohl geton, hätt er gedörft.

Hutten. Als ich sehe, müssen die Pfaffen ihre Zuhälterin förchten.

Feber. Mehr dann je ⟨kein⟩ Untertonen einen Tyrannen.

Hutten. Warumb stoßen sie die dann nit von ihn [sich], wenn sie nit ihres Gefallens leben?

Feber. Sie täten es wohl, wann sie die nit lieb hätten.

Hutten. Ein jämmerlich Wesen zeigstu mir an, sie nit dörfen ihren Nutz schaffen oder zum besten köhren und zu ihrem Schaden gezwungen werden. Was haben aber die Fräulin an ihnen selbs, das also zu förchten ist?

Feber. Den Zorn, in dem sie schelten, flüchen, schänden [lästern], hadern und sich zeiten [zeitweise] gar von den Pfaffen köhren.

Hutten. Von dannen ist soliche Forcht?

Feber. Von dannen. Wann in ihrem Zorn dörfen sie wohl alle Heimlicheit sagen und unverschampt allen Schimpf und Ernst, wie sie den mit den Pfaffen getrieben, offenbaren, und ob die Pfaffen irgend etwas geredt oder geton, des sie Hehlung nimmpt [von dem sie annehmen, daß es geheim bleiben soll], der keines verschweigen sie.

Hutten. Bescheid mich, förchten dann nit auch die Ehemänner ihre Weiber?

Feber. Umb dieselbigen hat es gar ein ander Gestalt, dann die Forcht, von der ich sag, ist gemeiniglich in der verbotenen Lieb, gleich wie Herkules forcht sein Buhlschaft, das Meidlin Omphalen, und was ihr in allerlei Dienst zu Willen, aber sein Eheweib Deianiram forcht er nit und ward von ihr nit zum Rocken [Spinnstock] und der Spindeln getrieben.

Hutten. Democrates [Demokritos] spricht: Einem Mann mag größer Spott nit widerfahren, dann daß er sich [durch] ein Weib zwingen läßt. Hat er nun, als zu vorstehen, solichs in der Ehe vor Schand geacht, wie lästerlich ist es dann bei den Buhlern? Darumb hat die ehelich Lieb ein große Sicherheit, do Band in sein, durch welche zwei also verstrickt werden, daß die obgemeldte Forcht nit bei ihn[en] ist.

Feber. Du sollt aber darumb kein Weib nehmen.

Hutten. Da will ich nachdenken. Fahr du fort⟨an⟩.

Feber. Mit dieser Notforcht dringen sie den Pfaffen ab Geld, Kleider, Kleinode, Dienstmägde und dergleichen, was sie wöllen, trauende [drohend], wo sie ihne[n] solich Ding nit verschaffen, hinwegzuziehen. Ist dann irgendeiner ungeduldiger, dann sich dem Ort gebührt, und will ihn[en] widerbellen, oder, als man etzliche findt, sie schlagen, zu dem spricht eine: Weißtu nit, Pfaff, daß ich etzlicher Ding Wissen hab? Itzo will ich das von dir sagen. Läuft damit aus dem Haus, derhalb er in große Forcht kommpt, dann er weiß, daß sie [es] [ver]mag, ob [wenn] sie will. Wohrlich, unser Elslin hub allen Tag ein neuen Krieg an. Itzo hatten andere Weiber bessere Kleider dann sie, denn hatte sie Ring oder Gestein bei einer gesehen, der anderen gehen 25 Mägd nach, aber sie müß alltzeit allein und ungeschmückt gehen, darüber macht sich ein Rüfens [Geschrei], und ward er bewegt, ab [wenn] kein Geld do was, Wein oder Korn zu verkaufen oder aber uff Wucher umb die [bei den] Juden entlehen.

Hutten. Das hat er mit Schaden geton.

Feber. Ander[e] hab ich sehen stehlen aus der Kirchen und anderswo, uff daß sie zu geben hätten. Nämlich einen Münch [Mönch], der buhlet mit einer zu viel köstlichen Dirn, der er Gold und Silber aus der Sakristien bracht.

Hutten. O du heilige Geistlicheit! Tun das auch die Münch?

Feber. Münich? Gleich, als ob etwas wär, das nit auch Münich täten, so wohl als ander Leute. Noch mehr hab ich etzliche gesehen meineidig und treulos werden, mit Vorgift [Gift] morden, Verräterei zurichten, wider alle gute Sitten und Glauben handlen.

Hutten. Fürwahr, die sich solicher Ding schuldig wissen, buhlen mit großen Sorgen und Forcht. Warumb vorhehlen sie aber nit den Weiben ihre Heimlicheit?

Feber. Daß sie liebhaben, und kein Buhler mag schweigen. Dann Cupido geht nacket und bloß.

Hutten. Derhalben entblößen sich die Buhler auch und halten nichtes vordeckt?

Feber. Ja, die dermaßen buhlen.

Hutten. Mit ihrem großen Schaden, als ich acht, darumb ist dieses ein [ge]fährlich Buhlschaft.

Feber. Wie du sagst. Dann die Lieb der Zuhälterin ist unstet, so haben sie kein Gewissen und scheuen nit Zucht oder Ehr, dann sie haben die schon ubergeben [aufgegeben]. Derhalben sie dem nächsten offenbaren, was sie von andern gesehen oder gehort haben, etzliche aus eigener Gebrechlicheit weiblicher Natur, daß sie nit wohl schweigen künnen, etzliche uff daß sie Dank und Gunst erwerben umb die, den[en] sie soliche Ding offenbaren, etzliche den[en], die sie besorgen [aushalten], zuwider, wann sie über die erzörnt sein. Und gar leichtlich tun sie das, wenn sie ausgetrieben werden.

Hutten. Dieweil du mir, worumb die Zuhälterin nit bald auszutreiben seind, erklärt hast, bin ich weiter ungezweifelt, daß [die] ein armselig Leben fuhren, die mit solichen Notbezwang inwendig ihren Hausen vorstrickt sein. Dann itzo dunkt mich, wie ich sehe und hör, [daß] sie alle Ding reden und tun umb der Weiber willen.

Feber. Auch Freund und Feind den[en] zu Gefallen machen und haben.

Hutten. Und oft ihren Nutz und Frummen, uff daß sie den[en] zu Willen seien, ubergeben.

Feber. Sich aller Leichtfertigkeit fleißen, nichtes Tapfers angehen.

Hutten. Und was die Geistlicheit antrifft, soviel als ein Bohnen achten.

Feber. Billicheit und Unbillicheit zu [für] gleich achten.

Hutten. Wie gar mitnichten geziempt den Geistlichen solichs Leben, dann so ihn[en] geistliche Ding also gar heftig befolhen sein, daß sie derhalben alle weltliche Sachen zuruckschlagen söllen, ist es ein groß Verkehrung bei ihn[en], also großen Fleiß uff eitel und unnütze Ding [zu] legen, daß sie der Geistlicheit dieweil vorgessen. Wiewohl sie der nit gantz vorgessen, dann ich sie, umb geistlich zu werden, gein Rom laufen und daselbst schwer und vernichtlich [niedrigen] Dienst tun gesehen.

Feber. Das tun sie nit umb Geistlicheit willen, daß sie besser, sunder umb der Pfründen willen, daß sie reicher werden.

Hutten. So ist all ihre Sorg, reich zu werden, aber geistlich zu sein, achten sie nit?

Feber. Wie die Geistlicheit an ihr [sich] selbs ist, achten sie der gar nit, aber allein den Namen, umb daß der großen Gewinst mit ihm [sich] bringt, fleißen sie sich mit aller Uppikeit zu erwerben. Dann sichstu [siehst du] nit, wieviel großer Buben sich mit dem ehrlichen Namen decken?

Hutten. Jetzo erst erkenn ichs.

Feber. Das hastu mir zu danken.

Hutten. Ist wahr.

Feber. Hierumb läßtu mich ein?

Hutten. Das bin ich noch nit bedacht.

Feber. Noch nit? Und wolltest also undankbar sein, daßtu mich, die dich weis mache, nit herber⟨i⟩gst?

Hutten. Ich mag dich nit leiden, wiewohl du würdig wärest, von einem geherbrigt [zu] werden, wann du nit also viel Böses bei dir hättest.

Feber. Wieviel?

Hutten. Mehr dann mir anzunehmen.

Feber. Du bist zumal zart und unleidlich worden. Etwan hättest du dir vorgesetzt, alle Bitterkeit umb der Künst willen zu leiden.

Hutten. Mich hastu nun genug unterweist, hernach lehr die Pfaffen, daß die den rechten Weg gehen, dann ich sehe nichtes, daß sie mit Christo gemein haben.

Feber. Ich hab dir doch gesagt, sie haben Übels an [ohne] das genug, derhalben ich Feber nit Statt bei ihnen hab. Darumb auch Jupiter, als er innen ward des Pfaffenlebens mit ihren Frau⟨w⟩en, sprach er: Dieses soll der Pfaffen Feber sein. Und hieß mich bei andern Leuten herbrigen.

Hutten. Bei welchen andern?

Feber. Erstlich bei dir, wo ich dir aber nit gefiel, söllt ich zu den Kaufleuten und reichen Burgern in den Städten, die in Freuden und Wollust leben, gehen.

Hutten. Do nun Jupiter solch Ding mit dir redet, sagt er nit auch, wie ihm gefiel das Gestift [Dekret] des Papstes Callisti [Kalixtus II.], daß die Pfaffen nit mehr Eheweiber haben söllen? Daucht ihn auch billich, [daß] der Geistlichen Leben von dem ehelichen Stand (des Gott selbs ein Anfänger) zu einer Büberei und Hurenleben geraten sein?

Feber. Das daucht ihn gar nit. Sprach auch, man hätte ihn umb solichs nie gefragt und uff die Zeit das Gesetz gemacht, wär er nit im Rat gewest. Sein Meinung sie [sei] auch, man söll das abtun und den Pfaffen wieder als etwan [wie früher] Eheweiber geben, uff daß sie nit morgens, von dem unreinen Bett aufstehend, mit befleckten Händen und Gemüten das Heiligtum handelen.

Hutten. Das rate ich auch, und besunder umb deinentwillen, daß du wieder Statt bei ihnen habst. Dann dieweil sie in der Unehe sitzen, vorsehe ich mich, du wöllst mit ihn[en] nichts zu tun haben.

Feber. Nichtes. Dann Jupiter hat mir das verboten, so haben sie auch an [ohne] das andere Krankheiten bei ihn.

Hutten. Die haben sie von ihrer Fresserei?

Feber. Auch von den Zuhälterin, welche oft umb Gewinns willen die Kranken visitieren, es sei einer aussätzig, wassersüchtig oder hab die Frantzosen [Syphilis] oder andere dergleichen Krankheiten, die sie von dannen heim⟨et⟩ mit ihn [sich] bringen und uff ihre Beischläfer schütten.

Hutten. Das ist auch ein groß Teil ihrer Unseligkeit.

Feber. Wie du sagst.

Hutten. Welch Pfaffen dann keine Zuhälterin haben, willtu auch dieselbigen verlassen?

Feber. Auch dieselbigen. Dann mit Geitzikeit (das eine große und unvorgleichliche Krankheit ist) seind sie beladen.

Hutten. Die dann auch nit an Geitzikeit siechen, was willtu mit den[en] machen?

Feber. Die seind arm, und ihre Bederflicheit treibt mich von ihn.

Hutten. Allerlei Ursach süchestu, uff daß du bei mir herberigen mögest. Aber es würd nichts doraus.

Feber. So würde auch Weisheit bei dir nit herbrigen.

Hutten. Wer hindert das?

Feber. Dein Geilheit, die allein ich preideln [zäumen] kann.

Hutten. Du schwächst die Macht des Körpers.

Feber. Ich mehr[e] die Kraft des Gemuts.

Hutten. Du verbrennest das Geblut.

Feber. Ich lesche aus die Brunst der Unkeuscheit.

Hutten. Du kränkst [machst krank] das Hertz.

Feber. Ich mach weislich die Sinn.

Hutten. Du bringst Schmertzen.

Feber. Ich treib aus Unreinigkeit.

Hutten. Wie? Bistu nit [die], die oft verhinderest viel redlicher Taten der Menschen?

Feber. Wie? Bin ich nit [die], die viel Sünden unterlaufe?

Hutten. Mit der Weis wären alle Krankheiten gut, dann sie auch wie du den Leib schwächen und verzehren die Kraft.

Feber. Nit wie ich, dann deren etzliche stinken und werden vermieden, machen ungestalt mit Geschwer [Geschwüren] und etzliche fressen das Fleisch hinweg, verkrämpfen die Sehnadern und lähmen, derens keins in dem Feber ist.

Hutten. Das fehlt [ist falsch], dann in etzlichen Fiebern sein auch solich Gebrechen. Und ob der schon keiner wär, so seind doch Magerheit, Bleiche und der Tod selbs nit weit.

Feber. Des Todes halben antworte ich und sprich, daß keiner, der mich zu halten weiß, am Feber stirbt. Aber mager sein und bleich, ist das bös?

Hutten. Als mich bedunkt.

Feber. Willtu dann einen Qualsterbauch [Schleimbauch] haben, daßtu so viel dest ehe wassersüchtig werdest? Oder willtu rot Farb haben, daß jedermann sprech, du studierest nichts?

Hutten. Ein lüstig [listig] Ding ist das Feber. Du würst mich aber nit überreden, daß ich umb sehr Studieren Ansehens willen begehr, bleich zu sein.

Feber. Aber etwan begehrtestu das, uff daß deine Meister sprächen, du wärest fleißig. Doch vielleicht bistu nun ein Buhler und, daßtu den Frau⟨w⟩en behagest, willtu rotfärbig sein. Daran du irrest, dann mehr würstu ihn[en] bleich gefallen, dann sie werden sprechen, es kumme dir von viel Studieren.

Hutten. Welch seind die?

Feber. Die liebhaben Vernunft und Kunst.

Hutten. Ja, wohl Vernunft und Kunst, als ob irgend Weiber wärent, die nach Künsten und Studieren fragten, dann Gestalt und Reichtumb liebt den Weibern.

Feber. Du bist nicht recht weis [klug], aus keiner andern Ursach, dann daß du nit das Feber hast. Den Frau⟨w⟩en ist vordächtlich die Hübschheit der Mannen. Es sei dann, daß eine aus Jugend oder Unerfahrnheit nit wiß, was sie liebhaben sölle. Die Weisen aber sehen an das Gemüt der Mannen und nit das Angesicht.

Hutten. Aber Reichtumb haben sie lieb.

Feber. Dieselbig Krankheit ist Frauen und Mannen gemein.

Hutten. Derhalben ist zu förchten das, dieweil ich nit reich bin, wo du mich darüber[hinaus] auch ungestalt machest, daß ich beiderlei halben verworfen werd und nehme mich kein Weib.

Feber. Wo ich dich ungestalt mach? Seind dann die Bleichen ungestalt? Hastu also behalten, was dich Ovidius lehret, do er spricht:

Bleich soll ein jeder Buhler sein,
Dann Bleicheit macht ein Buhler fein.

Hutten. Es war mir vergessen. Aber eins will ich dir sagen. Ich will kein Buhler sein, so will ich auch nit bleich sein. Aber von dir förcht ich zuforderst Schwacheit des Leibs.

Feber. Nun will ich dir doch dein Kraft nit nehmen, dann viertäglich will ich bei dir sein.

Hutten. Darzu viertäglich? Du behagst mir nit.

Feber. So bedenkstu nit, was von mir geschrieben ist, daß ich den, bei dem ich viertäglich gewesen bin, hernach stärker mache und vermöglicher, dann er je gewesen sei.

Hutten. Du bist vormals auch viertäglich bei mir gewest, aber hast solichs nit bewiesen. Was soll ich dir dann glauben?

Feber. Zur selbigen Zeit waren auch andere Krankheiten bei dir, darumb ich nit vollen Gewalt uber dich hätte. Aber itzo, so ich allein bei dir, würd ich dich gantz hurtig machen und erfrischen.

Hutten. Mit welcherlei Weis?

Feber. Erstlich will ich dich schwank [schlank] und dünne machen, daßtu behend werdest, dann sieder [seit] du am Leib zugenummen, hat man dich der Trägheit und Faulheit verdacht [verdächtigt]. Darnach will ich dir auch ein ernstlich Angesicht machen, daß man dich nit vor [für] leichtfertig achte, dann mir dein viel Lachen und Schimpflichsein nit gefällt.

Hutten. Sag, wolltestu mir das Lachen und den Schimpf

[Scherz, Kurzweil] benehmen? So hättestu mir doch alles, das den Frau⟨w⟩en liebt, benummen. Darumb ist dir diese Tür gezeichnet und steht daroben geschrieben: Heb dich, Feber!

Feber. Zörn nit. Ob ich dir solichs schon nähm, wöllt ich es dir darnach mit den Kräften des Leibs wiedergeben.

Hutten. Mittlerzeit soll ich abermals wie vorzeiten sechs Monat krank sein?

Feber. Ich meinet, du solltest mir zwölf Monat bei dir vergünnen, das wär vollkummiglich ein Jahr, uff daß ich dich gantz endlich weis mächte, abziehend dir dein Geilheit, vor der du jetzo lang her nit hast ernstiglich können gebären [die dich behindert hat].

Hutten. Heb dich, Feber! Heb dich, Feber!

Feber. Ruf nit, jetzo will ich hin zu den Wassertrenkern.

Knab. Heb dich, Feber, heb dich, die mir pflegest meinen Herren unlustig und zornig zu machen, sooft du bei ihm hausest. Heb dich!

Feber. Laß auch du dein Rüfen. Jetzo will ich gehen, und eben sich [sehe] ich einen Kaufmann uberflüssiglich bankettieren, der würd mich, meiner Zuversicht [hoffe ich], annehmen, er hat schon von der gesterigen unverdäueten Fresserei einen rohen Magen bekummen. Ich will an ihn.

Hutten. Vielleicht so hat er Ärtzt.

Feber. Die hat er, aber von dem gemeinen Haufen, die pfropfen ihm täglich ein etwas, [das] aus Arabia bracht oder das in Indien gewachsen.

Hutten. Was pfropfet aber er ihn[en] wieder ein?

Feber. Sein wohlbereite und künglich [königlich] zugericht Speis, zwäntzig Gericht uff ein Mahltzeit, Rebhühner, Krämmetvögel, Pfauen, Fasanen, Fisch, Meermüschelich [Muscheln] und was man dem Gold gleichwiegt.

Hutten. Derhalben auch sie selbst sich dir vorpflichtigen durch ihre Fresserei.

Feber. Vorwahr. Und ich hab auch itzo acht uff sie.

Hutten. Doran tätestu mir einen Dienst, wann du derselbigen Ärtzt sechshundert hinwegnähmst. Vormahnen sie ihn aber nit in der Fresserei, daß er sich vor Krankheit hüte?

Feber. Sie mahnen ihn alltzuviel mit [zu] seinem Schaden. Dann sie schreiben ihm ein Regiment vor, daß er sich nach der artzteien Regulen [medizinischen Regeln] halte.

Hutten. Aber die Füllerei vorbieten sie ihm nit?

Feber. Sie verbieten ihm die wohl, aber sie übersehen ihm

doch etwas und lassens hingehen, dann wann er nit also lebt, müßten sie Hunger leiden. Und leichtlich sehen sie ihm durch die Finger umb Gewinnes willen. Dann wovon wollten die Ärtzt leben, wann nit Kranken wären?

Hutten. Sie würden vielleicht leben, aber sie mußten hacken und arbeiten.

Feber. So wären sie keine Ärtzte.

Hutten. So wären sie aber Bau⟨w⟩ern. Und viel besser stund es im teutschen Land, wann man die gantzen Schul der Ärtztei mit ihren Rhabarbaro und Coloquintide [Bittergurke] austrieb.

Feber. Auch den Stromer? Koppen? Ebeln? Und Ricium? Und ander Ärtzte, die du lieb hast?

Hutten. Dieselbigen nit. Dann es sein redlich Leut, und deshalben seind sie oft desto weniger Ärtzte.

Feber. Sie wären noch viel redlicher, wann sie dir zu einem Mol [Mal] zwölf Pfund Nieswurtz eingäben.

Hutten. Wie, so viel, mein Feberlin?

Feber. Daß sie dich von der Torheit, ein Weib wöllen nehmen, purgiereten, der [du] zu studieren viel baß [besser] geschickt bist, dann das Weib würd dir kein Ruwe [Ruhe] lassen, und in dem Fleiß der Weisheit würd sie dich hindren.

Hutten. Ein Weib zu nehmen, bin ich noch unentschlossen, wiewohl, ob ich eines nähm, in dem keinen Irrtumb erkännt. Aber du bedörftest wohl Nieswurtz, auszutreiben die Unsinnigkeit, mit der du ander auch unsinnig machest.

Feber. Ich mach gelehrt und fleißig.

Hutten. Heb dich, Feber! Heb dich, Feber!

Feber. Ruf nit. Jetzo solltu des Febers, uff daß andere Krankheiten Statt bei dir haben mögen, mangeln.

Hutten. Heb dich, Feber! Dann alle, die also studieren, daß sie an das [außerdem] nichtes tün, sein unnützig und werden Phantasten.

Feber. Mit den Worten wirstu viel Gelehrten wider dich reitzen. Zum ersten der Heiligen Geschrift Gelehrten.

Hutten. Die Weisen werden nit über mich zörnen.

Feber. Aber die sich weis[e] dunken.

Hutten. Den[en] du ihre Köpf also hast ausgehohlt, daß ihr jeder leicht [k]ein halb Untz [Unze] Hirnes mehr hat?

Feber. Vorwahr, dir wöllt ich das lästerlich Hirnlein ausschäpfen, liessestu mich eines Schu⟨c⟩hs breit hierein.

Hutten. Das hab ich versehen [vorgebeugt], und darumb gehe hinweg, du Schwätzerin.

Feber. Umb der dreier Wort willen?

Hutten. Umb deines tödlichen Beiwesens willen, mit diesen deinen unendlichen Fabeln zu den Pfaffen, zu den Buhlern, zu den Trenkern [Trinkern], zu den Fuggern, zu den Kaufleuten, zu den Ärtzten oder, wo es dir gefällt, zu des Kaisers Maximiliani Schreibern.

Feber. Die mehr dann [als] zuviel bei ihm gewunnen, reich werden und jetzo in Füllerei und Wollust hachfertig [hoffärtig] sein?

Hutten. Eben zu denselbigen oder zu wem du sunst willt, uff daß du von mir seist.

Feber. Ich gehe. Ade.

Hutten. Hör mich, stehe ein kleins, ich will dein etzwas.

Feber. Ich wißt wohl, daß du des Febers bedörftest.

Hutten. Also viel bedarf ich dein, noch eins zu frogen.

Feber. Was ist das?

Hutten. Sag mir, was [ist die] Ursach dieses verkehrten Lebens der Geistlichen?

Feber. Das ist Müßiggang und desselbigen Nahrung Reichtumb.

Hutten. Ob nun die teutsch Nation diesen Rat fünde, daß sie ihn[en] erstlich ihre Pfründ geringer mächt, hieß sie darnach Äcker bau⟨w⟩en und, als ander[e] tun, Gut mit Schweiß süchen [suchen], würden wir darnach frumme Geistliche⟨n⟩ haben?

Feber. An meiner Statt antwort dir Ovidius:

Wurstu meiden Müßiggang,
  Bei dir gar bald die Lieb würd krank.
Wer müßig geht, hat nichts zu schaffen,
  Aus dem macht bald die Lieb ein Affen.
Wer ernstlich aber zu schaffen hat,
  Cupido da sein Schießen lat.
Und ist sein Fackel sunder Hitz.
  Bei Mußiggohn ist selten Witz.

Und an einem andern Ort spricht auch derselbig Poet:

Wiewohl zu Bösem Reichtumb kehrt,
  Jedoch mans tief gräbt aus der Erd.

Hutten. Sag an, meinstu, daß solichs die Teutschen immer tun werden?

Feber. Sollt ichs nit meinen?

6 lat = läßt 7 sunder = ohne 8 Witz = Verstand

Hutten. Wie bald aber?

Feber. Uber nit lang, wenn sie nit mehr werden leiden künnen also viel tausend Pfaffen, des mehrern Teils Müßiggänger und zu nichtes nutz dann zu essen und trinken. Sobald jerget [irgend] ein Teuerung kummpt und tapfere, redliche Leut Verdrüß haben werden, daß sie billicher gebraucheten diesen trägen, unwissenden und unnützen Leuten in Wollust vorzehret werden.

Hutten. Dein Rechnung hält das, als Virgilius von den fruchtbaren und honigmachenden Bienen schreibt, wie sie die Wespen und Hummeln, von den[en] nit Honig kummpt, sunder die doch Honig essen, von ihren Bienstöcken mit Gewalt abtreiben, also werden auch etwan die Weisen, Nützlichen und deren man notdurftig ist, die trägen, unnützen Müßiggänger austreiben und jagen.

Feber. Anders nit.

Hutten. Sie werden aber ihres Müßiggangs Entschuldigung haben, sprechend, ihn[en] sie [sei] der Müßiggang vonnöten, umb weis[e] zu werden. Dann Aristoteles spricht: Sitzend und ruwend [ruhend] würd die Seel des Menschen weiser.

Feber. Das mag man uß ihren Werken erkennen, wie sie ihren Müßiggang anlegen, und sag dir jetzo, sie wären zu leiden, wenn sie als Plutarchus lehret, ihre Ruh und Müßiggang uff Übung der Künst und Weisheit setzeten.

Hutten. Ich sehe, daß du gerne Vormahnung gibst.

Feber. Darumb nimm mich auf.

Hutten. Ich nähm dich vielleicht auf, wann ich nit bedächt, daß die Fürsten der teutschen Nation deines Rats bedörften, uff daß sie das Reich zu einem bessern Stand bringen möchten, das unmäßig, unzählig Geld, das die mußigen Geistlichen vorzehren, eines Teils uff redliche, aufrichtige Krieg, eines Teils uff Enthaltung gelehrter Leut wendend und austeilend.

Feber. Willtu, daß Carolus [Karl V.] solichs tü?

Hutten. Kann er es ohn dich tun, so will ichs.

Feber. Ich meint, du solltest mich zu Carolo geschickt haben.

Hutten. Ich will dich nit zu ihm schicken. Sunder an deiner Statt will ich ihm selbs diesen Rat geben.

Feber. So werden dir die Pfaffen das Feber fluchen.

Hutten. So will ich ihn[en] das Zipperl[e]in, das Gicht, das Gliedweh oder vor alle[m] eins, die allergrößten Krankheit (wie du sagst), daß sie mit Zuhälterin behangen seien, wünschen.

Feber. So werden sie dich erwürgen.

Hutten. Carolus würd sie ehe haben gedemutiget, dann sie meines Rats innen werden.

Feber. Als ich sich [sehe], dir steht so viel Unglucks zu, daß du des Febers nit bedörfen würst.

Hutten. Do laß mich fürsorgen. Vielleicht werd ich gedultiglich und gutwilliglich Ubel entpfahen [auf mich nehmen], uff daß ich nur Carolum solichs uberrede.

Feber. Daß er die Pfaffen laß vortilgen?

Hutten. Mitnichten. Sunder daß er sie von dem Müßiggang, von der Trägheit, Unkeus[ch]heit, von der Füllerei, von der Eitelkeit und ander ihrem bösen Leben ziehe und heiß sie Priester sein, also daß sie allein geistlicher Ding pflegen und sich der weltlichen gar entschlagen, sie weisen, daß sie nit aus der Geistlicheit ein Täuscherei machen, allein uff Gewinst denken, ihr Unkeuscheit auslesche und ihr schändlich, unehrlich Leben abtu.

Feber. Uff was Geschrift willtu dich [be]ziehen?

Hutten. Uff die Spriche ›Herr deine Priester sollen angeton werden mit Gerechtikeit‹. Dann sunst schreibt derselbig Prophet von ihn[en] sprechend ›In ihrem Mund ist kein Wahrheit, ihr Hertz ist unnütz‹*. So schreit uber sie ein ander Prophet mit diesen Worten ›Weh de[n] Hirten Israhel weitenden [sie weiden] sich selbs‹*.

Feber. Du bist uff dem rechten Sinn, aber durch mein Eingebung. Was willtu aber zum ersten vorgeben, wann du Carolo diesen Rat gibst?

Hutten. Den Weitzen des Herren will ich ihn heißen reinigen und seinen Weingarten wiederumb anrichten, von dem er durch den Propheten sagt ›Viel Hirten haben meinen Weingarten verwüstet, mein Erbteil haben sie zertretet‹*, darnach will ich ihn unterweisen, daß solich von ihm beschehen müsse, wölle er anders Teutschland in einen Frieden setzen und den Bösen Verhinderung tun, daß sie nit an Statt der Guten gehalten werden. Dann einem gerechten obersten Regierer gehör nit zu, [zu] leiden, daß mit Schaden des gemeinen Nutzes werden in den Müßiggang und Tragheit gehalten lose, unnütze Leut und werden nit allein ernähret, sunder auch vor [für] Obersten und Häupter des Regiments gehalten. Dann sichstu [du siehst], wie gantz stölziglich sie herrschen, die, wiewohl der mehrer Teil eines aller bö[se]sten Lebens ist, nennen sich doch die heiligen christenlichen Kirchen, und gleich als ob sie wären von der Seiten Gottes, wöllen sie Clerici geheißen sein. So doch niemans äußerlicher [entfernter] von Christo lebt dann sie, aber sie gebrauchen sich der Titel und pflegen einer Tyrannei uber die Fürsten der Welt. Und haben ihn [sich] das christenlich Volk also gar unterwürflich gemacht, daß es den Minsten [Geringsten] unter ihnen ›Herr‹ grüßen muß.

Feber. Jetzo sehe ich, daß du genug gelehrt bist, und fortan [be]darfstu des Febers nimmer. Aber man muß zuvoran Rom, solicher Ding ein Häupt, reinigen.

Hutten. Also muß man.

Feber. Darumb biß vormüglich [sei stark].

Hutten. Willtu in dem Guten?

Feber. Ich mein in vielen Krankheiten ununterläßlich.

Hutten. Heb dich, du böse Bedeutnüs zu den Bösen, mich bewahr Christus.

Hutten zu den Lesern

Ein Pfaff, der treibt das Feber aus
Und hält darnach mit Huren Haus,
Der hat ein bösen Wechsel geton,
Wie ich das hie beschrieben hon.
Drumb wöllt ich, daß sie dächten nach
Der Geistlicheit, das wär ihr Sach.
Doch möchtens ehlich leben wohl,
Der ehlich Stand ist ehrenvoll.
Den hat Gott selbs zu Gutem gesetzt,
Weh dem, der anders hat geschwätzt
Und weiser meint dann Gott zu sein.
Drumb wünsch ich ihm der Hellen Pein
Und allen, die das stiften je,
Daß Schand vor Ehr sollt gehen hie.
Wär besser nit, ein Priester stünd
Des Morgens auf ohn alle Sünd
Von seinem Weib und trieb sein Ampt,
Dann daß mans sicht so unvorschampt,
Mit befleckten Leib, unreinem Sinn
Oft laufen zu der Kirchen hin?
Sie haben all nit schuld daran,
Ohn Fleisch der Mensch nit leben kann.
Die aber machten dies Gebot,

12 Hellen = Höllen 18 mans sicht = man sie sieht

Vorwahr, an ihn wills rächen Gott.
Drumb denk ein jeder, was er tü,
Mag er an Weiber haben Rüh,
So sei er Pfaff und leb ohn Schand.
Vorwahr, es ist die Gotteshand,
Die strafet als, was übel gschicht.
Das soll kein Mann vorachten nicht.
Gott will sein Kirchen haben rein.
Ist allen gesagt, nit eim allein.
So sollten, die den Namen han
Der Geistlicheit, uns führen an
Und geben andern gute Lehr.
Von hohem Stand soll kummen Ehr.

Ich habs gewogt.

26 an = ohne Rüh = Ruh 29 als = alles gschicht = geschieht
30 vorachten = verachten

Gesprächbüchlin Herr Ulrichs von Hutten, gekröneten Poeten und Orator, von dem vorkehrten Stand der Stadt Rom, das er nennet Vadiscum oder die Römischen Dreifaltikeit

*Das Büchlin spricht**

Ich bin ein Büchlin, wie man sicht,
An sondre Arbeit zugericht,
Und grüß ein jeden, der mich liest,
Wo anders mein ein Leser ist.
Eh mich der Tichter fertigt ab,
Den Rat ich ihm mit Treuen gab,
Daß er doheim mich länger bhielt;
Von ihm ward ich alsbald gestillt
Und gtrieben aus in fremde Land,
Zu werden weit und breit bekannt.
Ich mußt wohl tun, was er mich hieß,
Wiewohl das vielen tut Vordrieß.
Des muß er Abenteuer stan,
Darvor ich ihn gewarnet han.
Auch hab mein selbs zu sorgen ich,
Daß mans nit laß entgelten mich –
Ich kenn der Römer Regiment,
Dergleichen habens viel vorprennt –
Daß mir ein solchs nit widerfahr.
Ich wett, sie beiten nit ein Jahr,
So werdens führen mich zu Gricht.
Wer ist, der dann hinwider ficht?
Itz geben viel mir tröstlich Wort,
Wenns aber kummpt an jenen Ort,
So forcht ich, wenig werden sein,
Die wöllen sich annehmen mein.
Dem sie nun, wie ihm würd und ist,

1 sicht = sieht 2 An = Ohne 5 Tichter = Dichter 8 gestillt = besänftigt 13 Des = Deshalb stan = bestehen 14 han = habe 18 vorprennt = verbrannt 20 beiten = warten 27 sie = sei

Ich lehr der Kurtisanen List
Und sag gantz freilich, unvorhehlt,
Wie jetz mit Sitten Rom gestellt,
Wer do regiert, und wie man lebt,
Wie Schand sich mehr und mehr erhebt,
Wie, die uns sollten geben Lehr,
Uns schicken bös Exempel her,
Und würd vorkauft des Himmels Thron,
Ab den Gott selbs einwohnet schon.
So ist der Schinderei kein Zahl,
Domit sie scheren platt und kahl,
Und nehmen stets von Teutschen Geld,
Dahin ihr Prattik ist gestellt.
Und finden täglich neu⟨w⟩e Weg,
Daß Geld man in den Kasten leg.
Do kummen Teutschen umb ihr Gut.
Ist niemand, den das reuen tut?
Vorwahr, es ist erbärmlich je,
Daß ihr nit mögen behalten hie,
Was euer Gut und Eigen ist,
Und merket nit den falschen List,
Domit man euch beraubt und schind.
Bisher sein Teutschen gewesen blind,
Die heiß ich tun ihr Augen auf,
Daß sehen möge der gantze Hauf
Der Römer Trüg und Behendigkeit,
Und wie der Hirt sein Schäflin weidt
Und sorget vor der Seelen Heil,
Wie man uns beut den Himmel feil,
Und würd Gott selbs dabei vorkauft.
Wie mancher Narr ge⟨he⟩n Rom hinlauft,
Zu holen Ablaß und Genad,
Wie mans Volk uberschwätzet hat,
Zu glauben, daß ein Teil der Sünd
Auswendig Rom nit büßen künnt.
Von solchen und dergleichen viel
Ich frei und teutschlich sagen will.
Das här ein jeder, dems geliebt,

29 freilich = offen, freimütig 36 Ab = Ob 40 Prattik = Praktiken, Machenschaften 50 sein = sind 56 beut = bietet 62 Auswendig = Außerhalb von 65 här = hör

Obschon mir Rom nit Ablaß gibt,
Und will umb Wahrheit hassen mich,
So will ichs leiden gedultiglich.
Wer weiß, was noch mag begeben sich.
Vielleicht, ob Leid mir widerfährt,
Würd funden werden Hand und Schwert
Und gegen solchem Gewalt gekehrt.

Vorred Ulrichs von Hutten. Die römische Dreifaltikeit

Dem strengen und ehrnfesten Herr Sebastian vom Rotenhan, Ritter, meinem lieben Schwager entbeut ich Ulrich von Hutten, Poet und Orator, meinen freundlichen Gruß.

Freundlicher lieber Schwager und Freund, in deiner nächsten mir zugeschickten Schrift fragstu mit großem Fleiß, was ich doch itzo schreibe oder ob ich auch etwas vorhanden hab. Uff diese zwiefaltige Frag danke ich dir erstlich deines gegen mir ertzeigten Fleiß, darnach wondert mich, daß du zweifelst, ob ich etwas zu schreiben oder tichten vörhabe, gleich als ob du mich je nicht⟨e⟩s schreibend gefunden hättest, auch do ich noch zu Hof was [war] in Vorsammlung und Unruh. Hab ich nun solichs am Hof, do doch viel Verhinderung ist, nit unterlassen, wie zweifelstu dann, ob ich hie uff dem Schloß, do ich allein und in Ruh bin, feier und müßiggehe? Uff daß du aber sehest, daß ich so lang nit gantz an [ohne] Frucht allhie gesessen hab, schicke ich dir hie ein Gesprächbüchlin, das ich Vadiscum oder die Römischen Dreifaltigkeit nenne und in diesen Bergen beschrieben hab. Würd dir das gefallen, so würstu auch ohn Zweifel meiner Meinung, daß ich mich vom Hof getan, nit entgegen sein. Aber das Büchlin schicke ich dir nit als etwas Gutes, dann es hat nichtes Guts in ihm, [viel]mehr ist sein Inhalt Schand, Laster und alles Übel, sunder als ein Ertzeigung meiner angebornen Freiheit. Und glaub, es werde dir desselbigen halben nit ungenehm sein. Vorwahr, aus solcher Ursach hab ich selbs einen Gefallen, darzu löse [ich] auf der Teutschen Freiheit, die gebunden und mit päpstlichen Stricken vorhäft was. Ich bring wieder herfür die christlichen Wahrheit, die man ins Elend vorschickt und weiter, dann die Indianer oder Garamanten von hinnen wohnen, ausgetrieben hatte. Umb soliche meine Wohltat (als ich die kühnlich

70 ob = wenn

und an [ohne] Scheu nemen [benennen] darf) begehr ich nit, daß mir unser Vaterland gemein teutsch Nation ein ehrliche Belohnung gebe, allein bitte ich, ob mich jemand umb ausgebner und beschriebenen Wahrheit willen verfolgen wöllt, daß alsdann alle frummen Teutschen sich mein annehmen und mich gegen Gewalt und Unrecht entschützen. Dieses sei mein Lohn. Dieses sei mein Vorgeltnüs. Biß [Sei] Gott befolhen. Geben zum Steckelberg am 13. Tag des Hornungs [Februar] im Jahr nach Christ Geburt 1519.

Unterredner Ernholt und Hutten

Ernholt. Als ich sehe, Hutten, bistu [bist du] doch zuletzt wieder einmal zu uns ge⟨i⟩n Frankfurt kummen von Mainz, das du pflegst gülden zu nennen.

Hutten. Und nit unbillich gulden. Dann auch noch mein Bedunken ist, daß unter allen Städten teutscher Nation, die man einweder Lusts halben ihrer Gelegenheit [Lage] oder aber umb Gesundheit willen des Luftes lobt, möge Mainz den Fürgang und Preis behalten. Dann bessern Luft hab ich in keiner Stadt nie funden, so ist es ohnmaßen lüstig gelegen bei der Vermischung zweier großen schiffreichen Wasser, darumb man leichtlich und ohn großen Kosten hin und wieder spatzieren und allweg bald, was an allen Örten neuer Mär sein, Wissens bekummen mag. So bin ich gantz der Meinung, daß vor [für] einen jeden, der studieren und sein Sinn brauchen wöll, Mainz ein gewünschte Wohnung sei. Und mag dir vorwahr sagen, daß, sooft ich ausgewesen und wieder uff Mainz reise, wenn ich noch die Stadt nit in Gesicht hab, geht mir ein Erfrischung meines Gemüts und der Sinnen entgegen, kann auch zu Mainz nimmer genug lesen oder schreiben. Uber das bedunkt mich, ich hab an keinem Ort besser Zufall in meinem Tichten.

Ernholt. Ich bin nit ohn Wissen solichs, wie du gesagt, also sein, hätte aber doch gemeint, du habst Mainz aus einer anderen Ursach gulden genennt.

Hutten. Aus was Ursach?

Ernholt. Daß die Pfaffen doselbst viel Gulden haben und, die zu sammlen, mehr Fleiß dann auf ihre geistlichen Ämpter anlegen.

Hutten. Aus solicher Ursach sollt ich noch billicher euer Frankfurt gulden nennen, dann bei euch ist das Geld in Überflüssikeit, und allhie treibt man Goldhändel mehr dann an keinem Ort. Hierher kummen aus allen Landen, die do kaufen und verkaufen. Hie bringen die Kaufleut ihr Geld zusammen, hie haben die Fugger gantze Berg von Gold liegen. Aber Mainz hab ich gulden genennt, als man pflegt ein Ding, das vor andern schön und lüstig ist oder darzu wir ein sundere [besondere] Lieb und Begier haben und das uns zuforderst wohlgefällt.

Ernholt. Warumb hastu es dann nit perlin [perlen] genennt?

Hutten. Daß mir das nit im Sinn gewesen, doch magstu wissen, daß dieser Zunam[e] nit neu oder von mir erfunden ist, sunder kummpt aus einem alten Ruhm, gleich wie sich auch Köln läßt selig nennen. Und hält hart [fest] bei demselbigen Namen.

Ernholt. Das sagt man, du weißt aber auch wohl das alte Sprichwort ›Mainz von Anbeginne schalkhaftig‹.

Hutten. Ich lob die Stadt, aber von den Leuten darinnen disputier ich nit. Wiewohl jetzo Mainz sein eigen eingeboren Volk nimmer hat. Ist auch gantz seines alten Regiments beraubt und hat sein gewöhnliche Gerechtikeit verloren.

Ernholt. Wir wöllen von Gedechtnüs alter Ding lassen. Sag mir, was neu⟨w⟩er und lüstiger Mär bringestu uns von Mainz?

Hutten. Ich bring wohl etwas, das ist neu, aber nit lüstig.

Ernholt. Das bitt ich dich, mir zu sagen. Ist dir etwas unlüstigs in der guldenen Stadt widerfahren?

Hutten. Ja gäntzlich etwas, doch fällt mir jetzo in Gedanken ein sehr lüstig und lächerlich Geschicht, das man mir von Köln gesagt.

Ernholt. Was ist das?

Hutten. Wie doselbst ein alter, überschwenglich reicher und an [ohne] Maßen geitziger Pfaff gestorben sei.

Ernholt. Dunkt dich das so lüstig sein?

Hutten. Nit das, sunder daß er so ungern sein Leben gelassen. Hat so oft vor sein Geld und Schätz beschauet, die er auch alle wohl zehen Tag vor seinem Tod zu ihm hat bringen lassen und unter sein Häupt setzen, als wöllt er sie (achte ich) mit ihm in jene Welt nehmen. Darnach hat er weit und breit nach Ärtzten geschickt, denselbigen groß Geld verheißen, wo sie ihn gesund machen. Do er aber zuletzt gesehen, daß es [um ihn] geton und kein Hoffnung mehr sei, hat er bitterlich geweinet, sich gantz übel gehalten, doch mittlerzeit ihm [sich] sein Geld und was er liebs gehapt, zeigen und oft zu Gesicht bringen heißen, sein Rechenbücher hören lesen und ihm [sich] lassen sein Gewinn und Wucher rechnen. Ja, do er mitten im Tod gelegen, hat er wohl sechshundertmal ausgeschrien ›O mein Geld! O mein Wohnung und Güter! O mein Lehen!‹ Dann hat er ein greulichen Anplick geben den Umbständern, die er wißte [von denen er wußte, daß] bald nach seinem Tod alles sein Gut hinwegnehmen und ihm des kleinen Dank nachsagen werden. Da ihm auch die Augen gebrochen waren und er seines Gesichts [Sehkraft] beraubt, hat er noch, solang er gemöcht, mit beiden Händen zu seinen Schätzen gegriffen. Ist das nit zu lachen? Oder ist jemand, den [es] erbarm[t], daß einer nach einem solichen Leben ein solich End nähme?

Ernholt. Mich erbarmet es gar nit. Bin deiner Meinung und wünsche allen geitzigen Geldfressern, daß sie mit ihrem großen Schmertzen vorlassen müssen, was sie mit so großer Begier gesücht und erworben, und daß sie solicher Vorlust in ihrem Hertzen peinig und martere. Wär ich auch bei diesem Pfaffen, do er starb, gewesen, ich wollt ihm sein Geldkasten vor seinen Ohren geschüttelt und erklengt haben. Uff daß, wann er sein Geld nit mehr hätte sehen mögen, dasselbig doch bis zu Ausgang seiner Seelen hören müssen. Also wenig söllt mich seins Jammers erbarmet haben.

Hutten. Du sagst recht. Und wär ich bei ihm gestanden, ich wöllt es selbst getan und an [ohne] Underlaß seiner unsinnigen Geitzigkeit noch weiter Anreitzung geben, die in vielerlei Maß erwegt [erregt] haben.

Ernholt. Das wär alles wohl hingangen. Sag mir aber nun, was ist dir unlustigs zu Mainz widerfahren?

Hutten. Daß man mir den Historienschreiber Cornelium Tacitum, des etzliche Bücher neulich herfürkummen und zu Rom getruckt [gedruckt] sein, nit hat wieder trücken [drucken] wöllen. Dann da ich solichs dem Trucker angab, hat er gesprochen, er gedörf es nit tun umb einer Bullen willen, die der Papst deshalben hat lassen ausgehen, darinnen er, uff daß der römisch Trucker desto mehr gewinne, und aus keiner anderen Ursach, vorbeut, daß man genannten Tacitum in zehen Jahren nit wieder soll trücken.*

Ernholt. Muß nun Teutschland also lang sich Lesung desselbigen Buchs enthalten? Dann ich weiß wohl, daß die Bücher, die man zu Rom trückt, werden selten in Teutschland geführet.

Hutten. Das hat mich auch verdrossen und betrübt mich täglich mehr und mehr, daß ich sich [sehe] unser Volk also harte in seinem Aberglauben vorharren und darvon sich nit abziehen lassen, so gantz närrisch, daß etliche meinen, sie müssen uff ein solich Bullen, die uns von guten Künsten und Schär⟨p⟩fung unser Vornunft abfordert, etwas geben. Hierumb, do ich sah den Mißglauben des Trückers, daß er meinte, sich schon des Teufels sein, wo er mir, allen Gelehrten und Künstbegierigen zugut und Wohlgefallen, den Tacitum trücket, fragt ich ihn, ab [wenn] irgendein neidischer Papst sein würde, der uns Teutschen bei dem Bann verböte, Weingarten hinfür zu [be]arbeiten und Gold zu suchen, ab [ob] er auch meinte, daß wir angesicht solichs Gebots Wasser trinken und das Geld hinwerfen würden? Antwort er, nein, es würd nit geschehen. Meinstu dann, sprach ich, wenn uns einer gute Kunst (das ein Ding ist besser und mehr zu begehren dann Wein oder Gold) vorböte und uns hinfur nit mehr studieren wöllt lassen, wörden wir uns auch förter solicher Sießikeit enthalten oder mit billichem Schmertzen der päpstlichen Bullen widerrufen und uns je trötzlich entgegen setzen? Und als er meinte, wir wörden das letzte tun, sprach ich zu ihm, warumb hastu dann ein Abscheuens, Tacitum zu Licht und vor der Teutschen Augen zu bringen, so doch kein Historienschreiber mehr von unserm Volk geschrieben und unsere[r] Alten Lob höchlicher [höher] gepreist hat? Mit solichen Worten und Disputation hatte ich ihn überredt, daß er das Buch zu trucken angenummen, wär nit gwest des Papstes Legat, der jetzo zu Mainz ist, derselbig hat ihn wieder abgeschreckt, die Sach fast [sehr] heftig machend und gesagt, wo einer solichs tät, wie sehr und harte er den Papst erzörnen würde. Dieses hat mich (als billich) hertziglich betrübt und in Zorn erwegt.

Ernholt. Nit unbillich, und ist wohl ein jämmerliche Sach das und dergleichen viel, so wir Teutschen leiden und tragen. Dann, wenn will es doch ein End nehmen mit den Bischofsmänteln, mit den Annaten, Pension und an [ohne] Zahl dergleichen Raubereien? Wenn wöllen doch die Römer einmal ihren Dingen Maß geben? Ich förcht, wir Teutschen werdens nit länger leiden mögen. Dann ihr unbillich Vornehmen, darmit sie uns vorgwaltigen, nimmpt täglich zu. Und hat ihre Geldforderung kein Aufhören, Weis noch Maß.

Hutten. Wie du sagst. Sie geben ihren Dingen kein Gestalt und halten in ihrem Leben kein Maße, so lasse ich mich bedunken, teutsch Nation hab wiederumb Augen bekummen und erkenne jetzo, wie gantz unbillicher Weis sie bisher umbgefuhrt und betrogen gewest, wie man das Volk so fälschlichen geplendt [geblendet] hat, ein freie, streitbare Nation, ein starkmütig Volk, viel stoltzer Edelleut und Fürsten vorschmä⟨c⟩ht und [in]

Vorachtung gesetzt. Dann ich hör jetzo ihr viel gar sehr freimütiglich darvon reden und sich auch stellen, als wöllen sie das Joch unser Dienstbarkeit abwerfen.

Ernholt. Wöllt Gott, solichs geschä⟨c⟩h, uff daß wir nit länger von Ausländern und unseren Nachb⟨au⟩r⟨e⟩n voracht würden.

Hutten. Mich betriegen dann alle meine Sinn, so würd es geschehen. Dann ich sehe an allen Örten nach Freiheit gedacht und Vorbündnüs darzu gemacht werden. Auch was vom Adel ist oder sunst ein ehrber Gemüt hat, tragen ein groß Mißfallen und Ungeduld darinnen, daß die Güter, so unsere Eltern etwan [einst] aus guter christlicher Meinung und Andacht zu den Kirchen geben, jetzo ge⟨he⟩n Rom, ich weiß nit wem, gefallen und daß man alle Jahr zu etzlichen Malen neu Schatzung uff uns Teutschen legt, mancherlei Weis und Weg, damit man, was wir nach [noch] von Geld haben, von uns bringe, erdenket. Welche Kühnheit und Frevel dahin kummen ist, daß sie jetzo, von den[en] sie mit Betrug, Gleisnerei und Listen nichtes bringen mögen, durch Schrecken und Traw [Drohen] mit Gewalt zu nehmen unterstehen. Ist das nit ein ungehörter, unbillicher Gewaltsam? Oder wie möcht man uns mehr und höher beschweren? Wie möcht man vorächtlicher und schmählicher untertrucken ein Volk, dem die gantzen Welt zu regiern gebührt und geben ist? Gleich als hätten sie uns mit Woffen [Waffen] und dem Krieg bezwungen und ihn [sich] zinsbar gemacht. Derhalben ich ein große Hoffnung hab, dieweil es jetzo am höchsten ist und vielleicht weiter nit aufsteigen mag, es werde brechen und wir werden erlöst.

Ernholt. Meinstu, der neu Kunig* werd das tun?

Hutten. Das und noch viel mehr, dieser Nation gemäß, dem Reich, seinen Eltern und seinem Geschlecht gebührlich. Dann wie mächt er leiden, sich voracht [verachtet], die Seinen beraubt und noch darzu, von den[en] man stet⟨e⟩s viel nimmpt, dieselbigen am meisten vorlacht und in Gespött gehalten werden? Ist irgedein Volk, das spöttlicher und verächtlicher zu Rom gehalten werde denn [als] die Teutschen?

Ernholt. Vorwahr, keines, dann zu Rom vorlachen uns die Kinder und Alten, Weiber und Männer, Handwerker, Kaufleut, Pfaffen, Laien, Edlen, Unedlen, Herren, Knecht und, die Summ darvon zu reden, die Juden (Gefangen[e] aller Nation) haben zu Rom Macht, die Teutschen zu vorspotten. Doselbst hat man auch eigene Sprichwort von den Teutschen, damit man sie heimlich und offentlich berüft und vorfolget, als albere [einfältige]

Geuch [Narren] mit der Nasen umbführet, mit Fingern anzeiget, mit schandlichen Zunamen ausschreiet, in Schimpf [Spaß] und Ernst als törichte Narren vexieret. Wiewohl sie uns doch anders keiner Narrheit schuld geben mögen, dann daß wir ihre Vorspottung nit merken wöllen, daß wir zuviel glauben und uns in einem Aberglauben unser Gut, das man uns vorzeiten mit Woffen und Krieg nit hat nehmen mögen, jetzo spöttlich abschwätzen und gauklen lassen, auch daß allweg also viel Teutschen zu Rom dienen umb keinen andren Lohn, dann daß sie ihr väterlich Erb (dann wie soll ich anders nennen die unmäßlichen, überschwencklichen Mildigkeit unser Vörfahren, damit sie die Kirchen viel zu höchlich [hoch] begabt haben) mit großer Bitt und Flöhen [Flehen] erlangen mögen.

Hutten. Darumb magstu wohl mit mir hoffen und ihren zukünftigen Fall erkennen.

Ernholt. Seitemal [Da ja] du mich des[sen] weis [wissend] gemacht und mir ein Gemüt eingesprochen hast.

Hutten. Du glaubst nit, wie ungeduldiglich und mit großem Zorn am nächsten [letzten] Reichstag etzliche Fürsten zu Augspurgk* sein bewegt gewest durch des päpstlichen Legaten Red. Derselbig, als man ihm ein lange Prozeß der Geistlichen hat angezeigt und er den großen Pracht und Ehr (darinnen wir unser Geistlicheit halten) erkennte, ist er, als ob das höflich geredt wär, uff diese Wort kummen: ›Ei, wie schön Stallknecht haben wir zu Rom.‹ Mit wölchen Worten er uns unsere Narrheit vorgeworfen, daß wir, die ein soliche Macht haben, uns zwingen lassen, den Kardinälen und Bischöfen zu Rom ihre M[a]ulesel krauen [striegeln] und ihn[en] schmähliche Dienst tun. Do ich nun sahe etliche über soliche Wort ihre Zähn zusammenbeißen und murren, hab ich mich auch frei⟨lich⟩ erzeigt und offentlich geklagt, daß es nit billich oder recht sei, auch dieser Nation ungebührlich, uns von solichen Leuten nit allein überwunden, sunder auch als in einem Triumph geführet werden. Dann es ist kein Gewalt vordrießlicher und unleidlicher, dann wo man des Vorgwältigten noch darzu spottet und ihn zu seinem Unglück übet und trötzet [verhöhnt und schmäht].

Ernholt. Wöllt Gott, er redet oft soliche Wort und erhüb sich in seinem Übermut, damit wir Teutschen zuletzt uns schämeten. Und sag, er hat die Wahrheit geredt, dann wie er gesagt, geschie⟨c⟩ht es zu Rom. So sie⟨c⟩ht man vor Augen, daß jetzo schier keiner in Teutschland ein gute Pfründ hat, er hab denn zu Rom darumb gedienet oder aber die mit Giften [Geschenken] und

Gaben erworben oder umb Geld von den Fuggern erkauft. Hat man aber den Legaten umb solicher frevelichen Red willen nit mit Worten oder Tat gestrafet?

Hutten. Wie ich gesagt, wurden etzliche in Zorn bewegt und ist wohl ein Gemümmel gewest, heimlich, aber doch also, daß man erkannt, [daß] die Sachen vorstanden werden und die Teutschen sich ihrer Schand schämen. Wiewohl er nichts daruff gegeben. Sunder jetzo noch hat er den Himmel feil und hoffet täglich, Geld von uns zu lösen. Ja, uff daß du wissest, wie frei und trötzlich er in seinem Fürsatz bleib, hat er nächst in einer Versammlung der Fürsten Carolum gescholten, ihn (als zum Kaisertum) an Leib und Gemüt untüglich angezeigt und allen Fleiß dahin gewendt, daß er uns ein frantzösisch Joch auflegte, des Reichs Würde und Herrlicheit von uns nähme, uns in ein unbillichen Bezwang und Dienstbarkeit brächt*.

Ernholt. O Zeit! O Sitten! Soll dem edlen Jüngling, zu dem jedermann alles Gut vorhoffen ist, ein solicher Gewalt widerfahren? Söllen die hochberühmpten Teutschen ein solich Relation [Bericht] mit Geduld hören? Darf ich auch glauben, daß es also geschehen?

Hutten. Wie ich sage.

Ernholt. Und ist der Wolf nit in einen Strick gefallen?

Hutten. Er ist ausgerissen.

Ernholt. Hat er auch in solicher [Ge]fahr sich geförchtet?

Hutten. Nit ein Haar. Ja mehr hat er sich selbst willigklich zu solicher Botschaft dargeben. Und (als man sagt) anders nit ist sein Vorsatz gewest dann Sinonis, von dem Vergilius schreibt:

Mit freies Muts Beständigkeit
Zu einem Zweierweg bereit,
Entweder zu verfügen Not
Eim andern oder gon in Tod.

Ernholt. Wo du nun würdest von den Dingen reden oder schreiben, laß ich mich bedunken, du möchst viel Leut bewegen.

Hutten. Ab [Als ob] sie nit gereid [schon] bewegt sein. Dann der Römer Trügerei (die bisher vordeckt gewest und nit j[e]dermann bekennt) hat jetzo ihren Deckel verloren, so treiben sie ihre Schalkeit so gar offentlich, so kühnlich und ohn alle Maßen, geben dem auch kein Gestalt, daß es ihn[en] nit wohl länger mag ausgehen. Etwan do ich zu Rom solichs mit einem von den allergrößten Buben geredt hab, ihn vormahnend, daß er sich in diesem Handel ein wenig geschickter und ziemlicher hielte, hör, was er daruff gesprochen, wie höhnlich und mit großer Vorachtung er Antwort gab. Man soll (sprach er) nit allein den Barbarischen kein Gold geben, sunder auch, wo man Gold bei ihn[en] fünde, dasselbig mit List und Behendigkeit von ihn[en] bringen. Uff solche sein unvorschömpte Wort hab ich mich nit erhalten mögen, sunder ihm aus freiem Gemüt mit diesen Worten begegnet. Achtestu dann uns Teutschen zu diesen Zeiten vor [für] barbarisch? Oder wie darfestu uns solichen Gewalt tun? Dann willtu die barbarisch nennen, die ein grob, untzüchtig und viehisch Leben führen, sich unfreundlich halten und kein Mildigkeit bei ihn haben, so sein wir weit von dannen. Heißtu aber barbarisch alle diejenen, die auswendig Christenglauben leben, als Gratianus in den obverzählten Worten vorstanden würd, so magstu je kein Volk anzeigen, das sich beständiger in dem Glauben und härter uber Christus Geboten halte dann unsere Nation. So sein allweg die Teutschen von allen Völkern der Welt vör [für] getreu, redlich und gastmild geacht gewesen, haben in Geistlicheit und Forcht Gottes allweg alle Nation übertroffen. Aus was Ursach magstu uns dann mit einer solicher Annennung behöhnen und sprichst, man söll das Gold von uns nehmen? Oder meinstu, eu⟨w⟩er Wesen zu Rom dann das unser besser sein? Die ihr (als Gott weiß) ein solich Leben führet, daß billich die gantze Welt umb euch her als zu Ausleschung eines gemeinen Feuers euch zu strafen und vordämpfen aufstünde. Uff daß aber der Böswicht nit meinet, das bürgerlich Recht mir gantz unwissen sein, hab ich weiter zu ihm gesagt⟨e⟩, weißtu auch, was in demselbigen Rechten auch von euch geschrieben steht? Und als ich hat lassen das Buch Codicem herbringen, weiset ich ihm das Gesetz, das der Kaiser Leo [I.] von den[en], die durch Gab oder Geschenk zu Bistumb oder geistlichen Lehen kummen, geben hat.

Ernholt. Es ist wohl ein hübsch und heilich Gesetz, und wiewohl es zu diesen Zeiten nit gehalten, sunder uff das allerschmählichst zuruck geschlagen und vorworfen, wär doch billich, daß es umb seiner Nutzbarkeit willen in ewigem Gedächtnüs bliebe.

Hutten. Dieweil ich mich vorsich [versehe], daßtu es auswendig Buchs sagen könnst, so sag es her, daß wir hören, wie ich dem Geldfraß begegnet bin.

Ernholt. »Ob jemand in dieser kün[i]glichen Stadt Konstantinopel oder in andern unsern Landen, die in aller Welt zerstreuet sein, zu bischoflichen Wirden aus Gottes Geschick gefordert würde, derselbig soll aus reinen Gemüten der Menschen, aus bloßen Gewissen der Wahl, aus lauterer Wohlmeinung und Achtung meniglichs [aller] dohin gefordert werden. Niemand soll den priesterlichen Stand mit Geldsbezahlung erkaufen. Sunder soll ein jeder seinen Tugenden und nit dem Geld oder Gaben nach geacht werden. Dann welcher Stand wär sicher, welche Sach mocht behalten oder beschirmet bleiben, wo die wirdigen Kirchen Gottes durch Geld erfochten sollten werden? Wie mocht man Redlicheit vermauren, Treu und Glauben vorzäunen, wo der verflucht Hunger des Geldes inwendig die ehrlichen Gottesgemach schluffen [durchsetzen] würde? Ja, was möchte zuletzt sicher sein oder an [ohne] Farhe [Gefahr], wo die unvorsehrte Gottisheiligkeit sich vorsehren und ergern [verderben] ließ? Hör uff, du vorbannte Begier der Geitzikeit, dich zu den heiligen Altaren nehen [nahen]. Abgetrieben werde von geistlichen Stätten das peinlich Laster. Und hierumb soll man bei unsern Zeiten einen keuschen, demütigen Bischof weihen, der, wohin er kumme, durch Frummkeit seines Lebens alle Ding reinigen und zu Besserung weisen müge. Und soll hinfür nit durch Geschenk, sunder mit angelegte Bitt ein Bischof geweihet werden. Derselbig soll so weit von dem Ehrgeitz sein, daß er sich darzu lasse suchen und zwingen, daß er gebeten entweiche, gefordert entfliehe, daß man ihn so heftigklich darzu bitte, daß er mit keiner andern dann angezeigter Not Entschuldigung sich des Bistumbs entschlagen möge. Dann wahrlich unwirdig ist ein jeder des Ampts, er werde dann wider seinen Willen geweihet.«

Hutten. Ja, als ich ihm das Gesetz also weit gelesen hatte, sprach ich zu ihm: Konfirmierent ihr Römer uns Teutschen dieser Zeit auch soliche Bischof? Oder würd der, [der] euch mit dem meisten Geld überschütt, am ersten auch darzu gefordert und bestätiget? Antwort er, ihr Teutschen habt doch frei, einen j[e]den Bischof zu wöhlen. Sprach ich, das ist wohl wahr, sie müssen [können] aber nit Bischof sein, sie käufen dann vorhin [zuvor] zu Rom einen Mantel. Wie mag das dann ein frei Wahl geheißen werden? Ja billich möcht man es nit eines Bischofs Erwählung, sunder ein Anzeigung des[sen], der euch Geld zu geben wirdig oder tüglich sei, genennet werden. Darumb gib mir Antwort uff ein Frage. Mag man auch billicher Türken (die mit uns umb Land und Leut kriegen) Fei⟨ha⟩nde Christi nennen dann euch zu Rom, welche die wirdigen Gotteskirchen mit Geld überwindlich machent? Ja, welche ihr jetzo die Himmel verkaufet, habt durchbrochen die Mauren [Mauern] der Redlicheit, niedergerissen die Umbzäunung der Treu und des Glaubens, welcher unersättliche Goldsbegier nit mehr verhehlends in die heiligen Gotteshäuser schlüfft, sunder auch jetzo inwendig denselbigen mit Trotz und Übermut regieret. Ihr habt die unvorsehreten Heiligkeit vorsehret, die Reinigkeit der jungfräulichen Kirchen geschändet und vorunreiniget. Ihr habt zu einer Mordgruben gemacht das Haus des Gebetes, aus welchem, wann je Christus wieder uff diese Welt zu uns abher käm, euch viel zorniglicher dann er etwan die Käufer und Vorkäufer treiben würde*. Dann dieselbigen hatten allein schnöder und vorächtlicher Ding einen Markt aufgericht. Aber ihr bringt zu Kauf alle Geistlicheit, die Kirchenlehen, Christum selbs und die Gnad des Heiligen Geistes. Söllt man dann nit größern Fleiß haben, euch dann die Türken zu bekriegen und weit hinweg zu treiben, die ihr feil habt Gott, die Altar, die Sakrament, die Himmel und alle dergleichen? Die ihr auch mit euerm ärgerlichen, schalkhaftigen Leben Ursach seid, daß die Ungläubigen nit Christen werden, dieweil sie euch, die andern Seligkeit zu geben vormeint, in solichen bösen Sitten leben sehen. Auch so sein wir von den Türken allein Farhe [Gefahr] des Kriegs (dem uns leicht ist zu widerstehen) gewarten. Es mag vorwahr niemand also ohn Sinn und Vornunft sein, der, wann er euch also leben und doch über Geistlicheit regieren sie⟨c⟩ht, nit lieber wölle bei seinem alten Irrtumb bleiben, dann ⟨ihn⟩ ein neues Mißleben vornehmen. Hierumb ihr⟨e⟩, die euch mit Worten vor [für] Schäfer und Hirten der Gottesherd ausgebt, seid in Schein der Wahrheit Räuber des christlichen Volks. Dann ihr nit wie die Aposteln ausbreitet das Evangelium, sunder treibt Geld zusammen. Vorhüt nit (als eim Hirten gebührt) die befolhene Herd, sunder, wie die reißende Wölf pflegen, würget und vorwüstet ihr die Schaf und seid jetzo nit mehr (wie euch gebühren wöllt) Fischer der Leute, sunder denkt ihr[en] Reichtumb zu fahen [fangen], Gold zu erjagen und stellet nach Gewinst, halt[et] Fleiß, frembde Erb anzufallen und meinet doch, was Gott Sant Petro Gewalts geben hat, frevelich uff euch zu ziehen, macht den christlichen Namen mit euerm Liegen [Lügen] und Triegen, mit euern aufsätzlichen, bösen Stücken und Biebereien der gantzen Welt schmählich und vorhaßt. Hierumb bekehret euch zum rechten Weg und besseret euer Sitten. Bindet diese euer Geitzikeit. Treibt ab von den heilgen Gottshäusern das peinlich Laster. Lebt keusch und geistlich, uff daß andere euch zu einem Beispiel haben, folget nach

Christo, uff daß andere euch folgen gedörfen. Dann dieweil ihr euch also haltet, daß ihr auch die Kürbis (wenn sie euch Geld gäben) Bischof ließet sein, werden alle der Sach Vorständigen euch hassen, die aber euerm Irrtumb nachfolgen, ihre Seel verdümmen. So steht euch auch Aufsehens zu haben, daß nit einmal die barbarischen Teutschen weis und vorständig werden. Dann viel zu viel mißbrauchet ihr euch unserer Einfältikeit. Also, daß ihr keinen Genügen habt, uns des Gelds zu berauben, sunder auch uberdas ihr uns Unrecht und Gewalt tut, spottet ihr unser noch darzu, mehret den Schaden des Gutes mit Behöhnung der Wort. Und die ihr gewaltiglichen beraubt und geplöndert habt, den[en] sagt ihr noch solichs in spöttlins Weis und mit Lächerei vör, uns schmählich vorachtend.

Ernholt. Mich bedunkt schon, wie ich des Buben Angesicht sehe, der sich gegen solicher deiner Straf gantz entfärbet hab und verbleicht sei.

Hutten. Ja, wohl erbleicht! Weniger hatt ich ihn bewegt, dann (als Virgilius sagt):

Ein starker Fels im Meer steht fest,
Kein Wind noch Flut sich wegen läßt.

Solch Tratz und Kühnheit ist bei ihn[en]. Hast aber du je gemeint, daß man sich zu Rom auch der Schanden schäme und dargegen entfärbe?

Ernholt. Ich weiß wohl, daß sich die Romanischen nit fast schämen. Was antwort er aber auf deine Wort?

Hutten. Anders nit, dann dieses Gesetz sei von einem Kaiser, der über keinen Papst jetzo Macht hab, sunder den auch ein Papst zu diesen Zeiten unter seiner Gehorsam halte, gegeben. Hierumb sei es unmächtig und werd nit angesehen. Darneben treib er noch viel unvorschämpter, unbillicher Wort.

Ernholt. Lag ihm da nit dein Faust uff dem Gefräß?

Hutten. Vorwahr hätte sie ihm müssen daruff liegen, wär es nit zu Rom gewesen.

Ernholt. Werden sie sich nit noch selbs mit solicher Weis zu Unglück und Vorderbnüs bringen, würd es mich wundernehmen.

Hutten. An [Ohne] Zweifel werden sie, als sie auch selbs vormerken und sich bedunken lassen, dann sie sehen jetzo, daß man täglich von ihrem Mißleben, Übermut und Tyrannei sagt und schreibt. Hastu nit gehört, was Vadiscus, der nächst auch hie gewesen, von ihrem Regiment gesagt? Derselbig ihn[en] zu großen Schanden und Schaden offenbaret alles, das er zu Rom gesehen. Und erweckt den Kurtisanen und ihrer Gesellschaft einen großen Haß bei allen Menschen.

Ernholt. Ihn selbs hab ich nit gehört. Aber der Burgermeister Philips hat mir viel von seinem Gespräch und wie freimütiglich er solichs treib gesagt. Derhalben ich willens was, ihn zu hören, do fiel mir ich weiß nit was Geschäftes darzwischen. Mittlerzeit ist er hinweg gereiset.

Hutten. Du hättest Wunder gehört, und nit allein hätte dir sein Red wohlgefallen, sunder auch hättestu Wunder darab gehabt, wie zierlich und mit schar⟨p⟩fen Sinnen er das wüßte anzugeben, dann er braucht in dem ein neue Weis und seltsame Art.

Ernholt. Lieber, wie?

Hutten. Do wär viel von zu reden, so ist die Zeit kurz, und ich werde noch zu Hof gehen müssen.

Ernholt. Sag mir vor von diesen Dingen.

Hutten. Ich hab nit Zeit.

Ernholt. Nit Zeit? Als ob du also zu Hof dienest, daß du dich stetes binden lassest und nit etwan ein Stund oder zwo zu deinem Studio oder aber guter Gesellschaft brauchest. Lieber, sag her, und laß dich nit lang bitten.

Hutten. Willtu dann auch in meiner Sach, als du wohl weißt, Fleiß haben?

Ernholt. Ja wahrlich ernstlichen Fleiß.

Hutten. Und meinest, mir jens zuwegen zu bringen?

Ernholt. Wo es müglich ist.

Hutten. Du willt es aber unterstehen?

Ernholt. Mit allem Fleiß und Arbeit. Was darf es aber viel Wort? So du wenig Zeit hast, wöllen wir die nit unnützlich vorlieren. Hierumb heb an die vorgenommen Red.

Hutten. Ich hab es aber nit alles, wie ich von ihm gehört, behalten.

Ernholt. Sag so viel du weißt.

Hutten. Wir haben nit Tags genug darzu.

Ernholt. Meinstu das?

Hutten. Du würst ein lange Red hören.

Ernholt. So viel, desto lieber will ich sie hören.

Hutten. Uff daß du dann sehest, daß ich gantz kein Beschwernüs hab, dir zu dienen, so will ich mich daruff verlassen, daß ich ein gnädigen Fürsten habe und diesen gantzen Tag bis in die Nacht deinem Willen und Gefallen ergeben und dir die gantzen Sach vorzählen.

Ernholt. Jetzo erst kummpstu zu dir selbs. Und jetzo erkenn ich den alten Hutten bei dir.

Hutten. Erstlich, was er von den Römern (wie die, dann jetzo Römern seind, dann er nennet sie Romanisten) zu sagen wöste [wüßte], hat er uff ein Dreifaltikeit gezogen. Und was sein Red also gestalt, das alles, so jetzo zu Rom böslich, sündlich oder mißbrauchlich geschie⟨c⟩ht, in gedritts Weis vorzählet würde.

Ernholt. Ich will es gern hören.

Hutten. Eins will ich dir aber zuvor sagen. Es seind viel seltsamer Wort darinnen, die lat[e]inische Sprach nit wohl leiden mag, da laß dir nit ab grauen.

Ernholt. Ach, grauen. Als ob ich so zarte Ohren hätte, daß ich bös Latin nit hören möcht. Oder nit wüßte, daß die Römer und Kurtisanen nit viel Latins können. Hierumb sag an von den Kurtisanen, von den Kopisten, Kammerfegern, von den Lehen, die man Kurat und die man nit Kurat nennet. Von ihren Fakultäten, Gratien, Reservation, Regreß, Annaten, auch von dem Kreutzgeld, ob du willt, von ihren Aussprüchen, die sie in rota lassen gehen. Von Patronenrecht und dergleichen*. Ich hab des alles keinen Verdrieß.

Hutten. Drei Ding, sprach er, behalten Rom bei seinen Wirden, Autorität oder Ansehen des Papstes, Heiligtumb und Kaufschatz des Ablaß.

Ernholt. Fragstu dann nit, ob er auch meinte, [daß] dieselbigen Würde[n] an einem jeglichen andern Orte, wo auch ein Papst die Wohnung hätte, sein werden, ob der schon gein Mainz oder Kölen von der Kirchen gesetzt würde?

Hutten. Ja, über das meinte er, einem jeden Bischof in seinem Bistumb gleich Macht haben als ⟨sie⟩ ein Papst zu Rom, sprach, Christus hätte allweg die Vorgleichung lieb gehabt, sei ein Feind gewest des Ehrgeitzes. Auch so begaben sich viel Red gegen einander. Dann zwischen dem Gedritten [Dreiheit] fragt ich vielerlei, wie ich dir das dann auch sagen will. Du sollt aber diese Rede nit mir, sunder Vadisco zugeben. Dann was ich von ihm gehört, werde ich dir vorzählen. Und ist sein Meinung. Es hab umb den Ablaß gar nit ein soliche Gestalt, als die Römer vorgeben. Dann wenn der also große Kraft hätte, als sie sagen, möcht man ihn nit umb Geld kaufen. So sei auch Sant Peter nit vollkummenlicher zu Rom dann an einem jeden Ort, do man sein mit Andacht gedenkt. Er sprach auch mehr, es sei nit einem jeden gut, gein Rom zu wanderen. Dann gemeinklich alle, so gein Rom ziehen, bringen dreierlei wieder mit ihn [sich] heraus.

Ernholt. Welche drei?

Hutten. Ein vorlypt [schlechtes] Gewissen, einen bösen Magen und leeren Säckel.

Ernholt. O wie geschicklich hat er diese drei zusammen bracht. Und ist die Wahrheit. Dann dieweil ich zu Rom mit Essen und Trinken anderst dann mein Gewohnheit mich gehalten, hab ich noch uff diesen Tag einen undäuigen Magen. So sehe ich niemands weniger Gott förchten, Eide und Pflicht halten, Ehr und Frummkeit achten dann die sich Rom gebrauchen, doselbst mit den geistlichen Lehen, die käufend und vorkäufend, umbgehen als seind die Kurtisanen. Auch darf niemand zweifelen, wie teuer uns Teutschen Rom täglich ankumme. Dann keiner von hinnen ohn große Zehrung, schweren Kosten gein Rom zeugt [zieht]. Uffs wenigst muß er des je etwas Schaden haben. Meinethalben mag ich wohl sagen, wie in dem Gedritte, ich bin mit leerem Säckel wieder von dannen kummen.

Hutten. Von mir will ich schweigen. Aber Vadiscus sagt, er hab den Säckel mit dem Geld alldo gelassen. Und wär ich länger dablieben (sprach er), ich glaub, ich hätte müssen ohn Kleider, ja an [ohne] Haar abscheiden. Du weißt, Ernholt, daß du und ich, wiewohl wir nit umb geistlicher Lehen willen zu Rom gewesen, dannoch viel gelitten haben, aber doch ohn unsern großen Schaden. Dann den größten Schaden achte ich derj[e]nen, die, von bösen Meistern zu Rom gele[h]r⟨n⟩et, haben ein weibisch Gemüt bekummen oder ihn [sich] ihre Frummkeit verkehren lassen, ihre Gewissen vorgiften.

Ernholt. Als jener Schwab, der von dir gescholten, daß er sich von einem Eide hätte absolvieren lassen, sprach: ›Lieber, bedenk, daß wir zu Rom sein.‹

Hutten. Und der Kölner, der sich offentlich berühmpt, er hätte ohn Sünde falsche Siegel uffgedruckt, dann es wär dem Papst zugut geschehen.

Ernholt. Als noch viel andere, die wir dergleichen wirken gesehen haben. Aber fahr du fort mit den Gedritten.

Hutten. Er sprach auch, Rom sei zu fliehen, umb daß er dreierlei, die vor allen ein jeder Frummer unvorsehret behalten soll, ertöte und zunicht mache. Gut Gewissen, Andocht zu Gott und den Eid. Uff dasselbig fiel mir in Gedächnüs, daß dreierlei, wenn man der gedenkt, die Römer vorlachen: gut Beispiel der Alten, Sant Peters Papstumb und das Jüngst Gericht.

Ernholt. Das reumet [reimt] sich gantz wohl gegeneinander. Dann wenn man jetzo einem den Eid gibt, hat er die römischen

Sitten angenummen, schlecht [schlägt] er den nit aus. Dann er ist gewiß, daß, wenn er will, ihm von dem Papst soliche Knoten aufgelöset werden mögen. Daruff er meins Bedunkens zeugt, daß er sagt, sie ertöten den Eid.

Hutten. Ja, es ist wohl dieselbige Meinung. Dann was man hinweg nimmpt, das ist nit mehr und würd vor [für] tot geacht. So gibt man dem Papst durch einen Mißglauben zu, er möge, was geschehen sei, als wär es nit geschehen machen. Wer ist dann unter den Römern, der geistliche Andacht soviel als ein Haar achte? Oder kehret man zu Rom seinen Fleiß uff anders, dann Geld und Gewinn zu suchen?

Ernholt. Wer setzt ihm [sich] dann zu Rom vör, guten Beispielen der Alten zu folgen?

Hutten. Wohl hab ich gesehen zu Rom die, [die] gleich wie etwan Simon, Domitianus, Nero und dergleichen gelebt haben, ein Weis[e] annahmen, aber keinen, der gedächt, sich zu richten nach den alten, heiligen Vätern. Dann wer zu Rom ein Wort sagt von Sant Peters Leben und seinem Bistumb, des Red hält man vor ein lächerliche Fabeln. So haben sie zwo Kirchen gemacht, die anfängklichen, darin die Heiligsten gelebt haben, die sie aber achten als ein Vorbildung [Einbildung] und Schatten, die andern, die sie als vor einen Körper des Schattens und recht lebendig halten. Dieselbig ist gantz schön, gantz guldene und an allen Orten vollkummen. Dann sie ist von eitelen, aufsätzigen Betriegern, von Dieben, Kirchenräubern, gefälschten Notarien, Simoneischen Bischofen*, des Papstes Schmeichelern und von anders keinen Leuten. Dann ob schon irgendein frummer Bischof oder Kardinal zu Rom wär, den sündern [sondern] die andern weit von ihn [sich], halten ihn auswendig der Kirchen. Uberdas berühmen sie sich einer alten und etwan [einstmals] von ihn[en] selbs erdichten Übergebung, die ihn[en] Kaiser Constantinus söll getan haben, derhalben sie das gantz Römisch Reich gegen Niedergang der Sunnen als an sie gehörend fordern und haben nach Inhalt desselbigen Privilegii in gewaltigem Beseß [Besitz] die Stadt Rom, einen Stuhl und Wohnung des Römischen Kaisers, wo einer wär, und ein Haupt des Reichs*. So schlagen sie nit aus, als etwan Petrus getan, weltliche Herrschung und Regiment. Ja, sie führen Krieg darumb zu Wasser und Land, machen Uffruhr, vorgießen Blut und morden mit Gift.

Ernholt. Von ihrem Giftmorden wüßte ich wohl zu sagen.

Hutten. So hastu auch gesehen bei Julius [II.] Gezeiten, was sie vor [für] Krieger seind.

Ernholt. Ja vorwahr, da er also viel tausend Menschen umbs Leben bracht. O Gott, was Mensches, ja was Wunders: Sein Augen greulich, sein Angesicht erschrockenlich. Er mit aller Weis und Gebärden grausam, mürrisch und unmenschlich.

Hutten. Wiewohl er aber ein solicher was [war] und anfing einen schweren Krieg, desgleichen in Italien zu unsern Zeiten nie gesehen ward, als darin alle christliche Künig und Fürsten verwicklet und zusammen geknöpfet hätte, machend sie sich untereinander aufarbeiten, jedoch hat ihm solichs niemand unbilligen gedörfen noch entgegenreden, auch nur mit Worten, dergleichen als sie im Virgilio Drances zum Turno sagt:

O Haupt und Ursprung aller Sach,
Die uns han bracht in Ungemach,
Wenn hörest auf, in offne Not
Das Volk zu führen und den Tod?

Ernholt. Das ist wahr, niemand hat es gedörfen sagen. Dann zu der Zeit forcht jedermann Julium. Hat aber Constantinus den Päpsten das Reich des Niedergangs gegeben, so hat Carolus zu förchten, daß ihm nichtes werde, weder von den Landen, die er ererbt, noch auch zu der Regierung man ihn nächst [kürzlich] erwählet hat.

Hutten. Soll es noch [nach] der Allerehrwirdigsten zu Rom Meinung ergehen, so würd ihm nichtes werden. Dann alle diese Reich seind der Kirchen.

Ernholt. Als ich dann vorstehe, sein die vörigen Päpst sehr mild gewesen, die nit aller Ding, so ihn[en] gegeben, Beseß haben nehmen wöllen, sunder an einem Teil genug gehabt, das ander den Künigen gelassen und leiden mögen, daß ein Kaiser in diesem seinem Teil, wiewohl das nit fast [sehr] groß ist, bleibe.

Hutten. Es ist nit von Mildikeit geschehen, sonder Unvormögenheit. Dann do sie erst diese Übergebung gedicht, haben sie förchten müssen, wo sie alsbald alles einnähmen und nit ein Teil nachließen, daß alle Künig und Fürsten sich einträchtiglich zusammenwürfen und wider sie setzeten, den[en] hätten sie dann nit mögen widerstahn. Daß aber der Betrug aus päpstliches Geitzes Anreitzung und Bewegnüs erdicht sei, ist doher abzunehmen, daß, wo die Päpst und Pfaffen zu derselbigen Zeit von solichen Sitten als jetzo gewest, hätten sie ihn [sich] vorwahr nichts entziehen lassen. Seind aber die Bischof zur selbigen Zeit, als ich keinen Zweifel hab, eines geistlichen, frummen Lebens gewest, hätten sie soliche ungebührliche Gab nit angenummen. Haben nun dieselbigen Constantinum, als der ihn[en] ungebuhrliche Ding anbiete, mit seiner Übergebung nit zugelassen, mit was Rechtes mögen dann ihre Nachkummen wiederfordern, das ihre Vorfahrn nit gemäß geacht und darumb den Übergebern willigklichen wieder zugestallt, ja sie vielleicht gebeten, solichs nit auf sie zu anderen [übertragen]? Wahr ist, daß kein Papst nie zu Beseß des vierten Teils der Land, die sie sprechen, ihn[en] von Constantino gegeben sein, kummen ist. Und daß ich des andern geschweige, die Stadt Rom, die sie bevor nie ingehabt, haben sie erst etzliche hundert Jahr nach Constantinus Zeiten eingenummen. Also langsam sein sie kummen zu Beseß des minsten [kleinsten] Teiles von dieser so alten (wie sie sprechen) Übergebung. Uberdas, hätten sie je wöllen, das [was] man ihn[en] gegeben, wieder mit freiem Willen von ihn [sich] stellen, wär das auch ohnmittels Brief und Siegel, die sie von den Künigen und Fürsten darüber genummen hätten, beschehen? Haben sie nun das Privilegium Constantini, als sie anzeigen, also fleißiglichen bewahrt, wer will dann glauben, daß sie Gezeugnus ihrer Mildigkeit also verwahrlost? Es seind Schwänk. Ja, daß ich sag, wie mir zu Hertzen, so halt ich gäntzlich, das Privilegium Constantini sei also geboren. Als etwan uff ein Zeit ein geitziger Papst einen Vorteil ersehen, dardurch er hat vorhofft, Italien unter sich zu bringen, hat er erstlich ein Teil angefallen, do ihm nun dasselbig als ein nützlich Ding wohlgefallen und sich doch nit domit (als dann des Geitzes Fleiß nimmer zu ersättigen ist) begnügen hat lassen, sunder gedacht, weiter umb sich zu greifen, und die Zeit vielleicht also gelegen ist gewesen, daß er in Ansehens Kleinmütigkeit und Mißglauben der Menschen Hoffnung gehabt, seinen Willen zu schaffen und gedacht durch Einfältikeit des gemeinen Volkes, Vorsäumung der Fürsten viel zu überkummen, hat er sein Gebiet geweitert. Dem haben dann sein Nochkummen gefolget, und ist des Raubens Gebrauch von eines Kühnheit zu der andern aller Gewohnheit gerwachsen. Bis zuletzt ein sehr weiser Papst kummen, der gemeint, der Kirchen einen großen Nutz zu schaffen, wo er diesen Sachen ein Befestigung mächt, hat er das göttlich Privilegium uff ein alt Pergamen[t] oder aber, das er zuvor im Staub gewältzt hat oder sich mit Schimmel überziehen lassen, geschrieben, ohn Zweifel etzliche hundert Jahr nach Constantinus Zeiten.

Ernholt. Wo aber, das unangesehen, der Papst Leo soliche

Übergebung von Carolo forderen würd, was meinstu dann zu geschehen?

Hutten. Was anders, dann daß er, Carolus, dargegen von dem Papst hinwieder seine Gerechtikeit fordere und bedenken werde, daß er ein Künig und Teutscher sei.

Ernholt. Und werd darumb einen Krieg anfahen? Weit und breit alles durcheinanderwerfen, umbkehren und vorwüsten?

Hutten. Do sei Gott vor. Es soll darzu nit kummen.

Ernholt. Darnach die Römer auch ihren Dingen Maß und Gestalt geben werden. Wem möchten sie aber vorschonen, die sich auch gegen den römischen Kaisern Schmähens und Verspottens nit enthalten? Dann der Papst läßt keinen Kaiser sein, er fall ihm dann vor zu Fuß und entpfahe die kaiserlichen Kronen von seinen Füßen ab, vorschwere [verschwöre] ihm auch das italianisch Reich und die Stadt Rom.

Hutten. Der Papst Innocentius [VI.] hat Carolum [IV.], der ein Behem [Böhme] gewesen, in keiner anderen Gestalt zu Kaiser krönen wöllen, dann er sich ihm mit dem Eid verpflichte, im selbigen Jahr aus Italien zu ziehen*. Wiewohl er ihn ohndas so gar voracht hat, daß er nit gewöllt, zu ihm in Gespräch kummen, hat ihm einen Kardinal mit der Kronen entgegen geschickt und geboten, gein Rom nit zu kummen. Er hat ihn auch noch weiter umb etzliche Städt, die er ihm hat müssen übergeben, geschätzt.

Ernholt. Der ist nit uff Erden zu leben, ich geschweig Kaiser zu sein, wirdig gewest, der soliche Unbillicheit gelitten. Aber die Romanisten, als ich merken kann, glauben nit, daß die drei Ding, die sie so erbärmlich hie ermorden, am jüngsten Tag wieder auferstehen und sie von denselbigen Rechenschaft geben müssen.

Hutten. Sie vorlachen doch das Jüngst Gericht.

Ernholt. Ich glaub, sie ermorden es auch mit andern.

Hutten. Nit. Dann wie söllten sie das ermorden wöllen, das sie nit glauben etwas sein [daß es sei]. Anderst hätten sie auch wie ander Leut Gewissen.

Ernholt. Und wäre nit so viel heimlicher Giftmörder zu Rom.

Hutten. Darumb sprach Vadiscus, drei Ding wären überflüssigklich zu Rom: alte Gesicht, Gift und zerbrochene Mauren. Daruff ich sprach, so seind freilich auch drei Ding aus Rom ins Elend [in die Fremde] vertrieben: Einfältikeit, Mäßigkeit und Frummkeit.

Ernholt. Wohlgesagt. Dann die Sitten der Stadt Rom leiden

nit Einfältigkeit. So führt niemand zu Rom ein mäßigs Leben. Wer ist dann daselbst frumm und redlich?

Hutten. In der Wahrheit selten einer, aber aus Achtung der Leut ein jeder, der viel Gelds hat oder sehr reich ist.

Ernholt. Wie du sagst. Solichs ist aber ein böse Achtung, und wär Rom viel nützer, dieselbige von ihr vortreiben dann das Gift der Skorpion, Schlangen und Tarante[l]n, das allein dem Körper des Menschen tödlich ist. So ist sich auch über Rom viel mehr zu erbarmen, daß es von Tugenden, dem strengen ehrlichen Leben und guten Gewohnheiten der alten Römer gewichen ist, dann daß so viel überscheinlich hubscher Bäu [Bauten] darinnen zerfallen, so viel schöner und wohlgebaueter Häuser zerbrochen sein. Ja vorwahr, mehr ist das zu erbarmen. Man soll auch billicher beweinen und beklagen, daß anstatt der Alten, Scipion, Marcellen, Maximen, Caton, Metellen, Ciceron und Marien, gein Rom kummen seind eitel Vitellien, Othen und mehr dann Nerones oder Domitiani Werkmeister und Künstiger aller Unkeuscheit, ergebene Knecht der Geitzikeit, zeitlicher Ehr begierigen, die sich durch Grimmikeit und Tyrannei bekannt machen, von allen Tugenden, aller Vornunft verlassen. Mehr, sag ich, ist solichs zu beweinen, dann daß die Stadt, so etwan von Märmelstein und Silber scheinberlich [leuchtend] gewest, jetzo von gebachenen [gebackenen] Steinen und Leimen [Lehm] in Vorachtung kummen ist.

Hutten. Du hast ein scharf Vorständnüs. Wie gefällt dir aber, daß er weiter sprach, die Römer handlen mit dreierlei Kaufschatz: Christo, geistlichen Lehen und Weibern?

Ernholt. Wöllt Gott, allein mit Weibern, und gingen nit oft aus der Natur.

Hutten. Viel wollt Vadiscus doselbst von gesagt haben, das er Scham halben unter⟨wegen⟩ließ. Wiewohl sich die Römer selbst ihrer Schand gar nit schämen, dann sie an allen Orten darvon reden als sich der[en] rühmend, und uff daß die Abbildung [Verdorbenheit] ihrer Gemut bleibe, schreiben sie Vers und Reimen dovon. Und daß wir uns ab dem, so zu Rom geschie⟨c⟩ht, desto weniger wondern, was haben oft ihre Legaten und Geschickte hie in teutschem Land vor unsern Augen betrieben? Jedoch meint Vadiscus, drei Ding sein den Römern beschwerlich und erschröckenlich zu hören: von einem gemeinen Concilio sagen, einer Reformation des geistlichen Stands gedenken und daß die Teutschen jetzo Augen gewinnen. Und darneben sie auch drei Ding besorgen und förchten: der christlichen Fürsten Einigkeit, Vorstand und Merkung des Volks und daß ihre List und Trügerei an Tag kummen.

Ernholt. Vorwahr, der kennet Rom wohl. Dann möcht es iemmer [jemals] zu einem freien Concilio kummen (welchs sie allein vorhinderen und aufhalten, dann sie schmirtzet [schmerzt] noch die Wund, die sie in Concilio Niceno* entpfingen), oder doch einmal Vorgang gewünn der Geistlichen Reformation, von der man lang und viel gesagt und ihn[en] oft darmit gedräuet hat, oder aber unsere Teutschen erkennen wöllten, wie man mit ihnen umbgaht [umgeht], oder die Fürsten der Christenheit ein beständige Einikeit unter ihn [sich] machen und halten würden, oder das gemein Volk unterscheidlich zu erkennen wüßte rechten christlichen Glauben und Aberglauben, oder jedermann mit Augen sehen möchte und im Hertzen vorstehen die großen Schande und Schalkheite, so die Romanisten täglich betreiben, vorwahr, so möchte es dohin kummen, daß man nit mehr sehen würde Christum, die Himmel, das ewig Leben und der Seelen Seligkeit im Kauf stehen. Sie würden auch nit mehr die geistlichen Lehen vorkaufen gedörfen, und glaub, sie würden ein mäßiger Leben fuhren.

Hutten. Anders nit.

Ernholt. Aber dem Concilio sein sie so gar wider, daß ich höre, der Papst zwinge alle teutsche Bischof in der Konfirmation, ihm zu Gott und den Heiligen zu vorschweren, daß sie nimmer daran sein wöllen oder das forderen, daß je ein Concilium mehr werde.

Hutten. Man sagt es.

Ernholt. Ist es dann also, so möcht doch größer Sünd und Schand nit geschehen.

Hutten. Das bekenn ich, aber Vadiscus meint, drei Ding mögen Rom gegen allen seinen Gebrechen helfen und ihm heilsam sein.

Ernholt. Welche?

Hutten. Bekehrung des Aberglaubens, Hinwegknehmung der Offizien und Umbkehrung des gantzen Wesens zu Rom.

Ernholt. Mit dem letzten wär es allein genug. Dann wär der Romanisten Regiment und ihr böses Leben umbgekehret und vorandert, so möcht auch der Mißglaub nit Statt haben. Wo dann ihre schandhaftigen, bösen Gewohnheiten (das Gott bald gebe) zu Besserung bracht, würden nit mehr Officia sein, die sie jetzo also gar nit denken abzutun, das man auch dem Papst Julio [II.] vor ein großes Lob rechnet, daß er die Zahl derselbigen gemehrt hab. Wir söllen aber wünschen, daß anstatt der Offizien zu Rom, die (als wir sehen) Werkstätt sein aller Betriegerei, Untreu, Schanden und Lasters, darinnen man als in einer Schul lernet Verfiehrung, Aufsätzlicheit und allerhand böse Stuck, darinnen man als in einem Krämerladen alle Unfrummkeit und Bosheit feil hat, in Gebrauch kummen solich Officia, als von denen die Weisen und Gelehrten viel geschrieben haben, die auch der Menschen Gemüt zieren und werden sunst Tugend genennt.

Hutten. Drei Ding hält man zu Rom in großem Werte: hübsche Frauen, schöne Pferd und päpstliche Bullen.

Ernholt. O Frauen, o Pferd und o Papst! Soll man uff soliche Ding größer Fleiß haben dann uff den christlichen Frieden, unsern Glauben, die evangelischen Wahrheit und, die Summa darvon zu reden, dann uff die christlichen Liebe? Wenn ist aber das Christi unsers Herren Meinung oder Gedank je gewesen, einen nach ihm zu lassen, der sein gottlich Gesetz und Ordenung zurückschlüg, ein neues unchristlichs Leben führte, die gantzen Welt mit Ablaß und Bullen vexieret und belästiget? So auch ein Papst oder Bischof ist zu einem Hirten der Seelen gesetzt, was darf er dann einem, dem er das ewig Leben oder Himmel gibt, ein Bullen darauf schreiben oder vorsiegelen, so doch in Geschäft der Seelen weder Brief noch außerlichs Gezeugknüs vonnöten ist, sunder eines guten Gewissens, welches Gott dermaßen kennt, daß er, als [aller] menschlicher Gedanken erfahren, niemands Anzeigens noch Beweisung darüber bedarf. Was tut dann mit hübschen Pferden ein Vicarius Christi, der nit mehr dann zu einem Mal uff einem ungestalten Esel gesessen ist? Will er Krieg führen? Vorwahr, Christus hat die Krieg gescholten und ruhesam Leben gelobt, zu dem Frieden geraten, den er auch seinen Nachkummenden als zu Erbteil gelassen hat. So ist es fast [sehr] weit von Christus Meinung oder Lehr, die Weiber vor allen Dingen liebhaben, durch Unkeuscheit Lusts pflegen, und dasselbig beschehen von denen, die er gäntzlich nach dem Geist hat leben heißen und ihn[en] auch kaum in der Ehe Wollust des Leibs zugelassen. Oder hat der Papst Callistus [Kalixtus II.] darumb den Pfaffen die Ehe verboten, daß sie dardurch vor andern zu bubischem, unzüchtigem, unfrommlichem Leben gefreit und der Geistlichen Sach von der heiligen Ehe in einer schändlichen und lästerigen Büberei geandert würde?

Hutten. Drei Ding (sagt Vadiscus) sein in gemeinem Brauch zu Rom: fleischlich Wollust, köstlich Kleider und Hochfart [Hoffart] oder Übermut.

Ernholt. Vorwahr sein die drei fast [ganz] gemein. Aber nit allein hat man zu Rom Unkeuscheit vor [für] ein Regiererin menschlichs Lebens, sonder auch legen die Romanisten ihre Sinn daruff, wie sie in mancherlei Gestalt und uff seltsame Art, auch wönderlicher Weis und wie vor nie gehört Unkeuscheit pflegen, damit sie auch den Kaiser Tiberium und seine Künstiger, die er Spintrias [Lustknaben] nennet, übertreffen. In der Summ darvon zu reden, schlechter Gestalt und gewöhnlicher Weis Unkeuscheit treiben vorachten sie und heißen es Baurenwerk. Dann zu Rom tut man Ding, der wir uns hie zu reden schämen.

Hutten. So ist je auch ein großer Pracht alldo mit Kleidung.

Ernholt. Größer dann an keinem Ort.

Hutten. Und nit allein kleidet man zu Rom die Leut zierlich, es müssen auch die M[a]ulesel geschmuckt sein, als mit Gold gezäumet, mit Purpur, Seiden und Samet behänget. Wie großen Stolz und Übermut tragen dann die Romanisten!

Ernholt. Also großen, daß sie billich von jedermann darumb vorhasset werden. Derhalben mich oft wondert, daß man dem Heiden Diocletiano darumb, daß er Edelgestein in seiner Kleidung gehabt und der erst [als erster] unter allen römischen Kaisern ein künigkliche Kron getragen, den größten Hochmut zuschreibt, so wir jetzo sehen einen christenlichen Papst seinen Sche[i]tel mit einer dreifältigen Kronen zieren und die Fürsten der Welt ihm seine Füß küssen lassen. Ich weiß wohl, daß Christus der Seinen Füß geweschen hat.

Hutten. Ist dann das nit ein übermäßige Hochfahrt, Benamung der Selikeit annehmen und sich den Allerheiligsten grüßen lassen, den, der noch im Körper lebt und vielleicht nit fast [sehr] wohl, sonder vorkehrlich lebt? Dann wem gedenkt eines frummen, ich geschweig heiligen Papstes zu unsern Zeiten? Ausgenummen, daß sich jetzo Leo der zehend einen Wiederbringer des Frieds schreibt?

Ernholt. Nit allein mag uns keines solichen gedenken, sonder auch hör ich nit von den Alten, daß bei ihren Zeiten einer gewesen. Mehr finde ich auch in keinen Schriften und Historien, daß in etlichen hundert Jahren ein redlicher oder tüglicher Papst gelebt hab. Wohl sein ihr viel große Kriege gewesen, haben Städt und Schloß zerstöret, nach Geld und Gut gestallt, dem vordammpten Geitz dienstlich gelebt; der aber hitzig in göttlicher Lieb, in den evangelischen Schriften scheinbarlich gelehrt oder mit Inbrünst seines Hertzens zu wahrer Geistlicheit gericht oder gesinnt gewest sei, muß man weit hinter sich rechnen, bis einer [ge]funden werde.

Hutten. Hierumb sollten sie den Namen billich fliehen.

Ernholt. Also sollten sie. Sag mir aber eins: Wie reumet [reimt] es sich, daß die Kirch vor [für] einen, der sich laßt allerseligst nennen, bitte, daß er selig werde? Dann ⟨al⟩so singen wir in der Kirchen: ›Wir bitten vor unsern Papst Leo. Gott woll ihn fristen, erquicken und selig machen uff der Erden.‹

Hutten. Wie sich auch andere ihre Sachen reumen und fügen.

Ernholt. Ist aber vor ein kleine Hochfart [Hoffart] zu rechnen, daß zu unsern Zeiten der Vicarius Christi, als er sich nennet, einem Römischen Kaiser ihm die kaiserlichen Kronen von seinen Füssen ab entpfahen heißt?

Hutten. Vor allen groß und überschwenglich. Ich hör aber von etzlichen, die meinen, Carolus werde soliche Unbillicheit nit leiden und werde die päpstlichen Füß nit küssen wöllen.

Ernholt. Wo dem also, was würde er dann vordient haben?

Hutten. Daß man ihn⟨e⟩ hochvorständig achte und spreche, er kenne sich selbs und laß die christlichen Wahrheit nit fälschen, die Herrlicheit des Reichs und seines Stands nit zu Vorachtung kummen.

Ernholt. Und daß ihn die Allergelehrtesten Lob zuschreiben?

Hutten. Ja, mit gantzen Büchern.

Ernholt. Und daß ihm die Kriechen [Griechen] ein Essen in Prytaneo* zurichten?

Hutten. Ja, und daß ihn jedermann grüße einen Wiederbringer der teutschen Freiheit und ihm, wo er wandlet, entgegen- und nachrüfe: Du allerstarkmütigster, du allergerechtester, du allerfreiester Kaiser!, und ihn nenne den recht geistlichen und wahre[n] christlichen Regierer. Wir kummen aber von der römischen Dreifaltigkeit.

Ernholt. So fah [fang] wieder an, was sagt Vadiscus mehr?

Hutten. Dreier Ding pflegen die Müßiggänger zu Rom, Spatzieren, Buhlen und Prassen.

Ernholt. Das ist wahr. Und anders pflegen sie nichtes. Dann die andern zu Rom, die man nit vor [für] Müßiggänger achtet, sinnen, denken, trachten, wie sie mit Schreiben, Reden, Bitten und Schmeichlen, Verräterei, Dieberei, Rauberei, Fälscherei und allerlei Betrug zurichten mögen.

Hutten. Drei Gericht essen die Armen zu Rom, spricht Vadiscus, Kraut, Zwiebel und Knoblauch. Herwider auch drei die Reichen. Schweiß der Armen, Gut mit Wucher und Trug gewunnen und den Raub des christlichen Volks.

Ernholt. Das gesegen ihn[en] der Teufel.

Hutten. Es sein auch dreierlei Burger zu Rom: Simon, Judas und das Volk von Gomorrha.

Ernholt. Das ist wohl erschrockenlich zu hören, aber doch wahr, wiewohl sie die Simonei mit Worten höchlich vordammen, aber mit Werken also üben und brauchen, daß zu Rom gemeiner nichtes ist.

Hutten. In dem sie sich zuvoran vorhaßt machen bei uns Teutschen, die sie so gar thumb [dumm] und ohn Hirn meinen sein, daß wir zu überreden seien, wenn man Geld umb etwas gebe, daß solichs nit gekauft heiße. Wiewohl sie das doch so offenlich tun⟨d⟩, daß sie auch die Fugger lassen mit den geistlichen Lehen wie mit anderer Kaufmannschatz handelen und Fürkauf haben. Ich selbs, wiewohl das ein kleine Sach ist, hab etwan umbs Geld von ihn[en] gekauft, daß ich uff Fastentage Butter und Milch essen möcht. Und als ich darnach ge⟨i⟩n Rom kummen, hab ich ein gantze Fasten[zeit] aus nie kein Fleischbank zuschließen gesehen. Ja mehr speiseten etzliche Kardinäl dieselbigen Zeit über Fleisch in ihren Höfen ohn Unterscheid [Unterbrechung].

Ernholt. Solichs haben wir zu Rom gesehen, was ist aber nächst [kürzlich] hie zu Frankfurt geschehen? Mit was großer Beweglicheit [Erregung] hat das Volk des Papstes geschickte Kuchen vorflucht? Dann sie hielten sich nit nach christlicher Ordenung, sonder aßen die Fasten über allerlei Speiß, unangesehen, was geboten oder verboten ist.

Hutten. Als sie dasselbig taten, ließen sie auch desto weniger Butterbrief von ihn[en] kaufen?

Ernholt. Nicht⟨e⟩sdestoweniger, dann in dem behielten sie ihre Weis und Gewohnheit, nichtes denkend, ob sich das Volk ab [durch] ihren bösen Sitten ergeren [verschlechtern] möchte. Dann hätten sie solichs ansehen wöllen, sie wären also scheinbarlich nit über die Gesetz getreten.

Hutten. Haben sie auch umb solichs Red gehört?

Ernholt. Ja, von etlichen, und es ist ihn[en] mit Rüfen gesagt worden.

Hutten. Was antworten aber sie?

Ernholt. Die teutschen Fisch wollten ihren Mägen nit bekummen.

Hutten. Was sagt das Volk darzu?

Ernholt. Es glaubt vielmehr, daß sie Kargheit halber Fleisch essen. Dann die Fisch waren teuer.

Hutten. Das reumet [reimt] sich eben. Wiewohl ich das nit

fast [sehr] bei ihn[en] zu schelten weiß, so sie doch ihre Bäuch zu füllen gedenken, ob sie das mit diesem oder mit jenem tun. Es ist auch die Meinung Christi nie gewest, Unterscheid in der Speis zu haben. Dann er heißt seine Aposteln, was man ihn[en] vorsetze, [zu] essen, wahin sie kummen.* So ist das nach ihm auch Sant Paulus ernstliche Meinung gewest, der spricht: Mit der Speis mögen wir Gott nit dienen. Und an einem andren Ort spricht er: Esset alles, das man am Speismarkt feil hat, nichts fragende des Gewissens halber.* Dieweil aber Päpste solich Gesetz haben gemacht, sollten sie und die Ihren uns je doselbst vorgehen, uff daß sie uns ein Beispiel und Anweisung wären der Ordenung, die sie gestiftet. So ist es gantz ein Unform, was sie selbst uffgesetzt haben, dasselbig übertreten und andern zu übertreten umbs Geld erlauben. Aber wir wöllen wieder an die römischen Dreifaltikeit. Du weißt wohl, uff was Art sich die Kardinäl zu kleiden pflegen, wie sie in langem Scharlach, das ihn[en] dar hinten nachschleuft, reiten. Darüber sich auch eigener Diener halten, die nichtes anders zu schaffen haben, dann daß sie den Kardinälen, wenn sie gehen, die Schwäntz hinten nachtragen und werden darumb Caudatarii, das mögen wir Schwäntzträger heißen, genennt. Uff dasselbig schimpfet Vadiscus und sprach: Die Kardinäl schleufen drei schädliche Schwäntz nach ihn [sich]: den einen an ihren Röcken, damit sie oft durch Aufweckung des Staubs in gantz Rom der Menschen Augen beleidigen, den andern ihre Gesind und Dienstvolk, dann dasselbig ist gemeinlich von lauter⟨n⟩ Buben, Gassentretern, Rufiäneren [Kupplern], heimlichen Mördern, Buseronen [Päderasten], Vorrätern, schalkhaftigen Kurtisanen oder aber von Leuten, die sunst übel gesitt[et] und einen vorläumpten, befleckten Haufen.

Ernholt. Was besinnestu dich?

Hutten. Ich hab des dritten Schwantzes vorgessen. Aber jetzo kumm ich wieder daruff. Der dritt Schwantz ist ihre Nahrung und Einkummens. Dann dieweil dasselbig anders nichtes ist dann Betrugerei, Rauben, Stehlen, vorschleufen und auskehren sie manchem Biedermann sein Armut mit solichem Schwantz, der gleich, als ob er Gift bei ihm hätte, was er anrühret, vorlippet [versehrt, vergiftet] und letziget. Dann du weißt wohl, wovon die Kardinäl leben.

Ernholt. Daß sie nit von dem Ihren [leben], weiß ich wohl, hab auch im vorgangen Jahr gar ein jämmerlich Geschrei gehört über des Papstes Leonis [Leo X.] Kreaturen. Einen und dreißig gantzer Kardinäl hat er auf einen Tag geschaffen*, ich glaub aus einem Ei gebrütet, dann sie nenneten all ein Mutter, die Kirchen.

Hutten. Und als er dieselbigen hatte geschaffen, zieret er sobald jetzlichen [jeden] mit neuen Schwäntzen, teilend unter sie die Land diesseiten des Gebirgs, darinnen sie liegen [lügen], triegen und bescheißen möchten, das ist geistliche Lehen vorkaufen oder neu Pension uffsetzen. Von welchen Dingen, als Vadiscus ein lange Red hätt getan und ihn einer fragt, so der Papst den Kardinälen die Land also zu berauben untergäb, was dann er dieweil ihm [sich] vorbehalte, da [wo] er vor [für] sich raubte, antwort Vadiscus: Uber daß der Papst eigene Städt und Land, ein groß und weit Gebiet innhat, so seind noch Gratien und derselbigen etzliche, die man expectativas* nennet. Es ist auch die Vorbehaltung im Hertzen, pectoralis reservatio genennt, der unziemlichst, schalkhaftigst, lasterlichst Trug, so je erdacht oder vörgewendt ward.

Ernholt. Wenn ich dieselbigen Reservation nennen hör, werde ich zu seuftzen bewegt. Also ein großes Übel, sagt man, [soll] das sein.

Hutten. Vorwahr, als mich bedunkt, hat kein Landbetrieger oder Falsirer [Fälscher] einen schandlichern Betrug je erdacht, kein Zauberer ein lästerlicher Gespenst je vorgewendet. Dann sie überwindet alle Trügerei, geht vor alle Lügen, übertrifft alle Bosheit. Aber ehe ich darvon sage, will ich dir zuvor in der Kürtz viele Ding, damit Rom diese Nation höchlich beschwert, anzeigen, nit wie das von Vadisco beschehen ist (dann derselbig hat nichtes ausgelassen), sunder so viel mein Gedächtnüs hat tragen mögen.

Ernholt. Lieber, sag her. Dann ich hab mir vorgesetzt, meinen Magen, der soliches Grauens schon entwohnet was, wiederumb uff ein neues zu belästigen, damit wir kürtzlich diese unlüstige Speis vorschlicken [verschlucken] und den Ruf [Schorf], damit die alte Wund überzogen was, wiederumb abklauben. Sagt nit Vadiscus in solichem zum ersten von den Kurtisanen?

Hutten. Von den Kurtisanen sagt er wohl viel. Aber erstlich was sein Red, was der Papst und was andere raubten. Dem Papst gehören zu die Bischofsmäntel, was er daraus erkaufen mag. Auch ist sein eigen, was von Ablaß gefällt [einkommt] und was man vor [für] die Dispensation ge⟨i⟩n Rom gibt. Item [Ferner] was seine Legaten von der Seiten im Namen des türkischen Kriegs in teutschem Land einsammlen. Und was er mag aus allerlei Bullen lösen.

Ernholt. Du darfst [brauchst] hie nit die Unterscheid anzeigen. Dann was ist vonnöten zu wissen, was ein jeder uns abnähme oder wie sie unser Gut unter sich teilen? Allein söllen wir unsern Schaden bedenken und die gemeine Erbarmnüs mit inbrünstigem Schmertzen behertzigen, auch gegen dem Unrecht und Gewalt, so uns von den Romanischen geschie⟨c⟩ht, ob wir nit mit Rache Abköhrung erlangen mögen, sie doch mit Klagen und Entgegenrüfen die Bitterkeit unsers Schmertzens bezeugend widerstreben. Und sag [zu]erst von den Kurtisanen, was dir Vadiscus, ein Prediger dieser Tragedien, gesagt, auch von dem römischen Wesen und Stand, als wir auch selbs zum Teil gesehen haben und oft (nit ohn große Farhe [Gefahr]) uns dargegen hören lassen. Was willtu aber von ersten und was hinten nach vorzählen? Und dieweil des Dings viel ist, was Ordenung willtu halten?

Hutten. Ah Ordenung! Als ob in solicher Vorkehrung ein Ordenung gehalten werden möge. An das mich eines am meisten bewegt vor allen, darumb ich von demselbigen erstlich sagen werde. Und ist, daß sie sprechen, uns geschehe nit Unrecht von ihm [ihnen]: Zeigen an ein Bullen Concordata principum* genannt, welche, obschon nach allem ihrem Inhalt vorstanden und gehalten und ihr auch an keinem Ort entgegen getan würde, noch dannocht möcht man sprechen, uns künnt kein schwerer Joch oder schandlicher Bezwang aufgelegt werden. Nun aber wir sehen, [daß] sie noch weiter greifen und auswendig derselbigen mehr dann überflüssigen Unbilligkeit uns beschweren, wie mögen wir denn sagen, [daß] sie in ihrer Bosheit einige Maß halten, oder jemer [jemals] denken, daß sie je uff einem Ziel, wie weit ihn[en] das auch gelegt würde, bleiben werden?

Ernholt. Vorwahr sag ich, sie sein nit teutsches Namens, ich geschweig fürstlicher Ehren wert gewesen, die anfänglich dieselbigen zwieträchtigen Eintracht mit den römischen Bischofen gemacht haben. Aber wir sein dreifaltige Narren, die, ob [wenn] unser Vorfahrn etwas geirret haben, das wir kehren mögen [können], uns dahin schwätzen lassen, daß wir bei lebendigen Leiben, mit gesunden Augen und freiem Willen zu unserm größten Schaden desselbigen Entgeltung tragen. Und das nit allein, sonder auch lassen wir uns nach [noch] täglich mehr und weiter mit Beschwerungen überladen. Ich achte aber, daß sie erstlich nit mit Gewalt oder ungestümiglich, sonder mit einer Listigkeit und Kunst zu solichen Sachen kummen sein.

Hutten. Wie du sagst. Dann mich auch bedunkt, der erst Weg zu Betriegen sei gewest angenommene Gotteslieb und fälschlich vorgewendte Andacht. Dann sie haben vorgeben, es sei vonnöten, die Kirchen in Einigkeit zu behalten und uff dasselbig die Oberkeit zu diesem ihrem römischen Bischof geschoben. Dem haben sie erstlich Macht gegeben, alle Bistumb und fürstliche Lehen der Kirchen hie [dr]außen, ob die Vorweser zu Rom stürben, zu vorleihen haben, ob die aber bei ihren Kirchen abgingen, zu konfirmieren und erstlich ohn Geld, darnach dort nach Pension, hie außen nach des Mantels Bezahlung denkend, welche sie dann mit der Zeit beide erlangt und an sich bracht haben. Mit diesem Bedacht, daß sie erstlich so ein geringes Geld darauf gesetzt haben, daß es vorächtlich hat sein mögen, dasselbig darnach je mehr und mehr ersteigt, also daß zuletzt alle Ding zu vielfältiglich aufgewachsen sein.

Ernholt. Mit solicher Schalkheit haben sie es dahin bracht, daß des Maintzischen Bischofs Mantel jetzo noch so viel als vor Zeiten gilt.

Hutten. Das heißen sie ein Straf. Dann in vorgangen Jahren, als ein redlicher Bischof und der Ehren wohl wirdig gewählet ward und leiden mocht, daß ihn ein römischer Bischof konfirmieret, wollt ihm aber keinen Mantel abkaufen, bleib auch beständiglich uff derselbigen Meinung, hat ihn der Papst seiner Zeit mit dem Bann geschossen. Aber alle seine Nachkummen, umb daß der Stift Maintz in solichen Ungehorsam (also nennen sie unsere Billigkeit) einsmals verwilliget hätte, zu einer ewigen Straf aufgelegt, hinfür allwegen das Pallium oder Bischofsmantel duppel [doppelt] zu bezahlen. Dann wie man von ersten hat zehntausend Gulden geben, forderen sie jetzo zwanzigtausend. Darvon sie ihn [sich] also gar nichtes abbrechen lassen, das noch [überdies] auch vonnöten ist, alle diejenen zu Rom, die sich in der Sachen brauchen lassen [mit der Sache zu tun haben], als die, [die] vorher tun, Antwort geben, zwei Wort schreiben, die Bullen und das Blei zurichten, auch die dasselbig hübsch Mäntelin nähen, mit großen Geschenken und Gaben behäglich zu machen, darzu ein große, herrliche Legation mit schwerem und unträglichem Kosten gein Rom zu schicken. Ob nun dasselbig in hundert oder zweihundert Jahren einest [einmal] geschä⟨c⟩h, söllt es doch umb der ketzerischen verflüchten Neuerung willen im Christenglauben nit gelitten werden. So hat man nächst im Bistumb Maintz [ge]funden einen Alten, dem gedenkt [der erinnert sich] mit dem jetzigen Herren Albrechten [an] acht Bischof zu Maintz. Also viel Mäntel sein in einem Bistumb in eines

Menschen Gedächtnüs gekauft worden. Und ist derhalben das Fürstentumb also zu merklichen großen Schulden kummen, der gemein Mann so oft geschätzt worden, daß jetzo ein Bischof kaum so viel [E]inkummens hat, daß er seinen Stand darvon erhalten mag.

Ernholt. Ob es nun geschä⟨c⟩h, daß jetzo dasselbig Bistumb wiederumb leer würde, meinstu auch, dieweil der Stift solichermaßen vorderbt ist, daß man wiederumb einen Mantel zu Rom kaufen würde?

Hutten. Gott behüt den frummen Fürsten, wo sich aber ein Fall begäbe, weiß ich fürwahr, man würde wieder einen Mantel kaufen. Ach Gott, man würde ihn kaufen.

Ernholt. Es wär aber nit Geld do, und das Volk würde nit mehr steueren wöllen.

Hutten. Lieber, der Mißglaub ist so groß, daß sich die Leut selbes schätzen würden. Wo sie denn schon nit einträchtiglich in ein Schatzung vorwilligen wöllten, würd man bald einen finden, der, uff daß ihm das Bistumb zugestallt, den Mantel von seinem Eigen und Erb käufen würde.

Ernholt. So würd die Wahl nit statthaben?

Hutten. Nit. Dann der Papst würd den armen und bedörftigen Erwählten als bischoflicher Ehren unwirdig nit konfirmieren oder bestätigen wöllen, aber diesen Wohlhabenden zulassen. Wiewohl ich sehe, daß sich unsere Thumbherren [Domherren] in solichem fast [sehr] weislich halten, die vorkummen, daß der Papst nit gescholten werde.

Ernholt. Mit was Rat?

Hutten. Wenn sie sehen, daß der Stift nit Geld hat und die Gemein sich der Steuer halben beschwert macht, finden sie den Weg, daß sie etwan einem Reichen, der die Sach zu vorlegen [auszulegen, bezahlen] hab, ob er schon nit fast geschickt ist, wählen.

Ernholt. Derhalben würd uns billich vorgesagt, daß wir uns mutwilligklichen in soliche schandliche Dienstbarkeit und Bezwang ergeben und uns unsere Freiheit nehmen lassen. Es mag auch nit Gewalt oder Unrecht genennet werden, das einer von freiem Willen tut.

Hutten. Wie du sagst. Aber mehr vorweisen uns die Romanisten noch ihre Gu[t]tät, sagen von dem Fleiß, den sie, unsere Seel zu versorgen, tragen müssen, und wie sie ein Einsehens haben, daß kein Unwirdiger zu Bischof gewählet werde. Diesen Vordienst, als ob er von ihnen beschäh, werfen sie uns vor und wöllen mit der Weis, die sie mit Beschwerung überladen, noch mit Wohltat begabt haben, gesehen werden.

Ernholt. Ob man dann diesen Rat fünde, daß sich das Volk im Stift den Thumherren entgegensetzte und der Adel wöllt einen frommen, wohlgeschickten Bischof haben, der nit allein nit Geld hätte, sonder des auch nit begehrte, saget auch den Thumherren, daß sie gedächten nit einen Pfennig gein Rom vor [für] den Mantel zu schicken, sie nähmen oder sammleten das gleich wo sie wöllten, würd nit solichs andern Stiften Beispiel geben und also die Beschwerd abgelegt?

Hutten. Es würd keinen Nutz bringen, dann man würd Fürsten finden, die den Mantel bezahleten und sich den [vom] Papst ließen Bischof machen. Die würden dann dasselbig Recht fürwenden, das gemein Volk und den Adel zwingen und also wider aller Willen mit Gewalt herrschen. Wie dann noch bei unserer Alten [Väter] Gezeiten zu Maintz sich aus solicher Ursach ein fast schädlicher Krieg erhaben hat, als in Zwietracht zweier Bischöf, der einen die Thumherren gewöhlt, den andern der Papst bestätiget, die arme Stadt mit Gewalt überzogen, gewonnen und geplündert ward, der Stift in großen verdörblichen Unrat kame*.

Ernholt. Ich merk wohl, durch welchen Weg die Päpst es dabei behalten, daß, wen sie wöllen, Bischof sei in teutschen Landen, und ihne[n] von denselbigen nit weniger, dann ihre Geitzigkeit erfordert, Gewinstes komm.

Hutten. Kein Gewinst ist ihn[en] aber gnug. Und aus der Ursach ist allweg der letzter Mantel teuerer dann der vörig und steigt von Tag zu Tag je mehr und mehr auf, was die Romanisten hie pflegen einzufordern.

Ernholt. Hierumb kann ich denken, ein Artztei [Arznei] sein, damit man diesem Schaden helfen möge, wo alle Teutschen einträchtiglich mit strengem Vorsatz und der Teutschen Art gebührlicher Beständikeit das römisch Joch abwürfen, sich der Bürden, die nit allein schwer zu tragen, sonder auch schandlich zu gedulden, entlüden und wiederumb ihre alten Freiheit annähmen. Ich förchte aber, daß solichs der Aberglaub nit zulassen werd, dann derselbig gar tief in das Hertzen der Teutschen gewurtzelet hat.

Hutten. Es würd doch geschehen. Ja, darf ich sprechen, mit demselbigen Joch werden wir auch den Aberglauben hinwerfen, und werden nachfolgens Teutschen vorstehen, wie ein großer Unterscheid sei zwischen des wahren Gottes Ehr und der päpstlichen Tyrannei Dienstbarkeit, sehend, was wir also überflüssiglich den Romanisten geben, nit uff Geistlicheit gewandt, sunder zu Erhaltung des vordammpten, allersundlichsten Lebens vieler schandlicher böser Buben gebraucht werden. Es werden auch die Leut nit mehr, wie zuvor, wähnen, unsere Mildikeit, die wir in solichem Ausgeben erzeigen, wohl angelegt oder behalten sein, dann sie offentlich sehen, von derselbigen unnützen Geudischeit [Verschwendung] nichtes zu Gottsdienst oder dem gemeinen Nutz, sunder zu Anrichtung vieler lästerlicher, schandlicher böser Werken mit unserm großen Spott und Schaden, auch böser Nachred und Schand des gemeinen christlichen Glaubens bei Heiden und Türken gefallen. Dann was möchten die Ungläubigen an uns schelten, wenn sie uns nit der Romanisten Leben vorwürfen? Sprechend: So das die Häupter des Christenglaubens und also krank sein, wie mögen sich dann andere Glied desselbigen Körpers gehaben?

Ernholt. Ist bös genug. Meinstu aber auch, den [daß der] Körper, ob wir das sieche Haupt abschlügen, bei Leben bleiben möge⟨n⟩?

Hutten. Es kann nit wohl ein Körper ohn Haupt leben, so ist auch nit vonnöten, das Haupt abzunehmen, sonder mag man, was siechs ist, darvon scheiden, die Krankheit heilen und dem Gebrechen Ärtztei tun. Gleicherweis als ein guter Artzt pflegt erstlich die Ursach des Siechtumbs hinweg[zu]nehmen und seine Wurtzel, davon der wächst, ausziehen, uff daß darnach der Gebrechen, wenn er kein Nahrung oder Grund mehr hat, vorlassen von seiner Macht, mit der Zeit selbs vorschwinde und sich vorzehre. Denn dieses Haupt (wiewohl das ohn großen Schmertzen von wegen der bittern Artztei nit wohl geschehen mag) ist dannoch noch zu heilen.

Ernholt. Das vorstehe ich also, daß du meinest, wenn man die Geistlichen von ihrem überflüssigen Leben zöge, zu der wahren Geistlicheit kehret und sie ihres Ampts warten hieß, auch, uff daß sie an ihrem geistlichen Leben kein Vorhindernüs mehr haben und aller bösen Anreitzung abkommen, von ihnen nähme den großen überflüssigen Reichtumb, desgleichen auch ihre vorkehrlichen bösen Freiheit, darauf sie sich zu viel verlassen, und sie wieder setzte in die einfaltigen Bedörflicheit, in das unschuldig Armut. Dann vorwahr, als der griechisch Poet sagt,

Wär nit so viel des Nehmens ein,
So möcht oft einer frömmer sein.

Hutten. Anders nit. Aber du würst den mei⟨n⟩sten Teil der Pfaffen finden, die umb Süßigkeit willen dieser Krankheit angezeigte Ärtztei nit werden annehmen wöllen, sonder allweg krank bleiben.

Ernholt. Man würd ihn[en] aber das nit gestatten. Dann dieses ist ein soliche Krankheit, daß sie den[en], so doran siechen, wohltut, aber allen, bei den[en] dieselbigen Kranken wohnen, Schaden, Nachteil und Vordörbnüs bringt.

Hutten. Hierumb ist Artznei not, ob die schon den Kranken nit behäglich wär.

Ernholt. So werden aber viel[e], wenn man sie dermaßen nit mehr will krank sein lassen, förtan nit wöllen Pfaffen sein.

Hutten. Das würd auch nutz [nützlich], gut und j[e]dermann erschißlich [gedeihlich] sein. Dann also werden weniger Müßiggänger und derjenen, die jetzo niemands nütz, aber vielen schädlich und verdrießlich sein.

Ernholt. Das geb der Seligmacher Christus, daß es bald geschähe.

Hutten. Es würd geschehen. Dann der Trug ist uffs höchst gestiegen, und dieweil es weiter nit kummen mag, muß es vonnöten fallen.

Ernholt. So würd aber, wo jetz hundert Pfaffen, darnach kaum einer sein.

Hutten. Und ihr wären auch überig genug, wenn von hundert einer bliebe. Es würd aber alsdann ein andere Rechnung gewinnen.

Ernholt. Wie das?

Hutten. Ich weiß es selbs nit eigentlichen, sonder laß mich etwas bedunken. So meint Vadiscus, es werd darzu kummen, daß man hinfür einen jeden Redlichen und Wohlgesitte[te]n werde mit Pfründen vorsehen. Der nit, dieweil er dohin gewählt sei, sich Müßiggehens befleiße, sunder, umb daß man sein Vornunft und Geschicklicheit erkannt hat, würd er zu solichem Stand erwählt werden. Darumb würd ihm auch Befelh geschehen, daß er sich im gemeinen Nutz brauchen lasse, und würd von andern mit nichtes unterschieden sein, dann daß er eins bessern Lebens und mehr vor [für] die Gemein sorgen würd.

Ernholt. So würden alsdann auch die Pfaffen Weiber haben.

Hutten. Wo sie wöllen, uff daß sie desto weniger zu unehrlichem Leben vorursacht werden.

Ernholt. Das behagt mir fast wohl. Dann wo es darzu kummpt, so mögen darnach auch du und ich Pfaff werden.

Hutten. Das halt ich auch. Und spricht Vadiscus, er wöll ehe nit geistlich werden dann zu derselbigen Zeit. Also fast [sehr] mißfällt ihm alles, was die Pfaffen tun⟨d⟩, zuvoran Rom, daß er, dergleichen ich nie gehört hab, zierlich schelten kann. Vorwahr, mit seinen Worten hat er mir viel Dings wieder in Gedächtnüs bracht, des mir schon vergessen was [war]. Als dieses: Noch bei Menschen Gedächtnüs pflagen die Päpst allein Bischöf zu konfirmieren und fürstliche Lehen der Kirchen vorleihen, aber jetzo haben sie einen Weg [ge]funden, daß sie auch der Pröpsteien sich annehmen, wöllen nunmehr auch etwas von den Dechaneien und Thumherrnpfründen schätzen, und dasselbig nit allein in des Papstes Monaten*, die sie ihn [sich] erstlich zugeeig[ne]t hatten, sunder auch wenn die Ordinarien zu leihen haben, in welchem sie gar fein halten die kostlichen Bullen, Concordata principum genannt. Von dieser Sachen wüßt Vadiscus gar hoflich [fein, witzig] zu reden und sprach: Dreier Ding mögen die Romanisten nimmer ersättiget werden, Bischofsmäntel, Papstmonat und Annaten.

Ernholt. Und mich Widerspiels [im Gegenteil] bedunkt, solicher Ding ihn[en] mehr dann zu viel geraten.

Hutten. Aber sie nit, dann ihr Geitz [Gier] ist nit zu ersättigen. Wo sie dann ein Genüg hätten an der Bischofskonfirmation, griffen sie nit weiter zu kleinen Prälaturen, und wo ihn[en] sechs Monat genug wären zu ihrer Rauberei, fielen sie nit mit Gewalt in die freien Zeit, wo sie auch an den Annaten, so durch Absterbung der Geistlichen gefallen, ein Genügen hätten, erdächten sie nit so viel seltsamer Weg, damit sie Annaten aufbringen. Dann sie bedunkt nit, daß genug Pfaffen in Teutschland sterben. Und haben in solichen Dingen die Kurtisanen den größten Gewinn. Dieselbigen braucht der römisch Stuhl als Schäffner [Verwalter], Unterhandler, Kundschafter, Anreger, Fürbringer, Forderer und Ratgeber in allen diesen Sachen, aber zuvoran beweisen sie ihren Fleiß und getreuen Dienst in dem Privilegio der romanischen Diener. Dann seitemal die Päpst ein Gewohnheit haben aufbracht und die in Concordata principum geschrieben, daß alle diejenen, so ins Papstes, der Kardinäl oder eines jeden Kalfaktors oder Stallknechtes zu Rom Dienst benennt würd, wer selbig sterbe, daß alsdann alle seine Lehen oder Pfründen der Papst zu leihen habe, und dann aus sonderem Geitz viel sich dohin richten, daß sie mögen Diener genennt werden (dann wer Diener ist, hat einen Vorteil vor andren, et⟨z⟩was zu Rom zu erwerben), ist es darzu kommen, daß ohn Zahl Diener sein. Das dann zu großem Nutz den Romanisten, uns dargegen zu unvorgleichlichem Schaden und Nachteil reicht. Und ist der Kurtisanen Befel⟨c⟩h, dieselbigen zu Rom, uff daß nichtes vorschwiegen bleibe, anzugeben und vorraten. Also würd Rom reiche gemacht.

Ernholt. Nun hab ich doch gesehen, daß die, [die] Diener gewest, so wohl als andere haben müssen Lehen kaufen und ihr Sach mit Geld ausrichten.

Hutten. Das ist wohl wahr. Dann wer mag zu Rom etzwas ohn Geld erwerben? Wären sie aber nit Diener, würden sie zu solichem Kauf nit zugelassen.

Ernholt. Also hat allein Rom ein Privilegium, Simonei zu treiben? Dann anderswo ist das vor [für] ein große und unvorgleichliche Ketzerei gehalten. Wo aber viel Diener zu einem Mal umb etwas bitten, wer scheid[e]t die dann voneinander? Das Geld? Dann ich achte, wer das mei⟨n⟩st Geld geb oder aber die höchste Pension uff sich legen lasse, der hab den Vorgang.

Hutten. Er hat wohl, wie du sagst, den Vorgang, aber dennoch geht solichs langsam zu. Dann wo der Papst das Lehen vielen zugleich hat zugesagt, muß man die Sachen vorhören und Erkanntnüs darin geben, welchem das am billigsten folge. Als sich dann auch begibt, sooft der Papst Gratien hat geben. Dasselbig ist ein solicher Betrüg, daß ich nit finden mag, wie ich den nennen oder wo ich dem Statt geben soll. Oft hab ich gesehen, daß einem zu dreien Malen sein Gratien geben und [eben]sooft auch widerrüft. Und alsdann erdicht ihm [sich] der Allerheiligst ein Ursach, warumb er sein aus[ge]gebene Mildigkeit wiederumb zu ihm [sich] zöge und die vorschlüsse. Aber vor allen Dingen ist dem Papst nutz, daß viel zu Rom gehadert werde. Dann die Sachen, die gein Rom kommen und allda rechtlich ausgetragen werden, mehren ohn Maßen den römischen Schatz. Darumb ist es Rom ein angenehm Ding, wann viel[e] das Recht daselbs suchen. Dann sie bringen alle etzwas mit ihn [sich]. Wo aber einer nichtes brächt, der würd ein böse Sach haben. Und nit allein würd ihm alsdann zu Rom nichtes geben, sonder auch das, [was] er hat, benommen. Derhalben spricht Vadiscus, wer zu Rom Handelen [Prozesse] hab, dem seient drei Ding vonnöten: Geld, Vorschrift [Empfehlungsschreiben] und Lügen.

Ernholt. Aber mich bedunkt, es sei allein an dem Geld genug.

Hutten. Genug. Wo des einer die Menig [in Mengen] hat. Dann sobald einem des gebrist [mangelt], ist not Liegen, Triegen, Tichten, Vorheißen, Zusagen, Schweren und Meineidschweren, damit er solichen Gebrechen erfülle. Hat er aber Vorschrift, so ist not, daß die etwas größer Zusag und gewisser Hoffnung inhalten. Sunst schaffen sie nit viel. Dann wo soliche Schrift von einem kummen, der reich von Geld oder mächtig von Gewalt, so ist sich wohl etzwas darauf zu verlassen. Dann drei Ding fürderen alle Sachen zu Rom: Gab, Gunst und Macht. Unter den[en] muß man die Gunst auch mit Geld erwerben. Dann wer günnt dem andern Gutes zu Rom, er wisse sein dann zu genießen?

Ernholt. Das wir zwen zu Rom zu erwerben gedachten, darzu [be]dorften wir keines bösen Menschen Gunst. Aber sunst haben wir andere viel gesehen in großer Vorachtung daselbst leben, das sie mit Geld, wo sie das gehabt, wohl hätten wieder kehren mögen.

Hutten. Uff dieselbigen Meinung spricht Vadiscus. Drei Ding einen jeden zu Rom erheben: Geld, Kühnheit und unvorschampt sein.

Ernholt. Ich sehe wohl, daß allweg Geld mitgeht, wiewohl Kühnheit auch etwas ist, daß einer ein Tat darf tun, umb der willen man ihn des Lands vorweisen oder im Kerker halten söllt, und dieselbige Kühnheit begreift viel böser Stuck in ihr. Wer aber zu Rom aufkummen will, darf nit fast scheuen, ein groß bös Wichtsstuck zu tun. Hierumb muß man zu Rom unvorschampt sein und vor keiner begangen Schand bald rot werden. Wie aber Schonheit des Leibs, vormag die nit auch etzwas zu Rom?

Hutten. Etzwas. Und hierumb sprach Vadiscus, drei Ding mögen an Gelds Statt zu Rom gebraucht werden: Schonheit des Leibs, Betrüglicheit des Gemüts und der beider Geduld.

Ernholt. Das seind sie, ah Gott, das seind sie. Dann welchen hat Schönheit (wo er sich der anders hat wöllen gebrauchen, und ist die Jugend gewest) zu Rom nit erhaben?

Hutten. Einen nit weit von hinnen (den du wohl kennest, von dem man auch sagt, umb daß er sich zu Rom nit männlich gehalten hab, sei er jetzo hie fast reich) hat sie selig gemacht. Dann Frauen und Mannen mag Wohlgestalt zu Rom nutz sein. Hierumb soll uns billich der teutschen Nation erbarmen, die von solicher Räudigkeit der Romanisten nit ein wenig sich hat verunreinigen lassen. Aber durch [aus] Scham sollen [können] wir viel[es], das wir wohl wissen, nit sagen.

Ernholt. Das mein ich auch.

Hutten. Welche betrügen, aufsehen, abschweren, Meineid schweren, Wort geben, ein Farb anstr[e]ichen, einem das Maul schmieren, Btrug einmischen, Glauben brechen und allerlei Betrug üben, die mögen⟨t⟩ unter den[en], die Gut zu Rom erwerben, nit mit den letzten gezahlt werden.

Ernholt. Wohl mit den ersten.

Hutten. Und die geduldig seind und Arbeit leiden mögen, uf daß sie Gebrechen des Gelds mit Dienst und Arbeit erfüllen, die schaffen auch wohl etzwas, müssent aber großen, unabläßlichen Fleiß und Arbeit haben. Dann zu Rom muß man umb klein Geld groß Arbeit tun. Derhalben man auch sie⟨c⟩ht viel edeler Jüngling sich in verächtliche und schmähliche Dienst begeben und haben des kein Scham, bedenkent auch nit, daß es ihnen übel anstehe.

Ernholt. Umb daß sie hoffen, etzwas dardurch zu gewinnen. Derhalben bei ihnen wohl Statt haben mag das gemein Sprichwort: Einem Armen ist nit nutz, daß er sich schäme.

Hutten. Fürwohr.

Ernholt. Was du noch gesagt, ist alles wohl geschickt und bedacht gewesen, aber unter anderen eines muß ich wieder in Gedächtnus bringen, ein großes Laster (als mich bedunket) und zuvoran von einem Papst, daß du sagest, er pfleg oft ein Ding vielen zugleich zu geben oder [zu]zusagen und darnoch leiden, daß die mit solicher Hoffnung vorwenet [betrogen] seind, untereinander darumb kriegen.

Hutten. Ja, wohl ist es ein großes Laster, und das Teutschen so lang nit gelitten hätten, wo sie nit der närrisch Mißglaub erbärmklichen verblendt hätte. Dann durch soliche Verstopfung haben sie bitzher, was ihn[en] unbillicher Weis geschie⟨c⟩ht, nit sehen mögen, seind in dem Irrtumb gewest, daß sie geglaubt, dem Papst gezäm allerlei, ob er schon etzwas sehr unbillichs stiftet, und sei ein unbüßlich Sünd, wider des Papstes Tyrannei ein Wort [zu] reden. Nun fleucht [flieht] Rom kein Schand, sonder durch Schand folget es dem Gewinn nach, verlassend sich darauf, daß, ob einer schon ein große Missetat oder Schalkheit beging, mög der Papst schaffen, daß solichs nit Sünd sei. Dem geben⟨t⟩ auch Concordata principum zu, daß man alle Lehen, der einer durch päpstlichen Gewalt beraubt ist (als dann geschicht, sooft der Hirt Zorn oder Ungenad uff sein Schäflin würft) wiederumb zu Rom von ihm erwerben muß. Do habent die Kurtisanen viel zu schaffen, daß sie, wer ihn[en] gefällt, anbringen und dargeben.

Ernholt. Doher kommpt die gemein Klag, daß sie viele unbillicher Weise anfechten und oft den Allerunschuldigesten zu schicken [Schwierigkeiten] machen.

Hutten. Doselbst ist dann aber ein ander Betrug. Also: In den Konkordaten ist unter anderen begriffen, daß, wo ein Lehen, darumb zu Rom ein Krieg ist, in der Zeit, diew[e]il der Krieg noch währet, los würde, soll das gen Rom fallen. Nun finden die Kurtisanen diesen Weg, daß, wo sie jerget [irgend] einen reichen Alten wissen oder [einen], der schwach von Leib ist, zitieren sie den vorsätzlich gen Rom, förchtend, daß, wo er hie außen nit in des Papsts Monaten stürb, käm die Sach nit gen Rom. In solichem Fall hab ich viel gesehen, als sie uff die Zitation gen Rom ziehen wollten, uff dem Weg sterben. Und geschicht dieser Gewalt fast den Allerredlichsten und Unschuldigsten. Man erdicht aber ein Ursach, womit er verwürket hab, vielleicht, daß er irregularis sei worden oder sunst sich nit recht gehalten, oder würd ein Weg [ge]funden, ihm, daß er nit Recht zu seinem Lehen habe, zu verweisen. Dem sei nun allem, wie ihm wölle, so grüblet man ein Ursach aus, derhalben sich ein Krieg zu Rom erhebe. Nun ist den Kurtisanen viel gelegener, zu Rom dann an keinem Ort mit Pfründen zu handlen oder Haders pflegen, ob sie schon großen Kosten darauf wenden oder auch Geschenk geben müssen oder etwas gäntzlich käufen. Dann zu Rom mag man sich aller Schalkheit und Böswichtsstücken, das an anderen Orten nit gezämen wollt, behelfen. Dohär zeugt Vadiscus, daß umb dreier Ding willen viel gen Rom ziehen. Das erst ist der römisch Nam[e], und daß man viel wunderlicher Ding von Rom schreibt und sagt, dieselbigen zu sehen und erkennen.

Ernholt. Dasselbig ist uns die größte Ursach gewest, Rom zu sehen.

Hutten. Das ander Gewinst. Das dritt Freiheit, Übel zu tun.

Ernholt. Diese zwei bewegen die Kurtisanen. Das hab ich aber vor[her] nit gewißt, daß den ordenlichen Monaten also viel abgebrochen würd.

Hutten. Fürwohr also viel, daß den Romanisten und dem Papst schier nichts doran gelegen ist, ob etwas in oder außerthalb den päpstlichen Monaten gefalle, dann man kann allwegen Rat finden, daß es von hinnen gen Rom komme. Uberdas so darf auch kein Ordinarius hie außen ein verfallen Lehen in einem gantzen Monat nach des vorigen Tod hinleihen. Uff was Meinung? Fürwohr, uff daß man Zeit hab, solichs gen Rom zu verkünden und einen Weg zu finden, wie man etzwas herab gen Rom bringe. Hierumb ist uns Teutschen gar nichts mit beholfen, das Jahr in zwei Teil geschieden sein. Dann sie ziehent das doch gar zum Papst. Was sollen wir aber von Bischöfpostulieren halten? Dann sooft das geschie⟨c⟩ht, muß der postuliert Bischof, was er im vorigen Bistumb hat, alles gen Rom fallen lassen und das darnoch von neuem ⟨an⟩ wieder von dem Papst kaufen. Also ist es kurtz hievor geschehen, daß inwendig einem Jahr ein Pallium zwier [zweimal] zu Rom gekauft warde. Dann derselbig Bischof mußt des ersten Bistumbs Pallium, das er noch nit ein gantzes Jahr gehabt, als er zu dem anderen Mol [zum zweitenmal] postuliert ward, wiederumb kaufen und uff ein neues lösen. Doran ward ihm nit ein Pfennig nachgelassen. Sooft dann Gratiae expectativae gegeben werden, das selten geschie⟨h⟩t (dann der Papst achtet das für ein große Gu[t]tät, die er den Teutschen tu), alsdann geht man stracks wider die Konkordaten. Dann viel Lehen, die aus Vermögen [gemäß] der Konkordaten von der römischen Tyrannei sollten frei sein, werden unter die Gratien gezogen. Auch fallen sie jetzo die r[e]ichen Klöster in Teutschland an, plünderen die Äbte, und hebt sich schon an die römisch Gewohnheit, daß man den Kardinälen und Bischöfen die Äbtei in Kommenden* (als sie das nennen) gibt. Welches ist ein rechter Weg und große Bequemheit, die Klöster zu verwüsten. Nimm wahr ein anders: Etwan [Früher] was [war] Gewohnheit, wann der Papst schon einmol etzwas verliehen hat, daß es doch darnoch wieder an den Ordinarien fiele. Das hieß man Regreß* und was ein einiger [der einzige] Trost in der Vielfältigkeit römischer Tyrannei. Das habent sie jetzo auch gewaltigklich abgeschnitten und uns benommen. Und was sie einmol in die Zähn bringen, das lassen sie nit bald mehr daraus, ja ni⟨e⟩mmermehr lassen sie das von ihnen und, uff daß es nit wieder zu seiner Freiheit komme, vorfechten sie das mit ihrem Bann und Vermaledeiung. Wie dann Annaten? Das seind die Frücht des ersten Jahrs von einem jeden Lehen. Ist es nit auch ein guter, feister Raub? Uff daß aber in demselbigen nit geirret werd und man zu Rom gründlich wisse, was hie eins jeden Lehens Einkommen sei, haben sie ein Gesetz gemacht, daß zu Rom soll geschätzt werden, wieviel Aufhebens [Einkünfte] ein jeder hie von seiner Pfründen hab. Aber dieselbig Schätzung hat ihre Wurtzelen aus dem römischen Geitz [Gier] und nit Gestalt der Sachen. Darumb sie oft zu Rom ihn [sich] selbs zugut ein Ding etwas höher, dann es reichen mag, schätzen. Do seind Decisiones rotae*, das ein unwidersprächlicher Ausspruch ist, gar gut zu. Ob sich dann einer beklagen würd, als geschäh ihm Unrecht, der tut das gantz unbillich, diew[e]il in den Konkordaten klarlich ausgetruckt ist, ob einer sagen wöllt, man hätte sein Lehen höher, dann es sei, geschätzet, daß man von Rom in Teutschland, das zu erkunden, schicke.

Ernholt. Wann schicken sie dann her?

Hutten. Wenn hat einer gedörft klagen? Dann es ist nit ein kleine Farhe [Gefahr], den Gewaltigen zu Rom in einem kleinen Ding Geschäft [zu] machen. So förcht ein jeder, in Sachen, die den Papst betreffen, [E]inred zu haben, uff daß es nit dem Allerheiligsten Verdrieß tü. Auch sagt Vadiscus, ein gantzer Tag wär ihm nit genug Zeit, wenn er alle Fünd und List, dardurch die freien Lehen und die hie außen verlühen sollten werden der Papst von uns gen Rom zeucht, verzählen sollte. Und als er lang und viel darvon geredt hat, sprach [er], er hätte noch erst ein wenig obenhin berührt. Dann er meint, gantz nichtes von den Romanisten unterlassen sein, damit sie ihren Nutz schaffen mögen. Darumb sie oft wider alle Billicheit, was vorhin gehandelt, zunicht machen, alte Gewohnheit ablegen, Compact und Vereinung ufflösen, die Gesetz verschlagen, christliche und geistliche Ordenung abtilgen, alle Ding umbwenden und verkehren. Man l[e]ihet auch jetzo Kinderen Pfründen, oft die noch nit reden können, daruber ein Dispensation umbs Geld zu Rom erkauft würd. Und ist kein Schand so groß, kein Übeltat so arg, kein so verköhrlich Laster, das uns die Römer nit gern erlauben, uff daß sie umb Dispensation Geld haben mögen. Wiewohl sie selbs ohn Dispensation sündigen. Weißtu auch, daß einer zu Mentz [Mainz] einem Weib zu Florentz Pension von seiner Pfrunden gibt?

Ernholt. Ich hab es nächst gehört.

Hutten. Und was hat ein Weib mit geistlichen Lehen zu tun? Besonder ein Wälhin [eine Welsche] mit den unseren?

Ernholt. Nichtes. Ja, bei dem wohren Christ nichtes, dann daß ich hör, der Florentinerin sei dieselbige Pension zugeeignet.

Hutten. Hierumb, meinstu auch einichen Gewalt erdocht werden mögen, darmit sie uns nit angehn gedörfen?

Ernholt. Nun förter glaub ich nit, daß einer sein werde. Dann ich sich [sehe] sie alle Ding tun.

Hutten. Es seind etzliche Lehen, die man aus alter Stiftung unser Vorfahren allein denen verleiht, die einen Namen einer Würdikeit haben, als do einer Doktor würd. Domit nun die Romanisten mit einem Schein der Billicheit solicher Stiftung auch entgegen gehn, so machen sie jetzo auch Doctores zu Rom, Leut, die des doch gar nit würdig. In welcher Gestalt ich hab gesehen einen Thumherr [Domherr] zu Regenspurgk werden, dieweil er [zu]vor Doktor zu Rom worden was, sunst hätt er das nit sein mögen, dann ihre Statuten halten, keinen uff den Thum genommen werden, der nit entweder von Geschlecht edel oder aber durch Kunst mit einem Ehrennamen gezieret sei. Aber wiewohl dieser Physikant kein Kunst nie gelernt, sonder das Doktorat mit Geld erkauft, ist er dannoch seinem Willen, wiewohl wider Ordenung der Statuten, nachkommen. Dann wenn man die also auslegen sollt, so möchten wir auch hie unsere Esel [zu] Thumherren machen, das aber vill[e]icht, ob wir schon möchten [könnten], doch nit tun wollten. Aber Rom scheuet kein Ungeheur oder Übel, sonder allein unter allen Städten macht sie ihr [sich] anderer Leut Sünden [zu]nutz. Do kann auch kein so heftige Verhindernus sich begeben, man findt einen Weg hindurch. Es hat auch der Papst zu leihen alle Lehen derjenen, die zu Rom oder zwo Tagreis[en] von dannen, es geschäh gleich in welcher Gestalt es wöll, sterben. Was kann man doselbst mit Gift schaffen? Was mit anderen Dingen, die zu Rom fast [ganz] gemein?

Ernholt. Fürwahr, viel. Hierumb haben du und ich zu Rom in großer Sicherheit gelebt. Dann dieweil wir nit geistliche Lehen hatten, stund uns niemand nach.

Hutten. Wenn die Lehen ledig werden, haben der Papst und seine Kardinäl ein großen Trost von den Kurtisanen; die bringent das sobald an. Wo dann ein reicher Beneficiat [Pfründeninhaber], und doch nit alt, auch nit krank wär, also, daß zu besorgen, er möchte lang leben, finden die Kurtisanen ein Ursach, daß sie ihn gen Rom zitieren, geben ihm dieses oder jenes Schuld, domit sie etzlichen Geld abschrecken, etzliche durch Anfechtung und Bekümmernus zu dem Tod bringen. Und ist solichs wohl ein großer Jammer zu sehen, wenn sie die Frommen und Unschuldigen (das sie dann am meisten pflegen) dermaßen fürnehmen, sprechend, einer hab Simonei getrieben, welches Laster die Romanisten unverdammpt nit lassen, wiewohl man das zu Rom ohn Sünd und Straf tr[e]iben mag. Dann man darf keinen, der zu Rom mit geistlichen Lehen Kaufmannschatz tr[e]ibt, der Simonei z[e]ihen. Oft auch, wenn sie einem zu[setzen] wöllen, sprechen sie, er sei im Bann. Nun sein der Ursach und Weis, dadurch man de facto (als sie es nennen) in Bann kommpt, so viel, daß oft einer nit weiß, ob er im Bann ist oder nit. Und kommpt mancher in Bann, der sich keines Übels noch einicher Missetat schuldig weiß. Als jetzo wir darumb, daß wir Vadisus Red wiederumb ertzählen, seind wir der römischen Verkönung noch im Bann, ob uns schon niemand zitiert oder beklaget ätt.

Ernholt. O Christ Herr! Soll man ein Menschen unverhört, nentschuldiget verdammen?

Hutten. Ja, ehe er zu der Antwort kommen mag, ist das Urteil iber ihn gangen.

Ernholt. Das lassen sich die überreden, in deren Köpfen kein Hirn mehr ist. Wir aber wöllen diesen zäuberischen Mißglauben i⟨e⟩mmer zulassen.

Hutten. Und sie, die Romanisten, bei dem gemeinen Volk geen das vor [für] ein große Geistlicheit [a]us und machen aus ler christlichen Senftmütigkeit ein rechte Fülterei [Folter] und Diebhenkerswerk. Und wiewohl sie auch selbs gantz übel und ündlich leben, lassen sie doch niemand selig sein, er hab das lann vorhin von ihnen erkauft. Do seind Casus papales, das ist äpstlichs Gewalts Vorbehaltung, die Vadiscus auch für ein unerschampte Lugen hält. Dem sei nun wie ihm wöll, so scheint s je nit Christus Meinung gewest sein. Dann er hat seinen Apotelen alle Ding zu gleich geben und keinem mehr Gewalts dann lem anderen. Es ist auch etwan [vorzeiten], do die Kirch noch esund und ungeergert [einwandfrei] gewest, in einem Concilio inem römischen Bischof die Oberkeit unter allen Bischöfen angeboten [worden]. Der hat die abgeschlagen und nit wöllen anehmen. Woher kommpt dann, daß die Päpst sich schreiben Knecht aller Knecht Christi‹? Haben nit die Alten in solichem edocht die Meinung Christi, daß ein jeder in der Kirchen, je eringer er sich selbs acht, je höher aufgeworfen soll werden? Jnd daß allen anderen dienen sei über all andere regieren? Aber lie Unseren jetzo, mit was Stöltze seind sie aufgeblasen? Ist ber ein jeder, je mehr er sich mit weltlichen Dingen bemühet nd die geistlichen gar nit oder gering achtet, je [desto] weiter on Christo abgesündert, in wievielerlei Gestalt mögen dann liese für Unchristen, ich geschweig für christliche Bischöf und ler Kirchen Öbersten gehalten werden? Doch möchten wir sie ill[e]icht leiden, wenn sie allein übel lebten und nit auch ander eut an ihrem Leben ergerten [beeinträchtigten]. Aber nun von lenen wir der Seelen Heil entpfahen sollten, kommpt uns Verlerbnus aller Dingen. Hierumb, wie mögen wir länger leiden, laß die, [die] uns vorzeiten das Geld und Gut abschmeichelten, lasselbig jetzo mit Gewalt zu rauben unterstehen? Und nehnen jetzo der Kirchen Erb, das sie vorzeiten von uns erbettelt,

Almus [Almosen] geheißen haben. Aber sie haben ein geistlich Recht geschrieben, in Ansehen desselbigen muß man alle soliche Gewaltsam[keiten] leiden und stillschweigend gedulden. Wiewohl sie kein Genügen haben, Canones zu schreiben und Dekret, mehr haben sie noch Paleas, Extravagantes und Declaratorias* darzu gesetzt, uff daß in allen Wegen der Wahrheit entgegen gegangen, wo sich die hin[be]wegt, bestellt [zum Stehen gebracht], wohinaus sie wöllt, beschlossen werde. Wie mögen nun iemer [jemals] die, [die] in so mancherlei Weis und Gestalt der Menschen Seel töten, Christi Vikarien genennt werden? Warin seind sie ihm doch gleich oder gemäß? Do etwan Christus Petrum ansahe, sprach er zu ihm: ›Petre, weid meine Schof.‹* Was tun⟨d⟩ diese? Ausleeren sie nit das christlich Volk und zwingent das mit ihrer Rauberei zu Armut und Hunger? Schinden sie nit die Schof Christi bitz uff das Leben? Weiter hat er auch zu Petro gesprochen: ›Und du sollst dich auch etwan umbkehren und deine Brüder stärken.‹* Eben dieses tund auch unser Päpste. Ja, täglich aussetzen, leer machen und schwächen sie uns je mehr und mehr, etwan auch zerknütschen und ertöten sie uns gar mit der Kraft ihres Tonderschlags [Donnerschlags]. Dann umb mancherlei Ursach willen werdent die Seelen der Menschen ertötet, wo man nit zu Rom beichtet. Gleich, als ob einer an dem Ort, [wo] er kranket, nit auch geheilet werden möge, und an dem Ort, [wo] einer sündiget, daselbst nit möge Gnad und Barmhertzigkeit vor [für] seine Sünd umb Gott erwerben, und sei vonnöten, hin und hinwider zu laufen. Oder als ob einem die Stadt und nit sein eigen Gewissen solichs bring. Wenn aber dieses von ihnen nit erdocht wäre, wie möchten dann so viel Penitentier [Bußpriester], so viel Bullenschreiber und Siegeler zu Rom sich enthalten? So würd niemands einichen Ablaß kaufen, wenn man die Leut nit überredt hätte, alles unser Heil in dem gelegen sei⟨n⟩. Es wären auch alle Bullen unwert und veracht, hätten sie nit mit ihren zauberischen Gespensten die Augen aller christgläubigen Menschen dermaßen verblendt, daß man wähnet, ihre Vorwesung und Macht not sein zu der Seelen Heil. Welcher Meinung dann so gar in das närrisch Volk kommen ist, daß etliche, die nit Geld zu geben haben, sich vor dem Kreutz zu Rom mit Ruten schlagen lassen. Hierumb, welcher Tyrann hat je ein freie Stadt schmählicher undertruckt dann dieser Knecht aller Knecht ein Nation, die nit allein frei, sonder auch der Welt Regiererin sein soll? Ist das die leichte Bürde Christi? Ist das das süß Joch? Oder mag man das nit nennen Verfolgung der heiligen christlichen Kirchen, neue Gesetz, die dem Gebot Christi entgegen, aufsetzen?

Ernholt. Du sagst viel, daruff nit not ist, ja zu sagen. Dann es ist so wohr, daß es mit keiner Bezeugung darf [braucht] befestiget [zu] werden.

Hutten. Aber von der Vorbehaltung im Hertzen hab ich dich viel zu lang uffgehalten. Was mag aber nach Große des Dings gnugsamlich gesagt werden? Oder welche Wort mögen einer solichen Schalkheit ußzusprechen gemäß erfunden werden? So es an ihm [sich] selbs so unmäßlichen groß ist, daß ich keine Strick, kein Galgen, kein Marter, kein Feur (ob das schon so groß wäre als das letzte, darinnen die Welt zergehn würd), das zu peinigen, genug achte.

Ernholt. Und sie ist doch des päpstlichen Hertzens?

Hutten. Desselbigen allein, das inwendig so weit und so vieler Lehen begrifflich ist, daß einem jeden, wie er auch ein Lehen erlangt hat, zu förchten ist, daß es nit vor[her] der Allerheiligest im Hertzen behalten hab.

Ernholt. Uff wievielerlei Gestalt und Maß vorbehaltet er ihm [sich] aber die Lehen?

Hutten. Etwan [Einst] hatt[e] das Maß Ziel und Zahl, jetzo ist es ohn End und Bezirk. Ja, oft würd durch Geschicklicheit der Kurtisanen gedicht, er hab etwas vorbehalten, doran er nie gedocht hat.

Ernholt. Zürnet er dann nit über die, [die] solichs tund?

Hutten. Sollt er zu solichem seinem Nutz zürnen? Vielmehr bezeugt [bestätigt] er das, lobt ihre Geschicklicheit. Als dann die Kurtisanen solichs sehen, erfragent sie sich an allen Enden nach alten reichen Pfaffen, erwerben darnoch mit Geld umb den Papst, daß er, sobald dieselbigen sterben, spricht, er hab ihre Lehen im Hertzen vorbehalten und leihe die ihnen. Oft auch, wenn einer gereid [bereits] tot ist, erlangen sie dasselbig dannocht, in welchem der Vicarius Christi gar fröhlichen durch die Finger sie⟨c⟩ht. Also weit ist es von dannen, daß er sollt Beschwerde tragen. Ja mehr tut ihm der Gewinn so wohl, daß er oft in solichem Fall ein Lehen zweien, dreien oder noch mehren zugleich verkauft. Dann diese hertzliche Vorbehaltung ist ein leichts, behends und schlupferichs Ding, desgl[e]ichen kein Betrügnus nie gesehen ward. Wider das hilfet auch kein Wölung [Wahl], kein Patronenrecht, kein alt Herkommen, kein Landsgewohnheit, kein Privilegium, kein Vorgang, Achtung oder Ansehens der Fürsten. Dann gegen dem Gift, das aus dem Hertzen dämpfet, mag kein Artznei bereit werden, und würd an keinem anderen Ort sicherer Behelf der Bosheit gefunden. Damit sich dann decken und beschirmen alle diejenen, denen sunst kein Trug, kein List, kein Gremplerei, kein Aufsatz, kein Hinterlist, kein Nachstellung oder eincherlei Betrugnus oder Behendigkeit hat glückseligklich wöllen vonstatt gehen.

Ernholt. Hilf Gott, wel[c]h⟨e⟩ ein wonderlich Gespenst [Blendwerk], welhe einen Haufen großes Übels ertzählest du.

Hutten. Mir ist beschwerlich, darvon zu reden, sollt es dann nit bitter sein zu tragen und leiden?

Ernholt. Was hinderet uns nun länger? Hat Teutschland nit Eisen? Hat es nit Feuer?

Hutten. Wöllen Teutschen nit, so werdents aber Türken haben.

Ernholt. Es wär aber besser, die Roch [Rache] und Straf [würde] durch uns selbs dann [durch] einiche ausländische Macht beschehen.

Hutten. Besser. Vonnöten ist aber, daß soliche bald kommen. Dann ihr Übermut und Gedörstigkeit sich zu gar weit und übermäßigklich erstreckt. Du hast ein Bullen des Papst Julii [II.], ein edele und von den Kurtisanen höchlich berühmpt Bullen, darin er die Extravaganten des Papst Pii des anderen [Pius II.] wider alle, so zu einem zukünftigen Concilio appellieren, befestiget*, gesehen. O unsterblicher Gott, welch ein frevenlich Fürnehmen beider, Pii, der das erst gestiftet, Julii, der das ander bestätiget. Soll man einen solchen Spott gegen den Augen und Hertzen aller Christgläubigen üben? Sie haben aber gemeinet mit solichem ihrem Gestift uff einmol hinwegzunehmen den gantzen Schrecken, damit sie oft von denjenen, so gegen ihrer Vorgewaltigung Zuflucht des Concilii (das man zu Rom fast förchtet) gesucht haben, angefecht seind*. Es würd aber dieselbige Bull wie bös die ist, nunmehr unter anderen päpstlichen Konstitutionen gezahlt und hat den Venedigern Städt und Land abgedrungen*.

Ernholt. Nit dieselbig Bull, hab ich recht verstanden, sonder der Frantzosen und Teutschen Waffen. Dann was meinstu, Leut in Weisheit unüberwindlich, ein Stadt mit gutem Rat, in allen Gegenfällen geschickt und bereit, ein solich schandhaft Gedicht hätten achten werden, wären nit so viel Künig, so viel Gemein[d]en, so viel gewäppneter Höre [Heere] gegen ihn [sie] gewesen? Sie hätten wohrlich der unnützen Fabelen die Feigen gewissen.*

Hutten. Dem sei also. Wie aber, daß der Leutbetrüger Julius dieselbigen Bullen als durch Mitwürkung des Heiligen Geists von ihm beschrieben hat ausgegeben? Als ob sich der Geist aller Weisheit und Gewissen Gottes in dem Rat solicherBöswilligkeit vermische. Und man nennet nunmehr die Rott desselbigen Mörders Julii die heiligen Kirchen, so es doch ist die grausamest Verfolgung der christlichen Kirchen, so je erkennt gewesen. Dann wie bös seind die Heiden, so etwan in Verfolgung Christi allein die Leib der Menschen gemartert haben, zu achten? Diese Tyrannen, mit ihren allerschädlichsten Gesetzen das Licht der Wahrheit verfinsterend als mit einem Rauch der hellischen Uffdämpfung, haben die göttlichen Lehr Christi, in der unser Glaub gegründt, die heilig christlich Kirch befestiget, alles Heil des menschlichen Geschlechts verwurzelet, verstickt und ermördet. Andere Verfolgung[en] haben durch Beständigkeit und Stärke der Natur den Glauben gemehrt und bestätiget, diese verderbt und vertilget den durch Fleiß vieler böser Stück und Taten.

Ernholt. Aus hin [Fort mit dir], Rom, die du keinen Glauben haltest, sonder der Geitzigkeit (eim Gestift des Teufels) anhängst! Aus hin, Rom, ein Wurtzel aller Sünd und Laster, von dannen auswächst gemeine Verderbnus christlichs Glaubens! Aus hin!

Hutten. Meinstu aber auch, diese Hirten, wo ihr vonnöten würd, ihre Seelen für die Schof [Schafe] setzen und sich strenglich erzöigen werden?

Ernholt. Sollten ihre Seel verlieren und das Leben für die Herd wogen, die umb Gelds willen die Schof ertöten? Ja, ob heut die Türken Rom belägert hätten und man Italien beschützen söllt: der nächst von uns Teutschen Geld, damit man die Türken [be]krieg[e], gefordert hat, würd der erst von dannen fliehen, der erst Italien verlassen und, mich betriegen dann alle meine Sinn, wo man ihn ichts [irgendwie] erschrecken würde, auch den Glauben verleugnen. Und haben doch bitzher so oft mit demselbigen Gedicht das christlich Volk betrogen. Dann sie wöllent nit den Türken kriegen, wenn sie in dem Namen Geld forderen, sonder sie wöllen zu Leben haben und ihn [sich] Lust schaffen.

Hutten. Also mein ich auch. Sie wöllen haben, davon sie Wollust pflegen, darmit sie ihr unkeusch Leben erhalten, daher sie ihnen [sich] ein sanfte [wollüstige] Wartung bestellen. Das ist ihr Begehr. Dahin denken sie. Zu diesen Sitten aber und diesem der Stadt Rom Stand, meinstu nit, der Türken Schwerter not sein?

Ernholt. Wo die Christen nit einsehen wöllen und sich selbs ihres Rats gebrauchen, wöllen in ihrem Aberglauben bleiben und die Übeltat nit strafen, so halt ich, wir werden ihr[er] bedörfen.

Hutten. Vadiscus spricht: Drei Ding mögen Rom wieder zu seinem rechten und allerbesten Stand bringen. Der teutschen Fürsten Ernst, christlichs Volks Ungeduld und ein gegenwärtig Hör [Heer] der Türken.

Ernholt. Was Ernsts?

Hutten. Dieweil oft gesagt, die Teutschen werden einmal ein redliche Tat tun und es doch bitzher keinen Fürgang gehabt, halt mans für Gespött zu Rom bei den römischen Wollüstigern, wenn einer sagt, die Teutschen werden noch Rom reformieren.

Ernholt. Die Geduld des Volks ist viel zu lang, und wenn meinstu, [daß] die ein End haben werde⟨n⟩?

Hutten. Wenn die Gemüt vom Aberglauben zu guter Vernunft gekommen. Das ich gäntzlich hoffe, bald geschehen werden.

Ernholt. Wo dann diese zwei dem Gebrechen zu Hilf kämen, würd man noch der Türken Woffen bedörfen?

Hutten. Vadiscus meint, man werd der noch bedörfen. Dann er spricht: Wenn die drei schon alle zusammen die Romanisten übergeben, werdent sie noch kaum genug sein, ihre böse Sitten zu strafen und die Kirchen zu reformieren. Aber ich halte, Teutschland, wenn es die Sach erkennen und darein sehen wöllt, viel vermögen. Hoffe auch, es werd darein sehen und diesen Nöten Rat geben. Werd auch anstatt des Aberglaubens den rechten Glauben annehmen. Als ich dann aus vielen Anzöigungen vernimm.

Ernholt. Das schaff Gott. Sollt es aber ein göttlich Geschick und Straf über die christliche Welt sein, daß von Christenleuten diese Reformation nit mehr zu verhoffen wär, so wöllt ich wünschen, daß die Türken schon Rom und die Romanisten darin gewunnen und gefangen hätten, sie auch weit und breit metzleten und zu Tod schlugen. Nit das unschuldig Völklin (dann dovor sei Gott der Seligmacher), sonder diese gemeine Ärgernus guter Sitten, diese wohlangesehene Meister des Lebens, die uns mit großer Schand des gantzen christlichen Glaubens zu gem[e]iner Verderbnus führen.

Hutten. Darumb soll niemands sich verwunderen, obschon die Behemen [Böhmen] etwas geton haben, so sie noch täglich solich Ursach und Glimpf [Vorwand] zu ihrer Verfolgung geben.*

Ernholt. Wir, die auch der Behemen Sach nit gäntzlich loben, haben dannoch kein Wunder dorab. Dann als die Leut sich halten, söllten sie noch größeren Übeln Ursach geben.

Hutten. Was sprichet do Vadiscus zu? Drei Ding (sprach er) haben Teutschland bitzher nit weis[e] lassen werden. Ungeschicklicheit der Fürsten, Unbekanntnus der Geschrift und Aberglaub des Volks.

Ernholt. Ja fürwohr, das seind Verhindernus gewest, fürwohr Hutten, es seind. Des Aberglaubens halben haben sie, die Romanisten, noch gute vorwährliche Hoffnung. Von den Fürsten hastu ein tröstliche Zusag geton. Erkanntnus der Geschrift ist schon bei uns aufkommen und steht in Sicherheit.

Hutten. Das verdreußt sie auch. Und ich müß übel verderben [will verdammt sein], wo sie nit ihrer Bosheit noch [nach] meinen, wir wissen schon zuviel in guten Künsten, haben allzu großen Fleiß in dem Studio. Wiewohl wir uns noch fast gebrechlich in solchen erkennen.

Ernholt. Fürwahr, wie du sagst, und glaub auch, ihnen sehr übel gefallen, daß Teutschen jetzo Bücher schreiben.

Hutten. Wir sollen aber nichtsdestweniger schreiben. Die Wahrheit an Tag bringen, und zu solichem sollen wir ein andächtig und christenlich Vertrauen haben, angesehen, wie strenglich und unabläßlich unser Seligmacher Christus solichs gepflegen, der täglich wider die Fürsten der Priester und Schriftweisen gerüfen. In welches Fußstapfen wir tretend, sollen uns behärten wider die, so sich des geistlichen Namens zu ihrem Gewinn mißbr[a]uchen, haben anstatt der Lehr Christi menschliche Gebot aufgesetzt, jetzo [zu]letzt weder recht lehrend noch wohltund. Diese haben auch verwandlet die Gotteswahrheit in Gedicht, heißen uns fürderlicher dienen der Kreatur dann dem Schöpfer. Sein nit eingangen als Hirten durch die Tür, sonder als ein Dieb und Räuber anderswo hiningestiegen. Dann die durch Betrug und Geitz eingehen, die gehen nit durch Christum ein. Dann er ist die Tür, dardurch man in den Schafstall gehen muß, in welchem, wo man hineinkommpt, gebührt sich, die Schaf Christi zu weiden, nit stehlen, schinden und mörden. Wider soliche muß man neben [mit] Vadisco rufen und ohn Unterlaß schreien, bis so lang wir jemans mit Klagen und Gelfen [Schreien] dahin bewegen, daß er etzwas mit uns unterstehe gegen denen, die nit als ihn[en] gebührt, mit Sanftmütikeit und friedsam wie etwan Christus die ihm befolhen sein bitten, sonder mit Träuung [Drohung] der Verdammnus und Schrecken der Verderbnus zwingen, die wir doch, wo sie also geschickt, daß sie einen geistlichen Somen [Samen] unter uns würfen und die Zeit wär, daß es uns vonnöten sein gedeucht, leiten möchten, von uns dargegen zeitliche Frucht abschnitten. Aber die schalkhaftigen Betrüger geben uns jens nit und hören doch nit auf, dieses zu nehmen, blasen uns ein unnutzen Rouch entgegen, haben ihnen [sich] außerlich eine betrugliche Farb angestrichen und nehmen uns mit solichem Trug unser gegenwürtig Gut, verheißend zukünftige Ding, die weder sie haben noch auch in menschlichem Gewalt seind. Jedoch haben wir nun ein lange Zeit her dieselbige Hoffnung mit großem Geld gekauft. Und wiewohl wir mit Gewalt und auch Spott manigfaltiglich von ihn[en] verletziget sein, so wöllen wir uns doch nit mit Beschirmung oder Widerwehr entgegensetzen.

Ernholt. Fürwahr, ihr, die solcher Tyrannei entgegen, habt ein rechte gute Meinung. Euch will aber groß vonnöten sein, gantz weislich üch [euch] vor ihrer Nochtrachtung zu wahren, uff daß üch nit etzwas, das ihr doch nit verschuldet, widerfahre⟨n⟩. Dann sie seind nit zu verachten.

Hutten. Das weiß ich wohl. Aber, ei, ein große löbliche Tat will nit ohn Forcht geschehen.

Ernholt. Fürwahr ist dieses ein große ehrliche Tat, mit Raten, mit Vermahnen, mit Anreitzen, mit Treiben, Schreien, Verschaffen, daß unser Vaterland seinen Schaden und Unwirs [Unwürde, Schmach] erkenne und sich richte, sein alte angeborne Freiheit wieder zu erwerben, wo es nur einer möcht ausführen und vollbringen.

Hutten. Ob es dann einer schon nit vollbrächt, so hat dannocht auch [der], der es untersteht, etzwas verdient. Und viell[e]icht werdent andere ein Beispiel doher nehmen und derglichen auch unterstehen. Und möcht noch die Welt sich bewegen lassen, also daß Teutschland witzig würde. Welches, als mich bedunkt, Christo unserem Selichmacher und auch der heiligen christlichen Kirchen baß [besser] nit dienen möcht, dann wenn es die Geldforderung und Schatzung unternähm [verweigerte], behielt das Geld hie außen, dann alsdenn würden die Protonotarien und Kopisten zu Rom Hungers halber sterben.

Ernholt. Wöllt Gott, du möchtest jedermann überreden!

Hutten. Ich will es je unterstehen.

Ernholt. Die Wahrheit zu sagen?

Hutten. Ja, wiewohl sie mir Woffen und den Tod dräuen.

Ernholt. Dargegen werden sie gar viel Fünd[Tücken]erdenken.

Hutten. So will ich auch Hilf zu mir ziehen und mich mit Verwahrung auch schicken.

Ernholt. Da geb dir Gott Glück zu. Wir lassen aber allzu lang von der Dreifaltikeit.

Hutten. Vadiscus hat dergl[e]ichen weniger nit geton, der auch oft mit vielen Worten neben ausging. Aber so viel als je an einem Ort zürnet er, sooft sich begab von den Absolutzen [Absolutionen]: Relaxation, das ist Milderungen, und Dispensation, das ist Nachlassungen. Tät ihm großen Zorn, daß man ein soliche Ungleichung unter den Priesteren erdichte, und daß ihm [sich] die Romanisten viel zu viel Macht zugeben, von dem Eid, domit sich einer vörpflicht hat, erledigend, Compact [Verträge] zertrennend, Bündnüs auflösend und erloubend alles, das wider den Glauben, Christus Lehr und gute Sitten ist. Weiter goß er aus viel bitterer, schar⟨p⟩fer Wort wider das geistlich Recht, das solltestu als desselbigen vörstendig gehört haben. Fürwahr, er gefiel mir wohl. Dann er leget aus, wie sie darinnen sich mit Abflucht [Ausflüchten] vörsehen haben. Wie sie Trug und List zusammengetragen, sich uff Behelf geschickt, dardurch man sie, ob man etzwas hingegen vörsuchen oder gedenken wurd, entschlü[p]fen mögen. Sprach, was ist jetzo das weltlich Recht? Wie mit großem Gewalt ist es durch der Päpst Konstitution vertruckt [unterdrückt]? Und dasselbig ist der beste Weg, christlicher Freiheit Hand anzulegen gewest. Dann seitenmal drei Ding seind, damit Rom alle Ding unter sich bringt: Gewalt, Betrug und angenommene Heilikeit, ist dieses ein sehr großer Gewalt, der aber doch nichtes schaffen möchte, wo sie den nit mit dem Betrug vörmischet hätten, daß sie Leut uberredten, alle ihre Stiftung, so sie täglich setzen, sein aus Vörwilligung der gantzen christlichen Kirchen gemacht.

Ernholt. Der[en] eine⟨s⟩ ist, daß sie Carolo nächst vorworfen, es soll kein Künig zu Neapolis iemer [von jetzt an] zu[m] römischen Kaiser erwöhlt werden.

Hutten. Und wer ist, der nit vörsteht, wonach sie doselbst mit stellen? Wiewohl derglichen ihrer Gesatz ohn Zahl sein, die sie auch von uns angebetet haben wöllen. Dann fürwohr, sie wöllen, daß wir offenlich glauben einen Buchstaben in ihrem geistlichen Rechten mehr tun dann sechshundert Gesetz der römischen Kaiser oder der alten Rechtgelehrten. Ziehen auch ihre Stiftung vor das Evangelium, die päpstlichen Dekret für Christüs Lehr, weniger Gott dann die Leut ehrend. Bei welchem sie auch so hart halten, daß sie nit vor [für] ein gering Missetat achten, was einmol ein Papst gesetzt hat, wider dasselbig etzwas aus dem Evangelio auch [nur zu] murmelen. Wie machen sie aber ihre Konstitution? Sooft ein Papst etzwas Neues stiften will, fordert er einen oder zwen von den Kardinälen oder seinen Protonotarien oder deren so viel, als er ihm [sich] verpflicht hat oder aber seines Willens in dem, das er vernimmpt [vornimmt], weiß. Dornoch, was er also zimmert, es sei, was es sei, oder auch so bös es immer wöll, befestiget er mit der Macht und Autorität christlicher Kirchen. Über solichs rüft mancher: Die Kirch hat es gestift, die Kirch mag nit irren. Man soll und muß in [an] die heiligen Kirchen glauben. Und achten solich Geschrei für genug, stopfen jedermann den Mund, dann niemand darf etwas entgegen vermahnen und wöllen, daß man es ihm nit für Ketzerei achte. Das jetzt also gemeinlich geschie⟨c⟩ht, daß sich besser ist, für Übel [zu] tun, dann Ketzer werden zu hüren [genannt zu werden]. Als sie nun erstlich das Christenvolk mit diesem Anstrich und falschem Sch[e]in betrogen, hat darnoch alsbald der Hirt die Zunämung des Allerheiligsten angenommen, sich auch nit mehr geschämpt, daß man ihn Allerseligest grüße. Nachfolgends seind kommen der demütig Kuß seiner seligen Füß und Forcht der christlichen Fürsten gegen dem getröweten [angedrohten] Bann. Bald darauf hat haufensweis gefolgt die gantze Tyrannei. Als nun in Erhaltung solicher Macht Geldsnot gewest, damit sie ihren Kosten, der etzwas größer dann küniglich ist, ausführeten, haben sie dreierlei Rat funden, dardurch sie Geld von den Ausländeren brächten. Erstlich einen Ablaßmarkt zugericht. Darnoch sich eines Zugs wider die Türken angenommen. Zum dritten ihren Legaten, die sie herausgeschickt, Facultates [Vollmachten] gegeben.

Ernholt. Nie hat einer diese Ding schicklicher zusammengelesen. Und fürwohr, seind dieses ihre fürnehmlichsten Fischerei.

Hutten. Es ist aber nit Wunder, ob S[ankt] Peters Nochkommen sich Fischens fleißen.

Ernholt. Sie sollten aber noch den Seelen der Menschen, nit noch eines j[e]den Geld fischen. Dann es ist je nit wohl verglichen, das, über das Christus hat gesagt, ich will euch machen Fischer der Menschen*, ist in Gebrauch kommen die allerschändlichste Geldjacht [Geldjagd].

Hutten. Sie fischen doch auch noch Leuten. Dann sie bezwingen und machen ihnen [sich] zinsbar nit wie vormols das gemein christlich Volk, sonder jetzo die Künig und Fürsten selbs.

Ernholt. Das ist auch weit von Christo gewesen. Dann er hat seine Apostelen geheißen, ihm durch den gepredigten Glauben die Seelen der Menschen [zu] gewinnen. Daß sie aber Reichtumb suchen, weltlichen Gewalt erkriegen, Künigr[e]ich und Fürstentumb anfallen, ist sein Will nie gewesen. Hierumb ist dieses Christo ein große Schmoch, und wöllen doch Christen nit vörstehen, wie gantz die evangelisch Wahrheit verköhret und gefälschet ist. Dann derselbigen nach seind menschliche Reichtumb ein groß Verhindernüs in dem seligen Leben. Diese aber versprechen allein den Geldhabenden den Himmel. Christus spricht, sein Reich sei nit von dieser Welt*, und do ihn das Volk will zum Künig machen, fleucht er von dannen. Diese aber sein so fast [sehr] irdischer Reich begierig, daß sie umb derenwillen andere mit Eisen und Feuer überfallen und unnachläßlich kriegend⟨e⟩ Leut und Land betrüben und unrüwig [unruhig] machen, Himmel, Erden und das Mör [Meer] (als man im Sprichwort sagt) durcheinanderwerfen und vermischen. Christus hat auch vermahnet, wir mögen nit zweien Herren zugl[e]ich dienen, sprach, ihr möget nit Gott und dem Reichtumb dienen*. Aber diese denken nit, beiden zu dienen, sonder habent sich dem einen Herren so gar untergeben und vörpflicht, daß sie mit dem allein umbgehen und ihme anhangen. Wie mögent nun Christus und Belial ubereinkommen*? Aber die närrischen Leut wellen nit erkennen, daß, wenn der Romanisten Regiment gerecht wär, die Reichen (die seind Kinder der Welt) viel ehe möchten selig werden dann die Bedörftigen, die ihm [sich] Gott erwählt hat.* Dann die Reichen mögen [können] mehr geben, mehr Ablaß kaufen, manigfaltiglicher mit den Fakultäten handlen. Aber die Meinung Christi ist gantz anders gewesen. Er hat die Armen selig ausgerufen und gesprochen, derselbigen sei das Reich der Himmel*.

Hutten. Nun schließen doch die Ablaßkrämer arme Leut auch nit aus.

Ernholt. Ich weiß es wohl. Sie haben nächst denselbigen Weg erfunden, damit sie dem Volk [e]insprechen, sie führen den Ablaß nit umbs Geld willen, und sagen, sie forderen nit Geld von den[en], die des nit haben, sonder von den Wohlhabenden, wöllens den Armen umbsunst geben. Aber mit demselbigen Rat nehment sie mehr hinweg dann ihnen sunst worden wär. Dann das närrisch Volk glaubt nit, daß es vollkommenlich Ablaß hab, es gäbe dann Geld. Wiewohl sie auch die Ablaßbrief niemands, er sei reich oder arm, umbsunst geben. So würd es vor [für] ein gering Geld geacht, das ein jeder gibt. Wann man es aber von allen in ein Summ und zusammenrechnet, würd es unmäßlich groß und viel sch[e]inen. Mit der Kunst haben sie ihre Rauberei leidlich gemacht. Hierumb will j[e]dermann allhie etzwas geben, er nehme es auch wo[her] er wöll. Dann aus Verachtung (die den Romanisten an solichem Ort zu großer Steur kommpt) spricht mancher: Wer vormöcht nit also viel? Und meinen die törechten Menschen, Gottes Huld und Genad domit zu erwerben, daß sie ihr Geld zu gutigem, geistlichem Gebrauch geben. Dann sie glauben gäntzlich, es sei wohl angelegt. Und zuvoran die güten Fräul[e]in, die dann erbärmlich alldo betrogen werden und mit wunderlichen Zusagungen durch die Beichtiger überschmeichlet. Dieselbigen melken von ihnen, soviel sie wöllen. Und meinen die guten frommen Weiblin, sie mögen doran nit sündigen, ob sie schon von ihren Mannen pflöcken [pflücken], ihren Kinderen abnehmen, das Haus leeren, damit sie den Göckelkrämern etzwas zu geben haben. Ja, mehr nennet man solichs einen Gottsdienst und Werk der Barmhertzigkeit. Und wissen die Ablaßprediger das in den Himmel zu heben vor allen anderen Tugenden. Dann fräuliche Zucht unvorsehrt [zu] behalten, ist nit so viel. Die Kinder frommklich und zu heiligem Leben [zu] ertziehen, ist nit so viel. So viel ist auch nit, die Ehe treulich [zu] halten und einträchtiglich darin bis uff den letzten Atem [zu] leben. In der Summ, nichts ist so viel. Stehlen, domit man Ablaß löse, überwindt alle Tugend und Wohltat. Hat das Christus gewöllt? Oder mag etzwas richtiger wider seine Lehr gefunden werden?

Hutten. Ich mein, du habst Vadiscum auch gehört.

Ernholt. Ihn hab ich nit gehört, diese Ding aber hab ich selb gesehen und erkannt.

Hutten. Er hat doch nohet [beinahe] diese Wort gebraucht. Sprach auch: ›Wo ist nun das Saltz der Welt, dovon Christus zu seinen Jüngern geredt hat, ihr seind ein Saltz der Erden? Wo aber das Saltz verschwindet und entgeht, womit will man dann saltzen*?‹ Nun mein ich, es sei je zu dieser Zeit verschwunden und entgangen und anstatt des rechten Saltzs dieses gefälschet und unschmackhaftig einbracht. Und wär, achte ich, Zeit, daß man dasselbig, wie Christus gesagt, hinwegwürfe und mit Füßen vertrete. Aber die Fakultäten, wiewohl das anders nichts ist, dann wie ich aus Vadiscus Red gesagt, Erlaubnus geben, alles Übel und Unrecht zu tun, so gibt man die doch leichtlich, oft und auch in großer Men⟨i⟩g[e]. Etwan [Einstmals] haben sies allein inwendig der römischen Mauren [Mauern] gehaben, doselbst müßt[en] die, wer sie haben wollt, holen, vor nit viel Johren [Jahren]. Aber dieweil sie bedaucht, [daß] nit genug Leut gen Rom kommen, solich War[e] zekaufen, haben sie angefangen, Legaten herauszuschicken. Dieselbigen verhängen [erlauben] umbs Geld alles, das göttlich und menschlich Gesatz verbieten. Das nennet man Facultates. Aber alldo ist nichtes zu achten, daß man einem erlaubt, die Fasten[zeit] über Fleisch, Milch, Butter oder Eier zu essen, dann solichs haben sie selbs geboten, darumb mögen sie es auch wieder abtun. Sonder mag umb die Legaten erkaufen, ob einer etzwas gelobt hätt, das ihn darnach ruwet [reut] und wollt es gern nit erfüllen, oder einen Eid getan, der ihm nit behäglich zu halten, oder begehrt ein Weib zu der Ehe, die ihm die Gesetz verbieten, daß ihm solichs und dergl[e]ichen zu tun erloübt sei. Oder daß ein Pfaff zwentzig Lehen, die uff Seelversorgung gestift, beieinander haben mög und dörf [will] doch nit Priester sein. Dann viel Pfaffen, und zuvoran im teutschem Land, haben Verdrieß, schämen sich auch, Meß zu halten. Ja noch mehr: Ob du ein bös Tat zu tun Willen hättest, kannstu von den Legaten erwerben, daß dir die zu vollbringen gezäme. Dann so groß ist nit [nichts], ob du jemand etwas mit Unrecht genommen hättest, dasselbig nit mehr zu wiedergeben dörfen [brauchen], Macht [zu] erkaufen.

Ernholt. Soliche Legaten, wenn wir die allhie einlassen und aufnehmen, ist es auch anders zu achten, dann do die von Troj[a] das leidig Pferd, darinnen die Griechen verschlossen waren, inwendig ihre[r] Mauren nahmen und uff die Verstörung zogen?

Hutten. Es ist gleich getan. Aber mehr [weiter] werden von Sünden rein durch die Fakultät alle Übeltäter, ob schon einer ein[en] Menschen getöt hätte oder seinen Vater entleibt oder, das ihres Sinnens noch größer ist, ob einer aus Rot [Rat] des Teufels (als sie das nennen) einen Kleriken oder Geweiheten hätt geschlagen. Oder ob einer sich mit seiner eigen Mutter, Schwester oder Tochter vermischet hätt oder (das am allerhöchsten von ihn[en] geschätzt würd) ob einer im Bann wär, auch des Vikarien Gottes, oder was einer mag geton haben, kann alles durch die Facultates wiederbracht und zu ungetan gemacht werden.

Ernholt. Wie? Sollt man dann uff soliche Sünd nit Genad erwerben mögen?

Hutten. Gäntzlich. Man soll die aber nit kaufen. Und sie mag hie auch von einem jeden Priester zugesprochen werden. Dann ein reuig und gemütigt [demütig] Hertz will Gott nit verschmähen.

Hierumb habe ich vor gesagt, Vadiscus hab Verdrieß dorab, daß sie die Absolutzen staffelweis geordenet haben und Fäll doruß beschreiben, deren sie etzliche bischöfliche Fäll, etliche päpstlich nennen, umb Genieß und Gewinnes willen. Dann wie kann das ein andere Ursach sein?

Ernholt. Ich glaub selbs, daß dieses die Ursachen sein.

Hutten. Und von dannen werden Facultates zusammengeflackt, und bringen uns nit allein die Legaten Facultates her, sonder man läßt auch etzlichen den Vorkauf [Verkauf] darinnen. Dann die Bettelmünich [Bettelmönche] treiben Hökenwerk damit. Kaufens zu Rom, uff daß sie die wieder hie außen mögen verkaufen und uff das teuerst on werden [loswerden], auch andere Orden und Gestift. Aber zuvoran die Bettelmünich. Dann dieselbigen wissen die auszubringen. Versorgen dem Papst sein Geschäft getreulich, das Volk wonderlich Ding überschwätzend von dem Ablaß, und besonder die Weiber, welcher Ja und Nein sie gantz regieren und haben sie nach allem ihrem Willen durch Behelf der Beicht.

Ernholt. Als ich sehe, ist gantz kein Unterscheid unter [zwischen] anderen Kaufleuten und den[en], so mit den Fakultäten handlen.

Hutten. Es ist auch kein Unterscheid. Dann [Aber], das Geld umb Ablaß geben, heißt nit kaufen. Dann wo das also hieß, wurde ihr Übeltat offenbar, und möchten alsdann durch ihre Handlung verhaßt werden.

Ernholt. Ob es dann schon nit den Namen hat, ist es darumb an ihm selbst nit darfür zu achten? Oder wen haben diese Zäuberin [Zaubereien] also verblendt, daß er Geld für etzwas geb und meinet das doch nit gekauft sein?

Hutten. Das gemein einfaltig Volk und etzliche trunkene unwitzige Fürsten. Und ist dieses ein große Geschicklicheit von ihnen, als sie auch im Namen des türkischen Kriegs nun zum oftern Mol [zu öfteren Malen] Geld von uns geführt, welicher Krieg doch (solltu fürwahr glauben), wo jetzo aus gemeiner Verwilligung aller Christen angefangen, wurden allein diese Vermahner und Anrichter, uff daß er nit Fürgang behielt, ein Ursach sein. Dann ihn[en] ist nutz, daß Türken sein und bleiben aus vielen und tapferen [wichtigen] Ursachen, aber am fürnehmlichsten aus der, uff daß sie von Teutschen Geld forderen mögen. Dann von Italianern heischen sie keins, auch selten von andern Nation. Allein Teutschen bedunken sie ihn [sich] eben [recht zu] sein, die sie so lang und in so man⟨i⟩cherlei Gestalt äffen. Wie aber ein anders? Heilige⟨n⟩ kanonisieren, das ist, verstorbene Leut in die Schar der Heiligen setzen, wie großen Gewinn haben sie darin gesucht und auch funden?

Ernholt. So würd jetzo niemand umbsunst heilig?

Hutten. Niemand, als du sie⟨c⟩hst. Es wäre aber viel besser, daß einem sein selbs [eigene] gute Werk und Verdienst heilig mächten, dann durch frembd Geld den Leuten soliche Meinung ingesprochen werden. Kurtz hievor, als die Predigermünich einen aus ihrem Orden, Antonius genennt, heilig haben wollten, hatten sie von dem Kaiser Maximiliano ein Fürgeschrift an den Papst Leonem, domit ihre Sach gefürdert wurde, die sie doch zuletzt mit Geld (man weiß wohl, wieviel) durchbracht haben. Aber der ungenähet Rock*, den man vor wenig Jahren zu Trier ausgegraben hat, daß er mög der Rock Christi sein, ist also heimlich vom Papst erkauft worden, daß noch ein Teil des Geldes, so die Bilgeram [Pilger], die, den zu schauen dohin kommen, opferen, dem Papst gein Rom gefällt [zufällt]. Ehe verlüren Italianer [alles], was sie hätten, dann sie sich uff ein soliche närrische Meinung und Aberglauben bringen ließen. Derhalben auch, wenn sie sehen uns Teutschen solichs überredt sein, verlachen sie uns bitz zum Keichen [Ersticken].

Ernholt. In Italien hab ich niemands gesehen solicher Ding etzwas tun, die unser[e] Teutschen so mit großem, gemeinem und auch eigenen Schaden zulassen. Dann sie kaufen kein Ablaß. Ja kaum nehmen sie den umbsunst. So geben sie auch nit Geld zum Türkenkrieg und wissen, daß Facultates sein funden, die Barbarischen darmit zu plonderen, halten die auch darumb für frembd und sie nit betreffend. Mehr [Weiter] geben sie zu den Kirchenbauen, wie wir [es tun], nit ein Pfennig.

Hutten. Damit ermahnest du mich eines anderen Gedrittes. Drei Ding, sprach Vadiscus, tut man stetigs zu Rom und vollbringt die doch ni⟨e⟩mmer: Seligmachung der Seelen, Aufrichtung der niedergefallenen Kirchen und den Zug wider die Türken.

Ernholt. Und das seind auch die drei, unter denen sie, als unter einem Schanddeckel, Geld von uns forderen.

Hutten. Das seind es. Als nächst schicketen sie ein gantz göttlichen Ablaß her in Teutschland mit erlogenem Vörgeben, das Geld, so aus solichem Ablaß erkauft, würde gein Rom zu Vollbringung Sankt Peters Münster*, des[sen] Fundament der Papst Julius gesetzt, gehören.

Ernholt. Ob das dann schon wär und solich Geld zu nichtes

anders gebr[a]ucht wurde, warumb sollt man römische Kirchen mit unserem Geld bauen? Habent wir hie außen zu wenig Kirchen, ob die verfallen, wiederumb aufzurichten und in Wesen zu halten? Schämet sich nit ein Papst, solichs an uns zu langen lassen?

Hutten. Er müßt sich des schämen, wo jemands zu Rom sich einiger Schand schämet. Wann geht aber der Zug in [gegen die] Türken für [vor] sich?

Ernholt. Ja, wie oft ist er wohl in seinem Fürgang durch die Päpst verhindert worden?

Hutten. Wie seligmachen sie denn die Seelen?

Ernholt. Sollten sie ander[er] Leut Seelen selig machen, die selbs so weit von Selikeit leben? Ja, die also gar von Ehren und Frommkeit verlassen sein?

Hutten. Jetzo rührestu Ding, die nit leiden, Wahrheit von ihn[en] gesagt werden.

Ernholt. Welche sein die?

Hutten. Als Vadiscus sagt, drei: Der Papst, Ablaß und Unfrommkeit, domit sich ein jeder zu Rom ernähret.

Ernholt. Nichtsdestorweniger wöllen wir die Wohrheit sagen. Und dieweil sie sich nit mit gütigen und brüderlichen Vermahnungen, in christlicher Lieb beschehen, erwegen [bewegen] lassen, wöllen wir zuletzt, als ihm [sich] auch Vadiscus fürgenommen hat, wie Virgilius spricht,

Mit Trotz sie schelten offenlich
Und geben manchen bittern Stich.

Zu welcher Sach, ich hoffe, wir werden nit wenig Mithelfer haben, nit allein im gemeinem Volk, do schon gereid [jetzt] die Bullen unwerder [verachteter] seind dann zuvor, do man auch [je] länger je weniger Ablaß kauft, do die päpstlichen Legaten nit mehr angenehm, do Ungeduld der Geldforderung von Tag zu Tag größer wurd, da man auch nit als vorzeiten den schnellen Donnerschlag des Bannes förchtet, da wenig[e] mehr Dispensation kaufen – sonder auch unter den Fürsten und Herren, die nunmehr (als du sagst) frei von Sachen reden, auch [zu] Zeiten mit der Tat sich frei erzeigen, die nit länger wöllen leiden den gantz freien und gantz uneinträglichen Gewalt des römischen Bischofs, den er ihm [sich] selbs zugibt, die auch eines Concilii begierig seind und jetzo säumlicher weder [als] [zu]vor anbeten den unvorschämpten Abgott des römischen Stuhls. Die von dem ehrsamlichen, geistlichen und unpräch[t]lichem Leben der alten Bischöf zu sagen wissen und mit großer Ungeduld sehen diese vormommeten [vermammonten] Bischöf, Leuten in Geitz und Überfluß verderbt, sich des geistlichen Namens zu ihrer Hoffart und Tyrannei mißbr[a]uchen. Und begehren hinfür, [daß] die geistlichen Lehen in teutschen Landen nach ihrem Willen denen allhie, die des würdig wären, verliehen werden, uff daß ausländischer Geitz desto⟨r⟩ weniger statthaben möcht, dieselbigen mit unsern Schanden und Spott e⟨i⟩ntweder⟨s⟩ für sich also zu verschlinden oder aber andern, die der vielleicht gar nit würdig, verkaufen, die auch ein groß Mißfallen tragen, daß hinfür sollen wie bisher die Häder umb geistliche Lehen gein Rom gezogen werden, und begehren inbrünstiglich und von Hertzen, daß die Öbersten der Kirchen für die Sitten, so sie itzo haben, als Torheit, Müßiggang, Überfluß, Geitz, Rauberei, Meineidigkeit, Trunkenheit, Betrug, Unkeuscheit, Übermut, Gezänksuchung, Untreu und Aufsetzung [Hinterlist], Gewalt und Unrecht,Böswichtstuck und Wüterei etwan an sich nähmen diese Gegentugend[en]: Fürsichtikeit, Wachen in guter Übung, Emsigkeit, Be[g]nügung der Notdurft, Mäßigkeit, Treu, Redlicheit, nüchter Leben, Einfaltigkeit, Keuscheit, Beständigkeit des Gemüts, Eintracht, Glauben, Gerechtigkeit, Andacht, Sanftmütigkeit und Barmhertzigkeit, deren Meinung auch ist, [daß es] allen Christen nutz sein werden [würde], daß die, [die] Statthalter und Vikarien sein wöllen Christi, in desselbigen Fußtapfen treten. Wiewohl sie auch also das zu sein nit bitten oder begehren sollten, sonder bezwänglich darzu gefordert werden.

Hutten. Es ist wohl Hoffnung, daß soliche Ding geschehen. Dann etwan ist (als das Sprichwort sagt) aus einem trägen Esel ein arbeitsam, baldlaufend Pferd worden. Wo sich aber die Unseren solichs unterstehen, was meinst [du], [was] sie entgegen gedenken werden?

Ernholt. Ich acht, sie werden sanftmütiger und, als Virgilius sagt,

Des Kriegs und Bzwangs nit fürter mehr
Sich brauchen, sonder Bitt und Bgehr
Zum Frieden wenden fast und sehr.

Hutten. Nit ein Haar, sonder mit großem Trotz werden sie sich wehren, Harnisch, Leut und Pferd zurüsten, uns mit unserm eigen Geld kriegen. Und wo sie an eigener Macht verzagen, werden sie (wie oft hievor) Zuflucht bei den Frantzosen suchen, allerlei unterstehen und (als man spricht) einen j[e]den Stein uffwegen [umdrehen], ehe dann sie sich reformieren lassen. Da werden sie über uns rüfen, wir seien Verfolger der Kirchen (dann also nennen sie alle diejenen, so einen Finger gegen ihne [sie] aufheben), wir seien Schismatici, das ist Abtrinnigen [Abtrünnige], werden auch schreien, wir wöllen den ungenäheten Rock Christi zertrennen, mit Bannen und Maledeiung umb sich werfen. Dann wer altere Historien nit weiß, was etwan [einst] viel redlicher teutschen Kaiser (die sie darnoch mit ihren Spreudekreten besprengt und geschändt haben, treulos, meineidig, grimmig und Ketzer schultent [schalten]) von ihnen gelitten haben, und wie unglückselich es denen (Betrugs und Listigkeit der Feind halben) gegangen, den soll die frevelich unsinnige Bull Julii* (darvon wir vor geredt haben), wes von ihn[en] zu gewarten, vermahnen. Welche, do erstlich von ihm ausgangen, und er darinnen alle, die wider ihn und die Kirchen, als er das nennet, wären, dem Teufel gegeben, herwider die, [die] unter sein Banir [Banner] rucketen, denselbigen den Himmel und, ob etzwas noch hö⟨c⟩her dann der Himmel wär, verheißen und zugesagt hätte. Wen hat er nit bewegt und entweders durch dieselbige Zusag an sich gezogen oder aber durch angehängte Treu und Schrecken in Flucht und Vertzagheit bracht? Ja, er allein hat so viel Künig, so viel Land nach allem seinem Willen regiert. Zu welchem er sich mit Bündnus geschlagen, den hat er, so lang sein Freundschaft gewähret, siegen lassen. Sobald er aber (als sein Gewohnheit was) das Bündnus zerschnitten und uff die Gegenseiten gefallen ist, hat er dasselbig Teil auch aufgericht. Wo er sich hingekehrt, hat er Sieg, Oberkeit und Herrschung mit ihm gebracht.

Ernholt. Das weiß ich alles wohl. Aber ihm, Julio, hat fürwahr nit dieselbig seine Bull noch auch sein eigen Vermögen, sonder Gelegenheit der Zeit und ein wunderliche Schickung und Bequemnus aller Ding zu solichem Handel geholfen. Wiewohl ich hoffe, er söll der letzt gewesen sein, dem ein solich Glück widerfahre. Dann ich mein je nit, daß es einem mehr geraten soll.

Hutten. Aber sie herwider haben ein großes Vertrauen. Und darumb sagt Vadiscus, sie pflegen zu Verachtung unser Teutschen zu sprechen: Drei Ding befestigen Rom, seichte Gräben, zerbrochne Muren [Mauern] und niedere Türn [Türme]. Als ob sie sprechen sollten, wiewohl Rom gar nichts zu der Wöhr gebauen, sei es dannocht wohl gesichert und frei vor den Teutschen. Dann sie meinen, es dörf wider ein barbarisch Volk (das sie wohl mit Worten und Briefen kriegen können) nit viel Verwahrung und sei ein schlechte Macht genug. Also gar wenig förchten sie vor uns der Stadt, dorinnen dr[e]ierlei Öbersten das Regiment haben, Hurenjäger, Kurtisanen und Wucherer.

Ernholt. Ja, bei Christo! Dann allein die haben wir zu Rom in Ehren gesehen.

Hutten. Ist aber ⟨nit⟩ ein Stadt, die von solichen Leuten besetzt, geschickt zu einem Haupt der Kirchen?

Ernholt. Als mich bedunkt sehr unbequem [unpassend].

Hutten. Wie lebt man dann in einer Stadt, darinnen die Leut drei Ding ungern tun, Glauben halten, Lieb und Dienst tun und von dem Weg weichen?

Ernholt. Soliche Sitten sein der christlichen Unschuld und Sanftmütigkeit doch gar entgegen. Dann so die, [denen] am meisten an dem gelegen ist, was einer [einem] ⟨ihm⟩ selbs widerfahren wöllt, dasselbig einem andern tun, seind die Römer so gar einer andern Meinung, daß sie auch vom Weg weichen für beschwerlichen achten. Aber Glauben halten, mildiglich, freundlich und dienstlich gebähr[d]en seind größere und göttlichere Tugend, dann daß die zu Rom statthaben mögen.

Hutten. Aber die Stadt, darinnen drei Ding, Huren, Pfaffen und Schreiber, ein müßiggehend und gar zu nichtes nützlich Volk, also haufecht [zuhauf] seind, daß deren kein Zahl gefunden mag werden, wie mit großem Schaden derjenen, von den[en] man, diese zu ernähren und erhalten, rupft und raubt, mag die gelitten werden?

Ernholt. Bei Glauben [Wahrlich], mit unl[e]idlichem Schaden! Dann, daß ich anderer geschweig, sehen wir itzo, was es allein teutschs Land entgilt.

Hutten. Und daß du nit aus einem oder wenig Stucken, wie die Römer gesitt seind, erkennest, so spricht Vadiscus: Drei Ding begehren alle Menschen zu Rom, kurtz Messen, alt Gold und ein wollüstiges Leben.

Ernholt. Daraus abzunehmen, daß sie keiner Geistlicheit pflegen, sonder dem Geitz und Müßiggang anhangen.

Hutten. Welchen Lastern die gantz Stadt Rom unterworfen und zugeeignet ist, die ohn das vor anderen Städten drei Ding allein hat, den Papst, alt Gebäu[de] und Geitzigkeit.

Ernholt. O welch ein Haupt der Kirchen haben wir! Meinstu aber auch müglich sein, daß wir die Oberkeit der Kirchen abnehmen von einer Stadt, die mit so viel Gift verlipt [getränkt], mit so viel Krankheiten beladen, mit so viel Beschwerungen [an] Leib und Seel behaft ist?

Hutten. Es ist aber gut, daß soliche Oberkeit sei an dem Ort, do drei Ding, die man sunst nirgen[ds] findt, gemein sein.

Ernholt. Welche die?

Hutten. Leut aus allen Landen, allerlei Müntz und Gemeinschaft allerlei Sprachen.

Ernholt. Besser wär, das pestilentzisch Rom verdürb mit seinen frembden Gästen, mit seinen vielen Müntzen und mancherlei Sprachen, dann daß es unsere Sitten länger verletzigen und ergeren [verschlechtern] sollt.

Hutten. Den Römern ist aber nutz, daß wir Teutschen in bösen Sitten leben. Und darumb, nachdem Rom drei Ding fei⟨he⟩ndlich hasset, Patronenrecht, als sie es nennen, freie Wahl der Bischöf und Prälaten und der Teutschen Nüchterheit, so ist es doch diesem dritten am allergefährlichsten gram und wider. Würd es auch länger nit leiden, sonder ehe ein Gebot lassen ausgehen, darin Trunkenheit gelobt und vielleicht mit Ablaß begabt werde, uff daß nit, wo [die] Teutschen nüchter wären, [sie] ihre bösen Stück und Trügerei desto ehe erkenneten. Dann welche Teu[t]schen wenig trinken, pflegen wider soliche[r] ⟨ihr⟩ unrein Leben und Geitzigkeit freier, dann sie meinen billich sein, zu reden und sprechen. Ein j[e]der Patron (das ist einer, der ein Lehen gestift hat) und seine Erben oder Nochkommen haben dasselbig zu [ver]l[e]ihen, und sei auch von alter Herkommen, daß alle Prälaturen söllen durch die Wahl versehen werden. Dieses mag Rom nit leiden.

Ernholt. So mögen auch wir hinwider nit leiden römische Gewalt, Betrug und Schalkheit.

Hutten. So würd aber Tzier [Zier] und Herrlicheit der Stadt Rom viel abgebrochen.

Ernholt. Welcher Tzier und Herrlicheit?

Hutten. Welcher? Als ob solicher Schein nit bekannt wär. Dann erstlich seind es diese drei, die jedermann zu Rom vor Augen hat und einem jeden, wo er geht, begegnen: Reitende, Briefträger und Gebenedeiung.

Ernholt. Die seind also gestalt, daß ich ihr keinen Nutz weiß.

Hutten. Darnoch diese, die man auch an allen Örten zu Rom in Gesicht hat: Heilige Stätt, unreine Frauen und etliche Anzeigung alter Geschicht und Händel.

Ernholt. Aber ich achte die Stätt nit heilig, uff den[en] man solicher Sitten pflegt. Und glaub, daß wohl geschrieben stehe, Gott erwähle nit das Volk umb der Stadt willen, sonder die Stadt umb des Volkes willen.* Ob dann Christus Rom lieber hätte dann einige Stadt in Teutschland oder auch in dem letzten Island, fürwahr, so würde er es je von solichen Ungebärden, Schanden, Übeltaten und unchristlichem Leben rein behalten. Und alsdann würde er es jetzo mit einem Donnerschlag gar ausbrennen.

Hutten. Und darinnen solichen Lust und Geschmuck?

Ernholt. Ja, und alle Protonotarien, Schreiber, Pfaffen, Kopisten, Pedellen, Auskehrer, Schwäntzträger, Bischöf, Altardiener, Wücherer, Rüfianer [Kuppler] und denselbigen Haufen, der auch der gantzen Christenheit beschwerlich ist.

Hutten. Du bist gantz gestrenglich uff Vadiscus Meinung. Daß wir aber wieder auf Zier der Stadt Rom kommen: seind drei Ding zu Rom, die man kostlich kleiden muß, Pfaffen, Maulesel und gemeine Frauen.

Ernholt. Laß sie sich kleiden und zieren. Solang das unselich Teutschland in seiner Torheit bleibt, haben sie genug, davon sie solichen Pracht führen. Würd es aber einmal aufwachen und seinen Schmertzen fuhlen, so werden sie darnach kärglicher leben müssen, weniger Hofgesind haben und, nochdem ihre Zins gemindert, werden sie von den vergül[de]ten Eseln steigen und zu Fuß gehen. Darnach würstu nit mehr die Kardinäl in Scharlach gekleidt sehen, mit Hofgesind, als Künig haben sollten, ausspatzieren. Alsdann werden auch weniger Müßiggänger sein, weniger Betrug und Bosheit, aber viel mehr heiligs Lebens, Ehrsamkeit, andächtiger Gebet, und sie werden wohl durch Wachen und Fasten mager von Leib werden, aber durch Nüchterheit und mäßlich Leben gesund, auch durch Unschuld und gut Gewissen an ihren Gemüten zunehmen. Und werden sie schon ihres Reichtumbs und weltlicher Überflüssigkeit berümbt [beraubt], so würd ihn[en] doch dargegen an Ehren und priesterlichen Würden zugehen. Und man würd sie sehen in Herrlichkeit, ihrem Stand gebührlich und gemäß. Wöllt Gott, ich möcht den Tag erleben, daß ich sollt sehen angezeigte Ärgernus abgetan und jetzbenennte Tugend bei dem Haupt der Kirchen, in welcher Stadt das auch sein würde, gehalten werden. Fürwahr, soliche Bischöf müßten mir behagen, nit, als der Poet sagt, die

Am Leib bekleidt mit reinem Wat,
Das man mit Purpur gmalet hat.
Im Hertzen träg und Faulheit voll,
Doch tanzen, springen tut ihn wohl.

Hutten. Aber nit allein seind sie weich, weibisch und wollüstig, sonder auch betrüglich und uff das außerlichst diebisch und räubisch. Haben so große Begier, andern Leuten das Ihr[e] zu nehmen und sie zu plondern, daß sie der Geitz verkehret und gantz widersinnigs leben heißt. Als die, von den[en] geschrieben:

Zu neuem Raub stets haben Mut
Und leben von geraubtem Gut.

Ernholt. Das größt Übel aber, das ich an ihnen befind, ist, daß sie alles, so sie mit Rauben, Betriegen und Schinden erwerben, der Kirchen und Gottesdienst wöllen zubringen gesehen werden. Und wo ihn[en] j[e]mands etwa ein wenig von dannen nimmpt, den schreien sie aus für einen Kirchendieb, sprechen, er hab ein Gotteshaus beraubt und halten ihn für einen Feind Gottes. Und also rauben allein sie ohn Sünd. Ja, sie wöllen noch umb ihre Übeltat Belohnung von Gott haben, und [ich] achte, daß sie eben sprechen als die Räuber, von den[en] Virgilius schr[e]ibt:

Wir fielen es mit Woffen an,
Die Gött uns baten beizustahn,
Drumb söllten's auch Beut mit uns han.

Hutten. Sie nehmen uns doch nit mit Woffen.

Ernholt. Blei ist auch Woffen, weiß kein Unterscheid, ob Teutschland mit Eisen, Blei oder anderm Metall überwonden werde, dann daß sich zu schämen ist, uns [daß wir], die auch gegen Stah⟨e⟩l und Eisen unüberwindlich bleiben sollten, mit bleienen Schwerten gezwungen werden.

Hutten. Was verbeut [verbietet] aber Bulla Cene domini* allda?

Ernholt. Alles, das ein Bull [ver]mag.

Hutten. Man förcht aber dieselbigen mehr dann ichtes [irgend etwas] anders?

Ernholt. Was ist es nun mehr? Man weiß, daß uff ihren Reichtumb, den sie also erworben haben, etzliche Hoffnung, etzliche Forcht haben, und daß sie die gantzen Christenheit, doch zuvoran Teutschland, mit einer falschen Befärbung und ihrem Gespenst betöret und geäffet unter ihn [sich] halten. Daß sie auch unsere Fürsten nahet [beinahe] zu einer lauteren Unsinnikeit bracht haben, also daß, wenn sie den[en] ihre geweihete[n] Rosen, Schwerter und Hüt zuschicken, hilf Gott, wie großen Dank verdienen sie domit, welche Schenk und Gegennutz entpfahen sie hinwider! Die päpstlichen Boten aber, die soliche Gaben herbringen, wie mit großem Gepräng und Ehren muß man die traktieren! Du hast wohl nächst ein Legätlin gesehen ein Rosen in Sachsen führen*. Dasselbig Närrlin wollt die nit überantworten, es hielt dann ein fürstlicher Bischof Meß darzu. Also muß man päpstlich Göcklerei und den römischen Aberglauben in einer Pomp und ehrlichem [ehrendem] Gepräng auslegen. Doch wär es gering zu achten, wenn solichs allein hie außen geschä⟨c⟩h und man nit noch darzu mit großem Kosten und Tzehrung gein Rom züg, dem Papst seine Füß alldo zu küssen und, ich weiß nit was, zu holen.

Hutten. Auch ich weiß nit, was anders dann oben angetzeigte Ding von Rom mit ihnen [sich] bringen, die dahin ziehen. Eigentlich sagt Vadiscus, drei Ding sein verboten, die iemer [jemals] aus Rom zu tragen, und wär doch solichs zu verbieten nit vonnöten gewest. Das erst: Heiligtumb, das [von dem] man (umb Zweifels willen, den jedermann an der Römer Glauben hat) fürwahr nit weiß, ob [es] das, darfür sie es ausgeben und weisen, sei oder nit. Das ander: Große Stein, die ohndas niemand bald von dannen tragen würd. Das dritt: Andacht, die doch gantz kein in Rom ist.

Ernholt. Offenlich ist keine alldo. Aber heimlich möcht man noch bei etzlichen frommen, gottförchtigen Fräulin Andacht finden. Die Romanisten aber zweifel ich gantzlich, ob unter Hunderten einer mög erfunden werden, der ⟨nit⟩ mehr dann mittelmäßig recht glaube.

Hutten. Dahin hab ich gewollt. Drei Ding, spricht Vadiscus, glauben gantz wenig Leut zu Rom, Unsterblicheit der Seelen, Gemeinschaft der Heiligen und Pein der Hellen [Hölle].

Ernholt. Das hat er mich schon überredt. Dann ich halt es gantz darfür, wo sie glaubten die Seel unsterblich sein, es würden ihr je etliche ihre Seelen mit Tugenden zieren und den[en] zugut leben. Aber sie hangen also fleißigklichen Wollüsten des Leibs an, daß sie die Seel in allerlei Weg beschweren und überladen. Halten sie dann etzwas von Gemeinschaft der Heiligen, begehreten sie ohn Zweifel, derselbigen teilhaftig zu sein. Aber Pein der Hellen oder des Fegfeuers, wer davon ein Wörtlin sagt unter den tapferen Römern, des Red halten sie für ein Altweibergespräch.

Hutten. Jedoch nichtsdestorweniger nehmen sie sich einer Andacht und gutes Glaubens an, die sie dann äußerlich fürgeben, und wissen gar christlich darvon zu reden. Derhalben spricht Vadiscus: Drei Ding, wiewohl in Rom nit sein, berühmt man sich der doch mehr alldo dann an einigem [irgendeinem] Ort, Andacht, Glaub und Unschuld.

Ernholt. Fürwahr seind die in Rom nit. Aber ihre Berühmung scheint gleich [zu] sein dem Wunder, das Virgilius beschreibt:

Erst ists ein menschlich Angesicht,
Schön wie ein Jungfrau zugericht,
Bis auf ihr Scham. Dann gleicht es sich
Eim großen Fisch erschrockenlich.

Hutten. Wiederumb seind auch drei Ding fürderlich zu Rom und werden doch selten und wenig gesehen. Alt Gold (dann die Kurtisanen, Pfaffen und Wucherer halten dasselbig hinter ihn [sich]), der Papst (dann uff daß der aus Seltsamkeit [Seltenheit] dem gemeinen Volk ehrlicher [ehrwürdiger] erscheine, tut er sich selten aus), schöne Frauen (dann wer die hat, verschleußt sie umb großer Freiheit des Ehbruchs willen).

Ernholt. Dieweil Vadiscus alle Ding zu Rom dreifältig macht, so sag mir, welche Ding seind am teuresten zu Rom?

Hutten. Drei, das seind Officia, Gerechtigkeit und wahre Freundschaft umb Seltsamkeit willen. Dann nahet ist der selig zu achten, dem diese Ding zu Rom gebühren.

Ernholt. Ich glaub es gantz, unter so bösen Leuten, so verkehrten Sitten. Wiewohl sie liederlich Freundschaft einander entbieten und wissen dieselbigen fast sch[e]inbarlich darzugeben. Dann war begegnet uns zu Rom von Bekannten, der uns nit mit Armen umbfing und küsset? Aber sie küssen oft zu Rom einen mit dem Mund, von dem sie doch mit Hertzen gantz ⟨ge-⟩ frembd seind.

Hutten. Dreierlei (meint Vadiscus) küssen die Leut zu Rom, Händ, Altar und Backen.

Ernholt. Wie? Küssen sie dann nit mehr Füß?

Hutten. Ja, dem Papst und wenig[en], die etwan von großem Stand oder Wesen und wem der Allerheiligst wohlwill.

Ernholt. Als ich sieh, seind oft drei Ding zu Rom, die böslichen geschehen oder mißgläublich gehalten werden. Hat aber Vadiscus nit jergent [irgend] auch etwas Guts zu Rom funden?

Hutten. So wenig, daß er kein Gedritts daraus hat machen können, wiewohl er mich einmol in Wartung bracht, daß ich etwas Guts von ihm hören würd, do er sprach: Drei seind Werk der Barmhertzigkeit zu Rom. Dann ich meint gäntzlich, er würd von heiligen Dingen sagen.

Ernholt. Was sagt er aber?

Hutten. Werk der Barmhertzigkeit seind zu Rom: Die Zins der reichen Klöster und Äbteien den Kardinälen in Kommenden*; Thumherrenpfrunden und alle feißte Lehen, wo die auch seind, dem Papst, daß er die zu verleihen hab, zustellen; und die Gemüt christlicher Menschen, so durch un[a]ussprechlichen Mißglauben und zäuberische Gespenst in Verzweiflung kommen seind, mit Artznei des Ablaß und päpstlicher Gnaden wieder erquicken.

Ernholt. Ich sieh kein Werk der Barmhertzigkeit. Geitz und un[a]uswüschlichen Trug sieh ich.

Hutten. Auch ich.

Ernholt. Warumb läßt sich nun die Welt so lang blenden und verzauberen? Oder was ist die Verhinderung, daß man die nit umbkehret, die alle Ding verkehren? Und ist je zu erbarmen, daß wir überredt sein sollen, uns gebühr nit, uff daß dem gantzen Leib desto baß [besser] sei, das süchtig Haupt hinweg zu tun?

Hutten. Fürwahr, dem Papst mögen wir je nit absetzen, obschon die gantz Welt sich das uß vielen Ursachen unterstehen wollt, umb Für⟨ch⟩sichtigkeit willen der Dekret, damit sie sich verwahrt, und des geistlichen Rechtens, damit sie alle Anfechtung, auch das Concilium überstreiten.

Ernholt. Welch ein armselig Wesen christlicher Gemein, die glaubt, man dörf wider so viel großer Ungebühr und Übeltaten nichts versüchen, nichts unterstehn. Ich hoff aber, unser Seligmacher Christus soll noch den Leuten einen andern Rat [e]ingeben, namlich, daß sie erstlich dieselbigen Dekret, darnoch deren Stifter und Dichter, als seind Kopisten und Notarien, Fürsten der römischen Kirchen, von Grund an umbkehren und ausreuten.

Hutten. Daß sie auch hinwegnehmen, was ihn[en] Constantinus geben hat?

Ernholt. Was hat er ihn[en] geben?

Hutten. Erstlich Hofdiener, Trabanten, Pferd, Kronen von reinem, lauterem Gold, schöne Deck und Zeug uff ihre Pferd, Wägen, Rittergürt, Purpur, gulden Stuck, Hauptzierung, gefächlete Infulen [Bischofshüte] und andere dergleichen. Darnoch Fürstentumb, Städt und das gantz Reich.

Ernholt. Das ist ein alte Fabel und mir nit glaublich. Hierumb sprich ich also, seind soliche Ding zu Rom und in der Romanisten Gewalt, so soll man sie mit ihn[en] und alles, das sie haben, umbkehren. Den Papst aber mit seinen Kardinälen in ein Ordnung bringen zu der alten bischöflichen Mäßigkeit und Unschuld oder, als man spricht, an sein alte Krippen weisen.

Hutten. Sie förchten sich noch nit fast [sehr] und haben ein trötzigs Vertrauen.

Ernholt. Wie das?

Hutten. Umb daß man drei Ding zu Rom für gewiß hat, der Römer Macht, der Walhen [Welschen] Trug und der Teutschen Unt[a]uglicheit.

Ernholt. Verlassen sie sich darauf?

Hutten. Darauf, und meinen sich derhalben sicher sein.

Ernholt. Der Römer Macht halt man vor [für] ausgestorben und vergangen so gar, daß auch ein Sprichwort, so etwan uff die Milesier geredet, jetzo auf die Römer gezogen würd. Das ist: ›Etwan [Einst] waren Römer.‹

Hutten. Sie haben aber ein andere Meinung und ziehen die Zier des römischen Namens, auch das Lob der Alten, als einen Erbteil an sich. Und allein der Nam römischer Majestät tröstet sie.

Ernholt. Wie übel werden [die] beschirmet sein, die ihre Zuflucht uff Namen haben. Aber List der Alten ist wohl etzwas. Dann oft haben sie unser große Heer mit Betrug verführet. So hoff ich nit, daß wir Teutschen allwegen untüglich sein werden.

Hutten. Aber sie hoffen es. Sunst würden sie unsere Macht förchten.

Ernholt. Sie söllen die nit förchten, sonder fühlen in einer großen Klag der gantzen Welt über sie.

Hutten. Weißtu, was die Christenheit jetzo billich von dem römischen Regiment klagen sollt, wenn sie weis[e] wär?

Ernholt. Ich weiß wohl viel beschwerlicher Ding, glaub aber, der Gedritten Meister, Vadiscus, hab die uff ein sonderliche Art zusammengereimet. Sag, was?

Hutten. Zuforderst drei Ding. Erstlich, daß die allerboshaftigst Sekt der Florentiner jetzo Rom regiert. Darnoch, daß den Papst sein Schmeichler für einen Gott ausgeben. Zum dritten, daß sich der Papst allzu großes Gewalts annimmpt in Gnaden des Ablaß und Straf des Banns.

Ernholt. Fast [Sehr] lob ich Vadiscus Scharpfsinnigkeit. Mir gefällt auch dein Fleiß, und einig [besonders] verwonder ich mich über dein Gedächtnus. Sag mir aber, der alle Ding zu Rom dreifältig macht, gibt er auch dem Papst drei Schwert zu? Dann er hat sich bitzher nit mehr dann zweier, des geistlichen und des weltlichen, berühmpt?

Hutten. Nunmehr hat er drei Kronen. Dann ihm ist das dritt [e Schwert] auch worden, damit derselbig Hirt und Gotts Vicarius seine Herd scheren möge. Und ob die Schof etwan räudig wären, uff daß nit eins das ander verunreinige, den Gebrechen abhau⟨b⟩e.

Ernholt. Tut er das dann nit mit einer Scheren wie andere Hirten?

Hutten. Er tut es mit dem Schwert zu einem Schrecken. Sunst wöllten sich die Schaf nit scheren lassen. Auch so muß er zeiten [von Zeit zu Zeit] eins ertöten, das kann er baß [besser] mit dem Schwert tun.

Ernholt. O Schwert, Hirt, Scheren und Abschneiden! Wie gar nit kommpt dieses Wesen mit Christo überein, der hat seinen Aposteln verlassen [hinterlassen] das Schwert des heiligen Geistes, das ist das Wort Gottes. Hierumb müsse er mit dem Schwert geschlagen werden, der domit schlächt*, das geb Christus! Aber ich, unter so vielen Gedritten uff Rom zusammengereumpt [zusammengereimt], wünsche dem unreinen Haufen als einer Ärgerung gantzer Welt und gemeiner Vergiftung auch dreierlei Übel: Pest⟨elentz⟩, Hunger und Krieg. Dieses sei mein Gedritt.

Hutten. Ohndas ist Rom dreierleien Krankheiten unterworfen (als Vadiscus sagt), dem Feber [Fieber], dem Armut und dem Trug.

Ernholt. Wohl seind das Krankheiten, die zu Rom fast hausen. Und fürwahr lagen wir zwen am Armut schwer⟨lich⟩ krank, auch einmal oder zwei am Feber. Aber am Trug haben wir etliche unserer Gesellschaft mit großem Schmertzen verderben gesehen.

Hutten. Noch sagt er von dreien Übelen, die Rom hab, teure Zehrung, Meineidigkeit und bösen Luft.

Ernholt. So der Papst leichtlich alle Ding verbannen kann und hat Gewalt über Himmel und Erden, warumb treibt er nit soliche Übel aus seiner Stadt und nimmpt hinweg die gemeine Verletzung und Krankheiten? Oder wie gedarf er sich eines Gewalts über die Seelen berühmen, der soliche noch nit über die Körper bewiesen hat?

Hutten. Ich achte, könnt er eines, so könnt er auch das ander. Darauf schimpfet [spottet] Vadiscus gar höflich, sprach, Rom verbannet drei Ding von ihm [sich]: Armut, Regiment der anfänglichen Kirchen und Verkündung der Wahrheit.

Ernholt. Ich glaub, es wöllt, daß noch mehr alle Andacht und Gottesforcht, all Redlicheit und Ehrberkeit mitsampt [dem], was

Christus gelehrt hat, von ihm ausgeschlossen sein, uff daß es desto freier in allen Sünden und Schanden regieren möcht.

Hutten. Wir seind aber nun fast weit in die Nacht kommen, und achte wohl, dein Hausfrau wart[et] deiner doheimet, desgleichen auch Stromer meiner, dann er meinet sich allein am Hof sein, wenn ich nit bei ihm bin. Wiewohl ich auch nit weniger Begier zu ihm hab, als einem Gesellen, dem ich unter allen, so hie seind, am fröhlichsten beiwohne. Hierumb gehe heim, so du auch von den Gedritten ersöttiget bist und hast einen bewegten, zornigen Magen über Rom bekommen, so fast [sehr], daß ich glaub, du werdest noch doheimet von solicher Roheit etzliche Grollen fahren lassen. Ich hab diesen Tag verloren.

Ernholt. Verloren? Ach, wie gern wollte ich, daß du viel Tag dermaßen verlürest. Aber mein Hausfrau⟨w⟩e hab ich allezeit, dich mag ich kaum selten gebrauchen. Wir wöllen diese Nacht allhie beieinander bleiben und die boshaftigen Gedritt der Romanisten beschlafen.

Hutten. Daß mir d[e]in Weib morgen, wo ich dich über Nacht allhie behielt und ihr also abzug, die Augen auskrätzet?

Ernholt. Das würd sie mitnichten tun, ja mehr, sie würd nit ein Wörtlin sagen.

Hutten. Ich kenn der Frauwen Art wohl. Vill[e]icht wöllt sie denken, ich hätte dich irged zu einer Prasserei und uff die Buhlschaft geführt. Ich will dich nit haben. Gehen wir hin, du zu deiner Hausfrauen, ich gein Hof zu Stromern, der noch frei [ledig] und fräulichem Verdacht ununterworfen ist. Gehn wir?

Ernholt. Weißtu dann kein Gedritt mehr?

Hutten. Es seind noch etzliche unachtbar [unbedeutende], die mag ich nit vertzählen.

Ernholt. Aber ich mag sie wohl hören, wie unachtbar sie auch sein.

Hutten. Unterwegen will ich dir sie sagen. Drei seind der römischen Geizigkeit Instrument oder Werk⟨ge⟩zeug. Wachs, Pergamen[t] und Blei.

Ernholt. Recht.

Hutten. Und drei Ding seind in großer Verachtung zu Rom, Armut, Gottsforcht und Gerechtikeit.

Ernholt. Erbärmlich.

Hutten. So kann man drei Ding so meisterlich an keinem Ort als zu Rom üben, Schlemmen, Glaubenbrechen und in mancherlei Gestalt Unkeuscheit treiben.

Ernholt. Hättestu diese drei ausgelassen, man möcht sprechen, du hättest nichtes von Vadisco gelernet. Dann dieses seind die drei Gift, damit Rom erstlich andere Nation, jetzo auch Teutschland, als mit einem pestilentzischen Anblas [Hauch] unartzneilich verlipt [vergiftet] hat. Dieses ist der Brunn vieler großen Übel, daraus diese unsere Krankheit quellen, diese Verunreinigung fließen. Und kurtz davon zu reden, das ist gantz Rom, ein Teil aller Schanden und Laster, ein gesammlete Pfütz aller Unreinikeit, ein un[a]usschöpflicher Pfuhl aller Sünden und Übeltaten, welche zu vorwüsten, sollt man nit aus allen Landen als zu Ußreutung einer gemeiner Verdörbnüs zusammenlaufen? Sollt man nit mit Pferden und Segeln eilen? Mit Eisen und Feuer zufallen? Wir sehen sie im teutschen Land, von den[en] ein Gerucht geht, sie haben mit schandlichem, lästerlichem Dienst ihre Pfrunden zu Rom erworben. Wir sehen auch die Kurtisanen hie handelen, das vor unserer Nation unbekannt und man nit gemeint hätte, daß teutsch Sitten soliche Laster möchten iemer annehmen. Wir sehen auch den Ablaß (der anders nichts ist dann Nachlassung guter Werken) dieses schaffen, daß jetzo viel meinen, ihn[en] sei böslich zu leben erlaubt. O Rom, du bist das gemein Schauhaus der gantzen Christenheit, darinnen was gesehen würd, meinet man, sei recht und billich. Du bist die weitrüchtig Scheuer der Welt, darein man führt und zusammenträgt, was man von jedermann geraubt und genommen hat, darinnen mitten sitzt der unersättlich Geitzworm, der viel verschlindt und stets einen großen Haufen guter Frücht vertzehret. Umbgeben von seinen Mitfressern, die uns erstlich unser Blut ausgesogen, darnach vom Fleisch gefressen, bis sie uns jetzo (ach Christ Herr!) an das Mark kommen, zerbrechen uns die innerlichsten Bein, und was noch überig ist, wöllen sie auch verzehren. Suchen hie Teutschen nit Woffen harfür? Gehen sie die nit mit Eisen und Flammen an? Das seind Räuber dieser Nation, die vergangener Zeit und etwan allein aus Anreitzung ihrer Begier, jetzo aber mit Kühnheit und Grimm berupfen und berauben ein Volk, der Welt Regierer, saufen aus den Schweiß und Blut der armen Teutschen, erfüllen ihren geitzigen Hunger, erhalten ihr unrein Leben mit dem [E]ingeweid unsers Armuts. Den[en] geben wir Geld. Die halten Pferde, Hund, Maulesel und (pfuch der Schanden!) ihre Weiber und ander mit unserem Kosten. Die steuren ihrer Bosheit mit unserm Geld, schaffen ihn [sich] ein gutes Leben, kleiden sich mit Purpur, bauen Häuser von lauterem Märmelstein. Die, so sie sollten der Geistlicheit vorstehn, vorsäumen sie die nit allein, das doch übel genug von ihn[en] getan wäre, sonder auch verachten und verschmähen sie, ja mehr, schwächen, beflecken und schänden sie die. Und dieselbigen pflagen erstlich, domit sie Geld von uns melketen, uns mit Lügen, Dichten und Triegen als mit einem Vögelleim verwenen [verlocken] und näschhaft machen. Nun aber berupfen und berauben sie uns mit Dräuung, Gewalt und Übermacht:

Als reißend Wölf ins Nebels Dampf,
  Die großer Hunger treibt in Kampf.
Und daß sie ihren Wölfen Speis
  Heimbringen mögen, tun⟨d⟩ sie Fleiß.
Do scheuhens keiner Tat nach Fahr [noch Gefahr],
  Vom Grimm sie seind erblindet gar.

Den [Die] müssen wir liebkosen und hofieren, dörfen sie nit etwan stechen oder zucken, ja auch nit bewegen oder anrühren. Ei, wöllen wir nit weis[e] werden und unsere Schand erkennen, unsern gemeinen Schaden rächen? Etwan haben wir das uß Achtung der Geistlicheit und Ehr Gottes unterlassen, jetzo nun zwinget und treibt uns die Not.

Hutten. Ich schick deiner Frauen einen zornigen Mann heim.

Ernholt. Sollt ich nit zürnen? Oder wer ist so geduldig, den diese Ding nit bewegen?

Hutten. Du würst dich aber dannoch lassen milderen?

Ernholt. Mich wondert, daß du in einer so ernstlichen Sach schimpfen [spotten] magst.

Hutten. Würd es je darzu kommen, daß man mit der Hand an die Sachen will, du sollt mich nit mehr schimpfen sehen.

Ernholt. Und willt dich mit solicher Gramschaft, als etwan wider den schwäbischen Tyrannen*, richten?

Hutten. Mit viel größerer. Dann dasselbig was [war] ein eigene, heimliche und nur mein und meiner Gesippschaft Sach. Diese aber ist gemein und des Vaterlands.

Ernholt. Weißtu dann gar kein Gedritt mehr, daß wir sie vollend[s] verschlinden?

Hutten. Ich hab noch die Hefen [den Bodensatz] von den Gedritten. Drei Ding sind in großer Men⟨i⟩g[e] zu Rom, M[a]ulesel, Bullen und Prokuration.

Ernholt. Wahrlich.

Hutten. Und drei tragen man⟨i⟩cherlei Farben, Knecht, Weiber und Münich. Es haben auch drei Ding Traßen [Tressen] zu Rom, Pferdzäum, Männergürtel und der Kurtisanen Däschen

[Taschen]. Do hastu es alles, das ich aus Vadiscus Red in Gedächtnüs hab behalten mögen.

Ernholt. Also haben wir diesen Verdrieß mit der Hefen, als man spricht, ausgetrunken.

Hutten. Darzu hastu mich gezwungen.

Ernholt. Dir soll nimmer, solich Ding zu tun, beschwerlich sein. So darf ich auch wohl einen Freund umb eines solichen Nutzes willen bemühen. Und sag dir freundlichen Dank, daß du diesen Unlust bei mir ausgespien hast.

Hutten. Hierumb biß [sei] gesegnet.

Ernholt. Und auch du. Aber hör, was willtu, das ich den Kurtisanen diese Nacht wünsche?

Hutten. Was anders, dann daß sie die Pfrunden i⟨e⟩mmer⟨hin⟩ begehren und doch nit erlangen, bitten und doch nit erwerben, suchen und doch nit finden, und daß sie in solcher Begier, Sorg und Fleiß sich selbs armseliglichen fressen und verzehren.

Ernholt. Und soll meiner Hausfrauen solichs vorsagen, daß sie es auch mit mir wünsche?

Hutten. Wie dir geliebt.

Zu dem Leser von dieser römischen Dreifaltigkeit

Hie siehst du, Leser, wie drei Ding,
die niemand achten soll gering,
von Rom aus äffen Land und Leut
und schmähen Gott, als ist bedeut.
Hie siehst du, wie Sankt Peter aus
getrieben ist, und halt nun Haus
zu Rom der Ketzer, Simon gnannt,
der alles hat in seiner Hand.
Hie siehst du, wie man Schimpf und Spott
mit Christo treibt, dem wahren Gott,
wie man des Papstes Dieberei,
die er dann trotzlich übt und frei,
ein heilig Wesen nennen muß
und gibt ihm darumb seinen Gruß.
Hie sie⟨c⟩hst du, wie die Welt verblendt,
all Ehrberkeit zu Bösem gwendt,

4 als ist bedeut = wie mitgeteilt ist

wie Rom tut liegen mehr und mehr
und heißt das nennen göttlich Lehr.
Hie siehst du, wer Teutschland beraubt
und stets von uns den Pfennig klaubt.
Hie siehst du, mit was Kunst und List
die Welt bitzher betrogen ist,
wie unterm Schein der Geistlicheit.
sie hond getrieben Üppigkeit
und haben uns ihr Fallen gstellt,
darin sie manchen Frommen gfällt.
Hie siehst du, daß in keiner Stadt
geringer Glaub sich finden lat
dann jetzt zu Rom, das man wohl kennt
und doch ein Haupt der Kirchen nennt.
Hie siehst du, wie manch heilig Gsetz
muß weichen hin des Papstes Gschwätz,
die doch gericht all uff Betrug,
der werden gschrieben mehr dann gnug.
Hie siehst du, wie man handlet Gott,
der muß oft leiden Zwang und Not,
daß nur der Papst treib seinen Gwinn.
Drumb auch er schickt den Himmel hin,
verkauft den umb der Armen Geld.
Drumb würd all Redlicheit zerfällt,
dann wer dem Papst den Pfennig gibt,
der mag für leben, wie ihm gliebt,
darf halten nit Gelübd noch Eid,
nit Glauben, Bündnus; ist Gott leid,
des Nam do in Verspottung gat,
dadurch ein jeder gschworen hat,
dann will man, das sprech jedermann,
nit gschehen sei, das ist getan,
der Papst all Ding durchein vermengt,
Sünd, Laster, Schand umbs Geld verhängt.
Und daß die Summ ich red darvon,
die Bullen, so von Rom hergohn,
verkehren Sitten weit und breit,
dardurch würd böser Som gespreit.

17 liegen = lügen 24 hond = haben 28 lat = läßt 42 für = dann 44 ist Gott leid = das ist Gott leid 45 gat = geht 48 = daß nicht geschehen sei, was getan ist 50 verhängt = gestattet 54 Som = Same

Dieweil es nun ist so gestalt,
so ist vonnöten mit Gewalt
den Sachen bringen Hilf und Rat,
herwider an der Lugen Statt
die göttlich Wahrheit führen ein,
die hat gelitten Schmach und Pein,
den falschen Simon treiben aus,
daß halt Sankt Peter wieder Haus.

Ich habs gewagt.

Dialogus oder Gesprächbuchlin Herrn Ulrichs von Hutten, die Anschauenden genannt.

Uber das nachfolgend Büchlin zu dem Leser

All Ding der Papst sich unterwindt,
so törlich, daß oft merkt ein Kind,
sein Geben aus gelogen sein,
als ob er meint, der Sonnen Schein
und ander Ding am Himmel hoch
zu ziehen unter päpstlich Joch.
Drumb würd hie angezeigt in Schimpf,
daß er der Sachen hab kein Glimpf
und nimmpt sich an, das er nit kann.
Alsdann kann merken jedermann,
drumb muß er diese Scompen han.

In das nachfolgend Gesprächbüchlin Herr Ulrichs vom Hutten, die Anschauenden genannt, Vorred und Auslegung.

Nachdem dies nachfolgend Büchlin etzwas mehr dann die vorigen uff poetische Art zugericht, ist zu merken, daß hie werden eingeführt als Unterredner Sol, das ist die Sonn oder der Sonnengott, den die Heiden auch Apollinem und Phöbum nennen. Des[sen] Sun [Sohn] ist Phaeton und würd hie den poetischen Fabelen noch für der Sonnen Fuhrmann dargegeben. Von diesem sagen die Poeten*, daß er etwo [einst] in seiner Jugend als ein unerfahrner, fürwitziger Jüngling seinen Vater gebeten hat, ihn lassen den Sonnenwagen einen Tag aus [hindurch] regieren. Der ihm das erlaubt. Dieweil er aber den Wagen und die Pferd nit zu regieren wißte, irret er am Himmel, fuhr zu nieder und zündet das gantz Erdreich an. Darumb ihn Jupiter, als er das ersah, mit dem Tonder [Donner] niederschlug und in

3 = daß seine Behauptungen gelogen sind 7 Schimpf = Scherz 8 Glimpf = Recht 11 Scompen = Beschimpfung han = haben

Pad [Po] (ist ein Wasser in Italien) warf. Da ward er, als etzliche gedicht haben, zu einem Schwanen*. Als aber Lucianus sagt, ist er in der Sonnen Reich von seinem Vater zu einem Regierer und Gubernator gesetzt und nunmehr ein unsterblicher Gott worden. Dieses hat alles seinen sonderen Verstand. Aber hie würd Phaeton der Sonnen Fuhrmann genannt.

Ein Sun [Sohn] der Erden* würd im Sprichwort genennt einer, der von so gar dunkelem und unbekanntem Ursprung ist, daß er auch seine Vater und Mutter kaum oder gar nit kennet.

Centauri seind gewesen ein Volk in Griechenland, so gar rau⟨c⟩h, harte und unfreundlich, daß man, dieweil sie ohndas gute Reuter [Reiter] gewesen, von ihn[en] geschrieben, hat sie auch also gemalet, als seien sie halb Pferd und halb Leut. Und noch, wenn ein Reuter grob, viehisch und ungütig ist, so nennet man ihn ein Centaurum und sein Leben centaurisch, als dann jetzo viel seind.

Etwan [Einst] seind uff einer Hochtzeit und Würtschaft [Gastmahl] in Griechenland die Centauri und ein ander Volk, Lapithe genennt, als sie trunken wurden, zusammenkommen und haben sich jämmerlich untereinander mit großer Blutvergießung geschlagen.* Doher ist ein Sprichwort kommen, daß man ein Hochtzeit oder Würtschaft, daruff Leut uneins und zu Aufruhr kommen, der Centauren Würtschaft oder Tzech [Zeche] nennet. Als in Teutschland unter den vollen Bauren [Bauern] oft geschie⟨c⟩ht, daß sie ihre Kirb [Kirchweihe] zu einer centaurischen Würtschaft machen.

Leontini seind ein Volk in Sizilien, die so gar sich uff Prassen und Würtschaft pflegen gelegt, daß man ein Sprichwort von ihn[en] gemacht: Allweg stecketen Leontini hinter den Fläschen.

Ein Purgatz [Abführmittel] von Nieswurtz pflegen etwan zu nehmen, die sich unvernünftig oder unsinnig zu werden besorgten. Dann die Artznei schär⟨p⟩ft die SSinn des Menschen.*

Von der Sonnen, die von oben her allen Dingen Kraft gibt, kommpt guter und böser Luft, darnach [je nachdem] sie den [e]ingibt. Darumb dichten die Poeten, wann Pestilentz regier, so schieß der Sonnengott Apollo mit Pfeilen herab zu uns, als ertzürnet über das menschlich Geschlecht.* Darauf würd gezogen, was hierin von der Pestilentz geredt.

Unterredner: Sol, die Sonn. Phaeton, sein Sun. Cajetanus, des Papsts Legat.

Sol. Seit wir mitten an Himmel kommen und nun gemäch[lich]er fahren mögen, o Phaeton, so wöllen wir, dieweil sich die Pferd wieder erholen, etzwas miteinander schwätzen.

Phaeton. Ob es dir gefällt, Vater, [wollen] ⟨und auch, daß⟩ wir diese Wolken hinwegtün, und die Geschäft der Menschen, so gegen Mitt[er]nacht wohnen, anschauen. Dann jetzo lang her haben wir die Händel sterblicher Menschen gar nichts, wie doch unser Gewohnheit was, geacht und stetigs ein Menge der Wolken fürgezogen, daß wir sie desto minder sehen hin und wider laufen, etzliche schiffend, ein Teil sich auch mit Kriegen vermischen, und oft umb eins nichtigen Dings willen, als do einer dem anderen einen unnützen Titel fürwitzigklich entzogen, bald große Hör[Heere]ausführen und sich also untereinander ertöten.

Sol. Du sagst wahr. Dann ich hatte die Ding fürter mehr zu schauen Verdrieß, umb daß ich sehe, [daß] sie auch der Ding, darinnen sie irren, nit geschicklich pflegen. Unter denen die Italianer in Kriegssachen doch gantz unerfahren, also daß man kaum einen oder zwen, [die] sich recht wäppenen können, findt, die Harnesch recht fuhren, die Spieß reuterisch [ritterlich] schwingen, Ordenung wissen, sich unter dem Fähnlin halten oder zu etzwas, das die Kriegsordenung inhält, unsträflich geschickt sein, daß einer (in Bedacht der alten Römer) wohl sprechen möcht, es wäre kein Italianer in Italien, und von dem Somen [Samen] welsches Stammes bitz uff diese Zeit nichts überblieben sein, ohn [außer], daß man noch bei den Venedigern ratschlägig Leut findt, und der ein Columneser* sich nächst redlich bei Veron[a] gehalten, do er, was ihn die Teutschen gelehrt, fast [sehr] schickerlich [geschickt] gebrauchet hat.

Phaeton. Aber ich hab noch weniger von den Teutschen gehalten. Dann mich bedunkt, sie künnen nichtes, dann wenn sie trinken und voll seind, ausrichten. So sieh ich ein Teil Ungestümigkeit bei ihnen, die sie im Anhab der Sachen mit großer Hitz brauchen, aber darnoch, sobald die Hitz erkaltet, werden sie unnütz. Und darumb hinterkam sie der venedisch Hauptmann Bartholomeus del Viano gar wonderlicher Weis, do er sie ⟨t⟩zechend und einander zehen oder zwentzig Walhen [Welschen] zutrinken fand (dann sie meinten, die Venediger wären schon geschlagen) und also bei viertausend Mann, daß sie sich schandlich ergeben mußten, bezwangen.

Sol. Nach [Doch] tät er an dem nit recht, daß er sie hinden nach [nachher] wider zugesagten Glauben, bloß und ohn Wöhr wie das Vieh zu Tod schlug. Dann er hat ihnen gelobt, wo sie ihre Wöhr ablegten, wöllt er sie sicher von ihm lassen, auch vor dem Landvolk, das von allen Örtern zudrang, bitz in die kaiserischen Landschaft geleiten. Do sie sich aber also entblößt hätten, schlug er sie zu Tod.

Phaeton. Das laß ich ihn verantworten. Warumb trieben sie aber Schimpf [Scherz] in einer ernstlichen Sach und belustigeten sich mit Zutrinken in der Feind Land, ehe sie zum Haufen kamen, hätten ihrer Sachen nit acht? Uberdas sieh ich sie viel mit einer großen Ungestümigkeit anfahen [anfangen] und nichts vollbringen.

Sol. Solichs ist wohl, wie du sagest, ein Gebrech an ihn[en]. Aber nichtsdestoweniger seind sie in Kriegsläufen weiter dann uff diesen Tag kein Nation erfahren und mit Woffen unüberwindlich. Wiewohl sie zu[m] Regieren ungeschickt. Dann sie genüget doran, wann sie andere überfallen, jagen, verwüsten, umbstoßen, berauben und ausbrennen. Darnoch haben⟨t⟩ sie ein fröhlichen Mut, denken nit weiter, Städt und Flecken, die sie also gewinnen, zu behalten. Und ist ihr Will, frembde Gebiet [zu] bezwingen, seind das auch zu tun vermüglich, aber zu behalten und verfechten, haben sie kein weitere Sorg. Also können sie überwinden, wissen sich aber der Überwindnus nit zu brauchen.

Phaeton. Das hat man in kurtz verschie[de]nen Jahren an Padua, Vincentz [Vicenza] und Terviß [Treviso] wohl gesehen, welche Städt sie wohl behalten mochten, und ließent sie doch ohn Besetzung stehn. Derhalben die von den Venedigeren ohn Arbeit [Mühe] wiedererobert.*

Sol. Wie weislich hielten sie dann Veron[a]?

Phaeton. Ja, wie unweislich verloren sie das? Was haltestu aber von den Hispaniern? Was seind das für Krieger?

Sol. Sun, vor allen seind es fleißige Dieb, aber im Feld redlich wie jemand ander. Dann sie seind geübt, des Kriegs erfahren und überdas hertzhaftig und trotzig. Jetzo aber wöllen wir Teutschland beschauen, dann daselbst ist ein große Uffruhr, wie vormals je [nie] gewest. Treib die Wolken hinweg. Ich sieh schon den Rhein, ein große Antzeigung meiner Macht. Alle Nation gegen Mittnacht möchten den sehr großen Fluß nie mit einer Brucken breidelen [überspannen], ich hab den in wenig Stunden nahet gar [fast ganz] [a]usgebrennt, etwan, do du noch unerfahren, diesen Wagen zu regieren unterfangen, die ganze Welt hast angezündt.*

Phaeton. Ach Vater, wie magstu mich meines Unglücks wieder ermahnen?

Sol. Umb des willen, daß du in dem zu einem Gott worden bist. Dann hättest du zur selbigen Zeit nit geirret, darumb du in den Pad [Po] geworfen und also dich erneuert, wißtest du noch uff diesen Tag der Sonnen Wagen nit gewißlich zü regieren.

Phaeton. Das laß ich sein. Was ist aber für ein Uffruhr im teutschen Land? Etlich[e] sieh ich gewappnet, etliche eilen, die andern nehmen ihn [sich] wohl der Mußen, aber alle kommen sie zusammen. Und daselbst siehe ich etliche gereit [schon] ohn alle Sorgen schlemmen und prassen, ein Teil ratschlagen von tapfern Dingen, die andern pflegen der beider zugleich oder eins nach dem anderen.

Sol. Es ist ein Versammlung zum Rat der Fürsten und gemeiner teutschen Nation.

Phaeton. Hui, welch ein Rat! Oder pflegen sie, wie im Krieg der Schlachten, also auch im Frieden des Rates bei Trunkenheit?

Sol. Eben also. Du siehst aber auch unter des [ihnen] etzliche nüchtern alle ihre Sachen ausrichten. Und darumb werden sie von andern ihren Landsleuten als Ausländer gehalten und veracht.

Phaeton. Ich glaub von denen, die ich sieh wohlgekleidet und in gefärbtem Wat [Gewand], mit gebüfften Horen [gekräuselten Haaren] und guldenen Halsbanden. Vater, die mit den langen Schenkelen, die auch groß von Leib und anzusehen wohlgestalt.

Sol. Ja, von denselbigen und dem gantzen trunkenen Haufen.

Phaeton. Warumb treiben dann nit diese Nüchtern dieselbigen Vollen aus, erstlich, umb daß sie in solchem Unlust [Übel] leben, darnoch auch, daß sie den Weisen und Vernünftigen Verhindernus tun?

Sol. Wie möchten [könnten] wenig[e] die mehrern [vielen]? Doch strafen sie die mit Worten, und nit ohn Frucht. Dann ihr viel bekehren sich, dieweil sie sehen, sich an Gesundheit ihrer Leib durch die Füller[e]i beschädigt werden.

Phaeton. Umb daß ihnen ihre Leib geletzt, bekehren sie sich. Daß ihnen aber das unmäßlich Leben ihre Gemüt und Vernunft verderbt, bewegt sie nit?

Sol. Sie verstehen es noch nit. Dann diesem Volk ist leichter, des Körpers Sachen dann was zum Gemüt gehört zu erkennen.

Phaeton. Ist sich aber zu versehen, daß sie iemer [jemals] auch die Güte des Gemuts verstehen werden?

Sol. Gäntzlich. Dann sie sich gereit vieler schar⟨p⟩fsinniger Ding unterstehen und nieten [bemühen] sich [um] Zierung der Gemüt. Nimm wahr, daß [die] Geringleibigen und Magern, die wohl von Leib schwach, aber von Sinnen mächtig und unüberwindlich, brauchen sich in behenden und subtilen Künsten, bei Wassertrinken. Dann sie haben ein scharpf Verständnus.

Phaeton. Ich sieh sie von erleuchten Sinnen und darumb würdig, daß sie von den Trunkenen unbelästiget bleiben und alles Verdrieß überhaben wären.

Sol. Es seind etzliche von den Fürsten, die, auch selbs von Sinnen geschickt, über ihn halten [sie schützen], aber wenig, als einer oder zwen. Wiewohl auch die Vollen den Gelehrten und Nüchteren Ehr ertzeigen. Und ob sie schon noch, was an ihn[en] zu erheben sei, nit begrifflich [begreifen], halten sie die dannocht bevor und in großem Ansehen. Dann von anderen Nüchteren haben sie gehört, es seien geschickte, große Leut.

Phaeton. Gott behüt die kleinen Großen! Aber wir wöllen unsere Augen wieder zu der Versammlung wenden. Hilf Gott, welch ein Gepölter und Geräusch, welche Sauferei, wie groß und verdrießlich Geschrei! Was ist aber jens für ein groß Men⟨i⟩g[e] Volks, das dort mitten inher gat [geht]? Und sag mir erstlich, wie heißt die Stadt?

Sol. Die Stadt heißt Augsburg, dahin versammelen sich die Fürsten des Reichs, von großen Dingen sich zu beraten. Aber die Versammlung des Volks ist ein Prozession und führt den päpstlichen Legaten aus seiner Herberg.

Phaeton. Welchen Legaten, Vater? Oder wo führen sie den hin? Und dieweil du alle Ding weißt und dir niemand nichts verhehlen kann, so sag mir, was werden sie doch, wenn sie nun wohl beschenckt [bezecht] und von dem Wein erwörmet seind, ratschlagen?

Sol. Den Legaten führen sie auf das Rathaus, da er ihn[en] aus Befehl des Papstes Relation tun [Vortrag halten] würd. So ratschlagen sie, wie man einen Krieg anfahe wider die Türken. Welchen Papst Leo der Zehend mit Verhoffnung eines Gewinns untersteht [unternehmen will] und schicket darauf diesen Cajetanum dahin, zu verschaffen, damit [daß] die Teutschen nichts anders noch fürderlicher dann denselbigen Krieg fürnehmen.

Phaeton. Was Gewinnes ist er dann verhoffen? Würd [er] vielleicht mit gegen dem Türken ziehen und verhofft, etzwas daselbst zu rauben?

Sol. Nichts. Sonder von den Türken redt er allein, sein Gedänken aber seind weit vondannen. Dann in rechter Wahrheit tracht er nach der Teutschen Geld, hat ihm [sich] fürgenommen, die zu plünderen und, was sie noch von Geld haben, abzudringen.

Phaeton. Doran tut er unrecht. Würd er das aber auch vermögen, ein so streitbar und trötzig Volk?

Sol. Daß er solichs tut, da hat er Recht zu. Er würd es auch vermögen, wiewohl mit Kunst [List], die er anstatt des Gewalts brauchet.

Phaeton. Das verstehe ich nit.

Sol. Er gibt sich für einen Hirten aus, wie etwan Christus gewest, spricht, alle Christen seien seine Schof [Schafe], zuvoran und mehr dann andere diese Teutschen, zu denen er jetzo diesen Legaten schickt, ihm sein Schof zu scheren und die Wollen mit ihm wieder über das Gebürg zu führen. Hat er do unrecht?

Phaeton. Bei Glauben, Vater, nein! wo sie anders seine Schof seind und er sie weidet.

Sol. Er weidet sie aber mit lauterer [reiner] Geucherei [Narrheit], das sie doch ein Weid sein bedunkt.

Phaeton. Ist das aber genug, daß es sie also sein bedunkt?

Sol. Ihnen ist es genug.

Phaeton. So scher er sie, schind sie auch, wo es ihm gefällt, diew[e]il sie also gar die Geucherei annehmen.

Sol. Er tut es auch, und jetzo schirt [schert] er sie bitz auf das Leben, der geitzig [gierige] Scherer.

Phaeton. Lassen sie sich aber also scheren und schinden?

Sol. Fortan werden sie ihn nit mehr wöllen lassen, dann sie⟨c⟩h an, wie sie ihre grimmige Augen auf ihn geworfen. Und kenne ich sie recht, so würd es nit weit darvon sein, daß es ihm übel ergehe. Dann sie seind ihm feind, umb daß sie seine Bosheit wissen, wiewohl er sich gantz geistlich und bieder, als ob er das wär, dargibt.

Phaeton. Das tut er fürwahr, der Betrieger, verwandlet sich wie ein Goückler [Gaukler] mit etzlichen Verblendungen, also daß, wer ihn sie⟨c⟩ht, nit denken möcht, [daß] er bös wär, dann er alle seine Gebärden der Frommkeit zu vergl[e]ichen weiß, seine Stirn, Augen, Schülteren, Red, Gang und alles.

Sol. [Den]noch werden sie ihn nit leiden. Dann vor ihm haben viel derglichen auch getan. Darumb, wiewohl Teutschen von Natur einfaltige Leut seind, haben sie doch den Trug so oft befunden, daß sie sich nunmehr betrogen werden verstehen.

Phaeton. So ist dieser Scherer nit beizeiten kommen.

Sol. Wie du sagst. Dann wär er zu rechter Zeit kommen, möcht er reich vondannen ziehen. Aber nun seind ihm viel andere vorkommen, und mag sein Betrüglicheit nit statthaben.

Phaeton. Mich bedunkt, er merke selbs, daß er umbsunst arbeite.

Sol. Nit heimlich [Deutlich genug].

Phaeton. Sehe ihn derhalben traurig und betrübt, als dem man das Brot aus den Zähnen gerissen hat. Darumb muß er einen andern Weg finden.

Sol. Jetzo tut er das, dicht[et], sucht und tracht, so es uff diesem Weg nit ausgangen ist, wie er es uff einen andern bring. Und vielleicht würd er Rat finden und List ankehren, ist von einer Hoffnung gefallen, hierumb richte er sich auf ein andere. Fürwahr, er würd einen behenden Trug erfinden. Stärkt alle seine Kräft dohin, daß er das gemein Völklin erwege [bewege], ist ihm schon das Gold entflogen, er wurd ihm wieder nachfolgen. Ist etzlich Geld zerstreuet, er wurd es zusammentreiben. Etzliche schlafen, er wurd sie aufwecken. Der Aberglaub ist kalt worden, er wurd ihn wiederumb anzinden. Mit vorsichtigen Erforschungen und sittlichem [bedachtsamem] Nachgehen wurd er etzwas zuwegen bringen.

Phaeton. Nunmehr sehe ich ihm an, daß er etzwas solichs untersteht. Sag mir aber, bitte ich, ist er von gutem Geschlecht oder eines redlichen, ehrbarn Gemuts, daß ihn Rom vor andern ausschickt?

Sol. Vonnöten ist nit edel sein, wer zu Rom groß wurd, auch nit von Tugenden erleucht, sonder mag ihn helfen, weiß er sich mit Betrug und bösen Tücken herfür zu tun. Ich glaub, daß dieser kaum seinen eigen Vater kenne, [den]noch kommpt er mit einem solichen Gepräng von Rom über das Gebürg, andere selig zü machen, hat viel Ablaß bei sich geschürtzet und läßt ihm [sich] Watsäcke [Vorratssäcke] und Gepäcke voll Fakultät [Vollmachten] nachführen.

Phaeton. Drumb wurd er auch leer ausgestoßen werden. Dann ich achte, obschon Teutschen ihr Geld gen Rom schicken wöllten, daß sie es diesem Sun der Erden* nit vertrauen wurden.

Sol. Wie du sagst. Noch darnoch [Trotzdem] ist er ausbindig [ausgezeichnet] zum Handel geschickt und wurd etzwas versuchen. Dann jetzo dicht er nach [sinnt er auf] wunderlichen Künsten. Und der Böswicht zimmert etzwas Betrugs, daß den Teutschen hoch vonnöten sein wurd, Rat zu finden, wie sie seinen Listen entweichen.

Phaeton. Ob er nun, daß alle Völker gegen Mittnacht in den türkischen Krieg einträchtiglich verwilligten, erlangte, wurd er auch weiter etzwas unterstehen?

Sol. Er denkt doch uff nichtes weniger, dann denselbigen Krieg zu führen. Es ist ihm umb Gold zu tun, dem dienet er, das begehret er. Und jetzo schwür er, dasselbig, wo man es ihm gebe, anders nit dann uff den türkischen Krieg zu wenden. Aber sobald er das hätte (dann ich sag, wie es die Wahrheit ist), so würd er es der römischen Prasserei fürsetzen.

Phaeton. Lieber, so sag mir, wie lang würd er solichs Spieles pflegen?

Sol. Bitz die Teutschen weis[e] werden, die jetzo durch der Römer Betrug gantz zu Narren gemacht und voller Mißglauben überredt seind.

Phaeton. Ist es aber nahet dabei, daß sie weis werden?

Sol. Nahet. Dann unter allen Legaten ist dieses der erst, den sie leer von ihn [sich] wiederkehren lassen, in [zu] großem Schrecken der Stadt Rom. Dann man hätt nit geglaubt, daß die Barbarischen solichs tun dörften.

Phaeton. Seind dann Teutschen nach für barbarisch geacht?

Sol. Als Rom urteilet, nit weniger dann auch Frantzosen und alle andere Völker auswendig Italien. Will man aber gute Sitten und Achtung freundlicher Beiwohnung, auch Fleiß der Tugend, Beständigkeit der Gemüt und Redlicheit ansehen, so ist dieses ein wohlgesitte[te] Nation und dargegen die Römer mit der alleraußerlichsten Barbarei verstallt [entstellt]. Dann erstlich seind sie von Weichmutigkeit und weibischem Leben verdorben Leut. Darnoch ist bei ihnen große Wankelmütigkeit und mehr dann weibische Unbeständigkeit, wenig Glaubens, Betrug und Bosheit, damit sie alle⟨n⟩ fürtreffen [übertreffen].

Phaeton. Mir gefällt wohl, was du von Teutschen sagst, und ist zu wünschen, daß die, [die] sunst also geschickt, von der Trunkenheit lassen.

Sol. Etwan werden sie auch nüchter, und mein gantz, solichs [wird] bald geschehen. Dann ich sieh sie je länger je weniger trinken, und diejenen, so unter ihn[en] stets voll seind, von den anderen, die dannocht auch nit gantz nüchtern, veracht werden.

Phaeton. Sag mir eins, trinken⟨t⟩ auch ihre Fürsten?

Sol. Wär diese Ungebärd nit in dem fürstlichen Stand, die gantze Gesellschaft der Trunkenen wär lang zergangen. Dieselbigen mit bösen Beispielen bestätigen dieses Mißleben und habent mit großer Macht an ihnen hangen die Sachsen*, die du dort siehst, der Trunkenheit sich gantz ergeben haben. Dann allein die aus allen Teutschen haben noch von ihrer alten Weis nichts abgelassen. Setzent sich wider alle Vermahnung und beschirment ihr väterliche Weis.

Phaeton. O Himmel und Erden, welch ein Gesellschaft siehe ich da, welche Trünk, welche Grollen [Rülpser], welch Speuen [Erbrechen]! Da frißt und sauft man unzüchtigklich, überhauft die Gericht [trägt Unmengen auf], trägt auf das Brot mit großen Körben, den Trank in schweren Fläschen, schreiet, rüft, singt und heulet. Also mag ich von den[en] sagen, und auch wie der Poet Lucilius gesprochen,

Also gebärdt ihr vollen Bäuch,
Ihr Schlucker, und auch ihr Weinschläuch.

Diese Prasserei mag sich auch wohl vergleichen der Würtschaft, die etwan zwei Völker, Centhauri und Lapithe* miteinander gehabt. Hierumb muß man jetzo nit [sagen] wie zuvor die Griechen von den Leontinern in ihrer Sprach »Allweg stecken die Leontiner hinter den Fläschen«, sonder nunmehr in Latein, daß es jedermann verstehe, von den Sachsen »Allweg stecken die Sachsen hinter den Fläschen«. Fürwahr müssen sie viel Weins verderben.

Sol. Sie trinken nit Wein.

Phaeton. Wie? Werden sie dann von Wasser voll?

Sol. Ja, von Wasser.

Phaeton. Haben sie dann auch, wie man in Paphlagonia findt, Brunnen bei ihn[en], von den[en] die Leut trunken werden?

Sol. Auch nit. Dann wo das wär, wurden sie von Trinken zerbresten. Sonder kochen sie etzliche Kräuter und Frücht, und von demselbigen Trank werden sie voll.

Phaeton. Das ist wohl erfunden. Dann wo wöllt man denen, die also schlucken, genug Weins finden?

Sol. In Teutschland nit.

Phaeton. Haben aber auch diese, wie andere Leut, Sinn und Vernunft?

Sol. Wie andere, und ein guten Verstand.

Phaeton. Und speien, was sie getrunken, also ohn Schaden wieder von ihn[en]?

Sol. Also. Dann bei keinem Volk findest du allda die Städt wohl regiert werden, jedermann in Sicherheit leben, von ausländischem Gewalt behüt sein, und seind die Sachsen unüberwindliche Kriegsleut.

Phaeton. Meinest du aber, daß sie iemer [jemals] werden von der vollen Weis lassen?

Sol. Da zweifel ich fast [sehr] an.

Phaeton. Oder, wo sie von Trunkenheit ließen, ob sie dann auch die anderen guten Weis behalten würden?

Sol. Wo sie die behalten möchten und darbei nüchter leben, wüßte ich kein Nation für [über] sie zu setzen.

Phaeton. Wie seind sie von Leib?

Sol. So gesund, stark, wohlgeschickt und vermüglich [leistungsfähig] als keine anderen. Ja, allein diese von den Teutschen wissen nichtes von den Ärtzten, dann sie ohndas selten krank seind. Aber die Juristen jagen sie mit Geschrei und großer Verachtung von ihnen.

Phaeton. Wie sprechen sie dann Recht?

Sol. Nach alter Gewohnheit und weislich. Dann man findt an keinem Ort weniger jemand Gewalt oder Unrecht widerfahren. Dann anstatt geschriebener Rechten brauchen sie alt Herkommen.

Phaeton. Wunder ist, wo du es nit darfür hältest, daß sie von Trunkenheit besser werden.

Sol. Das sag ich nit, aber dieses weiset sich also aus, daß sie viel Ding ratlicher tun und weislicher ausrichten dann i⟨e⟩rgend an einem End die Nüchteren. Halten sich nach einem Sprichwort, das bei ihn[en] gemein, ›Abends zechen, morgends ratschlagen‹. Dann noch dem Abend essen, trinken sie bitz in die weite Nacht, morgens gehn sie nüchtern zu Rat, handelen von tapferen und gemeinen Nutz betreffend[en] Geschäften.

Phaeton. Also sieh ich, daß ihn[en] ihr Trinken nichts schadt, und vielleicht ist ihn[en] diese Gewohnheit zu einer Natur geraten, daß zu förchten, wo sie sich des Trinkens mäßigten, würden sie auch recht zu leben aufhören.

Sol. Das möcht geschehen.

Phaeton. Ohn [Außer] diese[n] haben mir nie trunken Leut gefallen. Aber wir wöllen die anderen auch anschauen. Dort sieh ich etzliche vermischt und nacket untereinander baden, Frauen und Männer, und glaub, das [kann] ohn Schaden ihrer Zucht und Ehr nit zugehen.

Sol. Ohn Schaden.

Phaeton. Ich sieh sie sich doch küssen.

Sol. Freilich.

Phaeton. Und freundlich umbfahen [umfangen].

Sol. Ja, sie pflegen etwan auch beieinander zu schlafen.

Phaeton. Vielleicht haben⟨t⟩ sie die Gesetz Platonis angenommen, daß sie die Weiber gemein halten.*

Sol. Nit gemein, sonder in diesem beweisen sie ihren Glauben. Dann an keinem Ort, do man der Frauen hüt, magst du weibliche Scham unversehrter finden dann bei diesen, die deren kein Wartung noch [A]ufsehung haben. Es ist auch nirgend weniger Ehebruch, und würd die Ehe an dem Ort am strenglichsten und fest[est]en gehalten.

Phaeton. Sprichest du, [daß] sie neben Küssen, Umbfahen, auch Beieinanderschlafen nichtes weiter beginnen? Und darzu bei der Nacht?

Sol. Ich sprech ja.

Phaeton. Und geschie⟨c⟩ht das auch ohn allen Verdocht? Und die ihre jungen Weiber und Meidlin von anderen also gehandlet werden sehen, förchten die nit derselbigen Ehren?

Sol. Auch kein Gedenken haben sie des. Dann sie getrauen einander wohl und leben in guter Treu und Glauben, frei und redlich, ohn allen Trug und Untreu, sie wissen auch von keinem Hinterlist.

Phaeton. O ein Volk, das nimmer bös zu achten. Dann die Italianer sie⟨c⟩ht man zu allen Zeiten hässig, karg und geitzig sein, viel begehren, nach Gewinn stellen, betriegen, Glauben brechen und Hinterlist üben, sich in Haß und Mißgunst untereinander selbs verdecken, heimlich mörden, Gift geben, allweg nach Betrug denken und mit Untreu umbgehen, ihrer keiner dem anderen glauben, nichts öffentlich oder aufrichtlichen tun, und glaub, daß sie darumb bleich von Farben seind.

Sol. Etzliche umb der, etzliche umb anderer Ursach willen. Vielleicht tut es auch der Luft.

Phaeton. Fürwahr seind je die Teutschen rotfärbig. Dann sie leben in Freuden und gütem Vertrauen. Enthalten sich der Ding, die das Gemüt verbrennen, das Hertz betrüben, das Blut minderen, dann ich sehe sie nit viel sorgen, in Ängsten mager werden oder sich selbs fressen. Nimm wahr, sie haben auch keinen gemeinen Schatz, glaub, sie folgen alter Gewohnheit der von Lazedämone, daß sie, wenn ein Krieg vorhanden ist, eintzlich [einzeln] zusammensteuren und jeder etzwas zu des Krieges Verlegung gebe.

Sol. Das ist auch hübsch von ihn[en]. Dann sie leben also gar frei, daß sie weder in der Ruh uff Geschäft denken, noch im Frieden vor Krieg sorgen. Und in derselbigen Sicherheit betrachten sie kein [Ge]fahr noch Glückesfall.

Phaeton. Und ratschlagen nit zuvor uff die Kriege?

Sol. Mitten im Krieg ratschlagen sie. Dann oft gerat ihnen ihre Kühnheit und Verwegenheit zu großer Weisheit. Wissen von keinem Betrug, brauchen den auch nit in ihren Schlachten, sonder handlen mit offenlicher Tat.

Phaeton. Billich soll man die sehr loben. Aber damit mir nichts unwissen sei, so bericht mich kürtzlich, wie sie doch in ihren Oberkeiten regieren.

Sol. Erstlich ist ihre Natur und Eigentschaft, daß sie nit mögen unterworfen sein. Und lassen sich auch nit regieren. Was aber von Fürsten unter ihn[en] ist, den dienen sie mit Freimütikeit und in großem Glauben, einer diesem, der ander jenem. Aber all in gemein erkennen sie jenen Alten, der von ihn[en] Kaiser genannt würd, für ihren Herren. Denselbigen, dieweil er ihn[en] recht tut, haben sie in Ehren, aber nit in Forcht. Und seind ihm derhalben nit fast [sehr] gehorsam. Darumb sich auch oft Aufruhr und Zerteilung unter ihn[en] erheben. Und ist das die Ursach, daß sie sich nit fast umb den gemeinen Nutz bekümmern.

Phaeton. Jetzo ratschlagen sie doch darvon.

Sol. Aber aus Uneinikeit werden sie nit Rat finden. Dann ihre Gewohnheit ist, oft viel Monat von einem Ding ratschlagen und nichtes beschließen. Mittlerzeit halten sie Bankett, prassen und treiben Schimpf [Kurzweil], hingelegt den Ernst.

Phaeton. Das gebührt gar nit den[en], die über andere regieren sollen.

Sol. Mitnichten gebührt es ihn[en], aber sie tun⟨d⟩ es doch.

Phaeton. Hierumb tau[g]en sie gar nit zu Regieren, vielleicht baß [besser] zu anderen Dingen. Dann viel ihre verwegene Taten überwinden der anderen weisliche Ratschläg.

Sol. Wie du sagst. Unter den Fürsten aber seind etzliche von Geburt edel, etzliche durch die Wahl aufgeworfen, als seind die Bischöf und Geistlichen.

Phaeton. Und als mich bedunkt, seind dieselbigen am gewältigsten.

Sol. Das seind die auch. Dann sie in der Zahl übertreffen, auch mit Reichtumb und Macht obliegen. Mag fürwahr sagen, daß mehr dann halb Teutschland von Pfaffen besessen würd.

Phaeton. Wie haben es ihre Alten [Vorfahren] darzu kommen lassen?

Sol. Etwan [Einst], do sie den Christenglauben angenommen, haben sie allzu geudisch [verschwenderisch] und mehr dann nutz und billich gewest, von dem Ihren zu den Kirchen geben.

Phaeton. Dardurch ihre Nachkommen in Armut gefallen.

Sol. Ja, und müssen Herren haben, die umb ihr väterlich Erb gekauft seind.

Phaeton. Darzu hat sie Achtung der Geistlicheit [ge]bracht?

Sol. Fürwahr, Achtung! Dann es ist ein lautere Mißglaubung gewest, die sie hierin verführt. Es seind auch zwischen ihren Fürsten Zwieträcht und stet⟨e⟩s heimlich Krieg, in welchen sie sich verderben.

Phaeton. Mag dann der Kaiser die nit stillen?

Sol. Söllt der sie stillen, so sie ihm nutz seind? Dann wo sie sich nit also untereinander verderbten, wären sie ihm viel zu mächtig.

Phaeton. Wer geht nächst nach den Fürsten?

Sol. Die sie Grafen nennen. Dieselbigen seind weniger dann Fürsten und doch mehr dann gemeiner Adel, einen gegen dem anderen zu rechnen.

Phaeton. Was ist aber der gemein Adel?

Sol. Das ist der Reuterorden [Ritterorden], ein große Macht und Stärke teutscher Nation. Dann ihr[er] seind viel und geübt in Kriegen, uberdas sie⟨c⟩ht man noch bei ihn[en] einen Schein alter Tugend, gute Gewohnheit und den Teutschen angeborne Redlicheit. Diesen gefällt noch die alte teutsch Weis und hassen alle frembde Sitten, wo die bei ihn[en] einbrechen.

Phaeton. Ich sehe aber wohl, daß sie vielen Verdrieß tun.

Sol. Das tun sie.

Phaeton. Und anderen das Ihr mit Gewalt nehmen, Krieg und Aufruhr erwecken, auch wider die Fürsten. Aber zuvoran und vor allen verfolgen sie Kaufleut.

Sol. Dardurch machen sie ihn [sich] auch viel Fei⟨he⟩nde. Dann sie die ungütig schelten und umb ihrer rauhen Weis willen unzuleiden [unerträglich] achten.

Phaeton. Warumb treiben sie die dann nit aus?

Sol. Darumb, daß ein Teil das nit wöllen tun, ein Teil es nit vormögen, ob sie gern wöllten.

Phaeton. Welche wöllen das nit tun?

Sol. Die Fürsten. Dann sie einig [allein] die zu Beschirmung ihres Gewalts brauchen. Ja, mag ich sagen, uff den[en] steht die

Macht aller Fürsten. Darumb auch unter ihn[en], welcher dem anderen feind, nimmpt diese zu ihm [sich], mit den[en] er sich als mit Woffen wehret.

Phaeton. Also hält sie einer dem andern zu Verderbnus?

Sol. Also.

Phaeton. Und ist aus der Ursach soliche Rauberei bei den Teutschen, Unsicherheit, Anfallung? Und werden die Straßen verlegt? Viel Unfriedens gemacht?

Sol. Am mei⟨n⟩sten aus der, wiewohl auch aus einer anderen Ursach.

Phaeton. Welches ist die?

Sol. Aus Haß der Kaufleut und freien Städt, als sie die nennen.

Phaeton. Warumb hassen sie Kaufleut?

Sol. Umb daß sie ausländische War[e] zu ihn bringen, als Spetzerei, Seiden, Purpur und andere, die zu nichtes dann einem unnutzen Pracht und Überfluß gebrauchlich, verkehren die besten und mannlichen Sitten ihrer Nation mit Einbringung ausländischer Gewohnheit und eines weichen Lebens, dem die teutsche Art von Natur wider [entgegen] und nit unbillich gehaß ist.

Phaeton. Sie haben Ursach. Dann ich kann selbs denken, dieweil ihr viel sich also zart und weichlich halten, daß bei wenigen bleib Achtung strenger Tugend. So dann ihr alte Gewohnheit und angeborne Tugend also abgeht, mag bald Neuerung und ausländischer Brauch bei ihn[en] aufkommen. Dann mich bedunkt, schon etzliche von ihn[en] seien ihn [sich] selbs unähnlich, besonder mit der Kleidung. Daraus ohn Zweifel zu vermuten, daß es ihn[en] nit wohl anstehen wurd, wo sie ihre Sitten also verwandlen.

Sol. Sie seind schon fast [sehr] verwandlet.

Phaeton. Aus angezeigter Ursach berauben sie die. Warumb verfolgen sie aber die freien Städt? Vielleicht, daß etwa [früher] die Edlen in Städten gewohnet, seind von den Gemeinen ausgetrieben, darumb meinen sie sich hinfür also ewigklichen an ihn[en] zu rächen?

Sol. Der Adel des Orts hat nie in Städten gewohnet, sonder ist allwegen wie auch jetz uff dem Land zerstreut gewest. Daß aber die Edelen den Städtischen feind seind, ist ein andere Ursach.

Phaeton. Die begehre ich von dir zu hören, und Ursach ihrer Widerspännikeit [Zwistigkeit] erkennen.

Sol. Du sollt es hören. Anfänglich seind keine Städt gar im teutschen Land gewesen, alle [Ge]bäu[de] voneinander abgesündert, und hat ein j[e]der seine Wohnung für sich und allein gehabt.

Phaeton. Das weiß ich wohl.

Sol. Zu denselbigen Zeiten kamen keine Kaufleut zu ihn[en], die ihn[en] etzwas Frembdes brächten. Sie begehrten des auch nit, sonder brauchten sich desjenen, so bei ihn[en] wüchse, und desselbigen allein. Dann ihre Kleidung was [war] von Häuten und Fellwerk der wilden [Tiere] bei ihn[en]. Ihre Speis aus vaterländischer Erden gewachsen und in ihrem Luft erzogen. Sie wüßten nichtes von frembden Güteren, und ward zur selbigen Zeit niemand von den Krämern und Kaufleuten betrogen. Allein was ein strenge Ehrberkeit, noch [nach] der hält [hielt] sich j[e]dermann. Geld was bei ihn[en] ungesehen, hatten kein Silber noch Gold.

Phaeton. Das ist die beste Zeit der Teutschen gewest.

Sol. Nachfolgens haben sich die Ausländer von Tag zu Tag mehr und mehr bei ihn[en] zugeton [zugesellt] und erstlich bei denen, so am Gestaden des Möres [Meeres] gewohnet, angefahren, mit ihn[en] zu handelen angefangen. Darnoch seind sie auch weiter kommen, so lang, bis daß erstlich den Untüglichen [Untauglichen], Trägen und Fürwitzigen die neuen Ding gefallen, und ist Gewohnheit des Überflusses von gemeinem Haufen angenommen. Das hat ihn[en] Anreitzung, erstlich Dörfer, darnoch auch Städt zu bau⟨w⟩en gegeben, die sie nachfolgens mit Muren [Mauern], Bollwerken, Türnen [Türmen] und Gräben befestiget und sich also darein verschlossen. In welche Versammlung alle Trägen, Faulen und Unstreitbaren verwilliget. Was aber von edlem Stamm oder tapferen Gemüten, haben verstocklich bei ihrer väterlichen Weis und Gewohnheit gehalten, sich gantz trötzlich wider angezeigte Ärgernus gesetzt, für unbillich geacht, [daß] ein schandliche Veranderung der Sitten bei ihn[en] zugelassen werde⟨n⟩, mit Fürsatz, Gebrauch der Alten fest und hart zu handhaben und von eigener Natur nit ab[zu]weichen. Wer dieser Meinung gewest, dem haben Krieg[e] geliebt, hat das Geld veracht, sich mit Jagen geübt, kein Ruh leiden mögen, die Stille gehasset, den Müßiggang gescholten und ihm wider gewest. Daher ist Zertrennung kommen. Dann die Städtischen haben sich neuer Ding geflissen, die Edlen dargegen ⟨als⟩ wider ein soliche Unbillikeit ob [an] dem alten Herkommen gehalten.

Phaeton. In welcher Beweglichkeit [Gegeneinander] es zu

Woffen [Waffen], bei den[en] sie noch gegeneinander schwitzen, ist kommen?

Sol. Als du sie⟨c⟩hst. Dann die Starkmütigen haben Verdrieß, daß ein zartes Leben bei ihn[en] aufkommen und Fleiß des Überflusses geübt würd. Uberdas seind auch in den Städten Kaufleut und allerlei Künstiger [Künstler], die zu dem Überfluß helfen. Darumb sie die Edlen hassen.

Phaeton. So treiben sie die hinweg.

Sol. Das hätten sie vor langest [längst] getan, wären sie nit mit Muren [Mauern] und Festigungen um⟨b⟩ringet gewest. Su nun die Müßig[gäng]er sich desselbigen Behelfs gebrauchen, ist allein der Weg⟨e⟩, sie zu beleidigen, überblieben, wo einer auswandlet, daß sie den überzucken [überfallen] und beropfen [ausplündern].

Phaeton. Meines Bedunkens ist nit unnütz, daß die weichen Wollüstiger also in Forcht gehalten, uff daß sie nit aus allzu großer Sicherheit noch ärger werden.

Sol. Sie sprechen aber, es sei nit für den gemeinen Nutz, sonder bringe dem gantzen Land Schaden.

Phaeton. Ach des Schadens! Als ob nit teutschem Land geholfen und geraten wär, wo uff einen Tag alles, das die Kaufleut auswendig [von auswärts] hineinbringen und auch sie mit derselbigen frembden War[e] zu äußerlicher [äußerster] Verderbnus kämen. Dann ich siehe, daß sie Ursach vieler Übel seind.

Sol. Hinwider berühmen sich die ihres Verdienstes gegen dem Vaterland und hassen die Edlen, denken die auch zu vertilgen und etwa uff einmal zugleich allen Adel aus[zu]reuten. Unter den[en] die Fugger Reichtumb, gantze Hör [Heere] darvon zu halten und künigklichen Kosten [Aufwand] zu führen, mehr dann genug⟨sam⟩ gesammlet haben.

Phaeton. Meinstu dann nit, daß sie mit solichem Gut und Eintracht, darmit sie untereinander verwicklet seind, noch zuletzt überwinden [siegen] werden?

Sol. Sie würden überwinden, wenn nit diese Sach also gestalt, daß die Trägen und Untüglichen mit den Frischen, Starken und Streitbaren kriegeten.

Phaeton. Seind dann alle, so in Städten wohnen, untüglich? Und ist kein Stärke oder Geistlicheit [Tapferkeit] bei ihn[en]?

Sol. Ja, es ist auch bei ihn[en]. Und nit sag ich, daß man nit redliche Leut in Städten finde, aber, als der Welt Lauf ist, weichen die wenigen Redlichen vielen Untüglichen.

Phaeton. Und das künigklich Geld, von des wegen doch alle

Ding geschehen, vermag so viel nit bei ihn[en], daß es die Geschicklicheit der Widerwärtigen [Gegner] überwinde?

Sol. Bei andern Nation[en] vermöchte es das wohl. Aber Teutschen haben noch die Redlicheit bei ihn, daß sie Tugend in größern Ehren und Achtung dann das Geld haben. Sie haben auch (wie dann billich) alle Reichen in einem Verdacht und werfen ihn[en] das Sprichwort für [vor], daß die Reichen sollten redlich sein.* Fürwahr ist je noch Abbildung der alten Tugend bei diesen Edlen. Wiewohl ich die Rauberei (unangesehen, daß es ein mannliche und hertzenhaftige Unfrommkeit genennt wurd) nit lobe. So behagt mir auch eines nit, daß sie also rau⟨c⟩h und unfreundlich seind und haben ein centhaurische Härtikeit an ihn.* Fast [Sehr] wöllt ich sie aber loben, wenn sie möchten Rat finden, damit sie alle die Zarten, Verweneten [Verwöhnten] und Wollüstiger, von den[en] sich andere ergeren [verschlechtern], die auch teutschem Land ein böses Geschrei machen, bezwungen [zwingen], daß sie entweders von dem weichen Leben ließen und ein besser Wesen an sich nähmen oder aber bald aus dem Land weichen müßten, ehe dann die Räudikeit ihrer Ärgernus weiter umb sich griffe. So ist es gäntzlich ihrer Gebühr zu achten [ihnen gebührend], domit [daß] der Werkzeug des Überflusses abgenommen werd, alle frembde Ding und Gewohnheit hinzunehmen und abzutun. Dann mir selbs übel gefällt, daß ich etzliche ihr [sich] so zartlich warten sehe und, väterliche Gewohnheit zuruck geschlagen, ausländische Weis und böse Sitten in Gebrauch lassen, sich des fleißen, daß sie lieber wöllen ausländischem Mißleben folgen dann angeborne Tugend behalten. Uberdas werden sie von solichem Überfluß und ungewöhnlichem Leben nit allein an Leben schwach, sonder auch an Gemüten weich und untüglich. Nimm wahr, ich sehe auch etzliche wider Landsgewohnheit untreu und trugenhaftig, die fast [sehr] geschickt seind, andere zu betriegen und veruntreuen. Die achte ich, wo sie ihre Sitten nit anderen, unwirdig, daß sie Teutsche⟨n⟩ genennet werden. Dann sie bringen den löblichen Namen in ein bös Geschrei und verfinsteren die Klarheit teutsches Geruches [Rufes].

Phaeton. Wie aber die Geistlichen?

Sol. Die [sind] noch viel schnöder dann diese. Dann von ihn[en] kommpt gar kein Nutz, es ist auch ihr gantz kein Gebrauch in gemein [sie sind völlig unbrauchbar], umb daß sie gantz müßig gehen, der Fresserei, dem Schlaf und der Unkeuscheit dienend, pflegen stets Würtschaft und Bankett zu halten, schlemmen, prassen, buhlen und haben Schmeichler bei ihn

[sich], essen und trinken schleckhaftig und wohl, haben sich dem Wollust untergeben und seind durch böse Anreitzung weibisch worden, durch Unkeuscheit verderbt, leben wie die unvernünftigen Tier und nahet [fast] gantz anders dann Menschen pflegen. Diese geben ihn [sich] ein[z]ig zu den Überfluß, weich Leben, zarte Ruh und ein lustigs Wesen. Sie wöllen auch in allen Dingen Sicherheit und daß an keinem Ort anders, dann nach ihrem Lust und Gefallen gehe, haben. Dann Härtigkeit mögen sie nit leiden, fliehen Arbeit und umbgehen alle Beschwerung. Was hart, schar⟨p⟩f oder rau⟨c⟩h ist, macht ihn[en] Ungeduld. Sie hassen nüchter und ehrber Leben, meiden alle Unruh und seind von Gemüten also zart, daß sie auch ein klein Bekümmernus nit leiden mögen. Ein[z]ige Sorgfältigkeit haben sie, wie es wohl in Keller und Küchen stehe und daß ihren wohl ausgewartet [aufgewartet] werde. Hierumb sie, ausgeschlagen alle andere Sorg und Gedenken, pflegen allein ihres Glusts, dienen dem Schleck und der Fresserei, gedenken, wie sie sich füllen und stets voll guter, schmackhaftiger Speis pfropfen. Ihre Geschäft ist auch, ins Bad gehen, sich mit gutem Geroch [Wohlgerüchen] belüstigen und uff den Rucken liegen. Diese mögen kein Gebrechen leiden. Und all Ding muß überflüssig [überreichlich] bei ihn[en] sein, zuvoran, wie das Sprichwort inhält, Bischöfliche Bankett*. Dann was liegt ihn[en] doran, daß sie von solichem unmäßlichem, unordenlichem Leben grob und viehische Sinnen bekommen? Daß sie stumpf an Vernunft und dumm von Köpfen werden? Der Bauch ist doch ihr Gott.*

Phaeton. Ich sehe sie wohl glatt [a]usgestrichen, hübsch, rein, wohlgewartet, bätzicht [fettglänzend], feist, saftig, gleißend, zart und überaus weich. Aber unterdes schwach von Leib und, mich betrieg dann alles mein Bedunken, seind sie vielen Krankheiten unterwürflich, gleich wie der, von dem der griechisch Poet sagt:

Podagrisch, bäuchisch, feist und schwer
Mit gschwollen Schenchlen, Gsundheit leer.*

Und kommpt ihnen solichs vielleicht von ihrem unmäßigen, überflüssigem und unkeuschem Leben. Fürwahr ist dieser Ord [Stand] ein Verstellung [Entstellung] und Unzier der gantzen Nation. Warumb leiden aber Teutschen diese bei ihn [sich]?

Sol. Gott und der Geistlicheit zu Ehren.

Phaeton. Kein Wesen möcht gerichter [direkter] der alten Teutschen Gewohnheit entgegen sein. Derhalben das Sprichwort (darinnen man sagt: Ländlich, sittlich, oder: Die Sitten arten sich nach dem Land) bei diesen nit Statt haben mag. Dann sie haben nichts Teutsches an ihn [sich], wiewohl sie für andern das lustigest Wesen haben, am reichsten und gewaltigsten seind. Mich bedunkt, sie seien auch geitzig und geldhungerig.

Sol. Mehr dann kein andere.

Phaeton. Die aber mit Kleidung unterschieden seind, der[en] ich auch viel in Italien sehe, do man sie Brüder nennet, der seind auch mehr in Teutschland dann anderswo. Sie⟨c⟩h, wie laufen sie hin und wider, als ob sie viel zu schaffen hätten, und machen sich an allen Örteren zutätig [gefällig].

Sol. Das seind auch volle Fläschen, unnütz, träg, Kläffer, Lugenträger und lose [verschlagene] Fischer.

Phaeton. Noch seind sie alldo wohl gehalten.

Sol. Fast [Sehr] wohl. Uß Ursach, daß sie dem gemeinen Volk viel Mißglauben [e]insprechen, damit sie dann als mit einer Bezauberung die Gemüt der Menschen betören, äffen und auswendig rechter Sinnlicheit verleiten und verführen.

Phaeton. Was bedeut dann, daß ich ihn[en] etzliche sehe in die Ohren murmelen, wie auch anderen Pfaffen?

Sol. Das heißen sie beichten. Dann es würd für ein geistlich und gottsförchtig Ding angesehen, daß ein jeder, was er gesündet hab, diesen zu erkennen gebe. Und nit allein, was er mit der Tat begangen, sonder auch, was ihm in Gedenken gewest. Und also muß jedermann diese aller seinen Heimlicheiten mitwissend haben.

Phaeton. Mag jemand des überredt werden, daß er diesem losen Gesellen seine Heimlicheit offenbare?

Sol. Alle Menschen tun das, aus Ordenungen und Aufsetzungen der Geistlichen, auch alter Gewohnheit.

Phaeton. Wenn sie aber heimliche Ding also erfahren, offenbaren sie die nit weiter?

Sol. Darnoch [Je nachdem] ein jeder gehäb [zurückhaltend] und verschwiegen ist oder herwider los und schwatzhaftig, würd es behalten oder ausgeschutt.

Phaeton. Sehre ist es aber [ge]fährlich, Heimlicheit diesen entdecken und sie verborgener Sachen bekündigen, zuvoran, so sie gern Wein trinken und voll seind. Wie aber, daß ich sie auch die Weiber Beicht hören sehe? Fürwahr, diese Gewohnheit muß ich schelten. Den[en] sie aber ihre Häupter begr[e]ifen, was machen sie aus denselbigen?

Sol. Rein, lauter, unschuldig und frei von allen Sünden.

Phaeton. Ob sie schon vorhin befleckt, schuldig und in Banden der Sunden verstrickt gewesen?

Sol. Ja, dieselbigen. Und das heißen sie absolvieren.

Phaeton. Was sagstu je⟨mer⟩, die selbs also ehrlich leben, andere mögen [können] uß Gefängnüs der Sünden erledigen?

Sol. Das gibt der Glaub.

Phaeton. Ich lobe es nit. Darumb würd diesem Land eine⟨r⟩ Reformation und Besserung gemeiner Sitten vonnöten sein. Und ist nit zu leiden, daß also viel Müßiggänger seind, die der andern Gut und Hab verprassen und doch ⟨sie⟩ keinen Nutz noch Frucht gebären. Und wär den Teutschen heilsam und gut, daß sie mit angehängtem Fleiß fern von ihn [sich] trieben den frembden Überfluß und die ausländischen Weiche des Lebens, ihr Wesen wiederumb zu der vorigen Starkmütikeit und alten Tugend brächten.

Sol. Es seind aber Teutschen von alter her Trünker und der Fullerei geflissen. Ist auch bei ihn[en] nie Schand gewesen, trunken [zu] sein.

Phaeton. In demselbigen einig [allein] söllen sie von alter Gewohnheit weichen, sunst die in allen Stucken gestrenglich halten.

Sol. Teutschen würden viel zu groß und löblich, wo du sie darzu brächtest. Dieser Gebrechen ist ihn[en] angeborn, als den Italianer Betrug, Hispaniern Dieberei, Frantzosen Stoltz und Übermut, anderen andere Mängel.

Phaeton. Müssen sie dann je ein Gebrechen haben, so wöllt ich ihn[en] noch lieber diesen dann der einen, die jetzo genennt, zulassen. Wiewohl ich hoffe, die Zeit, die alle Gebrechen der Menschen hinnimmpt, werde ihn[en] dieses auch abbringen. Also wöllen wir nun wieder an den Reichstag und [zu] des Papstes Legaten. Derselbig (nimm wahr, Vater) ist zu Unwillikeit bewegt und erhitzet durch Zorn. Dann er rüft etzwas aus der Prozession herauf, und ich glaub gäntzlich, er sei über uns erzürnet. Dann er sie⟨c⟩ht gegen uns.

Sol. Ja, er zürnet über mich. Darumb hör doch, was das Männlin sagt, wie es mir mit gerüntzeleter Stirnen und gantz stöltzlich dräuet.

Cajetan. Der du solltest uff mein erstes Winken, ich geschweig Gebot, auch klarer und heller, dann du sunst pflegest, ersch[e]inen!

Sol. Was sagstu, Legat? Was sagstu? Redestu diese Wort zu mir?

Cajetan. Zu dir? Als ob du dich nit einer großen Missetat schuldig wüßtest!

Sol. Fürwahr weiß ich nichts, du sagst mir dann, was ich Übels egangen hab.

Cajetan. Ich sprich also. Gehestu zuletzt einmal herfür, du öswicht? Und ersch[e]inest der Welt? Der du solltest uff mein rstes Winken (ich schweig Gebot) auch klarer und heller, dann u pflagst, ersch[e]inen.

Sol. Noch sehe ich nit, was ich Übels getan hab.

Cajetan. Sie⟨c⟩hstu es nit? Der du in zeh⟨e⟩n gantzen Tagen it einen Striemen deines Scheins bewiesen, hast mutwilliglichen llen Wolken für [vor] dich gezogen, als ob du der Welt das icht vergundest [mißgönntest].

Sol. Das ist der Astrologen und Sternengucker Schuld, wo es nders Schuld ist, dann die haben in ihren Praktiken [Kalenern] also gesetzt, daß ich diese Zeit nit scheinen söll.

Cajetan. Du solltest aber mehr gedocht haben, was eins Pappes Legat wölle, dann was den Sternenguckern gefalle. Weißtu it, do ich aus Italien zohe [zog], was ich dir drauet [drohte], vo du nit mit großer Hitz Teutschland, das zu Unzeiten kalt st, erwörmest und mir das gantz summerisch [sommerlich] mächest? Uff daß ich nit wieder in Italien begehren dörft.

Sol. Gar nichts nahm ich acht, was du mir gebotest, so hab ich uch nit gemeinet, daß ein tödlicher [sterblicher] Mensch über ie Sonnen gebieten mög.

Cajetan. Hast du das nit gemeinet? Und dir ist unbekannt, inen römischen Bischof (der dann jetzo alle seine Macht in nich, seinen Legaten, gegossen hat) in Himmelen und uff Eren, was er wöll, binden und lösen mögen?

Sol. Wohl hab ich darvon gehört, glaubt aber nit, daß es also wär, wie er sich berühmpt. Dann ich noch nie gesehen hab einen terblichen Menschen etzwas hie oben verwandelen.

Cajetan. Wie? Glaubstu das nit? O böser Christ, den man, mb daß du ein Ketzer bist, verbannen und dem Teufel geben oll!

Sol. Wolltest du mich vom Himmel werfen und dem Teufel geben? Und, als man spricht, die Sonnen von der Welt nehmen?

Cajetan. Fürwahr will ich es tun, wo du nit bald einem von neinen Schreiberen beichtest und bittest ein Absolutz [Absolution] von mir.

Sol. Wann ich dann also gebeicht hab, was willt du darnoch ß mir machen?

Cajetan. Dann will ich dir ein Buß aufsetzen, daß du etwo

mit Fasten erhungerest, oder jerget [irgend] ein schwere Arbei tuest, oder dich mit Wallfahrtbesuchung ermühest, oder abe Almus [Almosen] gebest, oder etzwas zu dem türkischen Krie [e]inlegest oder Geld gebest in den Ablaß, darvon man Sank Peters Münster, das zu Rom verfallen, wiederumb bauen will Oder willtu das Geld sparen, daß du dich für deine Sund lasses mit Ruten schlagen?

Sol. Das ist eine harte Sach. Was würstu aber darnoch mi mir tun?

Cajetan. Dann werde ich dich unschuldig sprechen und gant rein machen.

Sol. So würstu, dem Sprichwort nach, der Sunnen Licht geben?

Cajetan. Ja, wie du sagst, wo es mir gefällt, aus Kraft meine Fakultäten [Vollmachten], die mir der zehend Lew [Leo X.] gegeben hat.

Sol. Welche Geucherei [Narrheit] höre ich do! Meinstu, jemand, auch von den tödlichen Menschen, so närrisch sein, da er dich dieses vermögen glaubt? Ich geschweig der Sunnen, di alle Ding von oben herab übersie⟨c⟩ht. Laß dir ein Purgatz vor Nieswurtz eingeben.* Dann mich bedunkt, du werdest unsinnig.

Cajetan. Unsinnig? Du bist de facto im Bann. Dann du has unehrsamlich zu des Papstes Legaten geredt, darmit du in groß und unausläschliche Vermaledeiung gefallen bist. Derhalben ich dich auch über nit lang [in Kürze] offenlich und mit einem Gepräng in einer großen Versammlung, umb daß du mich erzürne hast, als einen verbannten Mann verkündigen will.

Phaeton. Vater, diesen Drauworten [Drohungen] sollt ich entgegenfartzen [entgegenfurzen]. Dann was sollt ein arme Menschlin gegen den unsterblichen Kreaturen vermögen?

Sol. Vielmehr wöllen wir ihn verachten. Wiewohl sich zu erbarmen, daß er von Krankheit also unsinnig worden ist.

Phaeton. Von was Krankheit?

Sol. Er liegt am Geitz krank. Dieweil ihm nun sein Sach in Teutschland, daß er sich erfülle [den Säckel fülle], nit für sich gehen will, ist er in einen Grimm kommen und nachfolgens zu Unsinnikeit bewegt. Aber ich wird sein weiter spotten. Was sagstu, heiliger Vater? Wolltestu mich also unverhört und ohn Schuld verdammen?

Cajetan. Wie ich gesagt. So läßt man sie auch nit alle zu Verantwortung kommen, die durch den Papst und seine Legaten verdammpt werden.

Sol. Das wär aber unrecht, wenn es nit von euch beschä⟨c⟩h. Aber mir, bitt ich, wöllestu diesesmal genädig sein und meine Sünd vergeben.

Cajetan. Jetzo erst redestu recht. Dann wer nit verdammpt sein will, muß Genad bitten. Hierumb gebiete ich dir, daßtu mein hinfür acht nehmest, ich sei, wo ich wöll. Und jetzo, dieweil ich in Teutschland bin, so mach schöne Tag und mit Kraft deiner Wörme treib aus die Kält, die mich jetzo noch mitten im Heumonat [Juli] anficht⟨e⟩.

Sol. Warumb verbannestu denn nit die Kält?

Cajetan. Da lasse mich nachdenken. Du warte des, so ich dir jetzo befelhe.

Sol. Ich hätte es vor langem getan, so bedachte ich, daßtu viel heimlicher Ding beginnest, die du nit wölltest, das gemein Volk der Teutschen von dir sehen. Derhalben ich forchte, wo ich klar erschiene und dieselbigen deine Heimlicheiten den Augen der Menschen anzeigte, daß es dir nit wohl ausginge.

Cajetan. Wie möchtestu mein Heimlicheit andern anzeigen, so du die selbst nit weißt.

Sol. So ich die nit weiß? Meinstu, ich wisse nit, daß du jetzo Künig Karlen verhinderen willt, daß er nit nach dem Willen seines Ahnherren zu römischem Künig gewöhlet werde?* Daß du dich auch sunst viel unterwindest, das wo die Teutschen wüßten, täten sie nit mehr darzu, würden sie doch uffs wenigst [dich] feindlich hassen.

Cajetan. Laß sie mich hassen, noch dannoch müssen sie mich darneben förchten.* Wiewohl ich nit haben wollt, daß du soliche Ding offenbarest. Tustu es darüber [trotzdem], so biß [sei] im Bann.

Phaeton. Welch einen Tyrannen höre ich da!

Cajetan. Auch gebiete ich dir, daß du Pfeil zurichtest und den Teutschen Pestilentz und gehen [jähen] Tod zuschießest*, uff daß viel Pfründen und geistlicher Lehen ledig werden, damit sich Pension begeben, Geld gein Rom ⟨ge⟩falle und auch mir allhie etzwas werde. Dann es seind jetzo lange Zeit her nit genug Pfaffen im teutschen Land gestorben. Hörestu, was ich dir sage?

Sol. Fleißiglich.

Cajetan. Aber erstlich scheuß [schieß] zu den Bischöfen, daß die Pallia gekauft werden. Und triff die Pröpst und reichen Prälaten, uff daß die neuen Kreaturen des Papstes* zu leben haben. Dann man muß die je ihrem Stand nach bedenken, daß sie nichtes mangelen.

Sol. Soll ich dann Pestilentz machen, so ist vonnöten, daß ich ein Gewölk einführe, Nebel über die Erden sprenge, den Luft betrübe. Derhalben ich förchte, das Ungewitter werd dir mißfallen.

Cajetan. Am fürnehmlichsten will ich, daß Pestilentz sei, damit Pfründen ledig werden. Des Lufts halben, den betrübe so wenig du iemer magst [wie möglich]. Kannstu es aber nit umbgehen, so tue das Besser [Beste] und Nutzlichst.

Phaeton. O du verflüchter Böswicht! Jetzo erst hör ich, wo ihn der Schu⟨c⟩h druckt, was ihm wohl und was ihm übel tut, was ihn traurig und was ihn fröhlich macht. Ginge es ihm mit dem Ablaß nach seinem Willen, so möchte er allerlei Luft, Kälte und Ungewitter leiden. Ich will ihn ansprechen. Höre mich, du unglückhaftiger Mann: »Ein Hirt soll seine Schof weiden, nit ermorden«.*

Cajetan. Was sagest du, Kirchendieb? Was sagest du, boshaftiger Fuhrmann, den ich mit Vermaledeiung zertreten und zerknirschen soll, bald, jetzo? Wolltestu mir meine Sachen verhinderen?

Phaeton. Fürwahr, ob [wenn] ich kann, will ich es tun. Dann warumb willtu noch ertöten, die, von den[en] du ohndas uff alle Weg das Geld dringest?

Cajetan. Du Vermaledeieter, du Übeltäter, du Verdammpter, ein Sun [Sohn] Satanas, wie darfstu mir widerbellen? Ist unrecht, daß ein Hirt seine Schof schirt [schert]?

Phaeton. Daß er sie schirt, ist nit unrecht. Dann es tun⟨d⟩ es auch die guten Hirten, aber dieselbigen schinden und ertöten die nit. Das magstu deinem Papst Leo sagen, und auch, wo er nit fortan mäßigere Legaten ins teutsch Land schickte, werde er etwa sehen ein Zusammenschwerung [Verschwörung] der Schof wider einen ungerechten, ungütigen und blutdorstigen Hirten, und sie vielleicht auch ein billiche und ihn[en] gebührliche Tat tun. Fürwahr singen und sagen sie schon jetzo von deiner Weis, und lasse mich bedunken, sie werden dich länger nit dulden, ob du schon Wägen voll Verbannung über das Gebürg gegen ihn [sie] würdest führen lassen.

Cajetan. Du meldest Ding, von den[en] man nit reden soll. Hierumb biß [sei] verbannet. Diese Straf lege ich dir an umb deine[r] unhöflichen, unversunnen [unbesonnenen] Red, die du mir getan.

Phaeton. So schenke ich dich den Teutschen, die du beraubest, zu einer Spötterei, daß sie dich mit Verspottung, Gespei und

Verlachung von ihn [sich] jagen, vielleicht auch übel traktieren. Und dich dermaßen halten, daß alle Nachkommen ein Beispiel von dir nehmen. Biß verspottet. Also will ich dich gestraft haben.

Sol. Laß von dem Unflat. Es ist Zeit, daß wir den Wagen abwärts biegen und dem Abendsternen Statt geben. Laß ihn liegen, triegen, stehlen, rauben und plönderen uff sein Abenteuer.

Phaeton. Der Teufel führe ihn hin! Also treibe ich die Pferde zu Tal und führe uns gegen Niedergang.

Ich habs gewagt.

Zu den Leseren dieser Gesprächbüchlin, Herr Ulrichs vom Hutten Beschlußred.

Ich hab euchs gsagt, ihr habts gehört,
  Wir seind gewesen lang betört,
Bitz daß uns doch hat Gott bedacht
  Und wiederumb zu Sinnen bracht.
Ich weiß nit, wie ich kumm ins Spiel,
  Allein ich eins verjehen will
Und schweren bei der letzten Not
  Als wahrlich müß mir helfen Gott,
Daß mich kein Lohn noch Nutz bewegt,
  Do ich mich erst zum Handel legt.
Und bgehr auch noch des keinen Gnieß.
  Allein mir Schalkheit tut Verdrieß,
Darmit die Welt betrogen würd
  Und mancher jämmerlich verführt.
So wär es auch ohn Schaden mir,
  Ob dieser oder der regier,
Ob sei der Papst ein Herr der Welt,
  Und ihm das Gott hab zugestellt,
Ob alles, das ein jeder leugt,
  Mit keiner wahren Schrift bezeugt,
Für wohr mög werden gsehen an.
  Allein ich alles hab getan
Dem Vaterland zu Nutz und Gut.
  Die Wahrheit mich bewegen tut.

6 verjehen = mitteilen, bekennen 7 schweren = schwören 10 = Als ich mich der Sache annahm 11 Gnieß = Lohn 21 wohr = wahr

Do kann ich nimmer lassen von,
Hab ich des nie entpfangen Lohn,
Ja mehr zu Schaden kommen bin,
Dann Farh und Not ist mein Gewinn.
Das steht nunmehr in Gottes Hand,
Dem alle Hertzen seind bekannt.
Und ich mein Sach nit bergen kann.
Wiewohl die weiß auch jedermann
Also, daß niemands widerspricht,
Er habs dann schandlich vor erdicht.
Alsdann ich weiß ein Pfaffen frech*,
Kann ichs, ich werds noch an ihm räch.
Hat heimlich hinter meinem Ruck
Uff mich gesagt viel böser Stuck.
Dran leugt er als ein Kurtisan,
So will ich ihn gescholten han.
Doch bin ich hoffen auch der Zeit
(Dann Gut und Bös Gott nimmpt und geit),
Daß ers müß wieder fressen ein
Und sprechens als gelogen sein.
Ich wöllt auch hören gern den Mann,
Der mich dörft fröhlich sehen an
Und schelten so aus Billicheit.
Hierumb ich wart und bin bereit,
Zu hören jeden, was er sag,
Damit die Wahrheit komm an Tag.
Dann söllt ich andern sagen wahr
Und mögen selbs nit hören gar
Dergleichen auch, so wär ich wert,
Daß mich nit länger trüg die Erd.
Die Wahrheit muß herfür zugut
Dem Vaterland, das ist mein Mut.
Kein ander Ursach ist noch Grund,
Drumb ich hab aufgetan den Mund
Und mich gesetzt in Armuts Not,
Das weiß von mir der ewig Gott.
Der helf mir bei der Wahrheit Sach,
Laß gehen aus sein göttlich Rach,

28 Farh = Gefahr, Verfolgung 31 = Meine Sache ist offenbar 36 räch = rächen 39 leugt = lügt 42 geit = gibt 56 Mu = Absicht

Damit der Bös nit triumphier
Und daß auch werd vergolten mir,
Ob ich vielleicht ohn Fug und Glimpf
Hätt gfangen an ein solchen Schimpf,
Der niemand größern Schaden bringt
Dann mir, als noch die Sach gelingt,
Dohin mich Gott und Wahrheit dringt.

Ich habs gewagt.

M. Luther.

Wahrheit, die red ich,
Kauf des Neid an mich.
Gott geb mir den Lohn,
Hab ichs falsch geton.

Ulr. von Hutten.

Umb Wahrheit ich ficht,
Niemand mich abricht,
Es brech oder gang,
Gotts Geist mich bezwang.

Laeta Libertas.

66 Schimpf = Kampf 68 als noch = je nachdem wie 69 Dohin = zu welcher
Kauf ... = davon erwerbe ich mir Haß abricht = kann abbringen

Ein unbekannter Liebhaber der göttlichen Wahrheit und de Vaterlands entbeut allen freien Teutschen Heil.

Wohlauf, lieben frommen Teutschen, es ist Zeit, daß wir unsere jetzo lang her verlorne Freiheit wiederumb zu erlangen ⟨unter⟩suchen. Hie habt ihr den rechten Anreitzer, der uns, ob Gott will, die großen Höpter [Häupter] als Kaiser, Fürsten und den Adel zu Hilf in dieser Sachen erwecken soll. Dorzu und anderem seinem loblichen Fürnehmen geb ihm Glück und Heil der allmächtig Gott, welchem zu Ehren, uns allen zu Nutz und Gut er dieses ohn Zw[e]ifel vorgenommen hat. Umb gemeines Nutzs willen hab ich etliche seiner Schriften, als mir die zu Händen kommen, aus dem Lat[e]in ins Teutsch transferiert, soviel das die Zier latinischer Sprach (die in etlichem nit zu verteutschen ist) hat leiden mögen. Gott geb euch allen viel Heiles und ein beständig, fest Gemüt, christliche Wahrheit und Freiheit des Vaterlands zu vorfechten. Hieneben lassent euch den frommen Hutten befolhen sein.

Trotzromanist

Dem unüberwindlichsten, großmächtigsten Fürsten und Herren, Herrn Karle, Römischen und Hispanischen Künig etc. entbeut Ulrich von Hutten, Poet und Orator, seine untertänige, schuldige Dienst allzeit bereit.

Wiewohl ich sich [sehe], daß viel großer, tapfere und nötlicher Geschäft dir diese Zeit anliegen, o unüberwindlichster Fürst und Künig Carole, jedoch hab ich gemeint, kein Zeit mir unbequemlich sein, dich anzusuchen, in welcher m[e]ine Widerwärtigen mich bei dir auch beschuldigen. Heierumb [Darum], als ich kurtz vorschie[ne]ner Zeit bericht bin, wie einer des Papsts Geschickten mit großem Fleiß dich über mich zu erzürnen unterstehe, hab ich so bald [sofort] dem starkmütigen Held [Helden], deinem Ratdiener und Hauptmann Frantzen von

Sickingen, meinem besunderen guten Freunde, als er jetzo zu dir reisen wollt, diese Geschrift dir forter zu behändigen befolhen. Und hat die Sach diese Gestalt: Es schicket der Papst von Rom heraus, mich bei dir zu besagen [anzuschuldigen], und ich glaub, du wähnest, solichs allein und weiters nichts [sei] von ihm beschehen. Hierumb will ich dir nit vor[ent]halten, was mir nächst derhalben warnungsweis vorkommen, es seien etliche durch meine Widerwärtigen bestellt, Fleiß zu haben, wie sie mich mit Gift oder Eisen umbringen, und das an deinem Hof, darin ich domals meiner Geschäft halben etlich Tag verharrete. Dir soll auch nit unwissen sein, was der Papst Leo (als ich wohr [wahr] Gewissen [Nachricht] hab) nächst unterstanden. Der hat etlichen Fürsten geboten, mich ihm gefangen gen Rom ze [zu] überantworten. Wiewohl nun diese Ding man vorgenommen, ehe ich bei dir geschuldiget, so vermeinen doch die, [die] solichs getan, ihrer Vorsagunge [Verleumdung] bei dir fugliche stattzuhaben. Derhalben ich dich deiner küniglichen Größe, deiner fürstlichen Treuen und Redlicheit ermahne, bettend [bittend], du wöllest nit lassen umb dich erwerben, alles das böse Leut bitten gedörfen. Nun bitten sie (als ich vernehm), du wöllest ihnen verhängen und Macht geben, mich gefangen gen Rom hinwegzuführen, einen vom Adel und ein Glied des Körpers, darüber du ein Haupt gesetzt. Umb was Übeltat willen? Fürwahr keiner, das [der] ich mich uff [auf] die selbs, so mich vorklagen, zeihe. Aus was Ursach aber? Umb daß ich die christenlichen Wahrheit bezeuget, neulich erfünden, etlicher Päpst Fabelen widersprochen hab. Daß ich auch, trachtend⟨e⟩ nach der alten, diesem Land und deinem Reich zugehörenden Freiheit, hab gegen dem ausländischen Joch Abscheuhung und Widerspalt getragen. Ist nun derhalben etwas dem Gewinn und Nutz der Romanisten entgangen, das hoff ich mir nit für ein Missetat gerechnet werden soll. Es ist ihn[en] aber (wiewohl dir das vill[e]icht noch unwissend) allein dasselbig und anders nichts vordrußlich gewest. Haben auch kein andere Ursach wider mich, dann daß ich nit hab leiden mögen deiner Größe und Herrlicheit so viel abgehn, als täglich derselbigen Romanisten Begierd zu ihr [sich] zeucht. Und das mich hat ein unbilliche Sach und der Teutschen Wesen und Gemüt ungemäß dunket sein, diese Nation täglich und ohn Unterloß uff viel seltsame und neue Weg von ihnen geschätzt werden, uns Teutschen stetigs der römischen Rauberei unterworfen sein. Hab derhalben meinen Landsverwandten, wozu sie

Recht haben, angezöigt [angezeigt], und sie, ihre Ehr, Nutz und Billicheit zu vertädingen, ermahnet. Ob dann solichs, als nit geacht werden mag, schon Unrecht geton wäre, so sollt doch ich als einer von den Deinen zu einer frembden Straf nit gefordert noch, dieweil ich dich vor [für] meinen Herren erkenne, und auch kein ande[re]r Gebot oder Gewalt über mich hat, zu ausländischer Gefängnus oder Gericht bezwungen werden. Es sei dann, daß du im Römischen Reich kein Gefängnus, kein Schwert, noch anders, domit man Übeltäter straft, habest. Es ist ihnen aber dorumb zu tun, daß sie in deinen Gewalt gegriffen und aller Ding allein Macht haben wöllen. Darin dir zu sehen gebührt und zu verhüten, daß nit zu weit bei dir ingebrochen oder deiner Macht zu viel entzogen werde. Wiewohl ich kein Verdacht, ich geschweig Forcht habe, daß du in diesem ihres Gefallen handlest. Dir will aber nichtdestweniger gebühren, ihnen jetzo also zu begegnen, daß sie hinfür soliche Ding an dich nit mehr begehren. Und magst wohl guten Fleiß haben, seitenmal [da] alle Sachen und das gantz Wesen teutsches Lands an dir allein gelegen, daß [du] nit die, [die] dir auch zu verehren gebührt, unbeschirmt lasset, und die du vill[e]icht erheben solltest, bei dir untergedruckt werden. Und wenn in solichem nit die Zeit als jetzo gelegen anzusehen wär, so solltest du doch, was heraus weiter folgen mög, bedenken. Dann warzu will die Länge [zukünftig] unser Teutschen Sach kommen, was Freiheit oder Sicherheit werden wir mehr haben, und was werden Ausländer von unser Macht halten, wenn wir nit dich, unsern öbersten Regier[er], zu ehren Macht haben, und würd uns von Ausländeren unsers Vaterlands Nutz und Frommen zu schaffen verboten? So würd es jo auch nit wohl im Glauben und der Geistlicheit ston [stehen], wenn man [dessen], das Christus selbs gelehrt, nit gedenken, sonder menschliche Stiftung vor seine göttliche Gesetz halten und achten soll. Wollt Gott, du möchtest sehen, was Seuftzen hie gegen solichem Gewalt⟨sam⟩ seind, wie groß Beschwernus ab solicher Unbillicheit die Teutschen tragen, auch wie große Hoffnung jedermann zu dir hat, du werdest die Sachen anderen und zu Besserung bringen. Dann man sie⟨c⟩ht nunmehr sch[e]inbarlich, daß alles Recht, alle Billicheit von obgemeldten Romanisten vertilget, in allen Dingen Frevel und Gewalt vorgewendet würd. Das sich dann – wo je an einem Ort – an mir wohl beschienet hat [offenbar geworden ist]. Dann ist das nit ein große Geschwindigkeit [Tücke], ein grausams und tyrannisch Vornehmen, mich ungehört, unverantwort, ohn Gericht, Recht und Urteil, so ich doch Recht leiden [will] und begehr Verhör, wöllen fahin [fangen], peinigen und töten? Ich bekenn, daß mein Vorsatz in allen meinen Geschriften und ausgegangenen Bücheren gewest, der Geistlichen Stand, Wesen und Regiment so viel mir müglich in Bekehrung und Besserung zu bringen. Sollt ich in dem große Farhe [Gefahr] oder mich einiger Widerwärtigkeit versehen haben? Ich leugnen auch nit, daß ich ungeheißen, unerfordert, sonder aus eigener Bewegnus und begierlich in diesen Handel gangen. Hab des auch Fug und Recht. Ist auch vonnöten gewest, und [ist es] noch, [daß] solichs von mir oder einem anderen beschehen. Darumb, uff daß dir unverborgen sei, was noch mein Meinung, so gedenke ich auch forterhin ohn Aufhörung zu rüfen und Vermahnung zu geben wider die Feinde der Wahrheit, wider Untertrucker gemeiner Freiheit, wider deiner Heiligkeit und deines Gewalts Durchächter [Verfolger]. Es sei dann, daß du selbs nit leiden mögest, [daß] dir geraten und dem Vaterland zu Nutz und Frommen gehandlet werde⟨n⟩. Des ich mich doch zu dir nit versich. Und hoff, du werdest gar nit zulassen ein Ding, das dir die Romanisten nit angesinnen gedörften, wenn sie fromme wohlregierende Kaiser bei uns leiden möchten. Du sollt aber deiner Gebühr und nit ihrer Begier nach leben. Dir das Best ze raten erkenn ich mich schuldig und bin des gantz untertänigklichen willig. So ist natürlich, dem Vaterland wohl wöllen. Und hab bishar meinethalben mit den Romanisten nichts ze tun gehabt. Dieses ist auch mein eigene Sach oder mich insonderheit betreffen nie gewest. Darumb sie ohn Zweifel gantz stöltzlich gegen mir gebären und einen Triumph führen würden, wo in allem diesem Handel etwas meine Person und nit gemeine teutsch Nation beträf. Aber nichtsdestweniger nötigen sie mich Leibs und Lebens und gedörfen noch daselbst zu deiner Verhängnus [Gunst] und Bewilligung verhoffen. Dargegen verlaß ich mich erstlich uff mein gut Gewissen. Darnoch hab ich zu deiner Gerechtigkeit gewisse Hoffnung und fürderlichen Trost. Ich hab etliche Bücher geschrieben und trucken lassen, darinnen ich frei und ohn alle Scheu der Wahrheit Gezeugnus und zu unser alten und angebornen Freiheit, die wiederzubringen, Vormahnung gib. Das tun ich alles Gott zu Ehren, dir zu Dienst und dem Vaterland zu Gut. Auch so hab ich aus Grund Heiliger Geschrift wider Gedicht [Lügen] etlicher Päpst gefochten, die Gegenbäu, so wider christliche Wahrheit, wider deine und des Reichs alt

Harkommen, wider gemeine Freiheit gestallt, zerbrechen unterstanden. Umb solichs gebührt mir Belohnung, ich geschweig, daß ich Straf warten sollt. Es ist aber kein Wunder, daß mit dem ich bei den Guten Dank verdienen sollt, in der Bösen Unhuld und Abgunst gefallen bin. Hierumb magstu [magst du] sie gegen mir wohl hören, aber ihres Angesinnens in keinem Weg gewähren, dir zweifel dann, daß, wo sie dieses umb dich erlangten, hinforter alles Übel und Arges von ihnen angegangen werden. Und darf dir in Glauben zusagen, sie werden darnoch allerlei versuchen. Dann ihre Begierlicheit hat kein End, mag auch kein Moß [Maß] oder Bezirk leiden. Hierumb bedarf es wohl Aufsehens, wie du dich jetzo haltest, zuvoran [besonders] so ich noch nit gehört bin und doch Verhör begehr und mich ⟨als⟩ für [vor] dich als ohn mittel [unmittelbar] meinen Herren zu Recht erbiete. Ich soll darumb verderbt werden, daß ich mein Vaterland aus Verdörbnus hab erlösen wöllen. Was wolltestu des Reichs Feinden tun, wo ich dieses verdienet [zu] haben erkennt wurde? Man soll mich fohen [fangen] und binden umb daß ich gemeine Band hab wollen auflösen. Was sollten Straßenräuber und Dieb leiden, wann dieser Anspruch uber mich geschä⟨c⟩h? Ich soll ein Ketzer genennt und an meinem Gerücht verletziget werden, darumb daß ich dir zu Lob gearbeit hab, und man will mich für unwahr achten, umb daß ich die Wahrheit angezeigt, soll ertötet werden, umb daß ich zu rechtem und gutem Leben Unterweisung geben. Wo willtu alle treulose Böswichte, Glaubbrüchige, Mißhandler, Landbetrieger, Kirchendieb, Mörder, Verräter und dergleichen Ubeltäter hin urteilen, so wo mir in dem Fall diese Straf zugemessen wird? Das sein Gottes Vikarien! Das sein Sanct Peters Nachkommen! Aber du, Carole, wöllest nit gestätten den ewigen Feinden dieses Reichs, ihren Willen mit mir zu schaffen, sich des Raubs meiner Unschuld gebrauchen und aus Uberwindung meiner einen Triumph zu führen: Laß nit umb dich erwerben, das sie, wo sie nit dein Gemüt ihrer Bösheit gleich achten, von dir nit begehren dörften. Du bist aber viel zu frumm und redlich darzu, solichs jemand zu gestatten, so sein sie dorstig [unverschämt] und boshaftig genug, das und dergleichen zu begehren. Dann wo dem nit also, hätten sie billich große Abscheu, so ein böses Ding dir, einem solichen Fürsten, des Geschlechts und Herkommens, anzumuten, getragen. Darumb ist ihn[en] nicht⟨e⟩s zu viel, das schafft, daß sie ihre Begier in keiner Maß noch Bezwangk haben mögen. Mir zweifelt aber nit, du würdst dich der Billikeit halten. Und weiß dich geschickter, dann daß du dich uff ihr Anhaltens in einige Ungebühr ergebest. Dann wie möchtestu leiden, [daß] dem Gefängknus zubekannt werde⟨n⟩, der hat zu gemeiner Freiheit geholfen? Und den zu deiner Regierung Zeiten Band und Ketten tragen lassen, der die von andern Leuten abziehen und lösen hat wöllen? Wär ich ein Frembder, so sollt dich menschliches Mitleiden und natürlich Anreitzung dohin bewegen, daß du dich uß Erbärmnüs meiner Unschuld dich mein annähmest, meinem Anfechten zu Hilf kämest, mich, der mit Gewalt uberfallen werde, erlösest, der ungestümiglich vertruckt [unterdrückt], enthieltest [schütztest]. Nun bin ich dir dermaßen verwandt, daß du mich, du wöllest dann dein selbs vergessen, nit magst verlassen. Dann du bist ein Römischer Künig, das ist ein Handhäber und Befestiger der gemeinen Freiheit. Wie magstu nun also geheißen werden, wann du einem Bischof zu Rom gestattest, einen freien Menschen und Edelmann aus deinem Reich zu nehmen und gefangen gen Rom führen? Das schreib ich nit darumb, daß ich mich des oder dergleichen je zu dir versehen hab, allein wundert mich, daß sie so kühn mögen sein, und kann nit denken, seit sie das jetzo versucht, wie etwas sein möchte, das sie nit unterstehen gedörften. Vormals und bisher haben sie mannigfaltiglich und wunderlicherweis die Macht dieses Reichs verschmähet, in viel und seltzame Weg dem Gewalt und Gerechtikeit deiner Vorfahrn Eintrag getan, dem Kaisertumb viel trötzlich und mit Gewalt, viel betrügklich und mit Listikeit, viel mit bezwändklichen Compakten und nachteiligen Vertragen wider all Recht und Billikeit abgetrungen und entzogen, den Kaiseren aus ungehörter, unmäßlicher Verachtung ihre Füß zu küssen dargeben. Und hat ein lange Zeit niemand Kaiser sein mögen, er hab sich dann zuvor einem romischen Bischof zu Dienstbarkeit mit dem Eid verpflicht. Sie haben auch Konstitution und Stiftung, mit der sie alle unsere Freiheit niedergetruckt, unsere Macht und Gewalt ihnen selbs unterworfen und eingebunden, beschrieben und uff ihren eigenen Nutz und Gewinst nach allem ihrem Willen angesetzt. Was unsere Alten [Vorfahren] aus christlicher Mildikeit zu den Kirchen allhie gegeben, mit grimmigem, unersättlichem Geitz uns benommen und ihnen zugezogen. Keinen wöllen in Teutschland Bischof sein lassen, der nit vor[her] umb viel Geldes ein Pallium von ihn[en] gekauft habe. Alle geistliche Prälaturen in teutschen Landen mit unserem großen Nachteil und Schaden ihn[en] selbs zugeeignet. Uber dies alles haben auch dieselbigen geistlichen Väter erstlich uber langes [einstmals] einmal, bald darnach jährlicher, wider itzo uff letst [dagegen jetzt] nachet [beinahe] alle Tag einen neu⟨w⟩en Ablaßmerkt hie aufgericht, Absolution, Dispensation, Remissorien, Relaxation und dergleichen ohn Zahl Bullen verkauft, das gemein Volk durch Betrug und schalkhaftige Lügen dohin geredt, daß es söliche dieblich Rauberei und böse Stück vor billich geacht und oft, damit es die Geucherei [Schwindel] zu kaufen hab, sich selbs geplöndert und geschätzt. Durch diese und andere ohn Zahl Wege (dann ihre tückische Fünd und aufsätzige List in keiner Zahl begriffen noch mit Namen angezeigt werden mögen) haben sie uns leider ein lange Zeit umbgeführt und also geblendt, daß sie dieweil ohn alle Verhinderung ein groß un[aus]sprechlich Geld von hinnen gen Rom geführt. Mehr [Weiterhin] haben sie, uff daß ihn[en] dester weniger en[t]gegen getracht werde, viel und oft die Teutschen, auch hochs und fürstlichs Stands, mit ihrem Bann erschrecket und geschlagen, etliche mit Gift ertötet, andere unter einem Schein der Freundschaft verräterlich ihren Feinden ubergeben, allweg unter den Fürsten Zwietracht und Uneinikeit erwecket, oft viel dapfere und mügliche Geschäft nit ohn merklichen Schaden und Nachteil der gantzen Christenheit aus Anreitzung ihres Geistes verhindert. Diese und dergleichen Stück haben sie vormals und bisher gebraucht, eines ist noch uberblieben und, als ich anders nit weiß, vor nie von ihn[en] versucht oder unterfangen: Allhie im Reich Hand an uns zu legen und Macht zu haben, wen ihn[en] gelieb[t] gefangen von hinnen gen Rom zu führen. Dasselbig haben sie uff dich gespart. Und nimm wahr, die ehrbare Botschaft des Papstes Leonis hat solichs zu schaffen Befehl⟨ch⟩, gleicherweis wie auch im vergangen Jahr ein andere desselbigen Papstes Botschaft dich in küniglicher Kur [Wahl] zu vorhinderen unterstanden mit lugenhaftigem erdichten Anbringen, uß was Ursach du zu solichen Ehren nit tüglich und geschickt seist, aber unter allen eins die fürnämlichste⟨n⟩ (die sie dann vor gnugsam dich des Kaisertumbs zu berauben geacht) angezeigt, umb daß du das Künigreich zu Neapolis inhabst. Dann gar ein schöne Konstitution, die sie wie auch andere dergleichen in ihr geistlich Recht gesetzt, verbeut einen Künig zu Neapolis immer zu Römischem Künig erwählt werden*. Als ich nun den Grund ihrer Handlung erkennet, auch selbs erfahren und gesehen hab, wie sie mit uns Teutschen umbgehen, und daß wir nit allein ihres Regiments halben an unseren zeitlichen Güter⟨e⟩n wie obgemeldt großen verdörblichen Schaden tragen, sonder auch bei allen Ausländeren, die uns derhalben vor Narren und unweis[e] halten, mit schimpflicher Nachred und schmählichem Verspott veracht werden, und mich solicher Schmertz zu Ungeduld bewegt, daß ich mich nit länger erhalten gemöcht, hab ich mich entbört [empört], mit Reden und Schreiben, so viel ich vermocht, ihre Handlung und unsere Gebrechen an Tag zu bringen und erkünntlich machen. Auch mit lauterem Gewissen, gutem und rechtfertigem Glauben viel Leut zu Erkanntnus ihres Schadens und gemeiner Beschwernus zu bringen unterstanden, etliche vom Adel und andere bewegt. Von dannen her und aus keiner anderen Ursach haben die Romanisten ein soliche Grimmschaft gegen mir genommen, daß ich besorge, sie werden die nimmer dann nach ihrer Zerbrechung und Ausreutung (die durch dich beschehen mag und soll) hinlegen. Hierumb, o unüberwindlicher Künig Carole, bedenk dein Ehr und den Stand darinnen du bist, befestige uns einen Weg zu der Freiheit, die uns bisher benommen, öffene uns einen Zugang zu der christenlichen Wahrheit, die so lang unterdruckt, itzo erst wieder herfürschleuft. Dann niemend wird hinfor[t] gedörfen [wagen] frischlich die Wahrheit anzeigen oder dir in deinen Sachen Rat geben, wo ich itzo also vorgwaltigt werde. Du hast es an Macht, Gut und Leuten. Hierumb will dir gebühren, etwas zu unterstehen, darzu du Ursach hast, das auch vonnöten ist. So weißtu, wo solichs von dir beschicht [geschieht], ein vollkommene wahre Ehr und Glory zu erwerben, wo aber nit unterstanden, sich in schimpfliche und vorächtliche Nachred kommen. So solltu je ein große Ehr umb einer kleinen Feindschaft willen nit begeben oder durch einige Treu von großem Lob abgeschreckt werden. In meinen Bücheren hab ich schriftlich angezeigt, wie man dir deinen Nutz entwende, dein Nahrung abziehe, deine Macht vorgeringer, deinen Gewalt verschmälere. Und hab daran nit gelogen, dann es ist also. Jedoch fällt uff mich diese Platzregen und werde von diesem Donner geschlagen. Darzu die untreu⟨w⟩en Kurtisanen, als mir nit unwissen, sonderen Fleiß getan und sich fast [sehr] willigklichen gebraucht und gearbeit. Nun steht zu dir, ob du leiden wöllest, [daß] die [die] Deinen obenangezeigtermaß[en] uberfallen und vergewaltigen. Ich hätte wohl Fug und Recht gehäbt, der ich mit Gewalt angefochten werde, mit Gewalt zu widerstreiten, und nachdem ich unbillich und onrecht geletzet bin, hätt das menschlich Vernunft und die Natur geben, mich an meinen Feinden mit der Gegenwehr zu rächen, bin auch solichs zu tun ohn Hilf und Beistand nit gewesen, hab es aber uff dich gehalten und meine Beschirmung in deinen Gewalt gesetzt, der Hoffnung, du werdest mein Unschuld an ihn[en] rächen. Des ich dich auch zu tun vermahne, flöhend [flehend] umb Gottes willen, aller Ehren, deines Heils und Glückes bitte. Dann nunmehr will ich nit allein von dir begehren, daß du dich nit durch ihre Betruglichkeit und Hinterlist in Zorn wider mich bewegen lassest, sonder auch daß du sie umb ihr unbillichs Fürnehmen in Forderung setzest. Du erkennest mein Recht und sie⟨c⟩hst mein Billicheit. Darumb verlaß mich nit mit Gnaden und Beistand. Ob ich dich nit bäte, sollt die Sach an ihr [sich] selbs dich bewegen. Sie⟨c⟩h an, was Anhanges diese meine Farhe [Gefährdung] mit ihr [sich] bringet. So hast du wohl Verständnüs zu erkennen, was hierin dich betreffe. Dann wie möchtestu hinfür Macht haben, etwas zu gebieten, so die Deinen nit Macht haben, dich etwas zu vermahnen? Du kannst auch wohl erkennen, ob nit meine Zerstörung sei ein Nachstellung und Belegerung deines Gewalts, ein Band [Fessel] deines Rechtens. Hierumb enthalt mich, den du sie⟨c⟩hst ohn deinen Nachteil nit mögen verderbt werden. Und ob du meine Unschuld nit ansehen wölltest, so steht dir doch dein eigene Ehr und Gerüche [Ruf] zu bedenken. Ich will dir hie mein herbracht Leben nit erkündigen, meine Arbeit und gehabten Fleiß, auch wie ich uff alle Weg durch große Farhe, harte Gegenfäll nach guten Künsten und vieler Dingen Erkanntnus gestallt und getracht hab, nit verzahlen. Dann wiewohl sölichs nit wenig dich uff Barmhertzikeit zu bewegen gedienet haben möchte, als auch, daß ich deiner Elteren und Vorfahrn Geschicht in meinen Bücheren beschrieben und mit Lob gezieret habt, jedoch so will ich uff dieses Mal außerlich nichtes genießen, sonder begehr der Sachen nach, wie die an ihr [sich] selbs, vor dir geurteilt werden. Also gerecht und unschuldig weiß ich mich. Hätte ich dann meinen Fürsatz zu End und Ausgang bracht, daß ihn[en] forter mehr nit gedeihen möchte, Teutschland zu schätzen, deine Herrlicheit und Macht vorkleineren, gemeine Freiheit untertrucken, die evangelischen Wahrheit mit einer zäuberischen Verblendung von aller Menschen Ohren und Hertzen ze nehmen, so wöllt ich noch Belohnung von dir forderen, also weit bin ich von der Strafen Forcht. Nun aber, der ich selig möcht genennt werden, wo ich die vorgenommene Sach vollendet hätte, will mich dannoch nit vor unselig achten, ob ich umbsunst gearbeit und angehalten hab, wiewohl ichs nit darvor hab [dafür ansehe], daß m[e]in gehabter Fleiß gantz umbsunst geschehen. Dann ich hoffe, dein Gemüt werde sich aufrichten, und du werdest von Not wegen dieser Sache Rach bringen. Wir sehen sich täglich mehren, das unsere Alten uberflüssig und vor [für] zuviel gehalten haben. Wir sehen das und dörfen dich nit ermahnen. Ach Gott, mit was Dienstbarkeit und Gefängnus sein wir verstricket und gebunden, und wie lang wöllen wir, die von mächtigen Künigen und Völkern unüberwunden sein, uns den lugenhaftigen Bullen, den unnutzen erdichten Fabeln underwerfen und gefangen geben? Ist alle Mannheit der Teutschen zerbrochen, alle Starkmütikeit abgetrieben? Ist kein Hertz, kein Mut, kein Sinn oder Vernunft mehr in teutschen Landen? Ich hoff aber, es werd besser, dann ein gut Glück hat uns dich geben, und aus sonderlichen Gnaden und Barmhertzigkeit hat dich unser Herr Christus in dieses Vaterland zu regieren gesetzt, uff daßtu [daß du] gnannte Beschwerung abnehmest und alle Ding zu Besserung bringest, welchs ich so faste von dir hoffen bin, daß ich fortan meinethalben wenig Sorg oder Gedanken hab. Und achte mich gnug gelebt haben, wenn ich sehen möchte, dohin ich mit Schriften gereitzet, dich mit der Tat greifen. Doch solltu meine Sach verhören und wollt Gott, ich möcht umb alle meine Schrift und Handlung vor dir Antwort geben. Hoff aber, es werd mir gebühren. So mag ich auch und soll vor keinem anderen Richter dann vor dir vorhört und geurteilt werden. Und sprich also: Was haben ich oder ein j[e]der teutscher Edelmann mit einem römischen Bischof zu schicken? Aber dir gebührt auch in dem Erkenntnüs haben. Mittlerzeit will ich nit leiden, die Herrlicheit des Kaisertumbs und den teutschen Namen von j[e]mand gehöhnet und verspottet werden. Und kann ich mehr nit, so will ich doch, darin mir niemand zu tragen [Eintrag zu tun] hat, uber die große Unbillikeit, so ich sich [sehe], mein Zähn zusammenbeißen und heimlich murren. Auch bei mir selbs das Glück, von dem ich in meinem ehrlichen und loblichen Fürsatz verlassen bin, beklagen. Gott müsse dich bewahren und uns allen zugut lang beim Leben und Gesundheit behalten.

Dem hochwirdigisten, durchleuchtigisten etc. Herrn Albrechten etc., Kardinal und Ertzbischof etc., entbeut ich, Ulrich von Hutten, seinen untertänigen willigen Dienst.

Von andern Leuten hab ich verstanden, was dir der Papst Leo in seinen Mandaten befolhen, wie gewaltigklich und heftig er dir gebeute, mich ihm gefangen gen Rom zu uberantworten. Dann du hast mich im solchem, als dir doch meins Bedunkens gebührt hat, nit gewarnet, vielleicht aus der Ursach, daß du dem Papst verpflicht bist. Nun wünsche ich gantz fründlich aus Grund meines Hertzens und Gemüt, daß dir solichs zu allem Guten erschüsse, förcht aber, derselbig Papst werds noch euch Bischofen und dem gantzen geistlichen Stand eines großen Ubels, einer grausamen und allerhartesten Beleidigung Ursach sein, durch dieses und dergleichen nit mehr gehörte oder erkännte Vornehmen. Darein steht euch wohl zu sehen und langest bevor zu verhüten, uff daß die Zeit nit komme, daß Not sei zu sprechen: Ich hätte mich des nit versehen. Wollt Gott, ich möcht itzo etwas mit dir reden. Und hierumb müß ihm nimmer wohl geschehen, der mich von deinem Beiwesen abzeugt [abzieht], eines solichen Fürstens, der du also gegen der wahren Geistlichkeit und guten Sitten gemut bist. Derhalben ich nit weiß, ob mich etwas in diesem meinem Unfall mehr betrübe, dann daß ich von dir abgescheiden werde. Das will ich sampt ander meiner Widerwärtigkeit bei mir verbeißen [ertragen] und so viel ich [ver]mag meinen Schmertzen bergen. Ich werde vordrungen [verbannt] aus den Höfen, aus den Städten, zuvoran aus der guldenen Stadt Mentz [Mainz], aus gemeinem Gebrauch, von Gemeinschaft und Beiwesen menschliches Geschlechts, wiewohl man mich keiner Unfrummkeit geschuldiget, keiner Ubeltat, keines Lasters je uberzeugt hat, umb daß ich bei der göttlichen Wahrheit gehalten und zu allem Guten Vermahnung gegeben hab, ungehört, unverantwort, wider Gott, Ehr und Recht, wider gut Sitten und Gewohnheit. Uber das werde ich gen Rom, daselbst umb mein Unschuld einen schmählichen Tod zu leiden, gefordert. Hat j[e]mand einen Tropfen teutsches Bluts in ihm [sich] und läßt sich diese Unbillikeit nit erweichen, dieses tyrannisch Vornehmen, diese große Wüterei nit zu Zorn und Rach bewegen? Weiter rüft er, der Papst, den weltlichen Arm oder Gewalt uber mich an, als ob er in einem Schlag alle Wöhr [Wehr] gegen mir brauchen wöll oder möge. O wie ein ungehörter Frevel, wie ein groß Unsinnikeit wär dies zu nennen, wenn es nit die Allerheiligsten betrieben. Ich ermahne dich deines Gewissens, mir zu sagen: Möcht auch ein christlicher Bischof, der itzo in allerlei Weis der Welt abgesagt, sich selbs höchlicher vergessen dann so er an dem Arm Gottes, das ist dem Sun [Sohn] Gottes, dem Wort Gottes verzeigt [verzagt] und anrüft den weltlichen Arm, das ist das Reich der Welt, das nit Gottes Reich ist, sonder also weit von dem, daß die zwen [zwei] gar nit mögen ubereinkommen? Von dem auch der Prophet Esaias sagt: Weh den[en], die absteigen in Ägypten Hilf suchend bei den Pferden und ein Vertrauwen haben uff den Streitwagen, umb daß ihr viel sein, und uff den Reisigenzeug [Reiterei], und daß der sehr stark ist, und haben sich nit wöllen vertrösten des Heiligen Israel, noch Gott den Herren ansuchen.* Hierumb achte ich wenig uff des Papstes weltlichen Arm, sonder verlasse mich uff den Arm Gottes, uff daß ich mit dem Propheten sprechen müge: Nimm wahr, der Herrgott ist mein Helfer, wer will mich verdammen? Dann das Kleiderwörmlin, wie auch der Prophet sagt, wirdt fressen und verzehren* die also weit von christenlicher Sittlicheit (die uns Sanct Paulus gegen j[e]dermann erzeigen heißt) sich abtrennen und weichen, die nit nach dem Geist leben, sonder Begier des Fleisches vollbringen*, also daß einer wohl zu ihnen sagen möchte wie der Prophet spricht: Nehmpt wahr, ihr habt euch verlassen uff Ägypten, uff einen schwachen Rohrstecken, der zerbrochen ist, und die sich daran leinen [lehnen] und steueren, werden ihre Händ durchstechen.* Und seind mir diese Leut, umb daß ich ihn[en] die Wahrheit gesagt, feind worden. In keinen anderen Weg hätte ich ihn[en] mißfallen mögen. Ob ich ihn[en] dann schon nit gefalle, so denke ich aber Gott zu dienen, der Himmel und Erde geschaffen hat, des Hilf ich zu gewarten hab, dann seinen Weg der Wahrheit hab ich erwählt.* Und ob mir die römischen Bischof ihre Gedicht und Fabeln, die sie nit in der Lieb Gottes, sonder aus Fleiß ihres Gewinstes gestift haben, sagen werden, will ich die verschmähen, verwerfen und widersprechen, dann sie sein nit als [wie] das Gesetz Gottes. Dasselbig sollt dem Papst Leoni also im Sinn liegen, als er ohn Unterlaß uff neu⟨w⟩e Weis Teutschland zu plöndern denkt und die sich gegen dem päpstlichen Joch entsetzen erstlich mit seinem Bann, darnach mit Woffen und Gift verfolget, itzo am letzten gefangen gen Rom forderet, alsdann käm er nit uff diese Torheit, von der man ihn bald abweisen muß, oder aber es wird alles in der Geistlicheit zu scheitern gehen. Dieses hab ich dir, soviel die Zeit mocht leiden, uff das kürtzest zu verstehen geben wöllen. Und wünsche dir hiemit alles Glück und Selikeit, zuvoran daß dich die Reudikeit böser Beispiel nit berühre, dovor behüte dich der Seligmacher Christus.

Geben zu Eberburg.

Ein Klagschrift Herr Ulrichs von Hutten an gemein teutsche Nation gegen und wider den tyrannischen Gewalt des Papstes, Rom und seiner Romanisten.

Allen und jeden teutschen Nation, Fürsten, Herren, Edelleuten, Burgeren und Gemeinen, was Stands oder Wesens die seind, entbeut ich, Ulrich von Hutten, Poet und Orator, meine untertänige, schuldige, willige und freundlich Dienst zuvor.

Gnädigen, günstigen, lieben Herren und Fründ [Freunde]! Als ich verschie[ne]ner Zeit aus Lieb und Zuneigung der christenlichen Wahrheit, auch Wohlmeinung unsers Vaterlands teutscher Nation etliche Ding, die zu verhalten weder christlich noch meiner gebühr[end] geacht[et], schriftlich angezeigt und durch den Truck [Druck] ausgegossen hatt, nämlich von dem ubermäßigen, unziemlichen des Papsts Gewalt, von dem verkehrten Stand der Stadt Rom, von wollüstigem, unordenlichem Uberfluß und unersätt⟨z⟩lichem Geitz der Geistlichen, von der Simoneischen Ketzerei* und Unfrommkeit der Kurtisanen, ingemein von denen, die, wiewohl geistlich genennet sein wöllen, doch gar nit dem Geist, sonder fleischlichem Wesen nachleben und mit aller Begier nach Wollust des Leibs trachten, auch von Konstitution und Gesetzen der Päpst, die sie i⟨e⟩mmer und mehr verneu⟨w⟩en, von dem tyrannischen Gewalt der Bullen, so täglich hie umbher regiert, und dergleichen ander Dingen, durch welche die christenliche Wahrheit vielfaltigklichen und gleich unaufhörlich abgezogen, Teutschland aufs schädlichst und schmählichst beschwert und undertruckt wird, und die Ding so klärlich vor Augen waren, daß sie niemand widersprechen, so gar unbillich, daß sie keineswegs entschuldiget noch verte[i]di⟨n⟩gt werden möchten, auch als ich die durch Geschrift offenbaret, nit allein mich keiner Übeltat schuldig wüßte, darumb ich Straf zu gewarten hätte, sonder auch dermaßen verdienet erkannte, dardurch ich billich Belohnung zu vorhoffen gehabt, als der Vormahnung gäb solicher

Ding, die christenlicher Lehr gemäß, mir nit minder gepürlich dann dem Glauben beiständig und gemeinem Nutz notturftig. Dann je das mein Vornehmen gewest, wie ich durch gütige Ermahnung verschaffen möcht, damit dieselbigen Geistlichen doch zum le[t]zten sich zu Besserung erinnerten, uff daß sie gemeinem christlichem Volk zu ihrer Vorfolgung nit zu viel Ursach gäben, und ich aber aus ehrbarem Gemüt, lauterem Gewissen, christenlichem Glauben und guter Hoffnung dieses angefangen, hab ich alsbald ein solich Bewegung etzlicher Menschen wider mich befunden, als hätte ich mich Neu⟨w⟩erung oder Umbkehrung eines gemeinen Stands unterfangen, dann man mir mit emsigklicher Gramschaft, grausamlichem Trauwen [Drohen], mit sehr heftigem Schrecken und gegenwürtiger Farhe [Gefährdung] begegnet ist, als sollt man mich mit päpstlichem Bann verdammen oder in Gefängnüs legen oder aber offentlichen umbbringen. Ich bin auch gewarnet, der keines zu förchten, sonder man gedenk mich heimlich mit Woffen oder Gift zu ermorden. Und ist gemeinlich aller Achtung gewesen, ich werde, es geschehe gleich in welcher Gestalt es wöll, abgetilget und von Leuten getan. Es haben auch etliche sich hören lassen, sie wissen mehr dann sie offenbaren gedörfen. So bin ich von Rom aus her vorständiget und bericht, durch wes Stiftung und emsiges Anhalten soliche Ratschläge uber mich geschehen. Und als ich nachdem in Brabant gezogen, daselbst etliche Tag am Hofe des großmächtigsten unsers allergnädigsten Herren Künig Carolus meiner Geschäft halben verharrete*, ist mir von guten Fründen und Bekannten, so ich des Ortes [dort] hab, heftige Warnung geschehen, mich bald, wöll ich mein Leben behalten, von dannen zu machen. Dann zuforderst an dem Ort werde mir uff das geschwindest nachgetrachtet, also daß ich nit anders dann mit eilender Flucht entgehen möge. Als mir das vorkommen [bekannt wurde], hab ich erstlich in Betrachtung und Ansehen meiner Unschuld die Sachen leicht geacht. Als mir aber bald darnach solche Ding nit einer oder zwen [zwei], sonder mehr und viel zu erkennen geben, hab ich mich bedacht, die Sach nit länger zu verachten und [bin] eilentes von dannen verruckt. Ich sag nit, wer mir dermaßen nachgestallt oder getracht hab, oder daß es in der Wahrheit also geschehen. Sonder sag ich, gute Fründ haben mich gewarnet, mir werde nach meinem Leben getracht und itzo sei ich nit weit von meinem End. Do ich nun als der unwissend fleißigklich gefragt, von wem ich oben angezeigete Farhe zu gewarten, ist mir gesagt, ich hab mich vor denen, so des Papstes Geschäften hie außen pflegen, und einem jeden Kurtisanen, er sei wer er wölle, zu hüten.

Daß aber gedachte Warnung nit ohn gründlich Wissen der Sachen geschehen, hat sich bald darnach bewiesen. Dann als ich den Rhein wieder [hin]aufgezogen, seind mir etliche von Rom kommend begegnet, die offentlich gesagt, es sei zu Rom bei allen das Geschrei, Leo der Papst sei unversühnlich uber mich erzörnet, hab auch bestallt, mich auf das allerhärtest und geschwindest zu verfolgen. Und da ich gen Mentz [Mainz] kommen, haben mich gute Freund und Günder [Gönner] mit Frohlocken entpfangen, sich meiner Zukunft [Ankunft] fast [sehr] gefreut, und etliche sich nit wenig, daß ich noch lebte, verwundert. Dann sie angezeiget, ist auch das gemeine Gerücht gewest, man stelle mir dermaßen nach, daß ich dem Bad [Anschlag] nit wohl entgehn werde. Derhalben sie auch ein Zeitlang an meinem Leben verzagt gewest, förchtend, es wär schon umb mich geschehen. Ohn Not ist, uff diesmol zu vorzählen, was ich daselbst weiter erfahren. Da ich fortet [weiter] gen Frankfurt kommen, seind mir Briefe und Boten von guten Fründen zugeschickt, auch etliche selbs zu mir gereiset, anzeigend, wie jetzo der Papst mit Briefen und Botschaften von etlichen teutschen Fürsten fordere, etlichen auch, zu denen er ihrer Pflicht nach Fuge hab, geboten, mich ihm gefangen gen Rom zu überantwurten, und zuvor⟨an⟩ hab er solichs mit einem* von den größten, den [von dem] er meinte, soll das am basten [besten] zu tun haben, gantz ernstlich verschafft mit angehängter Trawung [Drohung], wo das nit von ihm geschä⟨c⟩he, ihn fürter mehr nit vor [für] einen Fründ zu halten, sonder sein Huld von ihm zu wenden. Sobald nu soliche Mär ausgebrochen, ist ein großer Schrecken in die, so mir vor mit Gunst und Lieb verwandt, gefallen und haben sich etliche von den Kleinmütigen und Erschrockenen alsbald mein entschlagen und geäußert. Es ist aber jetzo gemeldts Gerücht noch kaum erkannt gewest, hat man mir noch weiter aus Niederland zu wissen geton, wie einer des Papsts Geschickten* itzo bei Römisch[er] K[aiserlicher] M[ajestät], aus Befel⟨c⟩h mich allenhalben im Reich anzugreifen Gewalt zu bekommen, sich großes Fleiß bearbeite und also brachium saeculare, das ist den weltlichen Gewalt, uber mich zu erfolgen. Diesen und dergleichen erschröcklichen Warnungen und Geschichten nach, seitmal ich offenlich sich [sehe], was ich vorhin nit glaubt hätte, von ihn[en] gedacht werden solle, itzo nun zu der Tat kommen, und wiewohl ich bisher dermaßen gehandelt, daß mein Fürnehmen zu gemeinem Nutz, Wohlfahrt des Vaterlands, auch zu aller Ehrberkeit, rechtem Glauben und der wahren Geistlicheit nit wenig gedienet haben möchte, darumb das auch nit allein niemands geziem zu schelten, sonder vonnöten durch j[e]dermann, so der Wahrheit pflegen wöllte, bezeugt und gelobt werden müsse. Und ich doch umb Größe willen der Farhe, so mit Gewalt und heimlich wider mich gericht (dann ich mich offenlich und durch Recht noch jetzo nit zu förchten hab oder weiß), nun hinfür in fürstlichen Höfen nit statt hab, noch meinen Herren und Fründen dienen mag, und (die Summ darvon zu reden) daß ich mich (aus Scheuhung der Kurtisanen, deren an allen Orten viel seind, die auch Gift und Eisen haben und ohn Zweifel in alle Weg dem Papst dienen werden) alles offenlichen Gebrauchs entschlagen muß, und dasselbig doch nit aus Verschuldung einiges Irrtumbs, ich geschweige der Missetat, sondern aus Gewalt deren, die in ihrem Mißleben nit leiden mögen, [daß] die Wahrheit von ihnen ausgeben werde⟨n⟩, so will ich derselbigen Leut Gewalt und Macht entweichen, aus den Höfen, aus gemeinen Versammlungen, aus den Städten und offentlichen Wandelen. Aber dermaßen will ich w[e]ichen, daß ich doch mittler [in dieser] Zeit nit von Bezeugung der Wahrheit (zu welcher alle Ding gezogen werden sollen), noch auch von Beschirmung Freiheit des Vaterlands (deshalbe ich auch den Tod nit förchten soll) immer [jemals] abtrete. Das ich dann zu tun vor langem mit allem Vermögen unterstanden, hab es aber mit fründlichen Vermahnungen nit dohin bringen mögen, daß die Ding, so göttlicher Wahrheit und Freiheit des Vaterlands entgegen sein, sich in der Gütlicheit und friedlich wöllten änderen, sonder werde zulest dohin genötiget, daß ich nit allein nach Leuten muß denken, die mir die Wahrheit handhaben und Freiheit des Vaterlands vorfechten helfen, sonder auch anrufen, die mich bei meinem Leib und Leben behalten. Hierumb der ich vor mit gantzem Fleiß betracht habe, wie ich Leut bewegte, die der christenlichen Wahrheit (die unter so viel Vordruckern Not leid) zu Hilf kämen und derselbigen die Mißfarbe, domit sie lange Zeit her nit ohn merkliche Schmach und Nachteil unsers Glaubens verblendt gewest, abwüscheten und das Joch, so etwan [einstmals] von Christo unserm Herren sanft und leidlich aufgelegt, jetzo von den angezeigten Gotteswiderwärtigen mit großer Bitterkeit beschwerlich und unträglich gemacht ist, abwörfen und ausschlügen, den schnöden und schandlichen

Bezwang, domit teutsche Nation viel Jahr her durch die Päpste betrangt und undertruckt gewest, hinlegten, und wiederbrächten die Freiheit, welche Gott selbs den Seinen gantz mildiglich dargeben, aber gedachte Päpst gantz unfründlich und frevelich benommen, ungestümlich zerbrochen und nahet [fast] gantz ausgetilget haben, derselbigen ich umbgeben mit Nachtrachtungen, getrieben durch Verfolgung werd gezwungen, uff daß ich beim Leben bleibe und solicher Ding länger pflegen möge, jedermann umb Hilf, Rat und Beistand anzuschr[e]ien. Wo fliehe ich aber hin? Oder wes Hilf bitt ich? Gnädigen Herren und guten Freund, gemeine teutsche Nation, euch such ich an! Euch bitte ich. Wöllt ihr lassen ußtreiben die Wohlverdienten, wollt ihr lassen die Unschuldigen mit Gewalt peinigen? Das sei weit von euch! Nit lasset von euch sagen, daß ihr gegen einem Heimischen und Landsverwandten nit gütig und barmhertzig gefunden, so doch allweg die Teutschen gegen Frembden und Ausländern sich frei und mild erzeigt haben. Seid auch darvor, daß nit, wo ihr mich verließe⟨n⟩t, ich bezwungen wörde, ausländische Hilf zu suchen und frembden Beistand anzurüfen. Ich werd mit keinem Rechten angefochten, sonder durch Gewalt und menige [viele] meiner Widerwärtigen uberfallen. Ich werd nit rech[t]lich oder billicher Weis ersucht, sonder mit mutwilligen Grimm meine[r] Feind betrangt. Wo ist Redlicheit und Tugend der Teutschen? Wo ist ihre Stärk und Mannheit, darvon alle Nation, alle Völker singen und sagen? Ihr werden [edlen] Teutschen, beschirme[t]⟨n⟩ alle einen, do einer hat vor euch alle gearbeitet. Dann jetzo wär ich in des römischen Bischofs Genaden und Gunst, hätte ich nit wöllen unserm Vaterland zugut an gemeinem Nutz wenden alles, das ich mit so großer Arbeit in meinen harten und schweren Wanderen durch so viel bittere Gegenfäll und Widerwärtigkeit des Glückes gesücht und erworben hab. Darum ich so viel Nacht gewacht, so viel täglicher und nächtlicher Reis[en] weit und breit getan, so viel Mühe gehabt, so viel Not erlitten, ein schmählich und verächtlich Armut getragen, viel Jahre im Elend umbgezogen, und dasselbig alles in der besten Zeit und meinen blühenden Jahren. Mich haben aber Hulde der Wahrheit und Lieb meines Vaterlands zu ihnen gezogen. Desto mehr sollt ihr mich getaner Dienste genießen lassen. Und bitte, ihr wöllet mich Frucht meiner Arbeit entpfahen lassen, allein darumb, uff daß ihr gesehen werd [daß man sieht, daß ihr] mein Fleiß und Dienst erkannt haben. So ist je erbärmlich zu hören, daß ich, wiewohl mich noch niemands beklagt, niemands uberzeuget [überführt] hat, vor keinen Richter gefordert bin und mir nie keine Missetat aufgelegt ist, allein zu peinlicher Straf gezogen und unerfordert einiges Rechtens zu dem Tod geheischen werde, und will euch nimmer fügen, mich unverhört, ohn Antwort und sonder [ohne] Urteil ertöten lassen, ich geschweig, daß, wiewohl doch in teutschen Landen Gericht und Recht ist, die Ubeltat, ob die ich oder ein ander betrieben hätte, zu strafen, und ich kein Recht nie geflogen [geflohen] bin, uber das alles zu Spott und Verachtung dieser Nation bei einer frembden Öberkeit hingericht werden sollt. Hierumb noch – wie allwegen vor – mein Begehr und Bitt an euch: Wo jemand meines Schreibens oder Tuns Beschwerde trüg und mich deshalben Klagens nit erlassen möchte, ihr wöllt verschaffen mich von demselbigen vor meinem natürlichen, einigen [einzigen] und unser aller Herren R[ömisch] K[aiserliche] M[ajestät] vorgenommen und nit also mit Gewalt und ohn Recht verkürtzt werden, zuvoran umb des willen, daß nit meine Feind, ob sie mich – do Gott vor sei! – ihrem Willen und Fürnehmen nach umbrächten, Übeltat oder Laster nach meinem Tod uff mich erdichten. Und ob ihr meinenthalben nichts tun oder lassen, so wöllt doch meines Geschlechtes oder Fründschaft hierin verschonen, daß nit denselbigen diese Makel und Befleckung werde angehangen. Das bitten euch zugleich mit mir untertänigklich flehend mein armen alten Vater und Mutter, meine jungen betrübten Brüder, alles mein Geschlecht und Fründschaft, ein große Schar derjenen, die mir Ehren und Guts günnen, viel gelehrter Leut, viel edler Ritter und Knecht. So ermahne ich euch weiter: Hab ich je durch meine Schrift gemeiner teutschen Nation Lob geschafft, ihr wöllt euch doch auch mein Gerücht befolhen lassen sein. Hab ich je unsers Vaterlands Preis gewürket, ihr wöllent euch doch uber mein Anfechten erbarmen. Hab ich je eu⟨w⟩ere Ehr geweitert, so wöllent doch jetz mein Heil nit verlassen. Sollt ich von euch abgetrennet und gerissen werden von dieser Erden, die mich in meiner Geburt empfangen? Aus dem Luft, der mich ernähret, von diesen Leuten, deren ich so gar fründlich [bei]gewohnet hab, mein väterlich Wohnung verlassen, die heimischen Herdstatt und Altar, und nit dergestalt, daß ich ins Ellend [Ausland] gehe, doselbst armseligklich zu leben, sonder zu einer grausamen Marter schandlich alldo zu sterben abgenommen und verruckt werde? Helft alle frommen Teutschen! Erhaltet den Bedrangten und Genötigten und laßt nit binden mich, der die päpstlichen Bande hab von euch ziehen wöllen. Obschon meiner Feinden unziemlicher Gewalt von etwo viel Jahren her [seit langem] in einen großen Mißbrauch ist kommen, das lasset mir doch nit an meinem Leben schaden. Ich ermahne euch meines Dienstes, der vielleicht eines Lohnes wert, meiner Wohltat, umb die ich Wiedergeltung zu verhoffen. Entschützt mich (der, wo sträflich erkannt wär, billich unter euch gestraft sollt werden) gegen eim ußländigen Macht als Landsleut, als die, umb derenwillen ich etwas geton hab wider einen ungebührlichen, unformlichen Mutwillen und Gewaltsam. Dann mir je billicher sollt gebuhren Hilf und Rettung umb euch zu erwerben, dann meinen Widerwärtigen mich zu ertöten geziemen. Wie billich mag dann geacht werden, daß, wiewohl ich nie keines Lasters, keiner Schand oder Übeltat geschuldiget, und ich kein Unehr oder Laster (ohn[e] Ruhm zu reden) von mir weiß, dannoch mir (als [wie] ich gewarnet) mit Gift nachgestallt, mit Waffen und Gewehr zugesetzt wird, und forderen mich gen Rom, uff daß deren Hertzen mit Gramschaft gegen mir erhitziget, ihren Augen ein Lust schaffen mögen. Ist j[e]mand also unbarmhertzig, also mit Demant [Diamant] verhärtet, daß ihn dieses mein Trübsal nit zu weinen bewegt? O allmächtiger Gott, der all Ding sie⟨c⟩hst, wöllst din rechfertigen [strafenden, rächenden] Augen über diesen Jammer wenden! Und ihr Teutschen wollt mich, euern Landsmann und Unschuldigen, vorfechten, alle umb eins willen kriegende, seitmol [da] auch diese Sach euch all ingemein antrifft. Dann ist nit in gutem Schein, was Nachurteil aus meiner Verdammung folgen mögen, hierumb verhütet, daß dieses Beispiel nit weiter bei euch inwurtzele. Ihr habt ab meiner Verderbung Farhe zu gewarten, und aus meinem Tod folget euer Gefängnüs. Tut auf eu⟨w⟩ere Augen und erkennet, wo ihr seid und wohin ihr geführt werden. Man schüldiget mich nit, daß ich übel gelebt, sunder. [sondern] denkt mich, umb daß ich wohlgemeinet zu strafen. Ich werd nit als hätt ich einen Menschen geletzt vorgenommen, sonder umb daß ich viel Verletzten zu Hilf kummen an die Marter und den Tod gezogen. Niemand klagt über Hutten, daß er j[e]mand mit Gewalt begegnet sei, sonder kummpt ihm zu Schaden, daß er der vergewaltig[t]en Wahrheit zu Hilf kommen. So darf man mir nit Schuld geben, daß ich ein neues Feur hab anzinden wöllen, sünder ist wahr und mag mir für ein Wohltat gerechnet werden, daß ich den weit umb sich brennenden Flammen des römischen Geitzes, der sich je länger je mehr jetzt zu gemeiner Verderbung ausbreitet, hab zu leschen [löschen] unterstanden. Mir wird kein Mißhandlung zugemessen, sonder muß der Ehrberkeit entgelten. Kein Frummer ist mit abgünstig, sonder hassen mich die Bösen. O Treu, Glaub und Redlicheit aller Teutschen, verhängt nit [laßt nicht zu], daß mit Gewalt überwinden, die mit Recht nit haben wöllen fechten. Lassendt mich die nit undertrucken, denen ich, uff daß sie euch alle nit undertruckten, mich entgegen gesetzt und in Fährlicheit [Gefahr] ergeben hab. Und daß ich euch weiter nichts ermahne, so lasset mich doch, das vor keinem nie versagt, umb [von] euch erwerben, daß ich, ob mich jemand besag [beschuldige], zu Verhör und Anwurt kommen möge. Es ist ein alte Gewohnheit und tief in der Teutschen Gebrauch erwachsen, unbeschüldigt⟨e⟩, unverantwurt und ohn Urteil keinen Menschen, auch von den minsten [geringsten], zu töten oder auch uff andere Weis zu strafen, einem jeden wird Gericht gesessen und Urteil erkennt. Nit wegeret [verweigert] mir, das man eim Säuhirten vergunnt, das allen armen Knechten widerfahren mag. Ohn Zweifel, mag ich vor einem gebührlichen Richter zu Antwurt kommen, ich werd überwinden. Soll ich aber mit Gewalt und Macht kriegen, so bin ich viel besser nit dann ihr mich haben wollt. Wiewohl ich der (wo eu⟨w⟩er Hilf gewiß) ohn Forcht bin, werd dannocht nit, ob ich schon von euch verlassen, in Farhe gesetzt, aus Vetrau⟨w⟩en meines Gewissens vorzagen. Dann ich hoffe zu Gott, und er wird mich erlösen, uff daß nit ⟨als⟩ ein grimmiger Leo [Löwe] mein Seel verzucke [raube], wo nit jemand sein würde, der mich rettet. Mich haben umbgeben viel Hunde, und der Rat böswilliger Leut hat mich belegert*. Sie warten uff meine Seel als [wie] ein Leo bereit zu dem Raub*. Aber Gott wird abwenden alles Übel zu meinen Feinden, und in seiner göttlichen Wahrheit wird er sie erstreuen [vernichten]*. Dann er wird mich erlösen aus den Stricken der jagenden Kurtisanen und dem schar⟨p⟩fen Wort des Papstes Leonis. Derselbig wiet [wütet] jetzo über mich und durch brennende Anreitzung seiner Begier würd er ungestümigklich gegen mir gehetzt und getrieben. Ist aber so weit von hin[nen], daß ich vielleicht seinethalben in Sicherheit wär. Hierumb mir [zu] dieser Zeit allein von den Kurtisanen und andern des Papstes Anhänger im teutschen Land Farhe zustaht. Dieselbigen (als ich gut Wissen hab) nit nachlassen, sonder aus Schmertzen ihrer durch mich angefochten und verhinderten Praktiken suchen sie Weg, mich zu verfolgen. Wiewohl nun ohn Zweifel ihrem bösen Leben nach Gott selbs über sie erzörnet ist, so will doch euch gebühren, sie meinenthalben ohn Red und Rach nit zu erlassen. Dann durch die Hände der Seinen straft Gott die Übeltäter. Vormals haben sie teutsch Nation erbärmlich umbgetrieben. Jetzo denken sie all[e], die ihre Heimlichkeit offenbart haben, zu verderben. Wollten das die Teutschen leiden? Sollt nit ihrem so hochfertigen Mutwillen entgegen gedacht werden? Und daß ihr recht Verstand haben, wer mich verfolge und mir nachstelle: Das seind die Ursacher, Stifter und Handler aller der Ding, die, wo [wenn sie] von mir in meinen Büchern und Geschriften nit gestraft und gescholten wären, möcht ich sonder [ohne] Anfechten und Entgeltnüs bleiben, hätt ich sie aber gelobt, wär ich selig gemacht. Diese kehren allen Fleiß an, geben Hilf, Rat, Fürschub und Fürdernüs darzu, daß Teutschland je mehr und mehr von den Romanisten beraubet und geschunden werde. Ich meine die untreuen Kurtisanen, die verflucht symoneischen Ketzer*, die ein verhaßte, schandliche, lästerige Praktik in Gebrauch haben bracht, daruß Gott geschmä⟨c⟩ht und verspottet, die Wahrheit verblendt, teutsche Nation nit allein durch Abnehmung und Beraubung ihres Geldes und zeitlicher Güter beschädigt, sonder auch durch bös Exempel und Beispiel, so sie von Rom herausbringen, an gemeinen Sitten verkehrt und geergt [verdorben] wird. Dann seitmal sie als Diener, Ausrichter und Schaffner des Papst ihm zu den unbillichen, überschwenglichen Gewalt, darzu er ohn ihr Fürschub nie kommen wär, verholfen, haben sie allen bösen Händlen und Wesen Ursach geben. Durch dieser Fleiß regiert der Aberglaub und bleibt die wore [wahre] Gottesehr ausgeschlossen. Durch diese Feind die Päpst dohin behertziget worden, daß sie wahrhaftige evangelischen Geschrift des Mehrteils vertruckt [unterdrückt] und etliche Gesetz⟨t⟩ allein zu ihrem Gewinn und Eigennutz beschrieben haben. Diese ätzen [nähren] den römischen Geldschlund und speisen den unersättlichen Geitzworm, der hie unsere väterlichen Güter verschlindt und von dorther wiederumb von ihm speiet Zerstörung guter Sitten. Diese haben es dohin bracht, daß uns die Päpst einen Strick angelegt, den wir (sie werden dann ausgereutet) nimmer aufknupfen mögen. Dieses seind die bösen Anreitzer, zu Schaden des Vaterlands geboren, dies seind des römischen Tisches Weidleut, die für und für derselbigen Fresserei zujagen. Und nit minder jagen sie zuviel, dann auch Rom solicher Ding unersättlich ist. Hierumb tund [tut] auf euere Augen, ihr Teutschen, und se⟨c⟩ht, wer euch hie beraubt und in frembden Landen zu Nachred bring, von wem ihr am meisten Schaden, Nachteil und euers Stadts [Status] Ergernüs [Verschlechterung] habt. Nehmpt wahr der schalkhaftigen Ablaßkrämer, der schädlichen Kaufleut, die euch Gratien, Dispensation, Absolution und allerlei Bullen zum Markt bringen, die treiben Kaufmannschatz [Handel] mit geistlichen und heiligen Dingen in der Kirchen Gottes, daruß er etwan [einstmals] trieb und schlug [die], die doch nur schnöde und weltliche War kauften und verkauften*. Dies seind die kunstreichen Werkmeister aller böser Fünd, die listigen und geschiden [schlauen] Stifter alles Betrugs, von denen herkummpt Verdruckung und Gefängnus dieses Lands. Solche haben mich in Verhindernüs bracht, unrühig und leidig gemacht, in Farhe und Not gesetzt, umb keiner andern Ursach will, dann daß ich ihre Kunst ußgeben, ihre Schand entblößet, ihrer Rauberei zugegen gewest, ihrer unbarmhertzigen Schinderei Verhindernüs geton. Und vielleicht durch mich nit wenig ihrem Gewinn entzogen, dem rechten wahren Glauben etwas zugangen. Allweg hab ich Uffruhr vermitten und nit wöllen des gemeinen Volks Entpörung Ursach geben. Und daß ihr merktet, daß mein Meinung nie gewest, Umbkehrung des geistlichen Stands zu erwecken, so hab ich bisher, was dasselbigen Mißleben und Ungebähr antrifft, in Lat[e]in geschrieben, als ihn[en] heimlich ihre Gebrechen angezeigend. Dann wiewohl ich das zu tun gute Fug und mehr dann gnugsame Ursach gehabt, so wollt ich doch diese Ding dem gemeinen Haufen noch nit offenbaren. Dieweil ich aber itzo sich [sehe], daß sie nit allein durch keine gütige Vermahnung sich bekehren wöllen, sonder auch gegen brüderlicher getreuer Vermahnung Mörderei und Austilgung wenden, so will ich dannoch auch also nichts Ärgers gegen ihnen vornehmen, sonder, wie ich auch jetzt von ihn[en], umb daß sie mir Gewalt und Unrecht tun, klagen, euer Gnaden und Gunst, Hilf bewerben und Beistand anrüfen, nit daß ihr sie verderbet, sonder daß ich durch euch vor ihnen mög enthalten werden. Dann wiewohl sie mir so mannigfältig und oft Ursachen gegeben, will ich doch auch noch nit, daß sie umb ihre Missetat gestraft werden, sonder daß ihnen gewehret, solichs hinfür gegen mir oder jemands fürzunehmen, raten und weisen, welchs der Billicheit zu achten, daß ob ich schon nit umb euch begehrte, sollt es die Sach aus ihr [sich] selbs von euch erlangen. Und zweifel nit, daß wo ihr die also zu Hertzen nehmet, als sie euch scheinbarlich vor Augen ist, mir hernach euch umb Hilf anzusüchen nicht vonnöten sein werde⟨n⟩. Des ich mich auch auf diesmal meiner jetzgehabten Bitte und Begierde und der Sachen Billicheit nach zu eu⟨w⟩eren treuen Gnaden und Günsten als unabwendlichen Anhängeren der evangelischen Wahrheit, Liebhaber göttlicher Gerechtigkeit, Beschirmer des Vaterlands gemeiner Freiheit und Vorfolger alles Unrechts, Schanden und Laster versich und getröste. Und will das also von euch beschehen, allzeit untertänigklich und freundlich mit allem meinem Vermögen wieder zu verdienen willig und geflissen sein.

Beschlußred

Seitmal ich auch verstanden hab, wie daß etliche mir zu Nachteil meine Bücher und Geschrift bei den Unverständigen übel auslegen und anders, dann die an ihn selbs verstanden werden mögen, verteutschen, domit ich mich dann bei jedermann alles Verdachts erledige und auch gemeinem Mann, wie billich oder unbillich ich gehandelt, und ob ich dem Papst oder seinen Romanisten je Ursach geben hab, mich obenangezeigterweis zu verfolgen, erkenntlich sei, so hab ich mir fürgenommen, alle meine Bücher, die ich bisher in Latin geschrieben und drucken hab lassen, darinnen dann (als ich nun erst sich [sehe]) dem Papst seines Gefallens nit von mir gelebt, in teutsche Sprach, so best ich immer [ver]mag und sich das schicken will, zu transferieren und auslegen. Dann ich gantz kein Abscheu trag, sonder begehr von Hertzen, daß j[e]dermann Wissen hab, welches die Braut sei, darumb man mir tantzen zugemut. So zweifel ich nit, wo dieselbige meine Gschriften ins Teutsch kommen (als dann, ob Gott will, bald geschehen soll), man werd erfinden, daß ich anders nit dann ehrbarlichen, ehrlichen und als eim Frummen vom Adel nit ungebührlich geschrieben. Das hab ich meiner Notdurft nach zuvor anzeigen und verkünden wöllen.

Dem durchleuchtigen, hochgebornen Fürsten und Herrn, Herrn Friederich, Hertzogen zu Sachsen und Kürfursten etc. entbeut ich, Ulrich von Hutten, meinen untertänigen willigen Dienst.

Jetzo erst sich [sehe] ich, o edler Fürst, daß man den römischen Tyrannen entgegen grimmen muß, ja jetzo erst, nachdem unsere Freund die Romanisten, oft brüderlich vermahnt⟨e⟩, oft mit dar[ge]brachten Ursachen uberdisputieret, wöllen nit allein in den Dingen, domit sie uns beschwern, etwas nachlossen, sonder je mehr und mehr unterstehn sie sich gantz trötzlich, die freilicher [unbekümmerter] dann sie hievor gepflagen zu treiben. Vielleicht hastu [hast du] wohl gehört, wie sie mich gefangen gen Rom fordern und wie billich oder ihnen gemäßlich das bescheh verstanden. Aber itzo, hilf Gott, wie ein ungestüme, wie ein grimmige Bullen haben sie wieder Doktor Luther hergeschickt! Fürwahr, das ist ein rechtes Leuengeschrei [Löwengeschrei], das die armseligen Schof [Schafe] Christi hörend, nit als ein gütige Stimm ihres Hirtens erkennen, sonder als gegen einem blutdörstigen Gral [Brüllen] eines nachstellenden Böstes [Bestie] erzittern. Dann dermaßen wütet und tobt der Papst Leo in seinem Zorn, daß ich kein Fußstapfen christlicher Mildikeit, kein Anzeigens der Aposteln Sittlicheit bei ihnen [ihm] finde. Und am meisten erscheinet sein Grimmikeit, wenn er (als oft in gedachter Bullen) sich selbs birget [sich verstellt] und ein erdichte Güte und Gutwillikeit fürwendet. Als nämlich an dem Ort, do er den Luther gen Rom erschmeichlen untersteht, als ob wir nit vor[her] wüßten, wie er uns halten werde, wo einweders Luther von ihm mit guten Worten uberschwätzt gen Rom käm, oder ich mit Gewalt dohin gezogen würde. Hierumb, will Luther meines Rats folgen, soll er nimmer in den gewissen Tod gehen. Aber meinethalben wundert mich fast [sehr], wer den Papst überredt, daß ich so leichtlich zu fahen [fangen] und gefangen uber das hoch und schwerlich zu ersteigen[de] Gebirg hinzuführen sei, ob er das schon vermöcht, so gehört doch je keinem Hirten zu, seine Schaf [zu] ermorden, einem Bischof oder Statthalter Gottes, seinen nächsten Christenmenschen unbeklagt, unverhort, ohn Gericht und Recht mit Grimm und Gewalt zu der Marter und dem Tod [zu] nehmen. So haben mir [wir] nicht⟨e⟩s Ubels gehandelt, man gebt uns auch keines Lasters schuld, sonder vorfolget uns, umb daß wir die evangelischen Wahrheit, vormals lang Zeit von den Päpsten umb Gewinstes und ihres eigenen Nutzens willen aus Gebräuch gesetzt und nahet [beinahe] gantz abgetilget, wieder zu ihrem Wesen und dem Lecht [Licht] zu bringen unterstanden und nit haben leiden mögen, unser Vaterland teutsch Nation, der doch vor anderen allen Freiheit gebührt, in Gefängnüs und Dienestbarkeit gesatzt werden. Dieses hat dem Papst mißfallen, aber Gott behagt, der verdammpten des römischen

Stuhles Geitzikeit Schaden bracht, aber unserm Vaterland, das langher seiner Freiheit beräubt gewest, zu scheinbarlichem Nutz und Frommen ger[e]icht. Nun mögen wir nit in dem wir Gott dienen wöllen der Begierlicheit eines j[e]den sundlichen Menschens zu Gefallen und in dem wir gemeinen Nütz des Vaterlands raten darneben auch der Romanisten Willes geleben. Hierumb mögen wir mit ihn[en] keinen Frieden haben, dann sie kriegen wider die Wahrheit. Darumb sag ich wie vor, itzo muß ihm entgegen gestallt werden, dann itzo ist ihr Rauberei am größten, ihr Mißleben und Unfrohkeit uffs höchst aufgestiegen. Und nit allein aus der Ursach, sonder auch dieweil es, als mich bedunkt, Zeit ist, daß Gott (als der Prophet sagt) den Hochfertigen, der do stöltzlich steigt uber die Schwellen des Gotteshaus und erfüllet das mit Betrug und Ungerechtigkeit, besuche und rechtfertige*, uff daß zerknütschet werde das Kräntzlin der Trunkenen von Effraim*. Fürwahr, mich betriegen dann alle meine Sinn, ist es nit weit darvon, daß (als im Buch der heimlichen Offenbarungen geschrieben) niederfalle die groß Stadt Babylon, ein Mutter aller Büberei, Schand und Laster der Welt, die durch Abwerfung ihrer Scham und Ehren hat die gantzen Welt geergert [verdorben]*. Ich meine den Stuhl zu Rom: Wiewohl der aller Schand und Unreinigkeit voll, mit allen Übeltäten, Bösheiten und argem Leben verwikkelet, sich gantz weit auswendig von Christi Lehr hält, will doch an Gottes Statt geacht und allein ein Haupt der gantzen Kirchen und ein Oberkeit aller Christenheit genennt sein, und weiset uns seinen Abgott den gekrönten Papst, der, wiewohl nichtes mehr dann weltlich Regierung, zeitliche Reichtumb und Wollust des Körpers achtet, auch umb dernwillen Krieg führet und Blut vergeußt, wirft er doch für die Augen christglaubiger Leut seine Schlüssel, mit den[en] er die Himmel aufzuschließen vermeint, und sich desselbigen Gewalts also mißbraucht, daß er uns heilig, geistliche und himmelische Ding täglich umb Geld verkauft, auch etwan derselbigen Gebrauch so oft ihm geliebet frommen Christen verbeut und benimmpt. Fürwahr, er wird fallen, er würd je fallen. Und ist mir gleich, als ob ich itzo hörte die Stimm in Apocalypsi, die uns wider das vielköpficht Tier reitze, sprechend: Gebt ihm wieder nach Wert seiner Gaben und zwiefaltiglich gebt ihm Belohnung nach seinen Werken, das Getränk, [das] es euch gemischt, das mischet ihm zwiefaltiglichen wieder. Als sehr und stötzlich [So sehr wie es] sich erhocht [erhöht] und in Wollust gelebt, also brengt es zu Pein und jämmerlichem Leid. Dann es hat in seinem Hertzen gesprochen, ich sitze ein Künigin, bin nit ein Wittib [Witwe] und werde ni⟨e⟩mmer Trübnus erkennen.* E⟨i⟩ntweder dieses wird sich itzo begeben, oder aber mich betrügt ein so ebene Vergleichung als ich nie gesehen. Auch so seind diese Ding uffs höchst aufgestiegen und mögen höher nit kommen, derhalben zu achten, daß sie fallen werden. Wer soll aber ihnen ihr Rach geben? Wer muß das bös Regiment und Mißleben strafen und in Besserung setzen? Wird es Gott tun? Ja, er würd es tun, aber, wie er oft hievor getan, durch die Händ der Menschen. In welchem euch Fürsten gebühren will, uns mit Rat und Hilf zu vorsehen, zuvoran dir, als uff den geerbt ist, der Teutschen Freiheit wiederzubringen. Hierumb denk, wie du diesen Dingen Rat gebest, in was Wegs, mit was Anfang den Sachen zu helfen sei. Wollt Gott, eintweders der Mut wär bei euch, die ihr Macht hab, oder aber wir, bei den[en] Mut ist, hätten die Macht, daß wir neben dem unschuldigen Lämm⟨b⟩lin*, dem Seligmacher des menschlichen Geschlechtes möchten kriegen gegen dem gehörnten Tier, das aller Christenheit beschwerlich und schädlich, mit aller Macht anficht die Wahrheit, bekömmert die Heiligen, unterdruckt mit Gefängnus die Freien, benimmpt uns unsere Güter, vorschlindt unsere Nahrung, ergert die gemeinen Sitten, läßt sich anbeten von denen, deren Namen nit geschrieben stond [stehen] in dem Buch des Lebens. Dieselbigen sagen uns: Wer mag sich mit dem Tier vergl[e]ichen? Oder wer gedarf wider das kriegen*? Hierumb, wohlauf ihr⟨e⟩, die Macht habt, kommpt der Gemein zu Hilf! Lasset [a]uch euere Macht mit unserer Kühnheit vermischen und zusammentun. Dann wo das geschie⟨c⟩ht, mag dem gemeinen Gebresten [Gebrechen] geholfen werden. Als viel in mir ist, will ich mit guten Vermahnungen von euch nit lassen, sonder allzeit fleißigklich anhangen bitz so lang ich entweders sehe Frucht darvon kommen oder aber wisse, daß ich forter mehr kein unnutz Arbeit an euch legen solle. Dann sobald ich das vermerke, mag ich darnoch uff andere Weg, uns zu helfen, trachten. Ihr sollt aber darvor sein [verhüten], daß solichs nit vonnöten werde. Dann ihr das wohl vermöget. So will euch übel nachgeredt werden, daß jemand anders dann ihr den Dingen, deren ihr Häupter seid, Hilf bringe. Nit allein wir, die ich jetz vermahne, tragen dieser Ding Beschwernus, sonder alle Teutschen ingemein denken die Romanisten ihrer Freiheit zu berauben und in Verderbnus zu setzen. Dieser zweier [Von diesen zwei Dingen] sollt ihr das erst nit leiden als freie Teutschen, das ander verhüten als unsere Fürsten. Etwan zu Rom pflag der alt Cato zu sprechen, man sollt die Obersten eins Regiments mit Steinen auswerfen, die wohl möchten [könnten] und doch nit verhüten, daß jemands Gewalt geschäh. Dann dieses meint er vonnöten sein, wo man wohl regieren wollt. So ist es je unziemlich, übelständig und schandlich, ein Nation, die über alle Welt regieren und herrschen soll, jemands dienstbar gefunden werden. Ich geschweig der müßiggehenden, unnutzen Pfaffen. Wollt Gott, die Türken herrschten ehe über uns! Dann die Türken seind doch redlich Leut, streng, starkmütig und der Krieg[skunst] so verständig als man jergedein [irgendeine] Nation finden mag. Hierumb, wo wir denselbigen unterworfen, möchten wir doch dem Glück (das in Kriegen viel vermag) die Schuld geben. Uber das, so regieren auch die Türken mildiglicher dann die Päpst, halten baß [besser] Gerechtigkeit in ihrem Regiment. So hör ich auch, sie kriegen nit umb des Glaubens willen, sonder umb daß sie Ehr erwerben und ihr Gebiet weiteren. Aber diese unsere Herren halten kein Maß in Betriegen und Berauben. So möcht der Glaub tiefer nit verdruckt werden, dann wenn die Fürsten der Geistlicheit in allen Dingen der Lehr und Gesetz Christo, auch wahrer Geistlicheit, entgegen leben. Oft schäm ich mich des teutschen Namens, wenn ich hör, daß der Papst euch Fürsten sein Gebot (das er dann so oft ihm geliebt und sein Nutz ist) tut hieher senden und ihr seid ihm gehorsam. Wiewohl du allein dich nächst fürstlich bewiesen hast, do du dem Luther, von allen verlassen, zu enthalten unterwunden. Und wirst gesehen, noch ein Fünklin aller Tugend der Teutschen bei dir [zu] haben, von welchem ich hoffe, werd sich noch ein groß heilsam Feuer anzünden. Das ich dich flehelich bitt, lang [beständig] tun wöllst. Nit allein darumb, daß es vonnöten, sonder auch umb daß wir solichs zu keinem andern Fürsten billichen verhoffen. Dann allweg sein die Sachsen frei und unüberwindlich gewest. Und oft, wenn gantzes Teutschland ist bezwungen gewest, so haben die noch widerstrit[ten] und seind allein die Sachsen unter allen andern Teutschen, die nie einem ausländigen Herren unterworfen, nie kein Joch getragen oder Bezwang gelitten. In solicher Rechnung gib ich euch die Westpholen auch zu und die man vorzeiten Cheruscos und Caucos hat genennt. Dieselbigen haben sich überaus redlich und ehrlich beweisen in dem römischen Krieg, den etwan der Kaiser Octavianus mit unsern Vorfahren geführt. Von ihnen ist auch herkommen der allerunüberwindlichst und starkmütigst Held Arminius (welchem Gezeugnus unverglichlicher Tugend und Ehren sein eigene Feind geben), der nit allein sein Ort, Gebiet und Vaterland, sonder die gantzen teutschen Nation von den Händen der Römer uff die Zeit, so sie am allermächtigsten und in der Blüt ihrer Herrschung waren, erlöset und wieder in Freiheit gesetzt, den Römern großen und unverglichlichen Schaden zugefügt, sie zuletzt gestrencklich [tatkräftig] verjagt und ausgetrieben. Was mag nun wohl derselbig Held in jener Welt sagen, wenn er sie⟨c⟩ht uns Teutschen, über die er doch die Römer etwan, do sie redlich und adenlich Leut und Herren der gantzen Welt waren, nit gewollt herrschen lassen, den weichen, zarten Pfaffen und weibischen Bischöfen unterworfen seind? Fürwahr, er würd sich seiner Nachkommenden schämen. Was seind dann die drei Kaiser Otten für Leut gewest? Und etliche Kaiser Heinrichen, die euers Geblüts. Auch hat sich, was Sachsen für Leut seind, in dem Krieg, den sie etlich und dreißig Jahr gegen dem großen Carolo geführt, bewiesen.* Dann uff dasselbig Mal haben sie scheinbarlich [sichtbar] ihrer Macht und Tugend Anzöigung geben [Beweis geliefert]. Es seind auch Sachsen gewest, die zum letzten die uberblieben Goten abgetilget haben, die Engelland bezwungen und nach Austreibung der [E]inwohner ein neues Volk aus ihn[en] darein gesetzt, die sie Engelischen und Schotten genennt haben. Was soll ich sagen von den alten Cimbren und Teutonen, die seind vorzeiten nit ohn großen verdörblichen Schaden der Stadt Rom aus Sachsen in Italien gezogen. So ist auch nachmols oft euere Nation in Italien geruckt, das geplündert, und derglichen Gallien verwüstet, die Hispanier angegriffen. Auch habt ihr dapfere Tat gegen den Polen geübt. Dein Landsknecht haben auch groß Lob erworben und schöne Überwindnus erstlich von den Hunnen, darnoch Ungern bracht. Viel will ich jetzt nit verzählen. Dann eins ist genug, daß allein die Sachsen nie keinen Ausländern unterworfen gewest. Das stoht [steht] euch wohl zu bedenken, uff daß nit euer Alten (die solich Leut gewesen) ihre Tugend an euch winden [enden] sehen. Ihr habt ⟨sie⟩ heivor [früher], sowohl als wir andern von den Päpsten überschwätzt, das Joch der Dienstbarkeit uff euch auch genommen. Dieweil das aber als für ein gemeine Plag und Straf christliches Volks zu achten, möcht ihr dieselbigen Nachfrid [Schande] mit einer neuen Ehr bald abtilgen, wo ihr werd sein Anfänger und Forderer einer ehrlichen und löblichen Sachen, daß durch euch teutsch Nation wieder in Freiheit gesetzt werd und zu ihr selbst komme, die noch jetzt (das Gott geklagt) nit versteht und leider nit merket, mit was unbillicher Beschwerde sie beladen. Dann wiewohl allen Menschen Bezwang und Dienstbarkeit übel anstendig, so ist doch zuvoran schandlich, daß die, [die] allen andern gebieten sollen, jemand[em] mit Dienst und Pflichten unterworfen sein. Hierumb sollten wir Teutschen entweders uns den Titel des Römischen Reichs nit zuschr[e]iben und allhie einen Kaiser wöhlen, der allein den Namen, so er von der Sachen weit ist, habe, oder aber mannlich die päpstlichen Tyrannei ablegen und ehe wir andern gebieten, uns zuvor selbs frei machen. Plato sagt, alle Tugend sei frei und allein die Bösen seien Dienstbarkeit würdig. Wöllen wir nun lieber unter den Bösen gezählt dann für tugendsam geacht werden? Wenn der streng Hauptmann Themistocles noch lebte, möcht er wie vorzeiten denen von Eretria also auch jetzo uns Teutschen sagen: Ihr habt das Schwert, mangelt aber des Hertzen. Dann es ist fast dieselbig Meinung, darinnen ich mich sehr verwunder, was doch ihr Fürsten gedenkent, wenn ihr mich einich armen Edelmann seht mit Ungeduld diese Unbillikeit leiden. Dann vielmehr sollt bei euch soliche Sorg sein. Hätten deine Eltern alle Weg Lob zu erwerben eingenommen und besatzt, also so daß dir kein Ursach oder Bequemnus Ehr zu erlangen überblieben wär, möchtest billich weinen. Sie haben dir aber den allerbreitesten und fruchtbaresten Zugang offen gelassen, hierumb dir den ohn weiter Harre oder Bitt anzufallen und einzunehmen gebührt. Unser Fürsatz kann aber nit wohl ohn Schwertschlag und Blutvergießen Fürgang haben. Das gib ich den[en] zu besorgen, die uns ihrer Verfolgung Ursach geben, ⟨wiewohl⟩ die fast [vollkommen] würdig seind, zuletzt mit dem Schwert geschlagen [zu] werden, damit sie so lange her andere geschlagen und gemordt haben. So pflegen die weisen Ärtzte schwer Krankheiten mit bitterer Ärtznei auszutr[e]iben. Also muß man auch hie tun, wo uff andere Weis nit mag geholfen werden. Ich acht, daß ich dir von schimpflicher Nachred und Schmach, die wir in diesen Dingen leiden müssen (das ich dann billich zuforderst getan), genug gesagt habe. Von dem Schaden und Nachteil, den uns römische Tyrannei bringt, darf [brauche] ich nit lang Wort machen. Dann jedermann, wie das gestallt, bei ihm [sich] selbst ermessen kann. Wir sehen, daß wir naher [fast] kein Gold noch Silber mehr in teutschen Landen haben. Ist aber noch etwas hie, dasselbig dem allerheiligsten Stuhl zu Rom mit unsprächlichem großem Geitz

[Gier] und täglichen neu erfunden Künsten und Listen zu ihm ziehen, und wenn er das dann also an sich bracht hat, zum allerbö[se]sten gebr[a]ucht werden. Dann ob ihr Teutschen wollt wissen, was doch unser Geld zu Rom mächte, will ich euch des, so viel ich gesehen, auch berichten. Es tut wohl etwas, dann ein Teil zerstreuet Papst Leo unter seine Neffen, Vettern und Fründ, der[en] er so viel hat, daß zu Rom ein gemein Sprichwort ist: Papst Leonis Freund. Ein Teil verzehren also viel Hochwürdigsten [Kardinäle], der[en] Leo uff einen Tag 31 hat gemacht*, also viel Referendarien, Auditores, Prothonotarien, Abbreviatores, päpstliche Kantzler und Schr[e]iber, des Papstes Kämmerer, Official und derglichen andere, die Fürnehmsten der Römischen Kirchen. Welche darnoch weiter nach ihn[en] haben andere Ämpter und Dienst, die auch mit großem Geld erhalten werden müssen, das seind Kopisten, Pedellen, Läufer, Köch[e], [E]inkäufer, Auskehrer, Eselkrätzer [Eseltreiber], Stallbuben, ein unzählich Schar Huren und Buben und ein großes Hör [Heer] der Ruffianer [Kuppler]. Soliche halten Hund, Pferde, Meerkatzen, Affen und ander Getier von Lust wegen. Etliche bauen Häuser von eitel Märmelstein [Marmor], essen und trinken rei[ch]lich und wohl, kleiden sich kostlich und ohn allen Abbruch, was zu ihres Leibs nit allein Notdurft, sonder auch Lust gehört, schaffen sie ihn [sich] zu guten Ruwen [ohne Gewissensbisse]. Die Summ darvon zu reden: Findt man allzeit ein unaussprechliche große Zahl böser, unflätiger, untuglicher Leut zu Rom auf unser Geld müßiggehen. So denkt zu Rom niemand uff göttliche oder geistliche Ding, ja man veracht die, und mehr dann bei dem Türken selbs geschie⟨c⟩ht. Und sein der Römer Werk Betriegen, Aufsetzen [Täuschen] mit Worten [und] Werken, Gewinn suchen, und gemeinlich ist ihr aller Sinn und Gedenken, wie sie nur von uns Teutschen Geld bringen mögen. Ihr Leben ist allein wohl essen, trinken und (obschon mit großem Kosten) alles leiblichen Lusts pflegen. Das sie dann mit unsern Geld aufführen. Zu diesem Gebr[a]uch schicken wir jährlich ein großes Geld gein Rom und wöllen noch nit verstehen und merken, wie übel das angelegt, und daß es also gar verloren ist, was wir dohin geben. Wiewohl nit das ärgest zu schätzen, daß es verloren ist; noch böser achte ich, daß es zu Anrichtung und Stiftung unsprechlichs großes Übels kommpt. Hierumb, wo aller Teutschen Meinung wär, etzlichen alten Philosophen glich zu leben und das Geld hinweg werfen, so stoßen große See und Mör [Meere] an Teutschland, es sind auch große Wässer und Flüß, allhie bei uns der Main, weiter hinüber der Rhein, dort bei euch die Elb und andere dergleichen, werfen wir dasselbig Geld da hinein und verlieren dasselbig lieber, dann daß wir sehen, wem es bleibt. Die Leut umbs Gelds willen verloren werden. Dieweil wir alle Schand und Laster zu Rom domit enthalten [unterhalten] und ernährt, und dieselbigen so überflüssigklich, daß etwas von dannen her zu uns reicht, dardurch wir Zerstörung guter Sitten und ein gemein Ergernus menschlichs Lebens unter uns sehen. Es ist aber nit vonnöten, daß wirs Geld hinwerfen. Allein wär gut, daß wir das von uns zu andern nit kommen ließen. Das wär das erst und beste Werk und nützlichst und verfängklichste Weis, die römische Tyrannei zu zerbrechen. Dann fürwahr, sobald wir die Nahrung ihres überflüssigen, unkeuschen Lebens hinweggenommen, werden sie sich minder erheben und würd alsdann baß [besser] mit ihn[en] zu handlen sein. Darnoch müssen wir unter ⟨ihnen etwan⟩ einem großmütigen Hauptmann (als Kaiser Otto I. gewesen ist) Rom besuchen, der Romanisten Regiment, Weis und Leben erkennen, ihnen ein Ordenung machen, viel der Bösen austr[e]iben und ein wenig [wenige] Guter an die Statt setzen, denselbigen befelhen, daß sie ihrer Kirchen und Geistlicheit warten, nit Land und Leut regieren. Den Kaiser (wo er das anders sein will) wiederumb in seinen Stuhl zu Rom setzen, den römischen Bischof in die rechte gewältliche Ordnung bringen und schaffen, daß alle Bischöf wiederumb gleich seien. Den Geistlichen hie bei uns ihre Zins und Rent minderen, uff daß sie ein mäßig, nüchters Leben führen mögen. Sie auch uff ein geringere Zahl bringen, aus Hundert einen bleiben lassen. Was sollen wir aber mit den[en], die wir Münnich [Mönche] nennen, machen? Was anders, dann wie allweg mein Meinung gewesen, alle Münnichsorden zugleich abtun. Do ist zu bedenken, was Nutzes und was Frucht, wo solichs beschäh, darvon kommen möcht. Erstlich, wenn so viel Sekten, so viel unterschiedlicher Leben, so viel Orden, die sich unter ihn [sich] mitnicht verglichen, abgetan und aus allen wiederumb ein gleichmäßig Weis und Gewohnheit einbracht, wird aufhören aller heimlicher Vergunst, der gemein Haß und Neid, so ein Orden gegen dem anderen hat, und wird nit mehr Ursach sein, Zweitracht unter ihnen sich zu erheben. Werden all ein Herren Christum haben und unter dem werden wir einhellig sein und in friedsamer Versühnung einträchtigklich leben. Unter uns Christen wird Verglichung und Einigkeit sein, uff daß wir desto baß neben den Ungläubigen abgesündert und unterschiedlich erkennt werden mögen. Dann werden nit mehr die weichen, weibischen Wollüstiger, noch auch die geitzigen, geldsüchtigen Wucherer als [wie] jetzo noch [nach] geistlichen Lehen trachten. Man würd die Frommen und Gelehrten darzu erwählen, uff daß sich ander Leut ihrer guten Beispiel am Leben, ihrer Predigen und Unterweisung an den Sinnen und Vernunft besseren mögen. Darnoch (das wir all vornehmlich begehren sollen) werden ein End haben so viel Gleisner, die jetzo dem gemeinen Völklin i⟨e⟩mmer falschen Glantz fürgeben, sich frömmklich erzeigend, der Armen Schweiß und Blut ausbettlen, jedermann ausleeren, sich erfüllen unter einer angenommen Schein der Geistlicheit, liegen [lügen], betriegen und aufsetzen. Dann sichstu [siehst du] nit, wieviel großer Buben, viel tückenscher Böswicht sich unter der Münnichskugelen [Kapuze] verbergen und oft große Schand und Schalkheit zurichten? Sichstu nit, wieviel listiger und reitzender Geier der unschuldigen Tauben Einfaltigkeit betrüglich an sich nehmen? Wieviel grimmiger Wölf der unschuldigen, geduldigen Schäflin Unschuld fürwenden? Seind aber etliche schon nit eins bösen Willens unter ihn[en], dieselbigen doch in ihrm Aberglauben halten ihre eigen und menschliche Gesetz und Stiftung also strengklich und fest, daß sie unterdes von Christi unsers Herren Lehr und Gebot sich nit ein wenig absünderen und trennen. Wo nun soliche, jetzt in einer Kurtzen erzahlten Beschwernus, von dem dieser Nation Güter je mehr und mehr veretzet [aufgebraucht] und nahet gar verschlunden werden, abgenommen und den Romanisten, die ihre Rauberei getragen, ⟨und⟩ entgegengehalten würde, möcht ein ungläublich großes Gut von Gold und Silber bei uns Teutschen bleiben. Des sei nun viel oder wenig, so wollten wir doch mit demselbigen, wie viel oder wenig das wär, etwan einen besseren Nutz schaffen. Und viell[e]icht würd geraten sein, daß wir solichs Gelds ein Teil zu Erhaltung eines stets bereiten und verordneten Kriegsvolks braucheten, damit man das Reich beschirmen und auch mehren möcht oder den Türken bekriegen. Do würden viel armer Gesellen, deren sunst ein Teil Armuts halben rauben und stehlen, von einer redlichen Belohnung zu leben haben. Man möcht auch sunst viel armen Leut mit Steuer und Almus [Almosen] der Gemein[de] zu Hilf kommen, ein Teil möchten wir wenden zu Ernährung und Besoldung gelehrter Leut, von den[en] die Tugend in der Schrift und guten Künsten ufferzogen würde. Die Summ darvon zu reden: Wo solich Geld bei uns bleibe, möchten wir hie die Tugend belohnen, dardurch man zu Wohltat gereitzet würd und der heimischen Bedürflicheit zu Steuer kommen. Alsdann würden auch die trägen und unnützen Müßiggänger nit statthaben, würd viel Betrüglecheit hinweggenommen. Sobald dann Behemen [Böhmen] das ersehen, würden sie sich zu uns schlagen und in allen Dingen mit uns übereinkommen. Dann bisher seind sie, umb daß sie ihrem Künigreich und Land zugut wider Geitigkeit der Geistlichen gehandlet hatten, von uns abgescheiden gewesen. Dergleichen auch die Kriechen [Griechen] mit uns übereinkommen werden, die dann ein lang Zeit bitzher, dieweil sie der Romanisten Tyrannei nit haben leiden mögen noch wöllen, durch Anrichtung und Gewaltsam[keit] der Päpst vor [für] Abgesünderten und von der Kirchen Abgeteilten gehalten sein. Zu uns werden auch treten die Reußen, die das auch nächst getan hätten*, wo sie nit von dem Papst, der ihnen viermal hunderttausend Gulden jährlich gen Rom zu geben abfordert, verjagt und abgestellt wären. Mehr [Weiterhin] würden uns auch die Türken weniger hassen, und alle Ungläubigen würden fortan nit Ursach haben, uns zu verachten oder schelten, so bitzher das schandhaftig Leben derjenen, die unser Geistlicheit Fürsten und Regierer sein, den christlichen Namen bei allen Unglaubigen verhaßt gemacht hat. Wo aber nun obgemeldter Vorsatz einen Ausgang gewinnen würd, mußt man auch sprechen, wir hätten das bekömmert Sanct Peters Schifflin angefochten, die heilig christlichen Kirchen zerstört und (als schon jetzt die kirchendiebischen Romanisten und trunkenen vollen Pfaffen ausschreien und rufen) den ungenäheten [nahtlosen] Rock des Herren zerrissen? Oder aber möcht man billich sagen, wir hätten den Christenglauben durch Zuziehung oben angezöigten Völkern und Nation, auch Besserung gemeiner Sitten, Hinweglegung der ergerlichen und weit umb sich verletzenden Räudigkeit gereiniget, gefordert und gemöhrt [gemehrt]? Daraus magstu erkennen, wie gar nit mein Fürnehmen ist, christliche Lieb und Einigkeit ab[zu]tilgen, sonder dieselbigen durch Ablegung alles des[sen], so en[t]gegen ist, stätt machen [stattgeben]. Daß ich auch nit denke, die Kirchen zu [z]erstören, sonder durch Austreibung des betrüglichen, aufsätzigen Entchrists [Antichrists] den frommen, christlichen und gelehrten Geistlichen einen Zugang schaffen und anrichten. Das würd sein rechte fründliche Lieb und Einigkeit wiederbringen, den Glauben mehren, die Kirchen besseren und nit allein der gantzen Christenheit ingemein raten, sonder auch darneben unserem Vaterland einen großen unvergl[e]ichlichen Nutz und Frommen schaffen. Die sich in ihrem Leben gegen einander verglichen, unter den[en] mag sich bald Lieb und Freundschaft erheben. Sobald dann abgetrieben werden die unfruchtbaren Wespen und Hummelen, die Honig essen, machen aber keins, werden herzu fliegen die honigmachenden Bienlin und uns die verwüsten Bienstöck wiederumb anrichten und bau⟨w⟩en. Alsdenn würd ein wahre Geistlicheit sein und in großer Sicherheit bleiben. Dann do würd nit sein Anreitzung zum Bösen, die man vorhin von Überflüssigkeit und R[e]ichtumb gehabt. Und dieweil sie, die Geistlichen, von dem unkeuschen, bösen Leben abgewendet, werden sie auch in ihrem angehörenden Wesen fortan nit also nachlässig, träg und versäumig sein. Diese Ding zu vollbringen wünsch ich, daß entweders ihr wöllet das, ihr, [der das] wohl vermügt, oder aber ich vermög das, ich, [der das] gern wollte. Mag ich euch aber nit bewegen und sunst auch kein Feur, darin die widerwärtigen Ding verbrennen, anzünden, so will ich doch, so viel an mir ist, mich herin als ein gehertzter, wohlgemüter Edelmann beweisen. Und so lang ich Sinn und Vernunft hab, will ich von meinem Fürsatz nit ein Haarbreit weichen noch lenken. Werde ich dann sehen, daß bei euch Fürsten gar kein Hilf ist, will ich Erbärmnus mit euch haben, daß ihr also vertzäglich von mannlicher Tugend weichet. Und soll von Hutten nimmer gehört werden, daß er sich einem ausländischen Fürsten oder Künig, wie großmächtig der auch ⟨ge⟩sein mag, unterwerf, ich geschweig, daß ich des weibischen, unnützen Papsts Gebot und Geheiß tun sollt. Also weit soll von mir sein, daß ich das vielköpfige, gehörnte Tier, darvon in Apocalypsi geschrieben stoht*, mit euch andern anbete. Dann mein Natur würd das nit mögen leiden, so achte ichs auch nit meiner Gebühr und förchte, wo ich das schon tät, die Schalen des göttlichen Zorns (darvon geschrieben*) möchten uff mich gegossen werden. Mittlerzeit verlaß ich die Städt, umb daß ich von der Wahrheit nit lassen mag und verberg mich in meiner Freiheit, dann ich mag unter den Leuten wie ander nit dienen. Und wiewohl mir nit kleine [Ge]fahr zustoht, achte ich die doch gering. Dann sterben ist mir nit so erschrockenlich als ohn Freiheit leben. Darumb ich scheu Bezwang und Dienstbarkeit, nit den Tod. Und nit allein meinethalben, sonder auch mag ich nit sehen teutsch Nation ihrer Freiheit mangelen. Aber villicht werde ich etwan einmal aus dieser Höhle herfürspringen, die

Teutschen ihrer Redlicheit ermahnen und wo die groß [größte] Versammlung ist ausschreien: Ist jemand, der ein Hertz hat, mit Hutten umb gemeiner Freiheit willen zu sterben?

[Das] hab ich dir nit wöllen verhalten, wiewohl ich dir hie viel freimütiger dann einem solichen Fürsten gebührt schreib. Ich hab aber ein güte Hoffnung zu dir, und darumb hab ich zu einem freien Fürsten ein freie Schrift tun wöllen. Biß [Sei] gesund und erwecke dich selbs.

Herr[n] Sebastian von Rotenhan, Ritter etc., entbeut Ulrich vom Hutten seinen freundlichen Gruß.

Was ist jetzt dein Geschäft, dieweil des Papsts Leonis Donner also über mich erbollert? In was Hoffnung oder Zuversicht bistu? Darfstu auch etwas antworten, wenn du (als ohn Zweifel täglich geschie⟨c⟩ht) die Geistlichen hörest in meinem Abwesen wider mich reden? Laßtu [Läßt du] auch zu Zeiten ein frei Wort fahren? Hastu nit auch ein fränkisch Gemüt und haltest noch bei unser alten Freiheit? Ich hoffe je nit, daß Gott so hart über teutsch Nation erzürnt sei, daß nit noch viel gefunden werden, die sich in dieser Sach zu mir schlagen, uff daß wir es darzu bringen, dohin es kommen muß. Oder aber, wo das nit geschie⟨c⟩ht, die christliche Wahrheit, die durch die lugenhaftigen, betrüglichen Päpst mit schandlichen Lügen verblendt ist, abtilget und unsere Freiheit, der dieselbigen tyrannischen Päpst ein Joch uffgelegt haben, untergetret werden. Ob ich dann schon von jedermann verlassen würd, soll mich doch mein gut Gewissen und zukünftiger Zeit Hoffnung trösten. Dann ich nit zweifel, sie werden dieses von uns angezündt Feur ni⟨e⟩mmer also gar erleschen, daß es nit etwan zu ihrer großen Verderbnus wieder erbrennen werde. So bitt ich, du wöllst an dem Ort dich allerlei befragen und sooft das Fug haben mag bei allen vom Adel meiner Sachen nutzlich gedenken und mir zu Zeiten schr[e]iben. Ich mag auch leiden, daß du bei meinen Feinden ein Forcht und Erschrockenheit von mir ausgebest, uff daß sie mich desto⟨r⟩ mehr verachten [unterschätzen]. Ich hab dem Künig Carolo über Ver[ge]wältigung und unbillich Vornehmen des römischen Bischofs, der mich gefangen gein Rom fordert, geklagt. Auch ein andere Klagschrift an alle Fürsten und Ständ gemeiner teutschen Nation lassen ausgehen, nit, daß ich mich förchte, sonder uff daß ich aller Gemüt zu Wiederbringung gemeiner Freiheit bewege durch Neuheit der Sachen.

Dann allein dieses Vornehmen haben die Romanisten vormals nit mehr unterstanden. Der Papst rüft an den weltlichen Arm, dargegen will ich anrüfen die Macht Gottes in einer Oration, die ich jetzo schr[e]ib. Was Ends werden diese Ding haben? Das gib ich dir zu raten. Mittlerzeit will ich etwas unterstehen. Dann nimmer will ich nachlässig oder träg in dieser Sach gefunden werden. Gott geb, daß Carolus einen Mut hab, wie ihm zu dieser Zeit wohl vonnöten wär, uff daß er diesen Dingen Rach brächte. Dieses begehr ich am fürnehmsten. Biß gesund!

Klag und Vormahnung gegen dem übermässigen unchristlichen Gewalt des Papsts zu Rom und der ungeistlichen Geistlichen durch Herren Ulrichen von Hutten, Poeten und Orator der ganzen Christenheit, und zuvor⟨an⟩ dem Vaterland Teutscher Nation zu Nutz und Gut, von wegen gemeiner Beschwernus und auch seiner eignen Notdurft in reimensweis beschrieben.

Ich wollt gern (dörft ich) führen Klag,
eim jedermann die Wohrheit sag,
gemeinen Irrtumb machen klar,
und viel Gebrechen offenbar,
dardurch dies Nation beschwert,
ganz teutsches Land vertrucket hert,
die Sitten werden gar verkehrt.
So seind die Menschen so verblendt, — Verhinderung
daß man die Wahrheit nit erkennt, — der Wahrheit.
und achtet Aberglauben mehr
dann christenlich und Gottes Lehr.
Dann wo der Wahrheit einer pflegt,
gar bald man sich entgegen legt,
damit werd solichs untertredt.
Hat einer dann zu weit geredt,
die Geistlicheit gegriffen an,
den hält man für ein bösen Mann,
und schuldget ihn der Ketzerei. — Ketzerei.
Ach Gott zu dir ich ruf und schrei, — Anrufung
des Menschen Sinn wöllst geben ein — Gottes.
Erkanntnus und der Wahrheit Schein,
durch deines Geistes göttlich Kraft, — Der heilig Geist.
der solichs auch vor Zeiten schafft,
do er erleuchtet menschlich Sinn,
gab Wahrheit ein, treib Falschheit hin.

6 vertrucket = unterdrückt hert = schwer, hart 14 untertredt = unterdrückt

Dann du auch selb die Wahrheit bist,
als zeuget der Evangelist*.

Die Wahrheit ist Gott selbs.

Gib, daß erkenn dies Nation
wie weit sei dein Genad davon,
Wo man von deiner Gottheit schreibt,
und doch bei Geldes Nutzung bleibt.

Gott und Reichtumb.

Wo man durch Gottes Namen schwürt,
und doch des Teufels Reich entbürt.
Wo man sich Geistlicheit nimmt an,
und Büberei doch für lößt gan.

Schein der Geistlicheit.

Wo jedermann ein Priester nennt,
den man doch als ein Buben kennt.
Der selb mit Sitten, die er iebt,
eim andern bös Exempel giebt.

Bös Exempel von den Geistlichen.

Wo der eins Hirten Namen hat,
gar nichtes denkt, mit Hilf und Rat,
wie er verhieten mög die Herd,
allein der Milch und Wollen gert.
Ach Gott erleucht die G[e]salbten dein,
daß sie durch deines Geistes Schein
verstehen in der Gleisnerei,
was Christenheit und Wahrheit sei,

Gleisnerei.

verlih mir, daß ich sag darvon.
Ob man mich dann verfolget schon,
das trifft allein den Körper an,

Vertröstung des Dichters.

die Seel man mir nit töten kann,
als du hast selb geredt darvan,
und durchs Propheten Mund geseit,
wie weit geh der Tyrannen Gleit*.
Hierumb ich sprich aus deiner Lehr,
die Priester sollten weltlich Ehr,
und dieses zeitlich Regiment

Die Geistlichen sollen nach dem Geist leben.

nit setzen vor dein Testament,
und was do wär des Körpers Sach,
do sollten sie nit denken nach.
Dann geistlich Leben ist ihr Fug,
des hast du Beispiel geben gnug.

Wie Gott die Priester gemacht.

33 entbürt = aufrichtet 34 Geistlicheit = Frömmigkeit 35 gan = gehen 38 iebt = übt, pflegt 42 verhieten = behüten, bewahren 43 gert = begehrt 48 verlih = verleihe 53 geseit = gesagt 54 Gleit = Macht

Nach Fleisches Werk hast nit getracht,
der Welt Regierung ganz veracht.
Allein der Himmel was dein Reich,
und was demselben gmäß und gleich,
das hast du dir geeiget zu.
So hat jetzo der Papst kein Ruh,
wie er mit gwaltigklicher Hand
truck unter sich Städt, Leut und Land.
Spricht dann es sei der Kirchen Gut,
heißt halten das in steter Hut.
Und nimmt sich an Sanct Peters Gwalt,
den er auch iebet manigfalt
mit Binden, Lösen hie auf Erd.
Als ob das angesehen werd
in Hellen und im Paradeis.
Ach Gott nun mach all Herzen weis,
daß nit mög werden zugestallt
eim bösen Menschen solcher Gwalt.
Uff hörtem Stein dein Kirch gebaut,
allein den Frommen würd vertraut.
Uff daß die hab ein festen Grund,
und bleib in guter Lehr gesund.
Man sicht wohl wie ein jeder lebt,
nach Gottes Ehr der Papst nit strebt,
allein in zeitlich Gut erhebt.
Drumb auch zwei Schwert er meint zu han
und läßt dich Schlüssel hinten gan*.
Dich wollt vor Zeiten werfen auf
zu Künig ein großmächtig Hauf,
do bist du weit geflohen hin*.
So ist nur jetzt des Papstes Sinn,
daß er der Welt Regierer sei,
und unter ihm leb niemand frei.
Dem er auch zu Gezeugnus trägt
ein Kron dreifaltig aufgelegt*.
Und schleift das Purper hinten nach,
in Demut hat er kein Gemach,
mit Hoffart treibt allein sein Sach.

Weltlicher Gewalt der Geistlichen.

Der Kirchen Gut.

Des Papsts Gewalt.

Fundament der Kirchen.

Des Papsts Leben.

Zwei Schwerter des Papsts, die Schlüssel.

Christus wollt nit Künig sein.

Des Papstes Kron dreifältig.

65 was = war 85 sicht = sieht 87 erheben = sich überheben, groß tun 88 han = halten, besitzen

Und daß er Richtumb mög erwerben,
muß mancher frummer Christen sterben.

Der Papst fichtet umb Richtumb.

Dann Stehlen heimlich ist nit gnug,
zu Morden, Streiten habents Fug.
Allein der Papst ihm vorbehält
was wider Ehren ist gestellt,

Des Papsts vermeinte Freiheit.

das heißt er dann der Kirchen Gwinn
und geht allein ihm Bosheit hin.

Des Papsts Untreu.

Ich wollt gern, daß gelogen wär,
er hält kein Glauben, acht kein Ehr.
Deshalb ob ich hätt gschworen schon,
gar bald ich lassen mag darvon,
das schafft ein Absolution.

Wie der Papst absolviert.

Wie mögen das sein göttlich Ding,
doher dein Namen achten g[e]ring,
die andern Leuten sollten sich
zu Beispiel setzen offentlich?

Was von solchem kommt.

Die deine Schaf befolhen han,
des Hirten Amts sich nehmen an,

Der Papst ein Hirt.

und sollten nur der Seelen Heil
bedenken, und nit tragen feil
dein Geistlicheit, dein göttlich Gunst,
als ob du die nit gäbst umbsunst.
Dann du sichst an des Menschen Mut
viel mehr, dann was er hab an Gut.

Gotts Gnad verkaufen.

So schickents täglich Bullen her,
als ob nach deinem Willen wär,

Des Papsts Bullen.

den Himmel schätzen umb ein Geld,
der allen Frummen zugestellt
durch dich, und vormals geben ist.
Dann darzu kommen hilft kein List,
und würd der Ablaß schaffen nit,
es geh dann rein Gewissen mit.

Den Himmel verkaufen.

Wo dann ist gut die Conscienz,
da frag man nit nach Indulgenz.

Gewissen des Menschen.

Sie hand des aber gpflegt so viel,
daß jetzo niemand leben will,
er hab ihm dann ein Ablaß kauft.

Wie das Volk betoret ist.

101 Richtumb = Reichtum 105 ihm = sich 118 = Die, denen deine Schafe anbefohlen sind 124 Mut = Seele, Gesinnung 134 Conscienz = Gewissen 135 Indulgenz = Ablaß 136 hand = haben

Drumb mancher auch gen Rom hin lauft,
und holt ein Brief mit Siegel schwer,

Ablaßbrief.

sein Sinn ist guter Gdenken leer.
Nur uff die Gschrift er sich verlat.
Wo er dann zu der Beichtung gat,
verzählt er was ihm sei erlaubt.
Doran jetzt mancher fester glaubt

Ärgernus guter Gewissen.

Uff den Ablaß beichten.

dann Christ Herr an die Wahrheit dein,
des Himmels Freud, der Hellen Pein.
Also zu Sünd man Urlaub gibt,
darumb jetzt sünden manchem liebt,
und werden Laster, Schand gemehrt,
gut Weis und Sitten gar verkehrt.

Erlaubnus der Sünden.

Verköhrung guter Sitten.

Dann wer wollt meiden übeltun,
so man das kann ußtilgen nun?
Zu dispensieren sich vermeint

Dispensation.

der Papst, als ob er sei vereint
mit Gott umb solichs, und ihm fug
so falscher Trug und schandlich Lug,

Des Papsts Lugen.

dardurch die Welt geärgert würd,
gemeiner Mann am Glauben irrt.
Dann wo umb Geld man kaufen kann,

Erlaubnus Übels umb Geldkauf.

daß nichtes Übel sei getan,
und nit allein die Sünd vergibt,
die einer etwan hat geiebt,
und ist geschehen, sonder mehr,
auch wider Recht und göttlich Lehr,
was einer noch in Willen hat
tut lassen zu, und gibt dem statt,
fürwahr do würd kein Ehr geacht,
das Volk zu Sünden geursacht.
So haben unser Eltern auch
den Pfaffen etwan in Gebrauch

Von geistlichen Gestiften.

gegeben unser Güter viel.
Meinthalb ich nichts verheben will,
Doch ist gewest der selben Mut,

142 Gschrift = Ablaßbrief verlat = verläßt 144 verzählen = erzählen, vorzählen 148 Urlaub = Erlaubnis 156 fug = zustünde 158 geärgert = schlechter 161 nichtes = kein 163 etwan = vormals 173 verheben = vorhalten 174 gewest = gewesen Mut = Sinn, Absicht

daß solichs kumm der Seel zugut,
und werd geweitert Gottes Ehr.
So sicht man jetzo wenig mehr
die priesterlichem Leben nach
regieren sich. Allein die Sach

Wie Geistlicheit jetzo geschickt.

der Geistlicheit am Namen leit,
der Gtat will jeder sein gefreit.
Man darf nit fragen wen ich mein,
sicht große Schar, nit ein allein.
Die Pröpst, und Dechan nennen sich,
Prälaten, Pfarrer offentlich,

Geistlich Prälaten.

Thumherren, und Officiäl,
Äbt, Prior, und Provinciäl,
Erzpriester, Bischöf, und der gleich,
die all der Kirchen werden reich.
Und leben niemands doch zugut,
allein uff Prassen steht ihr Mut,

Der Geistlichen Wollustleben.

und essen, trinken was wohl schmeckt,
mit Zobel, Marder werden g[e]deckt.
Die Wochen gehnd sie zwir ins Bad
in feisten Schauben, weichem Wath,
mit Frauen scherzen, müßig gan,
und alles Lusts sich nehmen an.
Ist dann ein geistlich Leben das,
so müßt ich sprechen dann fürbas,
daß Gottes Wort nit wär gerecht.
Wer solichs gern zum besten brächt,
den heischen sie zum Feuer bald,

Tyrannei der Geistlichen.

und würd ihm ernstlich nochgestallt.
Ich sag, es ist Beköhrung not,
und sollt man mich drumb schlagen ztod.
Der Müßiggänger seind zu viel,
darzu die Pfaffen über Ziel
und Moß an sich jetzt kaufen Gut.

Müßiggänger.
Geiz der Geistlichen.

Dann nimmer würd erfüllt ihr Mut,
ihr Geiz hat weder Ziel noch End,
zu Gwinnen kehrens Füß und Händ.

180 leit – liegt 181 gefreit = befreit 186 Thumherren = Dom herren 194 zwir = zweimal 195 feist = reich, lang Schauben = Oberkleider Wath = Tuch 202 heischen = fordern, anklagen 203 nochgestallt = nachgestellt 205 ztod = zu Tode 208 Moß = Maß 211 kehrens = sie bewegen (›Füße und Hände umkehren‹)

Allein des Wuchers habens Fug,
des sie doch nimmer pflegen gnug.

Geistlich Wucher.

Als ob ihn[en] Rauben sei erlaubt,
dann mancher jetzt durch Irrtumb glaubt
daß geistlich Rauben sei kein Sünd.

Geistlich Rauberei.

Kirchengut.

Und ob man einen Pfaffen fünd,
der durch Betrug und Büberei
den Kirchen brächt viel Gutes bei,
Durch Wucher und Behendigkeit,
sein Lob muß werden ußgebreit,
man gibt ihm zu all Ehrberkeit.
Hat gsammlet Kasten, Keller voll,
der Kirchen vorgestanden wohl,
sein Leben keiner schelten soll.

Der Kirchen vorstohn.

Darzu ich sag, es ist nit gut,
daß man uffsetzen will ein Hut
den Sachen die nit billig seind.

Beschönung böser Ding.

Gott hat es anders auch gemeint,
sprach, daß ihm sei ein hässig Ehr,
ein Opfer, das von Raub kum her*.

Ein Opfer von bösem Gut.

Hierumb, so rauben niemand soll,
wie pflegt sein dann ein Priester wohl?
Ich hör sie lehren allen Tag
als lut nur jeder rufen mag,
wie Wucher sei so große Sünd,
daß man die gnug kaum büßen künd,
wie Gut, das man mit Wucher gwinnt
den Seelen mach viel Pein geschwind.

Wucher.

Ubel gewunnen Gut.

Und sich in ihren Werken doch,
daß sie des pflegen iemer noch.

Geistlich Wucher.

Gl[e]ich wie ein Bildstock Straßen zeigt,
die er zu gohn nit ist geneigt.

Lehr der Geistlichen.

Es wär zu viel und wider Zucht,
wiewohl vielleicht nit gar ohn Frucht,
wo ich wollt decken auf all Schand,
die trieben jetzt in teutschem Land
viel, die man doch vor geistlich acht,
und leben sicht in großem Pracht,

Schand der Geistlicheit.

220 Behendigkeit = Schlauheit, List 224 vorstohn = vorstehen 230 hässig = verhaßt 231 kum = komme 232 so = wenn 235 als lut = so laut mag = kann 240 sich = sehe 241 iemer = immer 243 gohn = gehen

die schänden mancher Mutter Kind.
Noch ist die Welt so gar verblind,
daß man will d[ie] Wahrheit nit verstahn,
und nehmen sich der Sachen an.
Wiewohl ich weiß, und zw[e]ifel nit,
daß Schmerzen groß würd bringen mit,
Ärznei gegeben diesem Sitt.

Beköhrung des geistlichen Stands nit ohn Schmerzen.

Dem sei nun wie ihm werden kann,
so muß man doch je gr[e]ifen an,
das nutz und auch vonnöten ist,
und daß der Körpel bleib in frist,
die kranken Glieder schn[e]iden ab.

Vonnöten ist Besserung zu suchen.

Latein ich vor geschrieben hab,
das was eim jeden nit bekannt.
Jetzt schrei ich an das Vaterland
teutsch Nation in ihrer Sprach,
zu bringen diesen Dingen Rach.

Anrufung an die Teutschen.

Und will man sunst kein Bschwerung
erkennen, oder achten sehr, [mehr
so denk doch jedes Frommen Herz,
ob do nit sei zu haben Schmerz,

Beschwerung der teutschen Nation.

daß stets gen Rom man Geld hinsend,
und wieder her als Übel wend.

Pension gen Rom.

Dasselb die Kurtisanen tun*,
die diese Sachen tr[e]iben nun.
Ohn Zahl sie Geld von hinnen führen,
das wir vielleicht doch gern entbühren,
Wo nit die guten Sitten hie
zu Ergerung verkehrten sie.
Der welschen Possen sicht man viel,
der ich hie keinen nennen will.
Dann lasterlich zu reden laut
das, der zu würken keinem graut.
Und haben brocht in unser Land,
das vor den Teutschen unbekannt,
do habens uns beflecket mit.
Wer was der erst, darzu je riet,
daß man ein römisch Weis annähm?

Kurtisanen.

Rom.

256 Sitt = Art und Weise, wie man lebt 260 Körpel = Körper bleib in frist = vor Schaden bewahrt werde 262 vor = früher 266 Rach bringen = verfolgen 278 Ergerung = Verschlechterung, Verfall 282 würken = in die Tat umsetzen

Je mehr ich sag, je mehr ich schäm.
Drumb laß ich von der welschen Schand,
die (leider) nimmt fast überhand,
und rühr das römisch Regiment,
des Geiz hat weder Ziel noch End.

Geiz der Romanisten.

Wie kommen da wir Teutschen zu,
daß wir nit mögen haben Ruh
bei dem, das doch ist unser Gut?
Ein ander uns das nehmen tut,
und fordert unser Eigen ab,
glich ob er uns gefangen hab.
Wo seind wir schuldig worden je
dem Papst tributen, oder wie?
Wie darf er heischen Pension
von dem, das wir gestiftet hon?

Ob wir schuldig seien, dem Papst etwas zu geben.

Ists billig, daß den Stuhl erhalt
zu Rom der daruff hat kein Gwalt?

Der Stuhl zu Rom.

Was goht uns an, daß einer lebt
und in eim Pracht und Wollust schwebt?
Will er dasselb von uns bekomm?
Ach Gott, wir Teutschen seind zu fromm.
Wiewohl nit Frommkeit würd genannt,
daß wir ernähren Laster, Schand.

Ob gut sei, Geld gen Rom geben.

Dann gäben wir darzu kein Geld,
ihr unkeusch Leben wär zerfelt.
Ihr Bosheit halten wir in Gbrauch,
drumb Gott uns billig strafet auch.
Dasselb mir in Gedanken leit,
macht meim Gewissen manchen Streit,
daß wir so viel ußgeben han,
und's doch geleget übel an.
Hört zu ihr Teutschen was ich sag,
aus Gottes Stiftung nimmer mag
bewiesen werd, uns schuldig sein,
dem Papst zu geben Geld hinein,

Daß wir nichts schuldig seind gen Rom.

und umb ihn kaufen geistlich War,
Pfrund, Kirchen, Pfarren und Altar.
Gott hats gegeben all[e]s umbsunst,

Kaufmannschatz geistlicher Güter.

290 fast = sehr, stark 300 tributen = zinspflichtig sein 305 goht = geht 312 zerfellen = auseinanderbrechen, zerfallen 313 in Gbrauch halten = fortdauern lassen 317 ußgeben = ausgegeben 323 War = Ware

und mag nit sein der göttlich Gunst,
wo man die Sakrament verkauft.

Verköuf der Sakramenten.

Kein[en] hat Gott nie umbs Geld ge-[tauft.
Die Zwölf er auch geheißen hat,

Wie Gott die Apostel underweist.

der Geizigkeit nit geben statt.
Er sprach, ihr habts umbsunst erlebt*,
drumb auch umbsunsts den andern gebt.
Dann hätt er seinen Glauben feil

Christus.

geboten je, und christlich Heil,
er hätt nit minder mögen han,
dann jetzt der Papst erschätzen kann.
Was aber ihm ein schnödes Ding,
wo einer nur mit Geld umbging.
Wo nun uff Geld der Himmel steht,

Verkauf des Himmelreichs. Reichtumb.

wie kann dann wahr sein Gottes Red,
der spricht, so müglich mögen sein
zu einem Nodelöhr gohn ein
ein ungefüges Kämeltier,
als könnt ein Reicher sich entbier
gen Himmel, und den wohnen in*?
Fürwahr es hat ein andren Sinn.
Dann wo man sölichs köufen möcht,
daß Reichtumb mehr dann Armut döcht,
so wär nit wahr, daß Gott hat gseit,
den Armen sei sein Reich bereit.
Wo bl[e]ibt nun päpstlich Hinterlist,
durch den man überschwatzet ist
zu kaufen Ablaß und Genad,

Ablaßkauf.

uff daß man uns des Gelds entlad.
Ich will euch sagen was ich hör*,

Was der Papst mit den Reußen neu⟨w⟩lich gehandelt.

es ist geschehen kurz hievör,
do wollten die uß Reußenland
im Glauben haben sich erkannt,
und zu uns treten alle gleich,
do dacht der Papst zu werden reich,
und setzt ihn[en] auf ein großes Gold,
das man ihm jahrlich geben sollt.
Das hat den Reußen sehr verschmacht,
und haben sich der Sach bedacht,

337 Was = es war 344 entbier = in die Höhe heben 348 döcht = tauglich wäre 349 gseit = gesagt 363 verschmahen = verächtlich dünken, nicht gefallen

die Kirchengmein zu kaufen nit,
wiewohl man ihn[en] die feil anbüt.
Also der Papst den Glauben mehrt
all Ehrberkeit von dannen zehrt,
die christlich Ordenung verkehrt.

Wie der Papst den Glauben mehrt.

Doch stiftens Örden mannigfalt,
der einer macht den andren alt.

Stiftung der Münchsörden.

Als muß man tragen Kleider an,
darbei man [er]kenn ein frommen Mann,
und sei am Glauben nit genug.
Ich sprich, sie habents nimmer Fug,
allein der Geiz sie darzu zwingt,
dann jeder Orden etwas bringt,

Was dem Papst Bettelörden Nutz bringen.

die bettlen auf durch alle Land,
und machen päpstlich Macht bekannt.
Franciscus ist des einen Gott,
Dominicus den andern hott,
Sanct Augustinus den gemacht.
Ich sag, Gott würd dardurch veracht.
Ein Orden ist die Christenheit,
do [be]darf man haben zu kein Kleid*,

Ein Orden die ganz Christenheit.

allein die Seel den an ihr hat,
das ist ein unvergl[e]ichlich Wath.
So mag ich größer Ehr nit han,

Christen sein.

dann wo man einen Christenmann
tut nennen mich, das ist ein Ehr,
die ich allweg soll suchen mehr,
dann mich mit neuem G[e]setz beschwer.
Desgleichen Wallfahrt seind ohn Zahl

Wallfahrten.

die machen auch uns Nahrung schmal.
Von dannen nimmt der Papst sein Teil.
Do find man die Mirakel feil,

Mirakel.

und tobt das Volk hinnach ohn Maß,
hie seind die Pfaffen, loben das,
und sagen viel, was gschehen sei,
do doch nie kam ihr einer bei,
und wissen, daß sie liegen dran,
mit Wahrheit mögen nit bestahn.

366 anbüt = anbot 370 Örden = Orden 371 alt = stark, mächtig 372 muß = müßte 381 hott = hat 387 Wath = Kleid 401 liegen = lügen

Doch ist der Geiz, der sie das heißt,
der Papst mit diesen Falken beizt,
die jagen ihm das Wildbre⟨ch⟩t auf.
All christlich Wesen steht im Kauf.

Des Papsts Falken.

Man denkt noch Fünden mancherhand,
daß von uns werd das Geld gewandt.
Jetz heischt man Geld zum Türkenkrieg,
do schämt sich keiner, daß er lieg.

Geld zum Türkenkrieg.

Dann will man buwen wunderlich
Sanct Peters Kirchen übersich,
die wär sunst niedergfallen gar.
Mich wundert, daß mans gdenken dar.

Sanct Peters Münster.

Ob dann schon Rom tät Bau⟨w⟩ens not,
wie darf man drumb aufsetzen G[e]bot
den Teutschen, und uns heischen an,
das Walhen baß zu geben han?
Warumb würd nit die wellisch Art
mit Ablaß so beschweret hart?
Allein die Teutschen Narren sein,
das tut mir weh und macht mir Pein.
Und wollt das jedermann bedächt,
so fünd man nit der unser lächt.
Ihr Kardinäl ich sprich euch zu,
die uns zu [be]rauben habt kein Ruh,
und treibt die Sach ohn Maß und Ziel.
So je Sanct Peter fallen will,
so mindert diesen großen Pracht,
den ihr führt jetzt zu Rom mit Macht.

Zu den Kardinälen.

Zie⟨c⟩ht ab ein wenig vom Gepräng,
damit ihr Rom oft machet eng,
und nehmt von Überflüssigkeit,
darin ihr euch macht also breit,
so mögt ihr wohl so viel erspar,
daß steh Sanct Peters Münster gar*.

Pracht der Kardinälen.

Ihr nennet euch Aposteln gleich,
und seid doch nit von Tugend reich.

Die Kardinäl Apostelen.

407 noch = nach Fund = List 411 buwen = bauen 414 dar = wagt 418 = das zu geben den Welschen besser ansteht 419 wellisch = welsche 423 bedächt = bedenken 424 nit = niemanden lächt = achte 432 damit = womit

Der Ablaß in Italien.

Unkeuscheit eu⟨w⟩er Leben ist,
kein Reinigkeit bei euch hat Frist.
Als künigklich ist euwer Statt,
das Christus nie gelehret hat.
Allein die Kirch wöllt ihr jetz sein,
und gebt doch alles Lasters Schein.

Ob allein zu Rom die christlich Kirch sei.

Ein Papst meint auch zu wöhlen ihr,
obschon darvon nit wissen wir.
Das tut ihr wider göttlich G[e]setz,
wiewohl ihr macht davon Geschwätz.

Warnung an die Kardinäl.

Ich sag euch, nehmt der Sachen acht,
viel frommer Teutschen seind bedacht,
die werden greifen euch in Zaum,
dann werdt ihr uns entr[e]iten kaum.
Ihr habt das Spiel getrieben gnug,
laßt ab, hört auf, ihr habts kein Fug.

Des Papsts Legaten.

Verwönet auch den Papst nit mehr,
daß er uns schick sein Schinder her,
die uns zu Beichten regen an,
das sie doch selbs nie gpfleget han.

Von Fastenspis.

Und sagen uns von jeder Speis,
von Essen uff ein neuwe Weis,
dann Fleisch, dann Fisch, mit Unterschied,
do singents von ein langes Lied,
und heißents halten fest und hert
als ob es Christus hätt gelehrt,
und ob es wär ein nötlich Ding.

Christus. Kein Unterscheid in leiblicher Spis zu haben.

Gott solichs sich nie unterfing,
und nit allein ists nit sein Lehr,
er hats auch widersprochen mehr,
kein Unterescheid uns heißen han
was eß und trink ein jederman.
Spricht Paulus auch, die Speis ist nit,
do wir Gott mögen g[e]fallen mit*.
Hieß jeden essen was er fünd
am Speismarkt feil, ohn alle Sünd.
Ist aber jetzt ein größer G[e]bot
dann selbs je hat gestiftet Gott.

441 Als = So Statt = Stand 445 wöhlen = wählen 455 verwönen = verleiten, veranlassen 463 hert = streng, eifrig 465 nötlich = notwendig 468 mehr = mehrmals; noch dazu 476 dann = als

Des will ich sagen Ursach auch,
den Teutschen muß man diesen Rauch
vor d[ie] Augen blasen, der sie blendt,
daß Trügerei bleib unerkennt,
und werden Bullen teuer gnug.
Dann wo dies Nation wär klug,
so hätt das Evangelium
vor diesen Fabeln seinen Ruhm.
Doch soll man wissen, und ist wahr,
es seint vergangen etlich Jahr,
do wollt ich Rom erkennen auch*,
und was da wär der Römer G[e]brauch.
Wie möcht ich hie von aller Schand
Verzählung tun, die ich do fand,
man sicht dergleich in keinem Land.
Und nit allein was ander tun,
(als dann die Welt sich ärgert nun)
mit Sünden, die do seind gemein,
viel Sachen Rom betreibt allein,
der[e]n etlich wider menschlich Art
und all natürlich Weis gekart.
Sunst hab ich gsehen große Schar
die Gassen treten hin und dar
viel Esel und viel stolzer Pferd,
der etlich viel Dukaten wert,
und seind gezäumet auf mit Gold.
Oft wenn ich auch spazieren wollt,
so kam ich mitten ins Gepräng,
von dem die Gassen waren eng,
und dieser Reuter g[e]sticket voll,
daß ich von Glück mag sagen wohl,
daß mich kein Esel trat zu Tod,
wiewohl ich hab gelitten Not.
Do ritten her die Kardinäl,
den folgten nach Officiäl,
Äbt, Bischöf und Prälaten viel,
die ich nit nennen kann noch will,
viel Dechant, Pröpst und ander Gschmeiß,

Was Nutzes die Romanisten darvon haben.

Teutsch Nation betöret.

Was Hutten zu Rom gesehen hab.

Schand der Romanisten.

Schand die nit zu sagen.

Was für Volk zu Rom.

Der Romanisten Pracht.

Der Romanisten Ständ.

493 sich ärgern = schlechter werden, sich verschlimmern 494 gemein = allgemein, weithin verbreitet 497 gekart = gekehrt 506 Reuter = Reiter

von den ich viel zu sagen weiß,
in Seiden, Purpur all gekleidt,
mit Schauben, Kutten ausgebreit.
Dann kam der Papst zu dieser Schar
uff einer wohlgeschmuckten Bahr,
Wie der Papst gehalten.
den trugen zwölf Trabanten her,
als ob er möcht nit gehen mehr.
Do mußt man schrieen (vive) laut,
Vive Leo.
hofieren der geflenten Braut.
Drumb gibt er Benediction,
do würd man reich und selig von.
Benediction des Papsts.
Sag einer nun wo Gottheit sei,
ob Christus auch müg wohnen bei
Ob solichs Gepräng billig sei.
do ist ein so tyrannisch Pracht.
Hat Petrus auch dergleichen g[e]macht?
Petrus.
Das hab ich oft zu Rom gefragt,
es hat mirs aber niemand gsagt.
Darumb sie prangen mit Gewalt,
Gott hat ihn das nie zugestallt.
Pracht mit Gewalt.
Ich hatt ein großes Wunder drab
oft wann ich solichs gsehen hab.
Zuvor der Kurtisanen Schar,
Kurtisanen.
die möcht kein Mann verzählen dar.
Do liefen viel Kopisten mit,
Kopisten.
viel tausend Schreiber, auch ein Glied
Schreiber.
der Kirchen, die zu Rom regiert,
Römische Kirch.
in dem jetz mancher Christen irrt.
Dann nit zu Rom die Kirch allein,
all Christen seind das in gemein.
Dann das der Papst zu Rom vermeint,
Christliche Kirch nit allein zu Rom.
drumb hat er sich noch nie vereint
mit andern, will auch mit Gebühr,
daß sei zu Rom eins Papstes Kür.
Des Papsts Kur.
Noch hab ich gsehen lang Prozeß,
ein Volk, der Frommkeit ungemäß,
viel schöner Frauen wohl gekleidt,
die jedem seind umbs Geld bereidt.
Mit den[en] der Rüffianer Heer,
Rüffianer.
von den[en] kein Gass in Rom ist leer.

519 Bahr = Sänfte 521 möcht = könnte 523 geflenten = gezierten, aufgeputzten Braut = Kirche 534 Wunder = Verwundern 548 Prozeß = Prozession 552 Rüffianer = Kuppler, Hurenwirt

Manch Advokat und Auditor,
Die Gelehrten zu Rom.
Notarien und Prokurator,
die Bullen geben, sprechen Recht,
Bullenschmied.
der jeder hat sein Gsind und Knecht.
Darunter ist manch wild Gesell,
Räuber zu Rom die sich d[er] Teutsch ernähren.
den heißt man Cursor, den Pedell,
die auch ein Glied der Kirchen sein
zu Rom, und nehmen täglich ein
von Teutschen unser Schweiß und Blut.
Ist das zu leiden, und ists gut?
Ich rat, man geb ihn[en] fürter mee
Nichts gen Rom zu geben.
kein Pfennig, daß sie Hungers Weh
ersterben und durch Armuts Not.
Daß nit zuwider Ehr und Gott
solch unnütz Volk uff Erden leb.
Wir ernähren das unnütz Volk.
Drumb Geld hin ihn[en] kein Teutscher [geb,
so mögents nit ernähren sich.
Wo nun man weiter fraget mich,
Groß Bubenvolk zu Rom.
so wißt ich noch zu zöigen an
ein Völklin, manchen losen Mann,
seind auch im selben Regiment,
das man die christlich Kirchen nennt.
Dann jetzo Rom man weit und breit
hält für ein Haupt der Christenheit.
Rom ein Haupt der Christenheit.
Das ist ein Jammer, des nit gleich.
Ach Gott, wo ist dein Himmelreich,
Der Himmel von solchem Gesind verkauft.
das stets verkauft des Papstes Gsind,
und uns verteuret so geschwind
die Buben, die ich hab genennt.
Hilf, des der Hauf werd bald zertrennt.
Anrüfung Gotts.
Dann wo das nit in Kürz geschicht,
Was zukünftig zu förchten.
daß dein Gewalt sich selb verficht,
so förcht ich, es werd übel gahn.
Sie haben g[e]äffet jedermann,
drumb mag es bleiben länger nit,
es muß das Kalb der Kuh gohn mit.
Das Kalb mit der Kuh.
Das wär noch zu verhüten wohl.
Wo aber es geschehen soll,
so hilft darvor kein weiser Rat.

564 mee = mehr 572 zöigen = zeigen 581 verteuren = zu teuer machen, überteuern

Ich bitt dich Herr Gott gib Genad,
daß werd gefreiet teutsches Land,
deim Volk dein rechter Glaub bekannt.

Bitt Gott umb Freiheit teutscher Nation.

Sie nehmen uns all Freiheit ab,
drumb, do ichs vor gelassen hab,

Der Teutschen Freiheit.

uff setzen sie uns Fastenspeis,
das tun⟨d⟩ sie nur mit Gwinnes Fleiß.

Fastenspeis.

Dann ich zu Rom die Fasten aus
nie sah in eines Metzgers Haus
ein Fleischbank, die verschlossen wär.
Glaubt mir, ich hab gesehen mehr

Nit viel Fastens zu Rom.

sie essen durch der Fasten Zeit
Fisch, Wildbret, Vögel unvermeit.

Was Fastenspeis zu Rom gilt.

In andern Städten auch dergleich,
so weit sich streckt der Walhen Reich.
Do hat man drab Gewissen klein,
ißt Fisch und Fleisch alls in gemein
Ohn, daß bei dem gemeinen Mann
der Päpst Gestift würd gsehen an.

Des gemeinen Völklins Forcht.

Doch hab ich keinen Narren nie
gesehn, der umb Geld wie hie
Erlaubnus hab zu essen kauft.
Von hinnen nur der Pfennig lauft,

Erlaubnus zu essen kaufen.

uff daß der Aberglaub besteh.
Das tut mir in meim Herzen weh.
Daß man das nit bedenken will,
des seind jetz solcher Lügen viel,
die man viel größer acht[et] und mehr,
dann heilig Schrift und christlich Lehr.

Der Päpst Gesetz uff Gewinn erdacht.

Und seind doch all nur uff Gewinn
und Eigennutz gegeben hin.
Drumb schickents ein Legaten her,
der mit dem Hor die Haut abscher.
Vor dem hie niemand essen mag
Milch, Buttern, der ihms vor nit sag,
und kauf ein Bullen drauf umbs Geld.
Se⟨c⟩ht nun, was diesen Leuten fehlt.

Bullen.

594 gefreiet = befreit 597 vor = vorne, vorhin 600 die Fasten aus = während der ganzen Fastenzeit 603 mehr = öfter, jedesmal wieder 605 unvermeit = unverborgen, öffentlich 611 Gestift = Anordnung, Gesetz 625 Hor = Haar

Und tätens das im welschen Land, — Welsch Land.
sie kämen bald zu Spott und Schand.
Ich weiß nit, ob noch etwas sei — Gewinn des Papsts in allen Dingen.
vor diesen Buben blieben frei,
do nit dem Papst werd von gelohnt.
Sie haben je noch niemands g[e]schont.
Den Fürsten schickt man Rosen her*, — Rosen den Fürsten.
die nehments an mit großer Ehr,
dargegen übergebens viel.
Ist keiner, der das merken will, — Vermahnung.
und würft die Rosen an ein Wend,
daß solcher B[e]trug mög haben End?
Wo hat man größer Narren je
gefunden in der Welt dann hie?
Doch weiß ich ein[en], der hat ein Herz*, — Gott geb ihm gute Zeit.
würd dienen wohl zu diesem Scherz.
So hoff ich zu Kün[i]g Karles Mut, — Künig Karle.
daß sei in ihm ein teutsches Blut,
und werd mit Ehren üben sich
dem Papst entgegen gwaltigklich,
und nehmen ab von seinem Fuß
die Krone nit, ich hoff, er tus, — Kaiserliche Kron.
und hab ein künigklichen Sinn.
Fürwahr ich in der Hoffnung bin.
Dann ist es nit ein große Schmach,
ein Hochfahrt und unförmlich Sach,
daß der soll herrschen in der Welt
dem Papst zu seinen Füßen fällt,
und muß die küssen mit dem Mund? — Dem Papst die Füß küssen.
Ich sag, das ist ein rechter Fund,
desgleichen kein Tyrann nie dacht,
wie groß er hätt Gewalt und Macht.
So ist gewiß, und liegt am Tag,
daß Christus solichs gar nit pflag, — Wie sich Christus gehalten.
der seinen Jüngern wusch die Füß,
und sie dergleichen gberen hieß*.
Wer nun will sein in solcher Acht — Die Apostelen.
als Gott die zwölf Apostel macht,

640 Wend = Wand 646 Mut = Gesinnung 655 Hochfahrt = Hoffart 659 Fund = List, Kniff 665 gberen = sich gebärden, tun 666 Acht = Ansehen

der sei ihn[en] mit den Werken gleich,
von Gotts Geboten niendert weich,
so halt ich ihn zu gleicher Ehr.
Wo aber einer anders wär,   Verköhrt Wesen
und meint beineben diesem Stand   der Päpst.
zu herrschen über Leut und Land,
und haben weltlich Regiment,   Weltlich Re-
des[sen] Macht muß werden bald zer-   giment.
dann dies seind widerwärtig Ding. [trennt,   Geistlicheit
Drumb sag ein jeder oder sing,   und die Welt.
so ist doch kunntlich Gottes Sinn,
was ihm, und was dem Teufel dien.
Dann niemand beiden dienen kann,   Zweien Herren
er muß des einen müßig gahn.   dienen.
Ist nun der Papst ein geistlich Mann,   Der Papst.
so seh er, wie er Land regier,
und geistlich Namen nit verlier.
Dann je nit ist des Geistes Sach,
Gepräng und Wollust stellen nach.
Das wissent Ablaßkrämer wohl,   Ablaßkrämer
noch seind sie so des Geizes voll,   Geiz.
daß sie der Wahrheit schweigen ganz,   Verschwigung
und geben aus ein falschen Glanz,   der Wahrheit.
domit die Welt betrogen werd,
und Aberglaub regier auf Erd.
Der Eigennutz gaht allweg mit,   Eigner Nutz.
des wöllen sie entbehren nit.
Und suchen List auf alle Weg,
das Nutz gebär, und Leut beweg:
Die reden von der Hellen Pein   Hellisch Pein.
als ob die ihn bekannt möcht sein,
und was uns geb vor Freuden Gott,   Himmelsfreud.
die messen sie aus mit dem Lot,
und haben großen G[e]winn darvon.
Drumb ob kein Hell wer nindert schon,   Nutz ist den
so kämen doch die Pfaffen her   Pfaffen ein Hell
und predigten ein neu⟨w⟩e Mär,   sein.
dem Volk zu machen einen Graus,
uff daß ihn[en] Geld gefiel heraus.

669 niendert = nirgend 678 kunntlich = offenbar 705 Graus = Angst, Grausen

Dann was ihn Geld und Nutzung bringt,
ein jeder do sein Liedlin singt.

Warumb viel Pfaffen seind.

Zu sammlen Geld steht all ihr Mut,
drumb Pfaff zu werden ist gar gut.
Sunst wöllt die Blatten niemand han,
und müßten leer die Kirchen stahn.
Wo aber ist ein frommer Mann,
der sich der Geistlicheit nimmt an,
die heilgen Gschrift auslegen kann,

Fromm Gelehrt und geistliche Priester.

mit keiner Pfrund man ihn versicht.
Dann wer jetzt nit mit Schalkheit ficht
zu Rom und würd ein Kurtisan,
den lassen sie dohinden stahn.
Also kein Frommer gfordert würd,
allein die Schalkheit ist geziert.

Wer Pfrunden überkommt.

Das heißt man jetzt die Geistlicheit,
und ist so weit umbher gebreit,
daß Müßiggänger seind im Land

Müßiggänger.

und die sich fleißen aller Schand,
mehr dann mag leiden nun die Welt
und Gott in seinem Reich gefällt.
Und seind der Kurtisanen voll

Kurtisanen.

all Land, das sicht man leider wohl,
vor der[en] Gewalt und Büberei
kein Stiftung jetzt mag bleiben frei.
Dann wo noch etwas wär vorhand,
zu Rom der Kammern unbekannt,
do legens auf ein Pension,

Geistliche Stiftung in teutschen Landen.

obs hat gestift ein Teutscher schon,

Pension gen Rom.

und b[e]halten ihm Patronenrecht
allein für sich und sein Geschlecht,
das gilt zu Rom nit fürter me.

Patronenrecht vom Papst abgetilgt.

Der Papst sucht alle Vörtele,
wie er ein Nutz von dannen zig.
Do schad nit, ob man schwer und lig,

709 sammlen = sammeln 711 Blatte = Tonsur 716 Pfrund = Pfründe, Lohn versicht = versieht 718 Kurtisan = päpstlicher Höfling 719 = dem lassen sie nichts zukommen 720 gfordert = begünstigt 738 nit fürter me = fortan nicht mehr 739 Vörtele = Vorteile, Kniffe 740 zig = zöge 741 schwer = schwüre lig = löge

und brauchend Kurtisanen sich,
die wissen darin meisterlich
dem Papst zu raten wie er tu,
daß er ihm solich Freiheit zu
mög wenden gar, und habs allein,
die Hälft, das Dritteil sei zu klein.

Gebrauch und Listigkeit der Kurtisanen.

Hierumb wo etwas frei noch wär,
bald bringen sie ein Ursach her
zu fassen das mit einem Strick.
Do werden gstellet Garn und Rick,
uff daß nur hie kein Freiheit bleib.
Drutz einem der dagegen schreib,
dann drumb ich solichs hab getan,

Freiheit der Teutschen.

viel Abenteur muß ich bestahn,
und würd getracht nach meinem Leib.

Was Hutten hie innen begegnet.

Noch will ich bei der Wahrheit bleib,
und schreiben als eim Edeln g[e]bührt.
Ob das dann einen trifft und rührt,

Sein Ursach.

der nehm mich an den Orten vör
do solichs kommen sall zu G[e]hör.
Sie wöllen aber nit darzu,

Erbeut sich zu rechten.

so kann ich auch mit haben Ruh,
und mag die Wahrheit schweigen nit,
wiewohl mir das kein Freund nie riet,
die förchten mein, das sieh ich wohl,
drumb aber ich nit schweigen soll.

Will sich umb Wahrheit willen in Farhe ergeben.

Dem Vaterland will sein gedient,

Das Vaterland.

So ist das Christenvolk verblindt,
das muß man bringen zu Gesicht.
Ob einer dann herwider ficht,

Vorbindung christlichs Volks.

und meint vertrucken Recht mit Gwalt,
als dann ist jetzt die Welt gestallt,
do ist zu brauchen Aufenthalt,
und würd Gewalt vorbotten nit,

Gewalt gegen Gewalt zu brauchen.

742 sich brauchen = sich bedienen 745 ihm = sich 749 Ursach = Grund, Anlaß 751 Garn und Rick = Netz und Schlinge 753 Drutz = Trotz sei geboten 757 Noch = Dennoch 760 vör = vor 761 sall = soll 765 Farhe = Gefahr 769 Vorbindung = Fesselung, Verstrickung 770 zu Gesicht bringen = die Augen öffnen 772 vertrucken = unterdrücken 773 = wie es jetzt in der Welt zugeht 774 = da muß Einhalt geboten werden 775 verbotten = verboten

gibt weltlich und natürlich Sitt.
Sprich, ob ich schon geduldig wär,

Kaufmannschatz geistlicher Güter.

so müßt ich dannocht haben Bschwer,
daß Geistlicheit ich kaufen sich,
und das g[e]schicht so offentlich,
daß Fugger treiben in der Bank*,

Der Fugger Kurtisanei.

darvon zu sagen ist zu lang.
Uffs kürtzst ich jetzo rüf und klag,
daß man zu Rom erkaufen mag,

Unser Gestift zu Rom kaufen.

das unser g[e]west so manig Tag.
Die Vikarien, mit dem Thum,
die Bischöf kaufents Pallium*,

Wie die Bischöf Pallia zu Rom kaufen.

die selbig B[e]zahlung hat kein Maß,
das etwan hundert Guldin was,
das müssen jetzo tausend sein.

Wie sie all Ding je mehr und mehr ersteigen.

Darzu ein Botschaft man hinein
mit großen Kosten schicken muß,
dem Papst zu bringen einen Gruß,

Wie der Papst die Bischöf konfirmiert.

daß er den Bischof konfirmier.
Darumb erfüllt man ihm sein Bgier
und gibt ihm, was er heischen tar,
das mehret sich von Jahr zu Jahr.
Do schätzt man dann die armen Leut,

Wie durch solichs arm Leut geschätzt werden.

nimmts Hor hinweg und auch die Heut.
Mich wundert, was doch mancher denk,
wann sie tun üben solich Schwänk,
ob er nit hab ein Grauen drab,
zu geben hin sein Gut und Hab,
uff daß ein Bischof sei im Land,

Was jetzt der Bischöf Wesen.

den er dann reiten sicht zuhand
mit Harnesch, Woffen wie ein Hild.
Dann beten, lehren jetz nit gilt,

Der Bischöf Recht und aufgesatzt Amt.

und predigen, zur Kirchen gahn
dem Bischof je nit will zustahn,
wiewohl das wär sein Amt und Recht.

776 gibt = ergibt sich aus 778 Bschwer = Kummer 779 sich = sehe 783 rüf = rufe 786 Thum = Domstift 789 etwan = vorzeiten 792 ersteigen = steigern 794 konfirmier = die Investitur vornehme 796 heischen tar = zu fordern untersteht 799 Hor = Haar Heut = Haut 806 Woffen = Waffen Hild = Held

Man findt wohl einen armen Knecht,
der solichs alls vorwesen tu,
dem eignet man die Kirchen zu.

Die armen Pfaffen der Kirchen warten.

Also die Reichen schämen sich
der Geistlicheit, das wundert mich.

Die Reichen schämen sich priesterlichs Amts.

Die armen Pfaffen Arbeit han,
die reichen sicht man müßiggahn.

Müßiggehen.

Also wir Herren haben g[e]zeugt
umbs Geld, wer anders sagt, der leugt.

Wir haben uns Herren gekauft.

Die haben jetzt allein den Pracht,
und ist kein Herrschung, noch kein Macht,
es müssen sein Prälaten da,
ohn die spricht niemand nein, noch ja.
Wie könnt man auch regieren wohl,
wenn wär das Reich nit Pfaffen voll?
Drumb steht es auch so wohl im Reich,
und gschicht eim jeden recht und gleich.
Ach Herr Gott, will man sehen nit,
erleucht die Sinn, ich aber bitt,

Anrüfung Gotts.

daß werd falsch Geistlicheit erkannt,
und sei der nit ein Bischof genannt,

Falsche Geistlicheit.

der Bischofs Werk mitnichten pflegt,
allein sein Sach uff Wollust legt.
Wiewohl ein Teil auch Krieger seind,
der einer ist dem andern Feind.

Die Bischof Wollüstiger.
Bischöf Krieger.

Dasselbig ganz der Papst nit acht,
wenn man ihms Geld hinein hat bracht,
so leb ein Bischof wie ein Kuh,
do geht dem Papst nichts ab noch zu.
Also die Geistlicheit jetzt staht,
drumb geb ein jeder Frommer Rat,
wie sei zu tun in dieser Sach,
daß man uns länger nit verlach.

Der Papst.
Beköhrung der Geistlichen.

Sein Volk ein Bischof wöhlen soll,
der muß sein aller Tugend voll,
mit Kunst und Weisheit wohlgeziert,
dasselbig ihn recht konfirmiert.

Wer, und welche zu Bischöf erwöhlt sollen werden.

Die Gotteslieb er auch soll han
und lassen allen Handel stahn,

812 vorwesen = verwesen 819 leugt = lügt 844 wöhlen = wählen 846 Kunst = Wissen

domit die Welt bekömmert sich,
das lehrt Sanct Paulus offentlich*,
und glaub, das nit wiß jedermann,
doch würd mans gschrieben finden stahn
und sals bedenken, das ist not.
Gott hat gelitten seinen Tod,
uff daß er uns in Freiheit setzt.

Gott hat uns gefreit.

So hat mans Volk so überschwätzt,
das hat gemehrt der Pfaffen Zahl,
die man vor Herren halten sall.

Herrschaft der Pfaffen.

Wie seind die Pfaffen aber gtan?
Das seind die jhen, die müßig gahn,
und triben Wollust und Gepräng,

Wie jetzo Geistlicheit gestallt.

all Städt und Flecken machen eng,
in langen Schauben, reinem Wadt,
mit Frauen scherzen, gehn ins Bad.
Das werden g[e]heißen geistlich Leut.
Ich rüf euch Teutschen zu der Beut.
Doch bitt ich vor Küng Karle dich,
wöllst dieser Sach genädigklich

Rüft Künig Karle an.

erzöigen dich, und hören zu.
Dann was ich dieser Dingen tu,
soll g[e]schehen alls zu Ehren dir.
Dann sunst nit wollt gebühren mir,
im Reich Uffruhr zu heben an.

Entschuldigung gegen K. M.

All freie Teutschen ich vermahn,
doch dir zu Undertänigkeit
zu sein in diesem Schimpf bereit,
daß g[e]holfen werd dem ganzen Land,
und ußgetrieben Schad und Schand.
Des sollt ein Hauptmann du allein,
Anheber, auch Vollender sein.
So will mit allem, das ich mag
zu Dienst dir kommen Nacht und Tag,

Beut K. M. sein Dienst an.

und bgehr von dir des keinen Lohn.
Möcht ich allein erlebet hon,

Was Hutten hierin verhoff.

daß würd gelegt Beschwerung ab,
darvon ich viel geschrieben hab,

850 bekömmert = beschäftigt 852 wiß = weiß 854 sals = soll es 860 gtan = beschaffen 861 die jhen = diejenigen 864 Wadt = Kleidung 867 Beut = Beutezug 870 erzöigen = erzeigen 877 Schimpf = Kampfspiel 882 mag = vermag Beut = Bietet 885 hon = haben

in Armut wollt ich sterben gern,
auch alles Eigennutz entbehrn.
So soll man auch hierin kein Ehr   K. M. zu Ehren.
mir schreiben zu, du bist der Herr.
Und was hierin gehandelt würd,
durch das dein Lob soll werden g[e]ziert.
Drumb hab ein Herz und schaff ein Mut,   Vermahnung zu
ich will dir wecken auf zu gut   K. Majestat.
und reizen manchen stolzen Hild.
Habs schon ihr vielen ingebildt,
und fehlt allein an deim Gebot.
Hilf werder Künig, es ist not,
laß fliegen aus des Adlers Fahn,
so wöllen wir es heben an.
Der Weingart Gottes ist nit rein,   Der Weingart
viel Ungewächs ist kommen drein.   Gottes.
Der Weiz des Herren Wicken trägt,   Der Weizen
wer dozu nit sein Arbeit legt   Gottes.
und hilft das Unkraut tilgen aus,
der würd mit Gott nit halten haus.
Wir reuten aus Unfruchtbarkeit,
und tun⟨d⟩ als Gott hat selbs geseit
zu dem, der solichs Rauben pflegt,
do ers Propheten Mund bewegt.*
Du hast beraubt all Nation,   Vermahnung an
drumb dir auch werden widerstohn   alle Ständ der
all Völker, überfallen dich,   Teutschen.
berauben wieder gwaltigklich.
Fürwahr das würd ein gute Tat,
ich gib all frommen Teutschen Rat,
seit sich nit bessert dieser Stadt.
Doch halt die Frommen ich bevor,   Verschonung
der greif man keinem an ein Hor.   der frommen
Und die seind guter Gschrift gelehrt,   Priesterschaft.
ich bitt, daß keiner werd versehrt.   Die gelehrten
Und wer ein geistlich Leben führt,   Priester.

895 f. = ich will für dich manchen stolzen Helden aufwecken und aufreizen 897 ingebildt = eingeprägt 899 werder = würdiger, edler 902 Weingart = Weinberg 908 ausreuten = herausreißen, ausrotten 909 geseit = gesagt 911 ers = er des 918 seit = da, weil Stadt = Zustand 919 bevor halten = ausnehmen 921 Gschrift = Heilige Schrift

in dieser Sach bleib unberührt.
All Ding der Papst hat Übermacht,
wer das dann hat zum Besten gdacht,
den hat er mit dem Bann erschreckt.

Des Papsts Bann.

Ich hoff, es seien schon erweckt
viel teutscher Herzen, werden sich
der Sachen nehmen an, als ich.
Ich hab je gut Vormahnung gtan,
ich hoff, sie lassen mich nit stahn.

Hoffnung zu teutscher Nation. Bitt mit Hilf nit verlassen werden.

Den stolzen Adel ich beruf,
ihr frommen Städt euch werfet uff,
wir wöllents halten in gemein,
laßt doch nit streiten mich allein.
Erbarmt euch übers Vaterland,
ihr werden Teutschen regt die Hand.

Erbarmnus über das Vaterland.

Jetzt ist die Zeit, zu heben an
umb Freiheit kriegen, Gott wills han.
Herzu, wer Mannes Herzen hat,

Umb Freiheit kriegen.

gebt vorter nit den Lügen statt,
domit sie han vorkehrt die Welt.
Vor hat es an Vormahnung gfehlt
und einem, der euch sagt den Grund,

Woran es vor gefehlt.

kein Lai[e] euch domals weisen kund,
und waren nur die Pfaffen glehrt,
jetzt hat uns Gott auch Kunst beschert,

Wie uns die Pfaffen etwan überschwätzt.

daß wir die Bücher auch verstahn.
Wohlauf, ist Zeit, wir müssen dran.
Do uns die Gschrift noch unbekannt,
do hettens alls in ihrer Hand,
und was sie wollten, was der Glaub,
das Volk sie machten blind und taub,
ward bald ein Schlechter überredt,
die Wahrheit schmählich undertredt,
all Predig was uff ihren Nutz,
do leid die Wohrheit manchen Stutz.

Die göttlich Wohrheit.

Dann wer die sagen wollt und lehrt,

926 = wer dann auf Besserung bedacht war 930 als = wie 932 stehen lassen = im Stich lassen 935 in gemein = gemeinsam 938 werden = edlen 942 vorter = fortan 953 was der = war der 955 Schlechter = gewöhnlicher, schlichter Mensch 956 undertredt = unterdrückt 958 Stutz = Schlag

ward von denselben bald gefährt.
Als Hussen gschah in Behmerland,
Johann Huß in Behem.
den habents für ein Ketzer gbrannt,
umb daß er bleib bei Christi Lehr,
und acht nit uff der Pfaffen Mär.
Sagt von dem Geiz, und Übermut,
Hussen Ketzerei.
Unkeuscheit, und der Kirchen Gut,
vom Gwalt des Papsts, der ihm nit ziemt,
und was er von den Christen nimmt,
und wie das geistlich Recht gesetzt,
dardurch die heilig Gschrift verletzt.
Solchs was die Wahrheit, ists auch noch,
die Pfaffen werden zornig doch.
Wie Huß verbrennt.
Huß ward zitiert, und kam bereit,
der Kaiser Sigmund gab ihm Gleit,
Kaiser Sigmund.
und hielt ihms, als noch mancher tut,
in dem nit ist ein fürstlich Mut*.
Doch hieß ihn solchs der Pfaffen Rat,
Der Pfaffen Rat.
der Christum auch verdammet hat.
Sie sprachen, er wär schuldig nit
Ketzeren nit Glauben halten.
zu teilen Ketzern Glauben mit,
wiewohl man den eim Feind als wohl
als guten Freunden halten soll.
Drumb wär er gwest ein Ketzer schon,
man hätt ihm das unbillig gton.
Also ist Hussen worden g[e]lohnt.
Hieronymo ward nit verschont*,
Hieronymus von Prag.
umb daß er hätt ein gleiche Sach.
Seithar hat niemand gwöllt hin nach
und förchten all des Feures Peen,
bitz jetzo unser rüfen zween.
Luther und Hutten.
Wer weiß, was jedem ist beschert,
wir haben je viel Leut beköhrt.
Darumb ich hoff, es hab nit not.
Wär mir dann schon gewiß der Tod,
Huttens Freimütigkeit.
noch wollt ich als ein frommer Hild

960 gefährt = gefährdet, in Gefahr gebracht 962 für = als gbrannt = verbrannt 973 bereit = bereitwillig 980 = einem Ketzer das Wort (Glauben) zu halten 981 als wohl als = sowohl als auch 984 gton = getan, gehandelt, 988 gwöllt = gewollt 989 Peen = Strafe 990 = bis jetzt wir zwei die Stimme erheben 995 noch = dennoch

bei Wahrheit setzen Spieß und Schild,
Tyrannei der Päpst.
und den Tyrannen widerstreben,
vor welchen niemands frei mag leben.
Des Papsts Bann.
Die schrecken uns mit ihrem Bann,
den mancher förcht, und geht von dann.
Ich bin des aber nit gesinnt,
wiewohl sie handlen fast geschwind.
Nit, daß ich Gottes Straf veracht,
ich sprich, ihr Bannen hab kein Macht.
Wer zu bannen hab.
Dann wie kann ander strafen, der
ist selbest von den Sünden schwer,
und stoßen mich vons Himmels Thron,
der selbest ist so weit darvon.
Forcht des Banns.
Doch habents lang die Leut betört,
und wer von Bannen hat gehört,
der ist von Schrecken worden kalt.
Was der Bann den Pfaffen bitzher genutzt.
Domit sie b[e]hielten ihren Gwalt.
Und haben oft durch Bannes Kraft
viel Nutz und großen Frommen gschafft.
Wie man jetzt den Bann braucht.
Umb Geldes willen und umb Gut
den Bann man jetzo üben tut.
Das ist nit recht und wider Gott.
Was der Bann an ihm selbs sei.
Dann Bannen ist die letzte Not,
wann helfen will kein Straf noch Lehr,
und sich der Sünder nit bekehr,
Verbannen umb der Wahrheit willen.
ist doch vorhin so oft vermahnt,
als dann er rechtlich würd verbannt.
Wer aber jetzt die Wahrheit sagt,
mit Bannen den man bald verjagt.
Das ist nit göttlich und nit recht,
und der nit solichs widerfecht,
mit Gott er übel würd bestahn,
des will ich ihn gewarnet han.
Huttens Fleiß.
Und hör nit auf, ich schrei und gilf,
bitz man der Wahrheit kommt zu Hilf,
und schicket sich zu diesem Krieg.
Wer weiß, ob ich noch unden lieg.

1000 geht von dann = zieht sich zurück 1002 fast = sehr 1007 vons = von des 1012 Gwalt = Macht 1014 Frommen = Gewinn, Vorteil 1021 vorhin = vorher, zuvor 1026 widerfecht = bekämpft 1027 mit = bei 1029 gilf = zanke 1030 bitz = bis 1032 unden lieg = unterliege

Am Rechten seind sie worden zag,
drumb denken sie mir heimlich nach.

Wie man mit Hutten gehandelt.

Man soll noch sehen seltsam Gschrift.
Nächst wollten sie mir schenken Gift*.
Gott half mir auch an einem Ort,
daß man mich heimlich nit ermordt.
Es hat auch nächst ein Gbot getan
der Papst, und Leuten gsunnen an,
sie sollen mich gen Rom hinein
ihm schicken, zu des Todes Pein.

Des Papsts Mandat über Hutten, Hutten gen Rom zu schicken.

Und daß man wiß, wie das gestallt,
er hats geboten mit Gewalt
eim Fürsten, viel zu tugendlich,
dann daß der sollt verraten mich.
Auch ist geschickt Küng Karle zu
ein grauer Münch, hat hölzen Schuh*.
Derselbig Gleisner hat Mandat,

Ein Barfußer Observant bei Künig Karle, Hutten zu fahen.

zu greifen mich in jeder Stadt,
und wo er mich im Land erschnapp.
Se⟨c⟩ht, was gedar die Münichs Kapp.
Dem frommen Künig er auch hat
gegeben einen falschen Rat,
nach dem ich übel hab getan,
erlauben ihm, mich fallen an,
und mit Gewalt zu führen hin.
Wiewohl ich nie geheischen bin
für Recht, noch g[e]antwort je ein Wort,

Hie wär wohl zu weinen.

und mich kein Richter hat gehort.
Ihm ist auch bfolhen weiter me,
uff daß die Sach nur vor sich geh,
all Menschen bitten, gegen mir

Brachium saeculare wider Hutten anzurüfen.

zu helfen ihm nach seiner Bgier,
und daß ihm helf der weltlich Arm.

1033 = Rechtlich gegen mich vorzugehen wagen sie nicht 1034 nach denken = nachstellen 1040 gsunnen an = befohlen 1043 gestallt = ins Werk gesetzt wurde 1048 fahen = fangen 1049 Mandat = Auftrag, Vollmacht 1052 gedar = wagt, sich untersteht 1058 f. = Obwohl ich niemals vor Gericht geladen wurde noch mich (vor Gericht) verteidigt habe. 1061 Brachium saeculare = weltlicher Arm (des Gesetzes) 1064 Bgier = Begehren, Verlangen

Ist niemand hie, den das erbarm?
Hutten bitt umb Erbarmnus.
Seind nit, die diese Tyrannei
beweg, daß sie mir wohnen bei,
und helfen mir mit Hand und Gwör
zu streiten widers Papstes Hör?
Des Papsts Hör wider Hutten.
Darin er Münnich hat ohn Zahl,
und Kurtisanen überall,
die haben mein zu warten Bfehl.
Darumb ich schwer bei meiner Seel,
Hutten denkt zu rächen sein Unschuld.
würd je mir geben Gott Genad,
der Unschuld nie verlassen hat,
ich will es rächen mit der Hand,
und sollt ich brauchen fremde Land.
So sag mir eins, du graue Kutt,
Zu den Barfüßern Klöpperen.
was stellest du nach meinem Blut?
Hab ich das je verschuldt umb dich,
daß nimmst Befelh zu fahen mich?
Ich hab dir nie kein Leid getan,
drumb will ich dich gewarnet han.
Warnung.
Du magst der Sach wohl nehmen acht,
Glück mag sich wenden über Nacht.
Wer weiß, ob ich verlassen bin,
die Zeit ist noch nit gangen hin,
daß werd gerochen alles Leid.
Das sei dir gesagt, du graues Kleid.
Klag über den Papst.
Daß aber mich der Papst so gschwind
verfolgen tut durch sein Gesind,
das tut er wider Recht und Gott,
das nimm ich auf mein letzte Not.
Gott wöll es an mir rächen hie,
Hutten bitt Rach über sich.
hab ich ihm geben Ursach je.
Wohl hab ich ihm die Wahrheit gsagt,
Daß er Wahrheit geschrieben hab.
hätt er mich Ursach des gefragt,
mit Antwurt hätt er funden mich.

1067 seind nit, die = ist niemand da, den 1068 beiwohnen = beistehen 1069 Gwör = Waffen 1070 Hör = Heer 1073 mein zu warten = mir aufzulauern 1074 schwer = schwöre 1078 = und sollte ich die Hilfe fremder Länder in Anspruch nehmen 1080 Klöpperer = Verleumder 1094 letzte Not = Tod 1099 = ich hätte dann wohl geantwortet

So hab ich gschrieben offentlich
aus festem Grund und guter Lehr,
die sall mir sein ein Gegenwehr,
der mag er nimmer widerstahn,
drumb hat er dies gefangen an.

Daß er offentlich geschrieben hab.

Und dweil er nit mag haben Fug
zu rechten, denkt er aber Trug,
und wie er finden mög ein Sinn,
domit ich werd gerichtet hin.

Warumb ihm der Papst heimlich nachtracht.

Mich heimlich zu verdämpfen meint,
deshalben muß noch werden gweint,
als fromm ich bin ein Edelmann,
und sollt ich drob zu scheitern gahn.
Also ihr Teutschen, anders nit,
sie haben mir gefahren mit.

Warnung.

Wiewohl ich weiß noch weiter Gschrift,
darin sie haben sich vertieft,
das laß ich stahn zu seiner Zeit,
dann soll es sich austeilen weit,
und soll eim jeden werden kund
mein Ursach und der wahre Grund.

Von etlichen Briefen.

Jetzt klag ich teutscher Nation,
hab ichs verschuldt, man geb mir Lohn.
Kein Recht ich nie geflohen bin,
und wär zu rechten noch mein Sinn.

Huttens Erbieten.

Dieweil sie aber brauchen Gwalt,
so bin ich auch dargegen gstallt,
und hoff, man werd mich lassen nit,
und werd der Wahrheit helfen mit,

Gwalt.

gesehen an, wie schweren Last
wir Teutschen haben aufgefaßt,
und werden täglich mehr beraubt.

Beschwerung teutsch Lands.

Die Alten hättens nie geglaubt,
daß, die ihn[en] sollten kommen nach,
annehmen werden solich Sach.

Ungläubliche Beschwerung.

1102 sall = soll 1105 Fug = Grund 1106 rechten = gerichtlich belangen 1109 verdämpfen = ersticken, vernichten 1111 = so wahr ich ein ehrbarer Edelmann bin 1112 zu scheitern gahn = untergehen 1114 gefahren mit = mitgespielt 1118 sich austeilen = verbreitet werden 1122 man geb mir Lohn = man bestrafe mich 1124 noch mein = nach meinem 1129 gesehen an = wenn man ansieht 1130 aufgefaßt = aufgepackt

Drumb komm ich wieder do ichs ließ.
Sie übermachents mit Verdrieß,
man mags nit leiden forter me,
ich hoff, es sei genug und steh,
es ist zum höchsten gstiegen auf.
Man stell der Kurtisanen Lauf, Kurtisanen.
so würd das Spiel schon haben End,
und sich die Sachen bessern b[e]hend.
Sie haben Unrats trieben gnug,
hört auf ihr Gsellen, seid ihr klug. Warnung.
Ihr künnt wohl denken, was mein Sinn,
ihr habt so lang getragen hin
viel Geld und Gut aus teutschem Land, Geld aus teutsch
herwider bracht all Laster, Schand, Land.
die zu erzählen mir nit ziemt.
Durch euch der Papst von hinnen Teutsch Land be-
das wir bedörfen, unser ist, [nimmt, raubt durch die
durch Falscherei und bösen List. Kurtisanen.
Gibt doch den Sachen kein Gestalt,
meint vor zu zwingen mit Gwalt, Bezwänglicher
von ihm zu kaufen unser Gut. Raub des Papsts.
Ich frag, wo ist der Teutschen Mut?
Wo ist das alt Gemut und Sinn?
Ist gfahren nun all Mannheit hin?
Die Römer etwan, ehrber Leut, Wie etwan die
als uns der Gschichten Schrift bedeut, Teutschen den
die Tugend halben waren wert edelen Römern
zu herrschen über alle Erd, widerstanden.
die Teutschen wollten bzwungen han,
gewonnen Land und Freiheit an,
das mocht nit leiden teutsche Art,
manch werder Held erschlagen ward,
und ist gestritten viel und hart.
Doch bhielt dies Nation den Strauß,
und wurdent Römer gtrieben aus,
das Vaterland in Freiheit gsetzt.

1135 do ichs ließ = dahin, wovon ich ausgegangen bin 1136 = sie treiben es zu stark und erregen Unwillen 1138 steh = höre auf 1140 stell = unterbinde 1153 f. = Er beschönigt die Sache nicht, sondern sucht mit Gewalt zu erzwingen 1164 angewinnen = abjagen

Jetzt man mit Btrug uns überschwätzt,
und zwinget uns nit Mannes Streit.
Vor dapfern Leuten seind wir gfreit,
ein weibisch Volk, ein weiche Schar,

Daß wir jetzo von weichen weibischen Leuten bezwungen.

ohn Herz, ohn Mut, ohn Tugend gar,
der[en] keiner hat gestritten nie,
von kriegen weiß nit was, noch wie,
da seind wir uberstritten von.
Im Herzen tut mir weh der Hohn.
Dann je mich das nit bdunken Leut,
die setzen unser Gut in Beut.

Hutten schämet sich des Pfaffenregiments.

Bei den[en] ich auch ein mannlich Tat
nie funden hab, noch weisen Rat.
Allein nach Schalkheit steht ihr Mut,
mit Trugerei erwerbens Gut,
uff daß ihn Wollust mög gebühr,
und Härtigkeit sie nit berühr.
Dann sollt man bschirmen Städt und Land,
den Christenglauben mit der Hand,
sie würfen laufends aus ihr Schuh.
Ihr Sach allein nur steht auf Ruh,
dem Leib sie nimmer schaffen Weh,

Wollust der Pfaffen.

Gott geb auch wies im Glauben steh.
Kein Wund[e] ein solcher nie gewann,
es hätt ihms dann ein Hur[e] getan,
gebissen, daß er ihr gedächt,
der Lieb ein Zeichen mit ihm brächt.
Sölch unnütz Volk und weibisch Leut
regieren Künig, Fürsten heut,
und habents öberst Regiment.

Die zarten und weibischen Pfaffen öbersten Regierer.

Das schafft, daß ist die Welt verblendt.
Dann wo Vernunft in Leuten wär,
gäb man nit über Gut und Ehr

Die Welt verblendt.

den, die des ganz nit würdig sind,
ein jeder sorgt vor Weib und Kind,

1173 freien vor = frei machen 1178 uberstritten = überwunden 1180 bdunken = dünken 1181 = die unser Hab und Gut erbeuten sollen 1187 Härtigkeit = Gefahr, Not 1190 = sie würden beim Laufen ihre Schuhe ausziehen (um schneller fliehen zu können) 1193 Gott geb = Gleichviel wies im = wie es um den 1201 schafft = bewirkt

und würd gemeiner Nutz betracht,
des Landes Ehr vor allen geacht.
So hand wir Schand, und doch nit Scham,
und ist dem Wesen niemand gram,
daß uns all Mannheit ist entzuckt,
von solchen Weiben untertruckt.

Daß man sich gemeiner Schand nit schämet.

Und müssen leider nähren die,
der keiner hat gearbeit nie.
So schneiden die nit gsähet han.
Wer ist der solichs loben kann?

Müßiggeh[e]nde Pfaffen ernähren.

Doch man vielleicht nit klagen künd,
wo ihr Begierd uff Notdurft stünd,
und nit so überflüssigklich
mit Geld und Gut belüden sich.
So habens viel, das ihn nit not,
ist weder Nutz der Welt noch Gott.

Der Pfaffen Gut nit nach Notdurft, sonder mit Überfluß.

Ich weiß der Buben viel ohn Zahl,
den eintzlich Pfrunden seind zu schmal,
viel Pfarren und viel Thummerei,
Propsteien, Pfrunden auch darbei
hat mancher under seiner Hand,
dem doch die Gschrift ist unbekannt,
denkt nimmer, was ihm zugehor,
wiewohl er wend ein Namen vor,
ißt, trinkt, und übt in Freuden sich
nach aller Bgierd, gleich wie ein Vich.
Dies seind jetz Herren in der Welt,
den Frommen würd nichts zugestellt.
Das schafft der untreu Kurtisan,
der richt all Schand und Bosheit an.

Wie die Pfaffen auch der Schrift ungelehrt.

Die Pfaffen denken nit auf ihr Amt, sonder Prassen und Wollust.

Die frommen Priester müssend Not leiden.

All Ding umbs Geld man kaufen muß,
wer des nit hat, den hilft kein Gruß.
Und seind zu Rom die Pfrunden feil.
Sie sprechen auch, der Seelen Heil,
Vergebung aller Missetat.
Und was die Geistlicheit angaht,
gehör ihn sölcher Kaufleut Schatz.

Kauf der Pfründen zu Rom.

Alle geistlichen Ding zu Rom feil.

1206 f. = und es würde nach allgemeinem Nutzen getrachtet und vor allem für die Ehre des Landes Sorge getragen. 1210 entzuckt = entrissen, geraubt 1223 eintzlich = einzeln 1228 zugehor = gebühre, zukomme 1231 Vich = Vieh 1237 den hilft kein Gruß = dem hilft es nicht, wenn er sich freundlich gibt

Zu Rom hat Frommkeit keinen Platz.
Ohn Geld zu Rom man nichts erwirbt,
wer das nit hat, sein Sach verdirbt,

Frommkeit zu Rom.

Ist das nit wider Gottes Lehr?
Und wie möcht werden gsündigt mehr,
dann wo man Gottes Wort verkehrt,
die er geboten hat so hert,
gesprochen, all Ding haben End,
doch mag nit werden je zertrennt
von meiner Lehr das minste Wort,
was man aus meinem Mund gehort,
kein Buchstab laßt versehren sich,
kein Punkt, würd bleiben ewigklich.

Wie Gottes Lehr durch die Geistlicheit verköhrt würd.

So haben seithar Päpste viel
gekartet ganz das Widerspiel,
und machen neu Gesetz ohn Zahl,
das Evangelium würd schmal,
und hat in wenig Sachen statt.

Der Päpst Gesetz wider Christi Lehr.

Das Evangelium.

Was jeder Papst gesetzet hat,
darin er seinen Nutz betracht,
hat Christus Lehr gar wenig g[e]acht.

Der Päpst Gesetz uff Gewinn.

Als dann jetz auch vor Augen ist.
Wenn heut der Papst zu gwinnen wist,
ein neue Konstitution
er bald würd von ihm lassen gohn.
So spricht man über hundert Jahr,
die Kirch habs alls gestiftet gar,
und heißt das halten fest und hert.

Wie man jetzo der Päpst Gesetz der heiligen Kirchen zuschreibt.

Wo sich dann einer widersperrt,
der hat den rechten Glauben nit,
kein Gnad ihm würd geteilet mit,
und muß ein Ketzer sein mit Gwalt,
domit der Papst sein Gwinn behalt.

Wen sie Ketzer nennen.

Und daß er des hab billig Fug,
so werden gfunden Schriften gnug,

Wie der Papst heilig Gschrift

1249 hert = streng, fest 1251 zertrennt = abgetrennt 1252 minste = geringste 1257 = das Gegenteil getan 1259 schmal = geschmälert 1264 vor Augen = offenbar, klar ersichtlich 1265 = Wenn heute der Papst sicher wäre, sein Vorhaben verwirklichen zu können 1266 Konstitution = Kirchenverfassung 1267 von ihm lassen gohn = erlassen 1271 widersperrt = widersetzt

die zwingt er nach dem Willen sein,
zu machen dieser Sach ein Schein.
Ist das nun nit ein Sünd und Mord,
der also [be]handelt Gottes Wort?

mit falscher Ußlegung uff seinen Gwinn zeugt.

Der heilgen Kirchen, weiß man wohl,
daß jeder Christen glauben soll.

Die heilig christlich Kirch.

Wer will das aber lassen zu,
daß Rom allein die Kirchen tu,

Rom ist nit allein die christlich Kirch.

und sei ins Papsts Kopisten Hand
bezwungen Künig, Leut und Land,
und setzen ihn Bezinsung auf?

R. Kopisten und Schreiber.

Ich sprich, daß nit der Schreiber Hauf,
den ich zu Rom gsehen hab,
der uns auch täglich raubet ab,
mög gheißen werd die heilig Kirch.
Ein ander ist des Hirten Pfirch,

Ein wahrer Hirt.

der hat sein Schäflin lieb und wert,
ihr Wollen nit, noch Milch begehrt,
mehr, dann daß [sie] werden gweidet wohl.
Also der Papst auch denken soll.
Und ist die Kirch der Christen Schar,
wo anders Gottes Wort ist wahr.
Dasselb auch ist der Schäflin Stall,

Was die heilig christliche Kirch sei.

den Gott Sanct Petro selbs befahl*,
und hieß versorgen den mit Fleiß.
So ist jetz nur des Papstes Weis,

Wie der Papst ein Hirt.

daß er die Schäflin schind und schab,
acht nit, ob eins zu leben hab,
versorgt das nit mit guter Lehr,
hätt er nur Geld, Gott geb, ich wär
ein Heid, ein Türk, und was ich wöllt.
Gedächt er aber, wie er söllt,
so ließ er von der Schinderei,

Des Papsts Schinderei.

und stünd dem Christenglauben bei,
spräch nit, wo er ein Schalkheit gdächt,
daß solchs die christlich Kirch selbs mächt.

Sein Lugen auf die Kirchen.

Dann wo Versammlung Frommer ist,
den an dem Glauben nüt gebrist,

Die heilig Kirch.

1279 Schein = Schein des Rechts 1285 tu = ausmache 1293 = Anders steht es in dem Pferch des Hirten 1299 wo anders = sofern 1313 mächt = wolle 1315 nüt gebrist = nichts mangelt

das soll die Kirch geheißen sein,
do ghört kein böser Schäfer ein.
So ist auch noch nit hie die Zeit,
daß Christus Pferch (der also weit)
von einem Hirten werd verwahrt.

Ob ein Bischof die ganze Kirch regieren soll.

Ein jeder Hirt in seiner Art
sein Schaf zu weiden hat Befehl,
zu sorgen für der Seinen Seel.

Ein jeder Bischof in seinem Bistumb.

Als Cyprianus hat geseit*,
dann Christus was noch nie gemeit,
daß einer sich des unterwünd,
das vieler Ämten doch zustünd.

Christi Meinung.

Derhalb er zwölf Apostel schuf,
und legt den gleiche Bürden uff.

Die 12 Apostel gleicher Bürden.

Drumb je der Papst nit sagen soll,
daß er sei alles Gwaltes voll.
Als viel ein ander Bischof mag,
denk, daß er gleiche Bürden trag.

Des Papsts Gewalt wie ander Bischöf.

Zu Rom sein Gwalt hat End und wind,
als man zu Mentz und Würtzpurg find.

Der Papst ist Bischof zu Rom.

Dann Christus gab Sanct Petro nie
Macht, daß er sollt regieren hie,
und über der Aposteln Schar
Gewalts allein ihm pflegen gar.
Er gab ihm wohl der Schlüssel Gwalt,
doch nit, daß ers allein behalt.

Petro die Schlüssel gegeben.
Die Macht der Apostelen gleich.

Dann bald darnach geschrieben staht,
wie er sein Macht geteilet hat,
gegeben den Aposteln gleich,
zu mehren ihm der Himmel Reich,
zu binden und zu lösen auf.
Das hat genommen an der Hauf,
ward nie gewendt uff einen Mann.
Ein Mensch auch dies allein nit kann,
und ist in seim Vermögen nit.
Viel sollen do regieren mit,
und halten sich in Einigkeit,
daß Christus Glaub werd ausgebreit.

Unmüglich ist einem Menschen die gemein Kirch zu regieren.

1319 der also weit = der weithin ausgedehnt ist 1324 geseit = gesagt 1326 unterwünd = bemächtige 1334 = Seine Gewalt ist auf Rom beschränkt 1335 Mentz = Mainz 1339 Gewalts ihm pflegen = herrschen 1347 Hauf = Schar (der Jünger)

Darin sol keiner suchen Ruhm,
drumb macht man ein Konzilium,
das ist die öberst Kirchenmacht.
Das hond die Päpst auch nächst be-
und meinen zu vertilgen, daß [tracht,
es werd nit gehalten fürbas.
Und das sei jedem solichs klar,
und sei die Wahrheit offenbar,
so konfirmiert der Papst jetz mehr
kein Bischof, der ihm nit vor schwer
zu raten darzu je auf Erd,
daß kein Konzilium mehr werd*.
Ist nit ein groß Verköhrung das?
Wie künnt man suchen doch fürbas
Verschmälerung der Christenheit?
Ist das die päpstlich Heiligkeit?
Und wann ein Türk der gleichen tät,
wer ist, den das nit Wunder hätt?
Ach Gott, bedenk den Glauben dein,
ist Zeit, tu deiner Hilfe Schein,
erlös uns von der Wüterei,
mach uns von dem Tyrannen frei,
der unter deinem Titel sich
erhaben hat so üppigklich.
Laß undertrucken nit dein Wort,
mach, daß dein Lehr werd bas gehort,
und hab nit statt der Räuber Will,
die halten dein Gebot in Still,
und mutzen auf ihr Trügerei.
Gib, daß sei jedem Christen frei,
dein göttlich Wort zu breiten aus.
Das hat gelitten manchen Strauß
von Ketzern mannigfaltigklich,
die haben angefochten dich,
darzu die Heiden mit Gewalt.
Noch ist es worden also alt,

Das Konzilium.

Die Päpst das Konzilium vertilgen.

Hie tu ein jeder Augen und Herz auf.

Ermahnung.

Päpstliche Heiligkeit.

Anrüfung Gottes.

Bitt Erlösung von des Papsts Tyrannei.

Undertruckung göttlichs Worts.

Der Päpst Gesetz.

Gottes Wort ausbreiten.

1357 hond = haben nächst betracht = letzthin erwogen 1359 fürbas = fortan, weiterhin 1363 vor schwer = vorher gelobe 1377 erhaben = überhoben 1379 bas = besser 1381 = die deine Gebote verschweigen 1382 mutzen auf = herausputzen, schmücken 1389 Noch = Dennoch

bitz jetzo einer (der sich nennt
ein Haupt der Christen) das verblendt,
und meint zu tilgen aus und ab.
Ach Gott, dein Wahrheit halt und hab,
gib den[en], die dein Gezeugen seind,
daß überwinden solich Feind,
und werd dein Völklin unterweißt,
dein Ehr und Nam allein gepreißt.

Die Päpst Gottes Feind.

Dir Gott allein gehört die Ehr,
dein ist der Gwalt, du bist der Herr.

Gottes ist allein die Ehr.

Ob einer schon ein Kronen trägt,
und ihm viel Gottheit auch zulegt,
das mag doch nit abbrechen dir.
So mögen auch nit irren wir,
die stohnt bei deiner Wahrheit stet,
ob uns der Papst schon gscholten hätt.
Du weißt, daß er nit hat die Macht,
nach der er jetzt und täglich tracht.
Er ist der Kirchen Glied, als ich,
und soll mein Bruder nennen sich.
Dann du gemeiner Vater bist,
drumb er auch ›Vater unser‹ liest

Der Papst ein Glied der Kirchen und unser aller Bruder.

gleich andern Christen in gemein.

Vaterunser.

Wie kann ers dann als[o] sein allein?
Do Petrus hätt die Schlüssel hin,

Petri Befehl.

do sagst du ihm noch deinen Sinn,
wie er sein Bruder halten sollt,
der seiner Lehr nit folgen wollt,
den sollt er bei der Kirchen gar
verklagen, ihm zu weisen Wahr.
Das ist gewest dein höchster Gwalt.
Wer hat dem Papst dann zugestallt,
daß er der Kirchen überlieg,

Die ganz christlich Kirch ist der oberest Ge-

1391 verblendt = verdunkelt, verfälscht 1394 die dein Gezeugen seind = die für dich Zeugnis ablegen 1401 ihm = sich 1402 abbrechen = Abbruch tun 1404 stohnt = stehen stet = beständig, fest 1408 als = wie 1410 gemeiner = gemeinsamer 1412 in gemein = insgemein 1414 = Als Petrus die Schlüssel erhalten hatte 1419 ihm zu weisen Wahr = ihn in der Wahrheit unterweisen, ihm den rechten Weg weisen 1422 überlieg = Macht habe

und wider ihn dörf niemands krieg, — walt, und nit der Papst.
als sei dein Lehr, alls was er lieg?
Wie ander Bischöf Gwalt er hat, — Was des Papsts Gewalt.
deim Volk zu geben guten Rat.
Das ist dein Meinung allzeit gwest.
Wer hören sich nun weiter läßt,
dem sollen wir nit ghorsam sein,
als weiset uns die Predig dein*.
Wer nit geh durch der Wahrheit Tür,
hab nit die rechten Hirtenkür,
und sei ein Dieb, als du ihn heißt.
So nun der Papst nach anderm kreist, — Der Papst.
und sucht Geld, wo ers finden mag,
denkt nit, was er für Bürden trag,
zu fischen nach der Seelen Heil,
nit tragen dein Genaden feil,
wie können wir dann leiden, daß
er sich erheb in solcher Maß?
Ich sag, wir sollens gar nit tun, — Ermahnung mit Beschluß.
und acht, die Zeit sei eben nun, — Zeit ist hie.
Gott habs gespart uff diese Zeit,
daß werd dies Nation gefreit,
und gworfen ab das harte Joch,
darunter man beschwerlich zoch.
Ich hoff, Küng Karle geh uns mit, — Zu Künig Karle.
laß selbs sich untertrucken nit.
Darumb ich ihm bereit, zu Gut,
kein Arbeit sparen, noch mein Blut.
Und rüf all fromme Teutsche an,
wohlauf, herzu, wer mit will gahn,
die Ketzerei zu nehmen hin, — Des Papsts Ketzerei.
die treibt der Papst uff seinen Gwinn.
Dem wölln wir nehmen Hochfart ab,
uff daß er gut Gewissen hab.
So bhalten wir bei uns das Geld, — Geld gen Rom.
das sunst hinein gen Rom gefällt, — Was Nutz aus diesem Handel.
und würd der christlich Glaub gemehrt,

1423 dörf = dürfe krieg = kriegen, kämpfen 1424 = als seien alle seine Lügen deine Lehre 1428 = Wer sich nun mehr anmaßt 1432 Hirtenkür = Hirtenqualität, -vollmacht 1434 kreist = strebt 1442 acht = erachte, glaube 1446 zoch = zog 1453 nehmen hin = beseitigen

die neuen Lügen abgezehrt.
Wo einer dann ein Pfaff will sein,

Reformierung der Geistlichen.

muß haben nit allein den Schein,
mit Werken er auch folgen soll.
Dann würds erst stahn im Glauben wohl.
Hierumb all Fürsten ich vermahn,
den edlen Karolum voran,
daß sie sich solichs nehmen an,
den Adel, und die frommen Städt.

Ermahnung der Fürsten, des Adels und der Städt.

Dann wem dies nit zu Herzen geht,
der hat nit lieb sein Vaterland,
ihm ist auch Gott nit recht bekannt.
Herzu ihr frommen Teutschen all,

Ermahnet durch Liebe des Vaterlands.

mit Gottes Hilf, der Wahrheit Schall,
ihr Landsknecht, und ihr Reuter gut,
und all die haben freien Mut,

Berufung der Kriegsleut.

den Aberglauben tilgen wir,
die Wahrheit bringen wieder hir.
Und dweil das nit mag sein in gut,

Den Aberglauben abzutilgen.

so muß es kosten aber Blut.
Do nehm ihm keiner Bschwernus ab,
wiewohl ichs selbs gescheuhet hab,
hofft zu erfinden ander Maß.
Nun aber nit will helfen das,

Was Beschwernus möcht sein.

so muß man tun, was fügen will.
Wohlauf, es ist die Zeit und Ziel.
Wir habens Schimpfs gehabt genug,

Wie man kann, nit wie man will.

und sehen nun ihr List und Btrug,
glaub niemand fürter me ihr Sag.
An dieser Sach kein Mann verzag.
Ob sie schon von der Priesterschaft,
die ist mit heilger Weih behaft,

Priesterliche Weih.

uns sagen werden lange Mär,
die soll ihm keiner machen schwer.
Dann Gott sein Geist laßt hausen nit,
do hat die Seel ein solchen Sitt.
Wo aber Priester leben wohl,
do weiß man, wie mans halten soll.
Dann weit ist Gottes Huld von den,

Wie man boshaftige Priester halten soll.

1477 hir = her 1478 in gut = im guten 1480 = Da mache sich niemand Gewissensbisse 1482 Maß = Wege 1484 fügen = passen 1488 Sag = Rede 1493 ihm = sich

die liegen in der Sünden Pen,
und treiben Schand und Ungebühr,
uff Freud und Wollust denken nür.
Als man die Pfaffen leben sicht,

Priester jetzo.

der keiner schier nach Ehren ficht.
Die treiben gar nit Priesters Amt.
Doch mein ich sie nit allesamt.
Den frommen wölln wir bieten Ehr,
sie lieben allzeit fast und sehr.
Die bösen aber, wie ich sag,

Die frommen Priester zu ehren.

von den ich hie und immer klag,
die soll man strafen, das ist not,
wers tut, ihm wills belohnen Gott.
Do soll kein Frommer zweiflen an.
Dann ob nit käm mehr Nutz darvan,
so ists doch recht und wohlgetan,
der bös Exempel andern gibt,
daß man den von den Leuten schiebt,

Was Nutzes von Abtilgung böser Geistlicheit komm.

und tilget ab, uff daß nit mehr
verführet werd ein ganzes Heer.
Hierumb ich wieder repetier,
wer diesen Handel treib mit mir
in gleichem Vorsatz und Gemüt,

Was Fürsatz und Gewissen zu haben.

mit reinem Gwissen, aller Güt,
daß komm ein Besserung darab,
wiß, daß er Gott zugholfen hab.
Drumb her ihr Teutschen, nehmt ein Herz,
ihr habt gelitten großen Schmerz,
daß Müßiggänger sonder Zahl

Ermahnung. Beschwerung teutscher Nation.

in Freuden lebten überall,
die weder Leuten nütz, noch Gott,
des leiden ander Armuts Not.
So viel der Bettelörden sind,
die stets auftreiben Gut geschwind,
und mehrt der Hauf sich täglich noch.

Bettelörden der Welt beschwerlich.

Ist wider Christus Predig doch.
Nur einen Orden Gott wollt han,
do schreibt Sanct Paulus ernstlich van*,

1499 Pen = Strafe 1501 nür = nur 1513 ob nit = wenn auch nicht 1516 schiebt = entfernt 1522 aller Güt = nur in guter Absicht 1524 zugholfen = genützt 1536 van = davon

ich mags euch weisen, daß ihrs lest.
Seit Bettelörden seind gewest,
so hat es nie gestanden wohl
im Glauben, als man sehen soll.
Secht an, was treibents in der Beicht.

Sehe man die Historien und Chroniken an.

Dann wer das selbig achtet leicht,
der hat der Sachen nit Verstand.

Die Münich in der Beicht.

Ich will geschweigen großer Schand,
die do geschicht. So schwatzens ab
beid, Weib und Mannen, Gut und Hab.
Wo dann ein Frommer sterben muß,

Wie die Bettelmünch Leuten Geldabschwätzen.

ins Kloster geben, ist sein Buß.
Also kummt Gut von uns auf die,
die brauchen, was sie mögen hie.
Das ander aus gen Rom man trägt.
Ist niemand hie, den solchs bewegt?

Von den München gen Rom.

Ist jemand, der darzu wöll tun?
Wohlauf, ihr frommen Teutschen nun,

Ermahnung zum Krieg.

viel Harnesch han wir, und viel Pferd,
viel Hallenbarten, und auch Schwert.
Und so hilft freundlich Mahnung nit,
so wöllen wir die brauchen mit.
Nit fraget weiter jemands nach,
mit uns ist Gottes Hilf und Rach.
Wir strafen die seind wider Gott.
Wohlauf, herzu, es hat nit not,

Die Gott Widerwärtigen strafen.

wir haben aller Sachen Fug,
gut Ursach, und derselben gnug.
Sie haben Gottes Wort verkehrt,
das christlich Volk mit Lugen bschwert.

Ursach dieser Sachen.

Die Lugen wölln wir tilgen ab,
uff daß ein Licht die Wahrheit hab,
die was verfinstert und verdempft.
Gott geb ihm Heil, der bei mir kämpft.
Des hoff ich, mancher Ritter tu,
manch Graf, manch Edelmann darzu,

Huttens Hoffnung.

manch Burger, der in seiner Stadt
der Sachen auch Beschwernus hat.

1542 leicht = gering 1550 brauchen = genießen 1556 Hallenbarte = Hellebarde 1557 so = wenn 1562 es hat nit not = es hindert nichts 1569 verdempft = erstickt

Uff daß ichs nit anheb umbsunst.
  Wohlauf, wir haben Gottes Gunst.
Wer wollt in solchem bleiben dheim?
  Ich habs gewagt, das ist mein Reim.

1577 dheim = daheim 1578 Reim = Wahlspruch

Ein Klag über den Lutherischen Brand zu Mentz

Ists nun, ach Gott, do kommen zu,
Das, so hast uns gelehret du,
Das auch nit sträflich, sonder wahr,
Den Leuten niemand sagen gdar?
Soll nun dein göttlich Wort zergahn?
Und nehmen alle Menschen an,
Was hat gesetzt ein sterblich Mann?
Ach Gott, soll Wahrheit haben End,
Dein heilig Stiftung werden ztrennt,
Die du doch gesetzt auf festen Grund,
Gelernet hast mit eignem Mund
Und wolltest, daß die blieben stet.
Nimm wahr, Gott Herr, dein Wort zergeht.
Hie brennt des frummen Luthers Gschrift,
Drumb, daß sie dein Gesetz betrifft,
Und daß es ist die Wahrheit bloß,
Wie die aus deinem Mund erschoß.
Hie brennen, Herr, viel guter Wort,
Hie wird dein göttlich Lehr ermordt,
Hie tut man G[e]walt der Predig dein,
Hie gibt man alles Lasters Schein,
Hie wird deim Gsetz entgegen gtan.
Hie heißt man loben jedermann,
Das doch nie billig wart, noch recht,
Hie wird Unbillicheit vorfecht,
Hie wird der päpstlich Stand geehrt

Mentz = Mainz 1 do kommen zu = dahin gekommen 2 f. = daß das, was du (Gott) uns gelehrt hast, das doch nicht zu tadeln, sondern wahr ist 4 gdar = wagt 5 zergahn = untergehen, vergehen 7 sterblich Mann = (der Papst) 9 heilig Stiftung = Worte, Gebote (Gottes) ztrennt = zerbrochen, aufgelöst 11 Gelernet = Gelehrt 12 stet = stets, beständig 14 Gschrift = Schriften 16 bloß = nackt, unbemäntelt 21 Schein geben = zeigen, zu erkennen geben 25 Unbillicheit vorfecht = Unrecht verteidigt

Und undertruckt, was du gelehrt,
Hie lehrt man, Rauben sei kein Sünd,
Hie lobt man böse List und Fünd,
Hie kriegt man wider Ehrberkeit,
Hie gilt nit mehr, was du hast gseit,
Hie wird dein Evangelium voracht,
Hie übt der Papst ein unvorschamten Pracht,
Hie wird zu Recht Unrecht gemacht,
Hie ist wahr Geistlicheit vorlacht,
Hie geht vor Billicheit Gewalt,
Hie hat Unschuld kein Aufenthalt,
Hie man bekümmt all Ding umbs Geld,
Hie wird all Redlicheit zerfällt,
Und ist bedort die ganze Welt.
Hie gibt man Ablaß und Genad,
Doch keinem, der nit Pfennig hat,
Hie wird gelogen, hie gedicht,
Ein Sünd vorgeben, ee sie gschicht.
Darumb der Schand trägt niemand Scham.
Hie wird vorschworn dein heilger Nam,
Und doch gehalten nit ein Wort,
Das Recht gebraucht an keinem Ort,
Hie wird verkauft der Himmel dein,
Geurteilt zu der Helle Pein
Ein jeder, der hinwider sagt,
Hie ist, wer Wahrheit pflegt, vorjagt,
Hie wird teutsche Nation beraubt,
Umbs Geld viel böser Ding erlaubt,
Hie bdenkt man nit der Seelen Heil,
Hie bistu, Herrgott, selber feil,
Und die dein Schaf befolhen han,
Allein die Nutzung sehen an.
Vorhüten niemand denkt dein Herd.

27 undertruckt = unterdrückt 29 Fünd = Ränke, Kniffe 31 gseit = gesagt 32 voracht = verachtet 35 = Hier wird wahre Frömmigkeit verlacht 39 zerfällt = vernichtet 40 bedort = betrogen 43 gedicht = erfunden 44 vorgeben, ee sie gschicht = vergeben, ehe sie geschieht 46 = Hier wird bei deinem heiligen Namen geschworen 50 Geurteilt = Verurteilt 51 hinwider sagt = widerspricht 56 bistu = bist du 57 = Und die, denen deine Schafe anbefohlen sind 59 = Niemand denkt daran, deine Herde zu hüten

Was du gesagt, ist ganz vorkehrt,
Und ist ein Leo worden Hirt.
Derselb dein Schäflein schabt und schirt
Und würgt sie nach dem Willen sein,
Gibt Ablaß aus, nimmt Pfennig ein
Mit seiner Gesellschaft, die er hat,
Die geben diesen Dingen Rat,
Viel Schreiber, und Kopisten viel,
Die machen, was ein ider will,
Und schreibents dann der Kirchen zu,
Als hättest das vorwilligt du
Und sei zu Rom die Kirch allein.
Ach Gott, nun mach dich wieder gmein,
Als hast von Anbeginn getan,
Laß nit die Bösen Herrschung han,
Laß undertrucken nit dein Lehr.
Ach Herr, den Sinn des Papsts bekehr,
Daß er laß von der Tyrannei,
Und steh dem Recht und Wahrheit bei.
Schaff, daß sein Mut werd abgewendt
Von Ehren, die bald haben End,
Und von dem Reichtumb dieser Welt,
Das wird in kurzer Weil zerfällt,
Und denkt allein auf geistlich Sach,
Do du ihn auch hießt stellen nach,
So wird dein Wahrheit haben statt,
Und diesen Sachen geben Rat.
Dann deiner Lehr ist nit gemäß,
Daß jemer hab der Welt Besäß,
Und sich darneben underwind
Der Geistlicheit, und so geschwind
Herrsch über dein Gesalbten Schar.
Ach, Herrgott, nimm der Sachen wahr,
Daß werd der Glaub nit gar zertrennt,
Genommen ab dein Testament.

61 Leo = Löwe (Papst Leo X.) 62 schirt = schert 68 ider = jeder 70 vorwilligt = bewilligt 72 gmein machen = zum Gemeingut erheben 79 Mut = Sinn 84 stellen nach = streben, trachten nach 88 jemer = jemand Besäß = Besitz 89 sich underwinden = auf sich nehmen, annehmen 90 Geistlicheit = geistlicher Stand 91 über dein Gesalbten Schar = über die Christenheit

Sich, wie man deinen Schäfer trägt,
Mit Seiden, Purpur angelegt,
Wie er so weiblich ist geziert,
Wie man ihm schmeichlet und hofiert.
Sich, wie er Wollust treibt und Pracht,
Dadurch du werden magst veracht
Bein Heiden und ins Türkenland,
Dann sölichs ist ihn wohlbekannt,
Und wissen dich zu schelten nit
Dann durch des Papsts verkehrten Sitt.
Hierumb ihm gib ein andern Sinn,
Daß werd gezogen Bosheit hin,
Und sei ein besser Regiment.
Jedoch wird Luther jetzt geschändt,
Sein Gschrift und gute Lehr vorbrennt,
Das sei dir, werder Christ geklagt,
Er ist nie gefordert, nie betagt,
Wiewohl er sich erbeut zu Recht*.
Man tut Gewalt dem Gottesknecht,
Umb daß er Wahrheit gpredigt hat.
Ach, Herrgott, gib uns Hülf und Rat.
Es ist gewütet je genug,
Du sichst ihrn Glimpf und auch ihr Fug.
Dich aber, liebster Bruder mein,
Durch solich Macht vorgwaltigt sein,
Bin deinethalben ich beschwert,
Doch hoff ich, es werd widerkehrt,
Und werd gerochen dein Unschuld.
Drumb, Diener Gottes, hab Geduld.
Möcht ich dir aber Beistand tun,
Und raten diesen Sachen nun,

95 Sich = Siehe 101 Bein = Bei den 102 ihn = ihnen 104 Dann = Als Sitt = Lebenswandel 106 hin = hinweg, fort 110 werder = edler 111 gefordert = vor Gericht gefordert betagt = geladen 112 = Obwohl er sich zur Gerichtsverhandlung erbietet 114 Umb daß = Weil 117 Glimpf = Ehre, Lebensart Fug = Schicklichkeit, Benehmen 118 ff. Deinetwegen bin ich betrübt, daß du, liebster Bruder, durch eine solche Macht vergewaltigt bist 121 widerkehrt = zurückgegeben, vergolten 124 Möcht = Könnte 125 raten = abhelfen

So wöllt ich, was ich hab am Gut
  Nit sparen, noch mein eigen Blut.
Gott wird es aber rächen bald,
  Vorwahr, du mir das glauben sallt,
Dann er den Grechten nie vorließ,
  Da laß dich auf, es ist gewiß.

Ich habs gewagt.
Ulrich von Hutten.

129 Vorwahr = Fürwahr sallt = sollst 130 vorließ = verließ 131 Da laß dich auf = Darauf verlaß dich

Herr Ulrichs von Hutten Anzöig [Anzeige], wie allwegen sich die Römischen Bischöf oder Päpst gegen den teutschen Kaiseren gehalten haben, uff das kürtzst uss Chroniken und Historien gezogen, K[aiserlicher] Majestät fürzubringen.
Ich habs gewogt.

Ist (als einer von den Weisen sagt) der selig zu achten, der mit [durch] eines anderen Schaden weis würd, so ist auch der nit am minsten [wenigsten] glückselig zu halten, der mit geringem Schaden uß einem Unglück kommpt, dardurch er underweißt [unterwiesen] darnoch in seinen Sachen fürsichtigklich handlen mag und mit Bedenkung des vorigen Falls sich vor zukünftigen Fällen hüten. Wo aber einer wäre, der beiderlei Gestalt, als durch frömbden [fremden] und auch seinen eigen Schaden gewarnet, sich doch nit fürsehen wollt und alle vergangene Ding zu Vergeß setzet, ob [wenn] es demselbigen übel ging, würden seine Freund und die ihm Gutes gönnen sich über ihn erbarmen, seine Feind dasselbig ihrem Glück zuschr[e]iben, die aber weder Freund noch Feind sprechen, ihm wär recht geschehen, daß er dermaßen underweißt dennocht in Irrtumb frevenlich und mit freiem Willen gefallen. Demnach ist Kaiserliche Majestat zu ermahnen, daß sie erstlich bedenk, was ihr selbst geraid [bereits] vom Papst begegnet. Daraus sich zu vernehmen, was sie sich hinfürter Liebs, Guts, Treuen und Glaubens versehen soll. Darnoch aus alten Historien und Geschichten der vorigen Kaiser Bericht zu nehmen, wie es denn etwan ergangen, so würd sie finden, daß keinem teutschen Kaiser von Päpsten (es wäre dann zu ihrem Eigennutz beschehen) gleichs je widerfahren ist, sonder seind die oft jämmerlich über ihr handgegeben Treu und Glauben von den[en] betrogen und verraten, allweg unter einem Schein der Geistlicheit umbgefuhrt und darnoch zu Spott und Schanden bracht. Etliche auch für ihre getone [getane] Wohltat schändlich und böslich gehandelt, als mit Hand und Waffen angefochten und überfallen, das dann von einem zum anderen in der Länge zu erzählen viel Zeit haben wollt, mag aber obenhin und die größten Stuck zu melden dermaßen wie hernoch folgt angezöigt werden.

Und heben wir an, Kaiser Otten I. zu nennen, den acht ich für den ersten, der den Päpsten Guts getan und von ihnen Böses entpfangen hat. Dann als er vom Papst Johanne XII. durch Bitt und Flöhe [Flehen], der Kirchen wider die Sarazenen, Künig Berengarium und seinen Sun [Sohn] Albrechten zu helfen, in Italiam gefordert und kommen, Rom von beiderlei Feinden erlöst, gantz Italiam in Frieden gesetzt, ist darnoch Papst Johannes von ihm zu Künig Albrechten, der in Corsicam geflohen was, gefallen und hat wider den frommen Kaiser Otten große Uffruhr und Krieg erwecket; und hat Otto I. diese Belohnung von seinem Papst entpfangen*. Aber seinen Neffen [Enkel] Otten III. haben nit mögen helfen viel Guttät seines Ahnherren und auch Vaters, die sie den Päpsten bewiesen, sonder ist der von dem Papst mit Uffruhr und Untreu so lang angetast und beschädiget, bitz er uß trefflichen Ursachen bewegt Papst Johanni XIV. [XVI.] die Augen hat lassen [a]usstechen*. Welche Straf sie dann ein Zeitlang in Forcht gehalten, bitz solang das Reich kommen ist an den werten Held Kaiser Heinrichen IV., des gleichen in teutschen Landen nie geboren. Dann ihm geben seine eigene Feind die Italianer das Lob, daß er in Streitbarkeit den meisten Teil der teuresten Helden so je gewest, aber mit Menige [Anzahl] der Feldschlachten sie alle übertroffen hab. Dann er hat sein Tag uß 62 Schlachten geton, in denen er den meisten Teil und nahent [fast] allen obgesiegt. Aber je tapferer, starkmütiger und tugendhaftiger er gewesen, je größer Verfolgung der Päpst er hat leiden müssen, also bald sie sein groß Gemut und Geschicklicheit gesehen, haben sie, [a]uf daß er nit über sie wüchs, sich ihm entgegen gesetzt.

Und ist die erste Praktik gewest, heimlich die Sachsen (als der Zeit das mächtigest Volk teutscher Nation) ihm abzuwenden. Das sie auch vollendet, also daß viel Fürsten und Herren wider ihn zusammengeschworen, dann die Päpstischen haben sie überredt, er sei von Natur zu Tyrannei geneigt, werd sie umb ihre alte Freiheit bringen. Dartzu haben etlich geistlich Fürsten geholfen. Do hat ihn der Papst gen Rom zitiert, ihm schuld geben, er treib Simonei*, wann er seine Diener mit geistlichen Pfründen versehe. Unterdes haben sie des werten Kaisers Mutter in einen Aberglauben brocht, daß sie sich von ihm geton, in Italiam gewallet und daselbst ihr Leben vollend ußblieben. Sie haben ihm auch viel ander teutschen Fürsten widerspännig gemacht. Daraus manch jämmerlich Totschlag, viel großer Feldschlachten, manich erbärmklich Blutvergießung gefolgt. Und ist ihm solichs nit von einem oder zwe[i]n Päpsten widerfahren, sonder vier oder fünfen. Unter denen doch der schandhaftigest Münch [Mönch], so je gelebt, Hildenbrand [Gregor VII.] genannt, ihm am härtesten zugesetzt, unangesehen, daß er vor seinem Papstumb viel Wohltat und Gutes von ihm entpfangen hätt. Derselbig hat, über das [darüberhinaus, daß] der Kaiser zu ihm in Italiam gezogen, sich gegen ihm gedemütiget und also ihm abgebeten, was er je wider ihn geton, hat sich gäntzlich mit ihm vertragen, darüber sie auch beid zusammen geschworen und einen Vertrag mit Brief und Siegel befestiget. Sobald aber der Kaiser in Teutschland kommen, hat der Papst heimlich allen Fürsten geschrieben, ihnen große Verheißung geton, wo sie den Kaiser absetzten. Dieweil aber der fromm Kaiser sich inmitte des Friedens solichs gar nit versehen, ist es dohin kommen, daß man einen anderen Künig gegen ihm uffgeworfen, darnoch noch einen und zuletzt den dritten, dann er hat sie alle erschlagen, vertrieben und auch zum Tod bracht. Do solichs alles nit hat helfen mögen, hat sich der listig Papst ihm seinen Sun widerwärtig zu machen unterstanden und erstlich Künig Kunraden, der dasmol in Italia was [war], erwecket, daß er sich wider seinen Vater erhaben, darneben gantz Italiam aufbracht. Do aber Künig Kunrad darüber gestorben, die Italianer verschlagen, Rom durch den Kaiser gewunnen, ist der gottsförchtig Vater in die Engelburg geschlupft, darnoch sich daruß gestohlen [geflohen] und also, do genug Christenbluts vergossen gewest, sich uß dem Staub gehaben. Nach welches Tod ein gleichgesinnter Papst, namlich Urbanus [II.] wider ihn uffgeworfen. Der nach Versuchung allerlei wider ihn zuletzt seinen Sun Heinrichen [V.] gegen ihm gereitzt und das dohin bracht, daß derselbig Jüngling einen großen Anhang in teutschen Landen überkommen, damit er auch seinen Vater in seinem letzten Alter überwunden, jämmerlich – und wie nit zu sagen ist – traktiert und zuletzt zum Tod bracht hat. Also ist es diesem teuren Held ergangen*.

Do sie aber nun denselbigen dermaßen zugericht und an seiner Statt derselbig Heinrich, sein Sun, angehaben zu regieren, wiewohl sie ihme darzu geholfen hätten, jedoch haben sie sein Macht auch nit leiden mügen, sonder sich ihme auch entgegen gesetzt, der dann keinerlei Tat nie geton, dann daß er sie wohl gestraft hat und mit der allerhärtesten Ruten ihrem Verdienst nach geschlagen. Doch haben sie ihn mit ihrem Kriegen von vielen herrlichen Taten, die er vorgehabt, abgezogen, hat auch sein Lebtag uß [lang] durch ihre Praktiken und Hinterlist in Unruhen leben müssen, des er dann auch nit unwürdig gewest, dann er hat es an seinem frommen Vater verdient gehabt. Nach des Tod haben sie Hertzogen Lotharium [III.] uß Sachsen und Hertzog Konraden [III.] uß Schwaben aneinander gehetzt, uff daß nit wo Einträchtigkeit unter ihnen wäre, ihr einer sich erhaben möcht und ihnen zu gewaltig werden*. Doch hat Kaiser Lotharius, als er das Reich erobert, nachdem sie ihm Hertzog Konraden entgegen gehalten hätten, sich an ihm gerochen, sie ziemlich gestraft. Darnoch ist der ußerwöhlt Degen Kaiser Friedrich I. kommen, denselben achte ich nach Kaiser Heinrichen IV. den allerstreitbarsten teutschen Kaiser, so je gelebt. Wiewohl er besser Gelück zu seinem Handel dann Kaiser Heinrich gehabt. Sobald sie nun soliche Redlicheit, Stärke und Trutzlicheit bei ihm befunden, habent sie ihn auch gewohneter Weis angegangen. Dieweil aber solichs Kaisers Handel also bekannt ist, daß auch Kinder davon zu sagen wissent, seind darvon nit viel Wort zu machen. Es haben ihm die Päpst Glauben geschworen und nit gehalten, und hat Rom je List und Behendigkeit geübt, so hat es sich an diesem versucht also ernstlich und mit stetigem Anhalt, das ich auch geschrieben finde, wie ihn Papst Alexander [III.] dem heidnischen Soldan [Sultan] verraten hab, daß er in sein Gewalt kommen. Aber doch durch Hilf Gottes wieder erlöst. Darnach allerlei Weg ihn umbzukehren gesucht. Gott hat ihn aber behüt und zu Überwindnus seiner Feinden bracht. Es seind noch vor Augen viel Schriften und Sendbrief, so dieser Kaiser und der Papst zusammen geton. Dar[a]us zu erkennen, was redlicher Stuck sie an ihm geübt.* Do nun der Papst gedämmpt [in Schranken gesetzt], die Römer zerschlagen und gantz Italien durch diesen Held gestillt, und er also noch Zerbrechung aller seiner Feind ein loblich End genommen, haben dann die nachfolgenden Päpst, des sie an dem Vater nit vermocht haben, sich an seinem Sun gericht [gerächt]. Und erstlich habent sie sich mit Künig Heinrichen [VI.] umb Neapolis gezweiet, denselbigen, ein bezwungen Frieden mit ihnen anzunehmen, gedrungen*. Nach des[sen] Tod haben sie mit großen Listen zugericht, daß ein Zweitracht in der Wahl ist worden zwischen den teutschen Fürsten. Als nun Künig Philipps [von Schwaben] des jetzgenannten Kaiser Heinrichs Bruder, den größten Anhang in teutschen Landen gehabt, haben sie dargegen Hertzog Otten [IV.] von Sachsen konfirmiert. Als ihn aber Künig Philipps überwunden, auch vertrieben, haben die Päpst und die Ihren, wiewohl nit offenlich, sonder heimlich, nichts unterlassen, damit sie ihn verfolgen möchten, seind ihm oft treulos und meineidig worden. Dann ihnen ist das Geblut Kaiser Friedrichs verdocht [verdächtig] gewest, bitz er zuletzt von einem Pfaltzgrafen erstochen ist (als etlich meinen) durch Anreitzung und Verschaffung des Papsts Innocentii [III.]*. Also ist nach ihrem Willen Hertzog Ott [IV.], wiewohl wider der teutschen Fürsten Gesinnen, doch dem Papst zu Gefallen Künig worden. Es hat aber des Papsts Gunst nit lang über dem gehalten. Dann sobald er nit hat in allen Dingen mit Abbrechung des Reichs seins Willens geleben, hat er ihn auch feindlich verfolgt und mit dem Bann geschlagen. Doran kein Genügen gehabt, so viel mit den Fürsten gehandelt, daß sie den jungen Hertzog Friederichen [II.], Kaiser Philippsen Sun, wider ihn erwöhlet haben*. Und haben ihn [sich] also ein Ruten über ihren eigen Rucken gemacht. Dann dies ist Kaiser Friedrich II., der sich sein Leben lang mit den Päpsten (der ihm drei nacheinander zestrenglich wider gewest) hat beißen [streiten] müssen. Nun ist er von Leib und Gemüt dermaßen geschickt, daß sich billich die Welt eines solichen Fürsten freuen sollt, gewest. Ihn haben aber die Päpst mit einem fast [sehr] lästerlichen Spreudekret, das sie auch darnoch in ihr geistlich Recht, darin es noch steht, gesetzt, zu Schanden unterstanden, ihn treulos und meineidig gescholten, dem sie doch nie kein Treu noch Glauben hielten, auch sunst vieler Ding geschuldiget, daran sie ihn, als uß woren [wahren] Historien und Chroniken zu bew[e]isen, Gewalt und Unrecht geton. Dann er ist ein redlicher, streitbarer, ehren⟨t⟩r[e]icher Fürst gewest. Und darumb sie sich aber an ihm lebendig nit haben rächen mögen, haben sie dieses Gift nach seinem Tod über ihn ußgegossen, der Hoffnung, sie wöllen bei den Nachkommen und uff zukünftig Zeit dannoch recht behalten. Und seind darauf etlich Historienschreiber von ihnen, die Sach also zu beschreiben, verordnet worden. Aber bei alten unparteischen Geschichtschreiberen, auch in seinen, Kaiser Friedrichs Briefen, der[en] ich ein gantz Buch voll hab und ob Gott will bald drucken lassen, findt sich die Wahrheit, daß ihn die Päpst schändlich und lästerlich gehandelt haben. Erstlich Honorius [III.], der ihm Landgrafen Otten entgegen uffgeworfen und darnoch etliche Städt in Italien wider ihn erweckt. Als er die aber mit Hilf Gottes, doch nit ohn groß Blutvergießung überwunden und sich mit großer Macht und un[a]ussprechlichem Kosten, das heilig Land von den Ungläubigen wieder zu erobern, erhaben und schon mit den Seinigen uff dem Mör [Meer] gewest, hat ihm der Papst ein Uffruhr in Italien gemacht, daß er den loblichen Zug hat brechen müssen und wiederumb zuruck ziehen, und ist also durch Neid des Papsts die gantz Christenheit an ihrem großen Nutz gehindert worden. Doch hat er geton als ein großmütiger Fürst, dem der gemein Nutz dann sein Eigentumb lieber gewest, hat sich in großer Demütigkeit mit dem Papst vereinigen lassen, darnoch wieder zum heiligen Land gezogen, Hierusalem und andere Städt wieder an die Christenheit bracht. Für welche sein Wohltat ihn mittlerzeit der Papst Gregorius [IX.] uff alle Weg nachgestellt und zuvoran ihne durch die Tempelherren dem heidnischen Künig verraten wöllen. Darnoch ihm seinen Sun, Künig Heinrichen [VII.], entgegen gehetzt, Mailand, Bononien [Bologna], Parma und Venedig und viel andere Städt in Italien mit großer Uffruhr wider ihn bewegt, ihn darnoch verbannt und vermaledeiet. Und als er nun den allen obgesiegt, auch der Praktiken, so erstlich durch den Papst Gregorium, darnoch C[o]elestinum [IV.] in Teutschland wider ihn zugericht, widerstanden, sich auch also gehalten, daß man sein Unschuld erkennt und Großmutigkeit gesehen, hat der Papst Innocentius [IV.] ein Concilium in Frankreich wider ihn gemacht, dorin er ihn auch abgesetzt und verbannet hat, über daß er vor der Zeit unwidergeltlich Wohltat von ihm Kaiser Friedrichen entpfangen hätt, auch ohn Zweifel, wo er nit gewest, ni⟨e⟩mmer Papst worden wär. Also ist der fromm Kaiser bitz in Tod von ihnen gehandelet worden*. Doch haben sie den Haß, so sie wider ihn gehabt, auch noch [nach] seinem Tod nit fahren lassen, sonder des seinen Sun, Künig Konraden [IV.] entgelten lassen, den Bastard Manfredum an ihn gehetzet, in welchem Krieg ihm mit Gift vergeben ist [er vergiftet wurde] durch Verratung ohn Zweifel des Papstes Innocentii*. Als nun der hinweggenommen, haben sie mit dem Bastard Manfredo gleicherweis auch gehandelt. Dann der Papst Alexander [IV.] hat ihm erstlich die Florentiner und viel welscher Städt an Hals gehängt. Darnoch auch den Künig in Frankreich wider ihn bewegt. Das auch darnoch Papst Urbanus [IV.] und zuletzt Klemens [IV.] geton, so lang bitz er bei Benevent von den Frantzosen überwunden und erschlagen ist*. Nach dem ist Kaiser Rudolf [von Habsburg] in

Italien von ihnen tribulieret [bedrängt] worden. Doch heimlichen, als sie ihn haben (umb daß er etliche Walhen [Welsche], von denen er Geld darumb entpfangen hat, gefreit) zu schmähen unterstanden. Daruff dann Papst Honorius [IV.] ziemlichen Fleiß gelegt*. Wer an Kaiser Heinrichs VII. Tod schuldig sei, ist noch nit grundlich erkannt, wiewohl niemand zweiflet, daß die Florentiner den Münch, der ihm [ihn] in dem heiligen Sakrament vergeben [vergiftet] hat, zugericht und verordnet haben. So weiß man auch wohl, daß ihm Papst Clemens [V.], der ihn anders nit dann uff Geding [zu seinen Bedingungen] hat Kaiser sein lassen wöllen, nit gern, sonder mit Uffruhr und bezwängklich gekrönt. Hat sich auch umb das Künigreich in Neapolis willen feindlich gegen ihm gestallt. In dem ist der fromm Kaiser jämmerlich umbkommen. Der solicher Geschick gewest, daß man im gantzen Reich ein Hoffnung in ihm gehabt, er werde noch groß Ehr inlegen, hat auch dermaßen angefangen zu regieren, daß sich anders nit dann zu einem tapferen, großmütigen, rechtgeschaffenen Regierer zu ihm zu versehen gewest. Das hat er auch vielleicht entgelten müssen*. Was aber an dem heimlich geübt, ist darnoch an Kaiser Ludwigen [IV.] offentlich angewendt. Denselbigen hat der Papst Johannes [XXII.], der geitzigest und geldsüchtigest, so unter allen Päpsten je gelebt, umb daß er ohn sein Verwilligung zu Kaiser gewöhlet, verbannt und soviel an ihm gewesen [so weit es ihm möglich war] abgesetzt. Do er aber sich mit Gewalt ihm entgegen gesetzt, gen Rom mit Macht gezogen, und der Papst sich ihm zu schwach erkannt, hat er alle Städt und Herrschaft in Italien, die er vermocht, wider ihn gehetzt und ihm also lang er gelebt kein Ruhe gelassen, hat sich auch in keinen Weg mit ihm vertragen wöllen lassen. Dieser Kaiser Ludwig hat sich, wiewohl mit seinem großen Schaden, dannocht fürstlich und kaiserlich ihr[er] erwehret*. Aber sein Nachkommen Carolus [IV.] hat sich gantz weibisch finden lassen. Dann er hat sich den Papst Innocentium [VI.] zwingen lassen, uff daß er von ihm gekrönt werd, zu geloben und geschworen, von Stund an uß Italien zu ziehen und gen Rom sein Lebtag ni⟨e⟩mmer zu kommen. Noch mehr, ihm etliche Städte von Reich ihm übergeben und viel ander unziemliche, unehrliche Kompakt und Bündnus ingegangen. Wiewohl nun dieser schuld hat, daß er also gar ohn Hertz und Gemüt sich des Kaisertumbs unterwunden, so seind doch die ein solichs haben dörfen einem römischen Regierer und Herren der Welt angesinnen nit entschuldiget. Dann sie haben nit als christenlichen Bischöfen gebührt, sonder listig, betrüglich und untreu Tyrannen bewiesen*. Darnoch hat sich Kaiser Sigmund unter ihnen, etwan gute Wort gebend⟨e⟩, etwan sich dienstlich ertzeigend⟨e⟩, drucken müssen. Bitz so lang sich die Hussische Sach begeben hat, Zwietracht in sie gefallen, und es zu einem Concilium kommen ist. Dann darnoch hat er ein Zeitlang besser Sach mit ihnen gehabt. Jedoch haben sie ihm auch erstlich im Concilio zu Costentz [Konstanz], darnoch zu Basel uff das trutzlichest entgegen gegangen. Und wiewohl er den Sinn und Mut, sie zu reformieren, gehabt, ist ihm doch das Glück darzu abgestanden und hat es nie vollenden mügen. Ihm ist auch groß Undankbarkeit von Päpsten widerfahren. Aber zuvoran von Eugenio [Eugen IV.], dem er im Concilio zu Basel zu allen seinen Ehren geholfen, der hat ihn darnoch also spöttlich gehalten, also schändlich veracht, daß er ihn sechs Monat lang zu Senis [Siena] hat warten lassen, ehe er ihm die Kron hat geben wöllen*. Dieses ist der Verräter Eugenius, der (als er gesehen das Concilium zu Basel wider sich Fürgang haben) den Delphin in Frankreich [Ludwig XI.] bewegt hat, daß er mit Höres [Heeres] Kraft in das Elsaß gezogen, viel Lands verwüst und die armen Leut jämmerlich verderbt. Damit hat er sich an den teutschen Fürsten rächen wöllen. Hat je ein Kaiser mit Päpsten können umbgehn, so hat es Kaiser Friedrich III. gekönnet, noch dann haben sie ihm viel böser Tück bewiesen. Und zuvoran hat ihm Paulus [II.] der Papst, do er das letzt Mol [Mal] zu Rom gewest, verräterlich nachgestellt, des Hinterlist er doch entflohen ist. Fürwohr, hätt auch einen Frommkeit und Fleiß des Friedens sicheren mögen, er wäre billich von ihnen unbetrübt beliben [geblieben], hat ihn [ihm] aber nit geholfen. Hie wär viel zu sagen uß [von] dem alleruntreuesten unter allen Päpsten, die je gelebt, Pio [Pius] II. Dann er hat sich von Jugend uff in teutschen Landen gebraucht, ist an seim Kaiser Friederichen Hofs lang Zeit an eines Sekretarien Statt gewest, also, daß er alle Gelegenheit teutscher Nation besehen und erlernet, darnoch durch Anbringen des Kaisers, auch umb daß man ihn des Gebr[a]uchs gewißt [gewiesen], erstlich Bischof, darnoch Kardinal, zuletzt Papst worden. Do er nun zu demselbigen Stand kommen, hat er von derselbigen Zeit an bitz zu End uß seines Lebens keinen Fleiß gespart, damit er teutsch Nation uff das allerhöchst beschwer. Dann der allergrößten Schinderei, so die Päpst treiben, ist dieser ein Finder und Anhaber gewest. Und was andere mit Gute, freundlichem Angesinnen oder Schmeichelen von uns bracht, hat er mit Trutz und Gewalt angefallen. Und nachdem er gewißt [gewußt], wie es umb die geistlichen Lehen hieruß ein Gestalt, hat er die wissen zu schätzen und ohn Maßen Beschwerung daruff gelegt, die Pallia, Annaten und andere Rauberei ohn Form und Gestalt ersteigt. Dieser hat etliche teutsch Fürsten mit dem Bann geschlagen, als Hertzogen Sigmunden von Osterreich und den Ertzbischof von Mentz [Mainz]. Er ist auch der erst gewest, der soviel an ihm gewest die Zuflucht, die man vor ihm allweg uff das Concilium hat gehabt, abgenommen mit einem Gesetz, darin er verbeut, daß man niemer [niemals] von einem Papst an ein Concilium appellier. Und also hat er sich gehalten gegen den frommen Teutschen, die ihm zu Ehren und Gut geholfen und bracht haben*.

Diese Stuck seind uff das kürtzest uß vielen gezogen, dann von den Listen und Untreuen, so die Päpst den frommen teutschen Kaisern bewiesen, grundlich zu sagen, wollt lange Zeit nehmen und zu einem großen Buch erwachsen. Uff daß aber K[aiserliche] Majestat nit mit viel Worten überfallen und bemühet werd, ist ihr solichs erstlich in der Kürtze anzuzöigen. Und darnoch, uff daß sie nit wieder hinter sich rechnen dörf, ist ihr zu bedenken, was ihrem Ahnherren dem frommen Maximiliano widerfahren ist. Den habent sie mit mancherhand Listen angangen, ihm nie kein Glauben gehalten, keiner Eid noch Pflichten Folg geton. Also das man uß seinem Mund gehört, do ihm dieser Papst Leo [X.] sein Glauben, wie andere vormols, auch gebrochen: »Nun ist dieser Papst auch zu einem Böswicht an mir worden. Nun mag ich sagen, daß mir kein Papst so lang ich gelebt je Treu oder Glauben gehalten hat, hoff, ob Gott will, dieses soll der letzt sein.« Des ihn auch Gott gewähret, dann Gott hat bald darnoch über ihn geboten*. Dieses ist K[aiserlicher] Majestat zu behertzigen und in alle Weg zu trachten, wie sie sich vor den truglichen Nachstellungen bewahr und verhüte, ihm nichts vertrau, sich in keinen Weg uff ihre schmeichelhaftig Erbieten oder Zusagen verlaß. Dann daß der Papst insonderheit diesen unsern allergnädigsten Herren Kaiser Carolum [V.] zu fällen untersteh, ist daruß zu gedenken, daß er ein Legaten über den anderen zu ihm schicket, ihn auch mit Bischöfen und Kardinälen (die dem Papst alle verpflicht und zugut handlen werden) behängt und überführt. Dann er hat ersehen sein Jugend als die Zeit, so Betrüglicheit am unterwürflichsten. Do steht fleißig Insehens zu haben, und darf je ihr Majestat nit hoffen, daß ihr die Päpst mehr dann zuvor anderen Kaiseren Glauben halten werden. Dann sollt das schon sunst müglich sein, so ist es doch zu diesem Papst nit zu hoffen, der sich gereid [bereits] wes er gesinnt erzöigt, ihn mit allen Kräften der küniglichen Chur [Wahl] zu verhinderen unterstanden. So ihm aber solichs und was er offentlich, feindlicher Weis gegen seiner Majestät fürgenommen, nit hat wöllen für sich gehn, ist er nun mit Rat (als nit zu zweiflen) seiner Florentiner (vor deren Namen sich auch ze förchten ist) uff diesen Weg kommen, meinet ihn unter einem Schein der Freundschaft mit Listen zu fällen. Und das am meisten uß der Ursach, daß er sie⟨c⟩ht, er sich allenthalben darzu schicken, daß die Teutschen von der päpstlichen Schinderei und Beschwernus erlediget, von dem Joch, so ihn[en] unbillichen uffleget, erlöst werden mügen. Darumb soll K[aiserliche] Majestat sich unterweisen lassen, daß sie sich [durch] den Papst niemer mit guten Worten dahin reden laß, daß sie diejenen, so zu solichen Dingen dem gantzen Land und aller Christenheit zugut Vermahnung tun, verfolgen oder ußtilgen laß. Dann je erkannt werden muß, daß Doktor Luthers und mein Schreiben ihrer Majestät, der gantzen teutschen Nation zu Ehren, Nutz, Frommen und Wohlfahrt reichet. Wor [Wahr] ist es, daß es vielen Kaisern, die auch gern teutschem Land geholfen und sein Freiheit gern wiederbracht hätten, doran gefehlt, daß sie nit [keine] gehabt, die sie uß Grund der Schriften dieser Sachen wie vonnöten bericht hätten. Dann es wissen wenig, wo dem Papst sein Hertz liegt. Ob es dann schon etlich wissen, seind zum Teil Geistlich[e], zum Teil haben sie nit den Mut, daß sie es sagen und offenbaren gedörfen, förchten die päpstliche Tyrannei. So es nun darzu ist kummen, daß Leut seind, die das wissen und dörfen jedermann zugut und sonderlich K[aiserlicher] Majestat zu Ehren und Nutz die Wohrheit herfürbringen, soll man die nit allein nit verfolgen noch doran gehindert werden lassen, sonder [viel]mehr soll man sie fürderen, ihnen dartzu helfen und raten.

Ein neu Lied Herr Ulrichs von Hutten

Ich habs gewagt mit Sinnen
  Und trag des noch kein Reu,
Mag ich nit dran gewinnen,
  Noch muß man spüren Treu;
Darmit ich mein
  Nit eim allein,
Wenn man es wollt erkennen:
  Dem Land zu gut,
Wiewohl man tut
  Ein Pfaffenfeind mich nennen.

Da laß ich jeden liegen
  Und reden was er will;
Hätt Wahrheit ich geschwiegen,
  Mir wären hulder viel.
Nun hab ichs gsagt,
  Bin drumb verjagt,
Das klag ich allen Frummen,
  Wiewohl noch ich
Nit weiter fleich,
  Vielleicht werd wiederkummen.

Umb Gnad will ich nit bitten,
  Dieweil ich bin ohn Schuld;
Ich hätt das Recht gelitten,
  So hindert Ungeduld,
Daß man mich nit
  Nach altem Sitt
Zu Ghör hat kummen lassen;
  Vielleicht wills Gott,
Und zwingt sie Not,
  Zu handlen dielsermaßen.

4 noch = dennoch 6 eim = einem 11 liegen = lügen 19 fleich = fliehe

Nun ist oft desergleichen
Geschehen auch hie vor,
Daß einer von den Reichen
Ein gutes Spiel verlor;
Oft großer Flamm
Von Fünklin kam,
Wer weiß, ob ichs werd rächen;
Staht schon im Lauf,
So setz ich drauf:
Muß gahn oder brechen.

Darneben mich zu trösten
Mit gutem Gwissen hab,
Daß keiner von den Bösten
Mir Ehr mag brechen ab,
Noch sagen, daß
Uff einig Maß
Ich anders sei gegangen
Dann Ehren nach;
Hab diese Sach
In gutem angefangen.

Will nun ihr selbs nit raten
Dies frumme Nation,
Ihrs Schadens sich ergatten,
Als ich vermahnet han:
So ist mir leid,
Hiemit ich scheid,
Will mengen baß die Karten;
Bin unverzagt,
Ich habs gewagt
Und will des Ends erwarten.

Ob dann mir nach tut denken
Der Kurtisanen List,
Ein Herz laßt sich nit kränken,
Das rechter Meinung ist.

38 Staht = Steht 40 gahn = gehen 46 = irgendwie 51 ihr = sich 53 ergatten = erholen 54 han = habe 57 baß = besser 61 nachdenken = nachstellen 62 Kurtisanen = päpstliche Höflinge 63 kränken = krank, schwach machen

Ich weiß noch viel,
Wölln auch ins Spiel,
Und solltens drüber sterben:
Auf, Landsknecht gut
Und Reuters Mut,
Laßt Hutten nit verderben!

Fehdebrief an die Kurtisanen

Nachdem sich Ulrich vom Hutten zum Steckelberg, aus beweglichen [wohlüberlegten], notgetrankten Ursachen, auch gemeiner Christenheit und sonderlich teutscher Nation meim Vaterland zu gut, des unchristlichen, goldgeirigen, rauberischen Volks der Kurtisanen vor guter Zeit abgesagter Feind worden, gegen denselbigen meinen Feinden mit fehdlicher Tat, Nahmraub [gewaltsame Beraubung], Brand, Totschläg und ander Weis zu handlen, die heimlich und offentlich zu beschädigen an ihren Leiben und Gütern, zu verfolgen fürgenommen, und aber ungern wöllt, daß durch dies mein billich und vielfaltiglich vorursacht Vornehmen jemand anders, wer der auch wär, geistlichs oder weltlichs Stands, außerhalb der vorfluchten Kurtisanen Sekt[e], teutscher Nation schödlichsten und größten Räubern, in einigem [irgendwie] beschädiget oder benachteilt söllt werden, so hab ich meniglich [jedermann], sich derselbigen Kurtisanen zu entschlagen, von ihnen abzusöndern, ob jemands mit ihn[en] teil oder gemein, dasjenig ihm zuständig [anhängt] zu seinen Händen nehmen, guter treuer Meinung [Absicht] hiemit ungewarnet nit wöllen lassen, sich in dem allem dermaßen haben zu richten und zu halten, damit Geistlich und Weltlich von der Ehrberkeit des ehrlosen, schandhaftigen, verdammpten Haufens der Kurtisanen nit entgelten. Das mir dann, wo solichs durch mich oder meine Helfer und Vorwandten immer beschehen söllt, treulichen und von Hertzen leid wäre. Will mich doch hiemit vorwahrt und entschuldigt haben, dann hinfür soll niemand unverborgen sein, daß ich genannte meine Feind mit Feur und Eisin besuchen [heimsuchen] wurde, und mich die, und ihre Güter zu beschädigen, sie sein wo sie wöllen gesessen oder gelegen, alles Behelfs brauchen. Wo nu jemand uber diese mein treue Warnung sich genannter Kurtisanen nit entschlagen oder weiter mit ihn[en] gemein haben wurde, kann er ermessen, daß ich des kein Gefallen von ihm tragen möchte, sonder, wo er in dem also vorharrete, ihn anders nit denn oben angetzeigte meine Feind halten müßte. Das will ich hiemit guter freundlicher Meinung, damit des niemands Unwissens trag, zu erkennen geben haben.

Er Ulrichs von Hutten mit Erasmo von Rotterdam, Priester und Theologo, Handlung, allermeist die lutherische Sach betreffend.

Ich versehe mich, du hast endlich verstanden, mein lieber Erasme, daß mirs sehre mißfallen, auch unser beider Freunde auf dieser Meinung seind, daß du nit recht an mir gefahren, so ich nägst [kürzlich] zu Basel gewest, daß du mich nicht zu dir hast wollen lassen*. Und derhalben, dasselbige itzund bei vielen mancherlei entschuldigest, forderlich in dem Sendbriefe, den du zum Laurino geschrieben*, der mir zu Basel gedruckt von meinen Freunden zeiget ist, brauchestu [brauchst du] mir sunderliche List, schreibest also: Hutten ist etzliche kurtze Tage allhie gewesen, ist aber nie zu mir kommen, ich wiederumb nicht zu ihm, wo er mich aber besucht hätt, wollt ich ihm mein Wort nicht vergunnt haben, seitemal er nu mein alter Freund. Und forder [weiterhin]: Aber derhalben, daß er umb seiner Krankheit nicht lange aus der Stuben bleiben kann, und ich ihr nicht gewohnet, hat sichs begeben, daß keiner den andern auf diesmal gesehen hat. Mein lieber Erasme, was ist mir das vor ein Schwank? Ist das die Ursache gewesen, darumb wir nicht haben kunnt zusammen kommen? Hastu [Hast du] aber nicht von mir gebeten, so ich zum ersten in die Stadt bin kommen, daß ich dich nicht sollt besuchen, darumb, daß es ohn dein Haß und Nachteil nicht geschehen kunnte, mit welchem mir nit ziemet, daß ich dich beschweret? Ich frage dich, mein Erasme, die Sach sei nu also geringe, als sie von etlichen geacht mocht werden, warumb hastu dann solichen Haß oder Beschwernis mit offnen Schriften von dir wollen schieben? So sie aber also groß ist, daß du deine Schuld erkennest, wie bistu also kühne, daß du in einer Sach, die allen Leuten offenbar, also offentlich darfst liegen [lügen] und mit solichen Umbschweifen dein Schützung suchen? Als nämlich, ich sollt von Krankheit wegen oder sunst Vorhindernis nicht ein soliche Zeit von Stuben kunnt sein, in mehr dann funftzig Tagen, die ich da stille gelegen, daß ich dich einmal hätt angesprochen, so ich doch oft mitten auf dem Markt bei guten Freunden zwo oder drei Stunden gestanden, mit ihn[en] geredet, und hab sie wohl konnen dulden. Stehet das deiner Tapferkeit zu, ein gantz offentlich Ding also mit falscher Farbe zu bestreichen, die Wahrheit also mit falscher Gestalt zu verschatten? Auch weiß ich nicht, was mir am wehesten tut, diese deine heimliche Tukke oder die Tat an sich selbest, durch welche du gantz unhöflich und unfreundlich mit mir handelst, der ich Gleisnerei und Schmeichlerei von Natur gehaß bin und ein Freund der Lauterkeit. Kann auch nicht ho⟨c⟩her vorletzt werden, dann wo ich sehe, daß man nicht wahrhaftig oder aus Hertzen mit mir handelt. Du hast aber vielleicht nicht gedacht, daß ich mich einer solchen Sachen so hart wurde annehmen, und dich also fern meiner Forcht entschlagen, daßtu [daß du] gleichwohl auf Vorrat gedacht, wo ich mich solches Hohnes wurde annehmen oder beklagen, daßtu das Gerucht deiner Unfreundligkeit furhin schriftlich von dir hast wollen schieben. Ich sage aber, so dies deine Meinung ist, kennestu mich noch nicht recht. Wie sollt ichs nicht vor ein groß Schmach antziehen, also gehandelt werden von einem Freunde, dem mein Glaub nu lange bekannt, der meinen Glimpf [Zuneigung] und Gütwilligkeit oft erfahren, mit wilchem ich nie in Zweitracht kommen, das du auch selber kunntest [be]schuldigen oder das in meinem Wissen stunde? Wie willtu aber nu leucken, daß du dich meiner nicht entschlagen hast, so du doch offentlich w[e]ißt, mit was Gezeugen ich dich uberkommen kann? Du hast aber darauf nicht gedacht, daß ich zukunftig die Sach also in acht nehmen wurde, und also ongefähr allhie und unbedacht, wie dirs nur eingefallen, davon geredt. Ich aber hab allezeit vortrefflichen Fleiß dahin gewendet, daß ich der Kunntschaft [Bekanntschaft] oder Freundschaft, so mir unter frommen Leuten begegnet, aufs allerheiligest acht nehme und darauf wartet, hab auch kein Laster je mehr geflogen [geflohen], dann wo sich ein Freund von dem andern solcher oder dergleichen unbillicher Haltunge beklaget, kein Unbillikeit je schwerlicher getragen, dann wo ich zwischen Freunden einen von dem andern Hinterlist gestellet hab erfahren, derhalben du wissen sollt, daß mir ein gantz bitter Stuck in diesem Fall von dir sei begegenet. Ich darf das frei sagen auf mein Gewissen und auch aus deinem Zeugnis, daß ich dich nie anders dann als einen Gott mit hochster Heiligkeit gefiert und gewirdiget hab, und du achtest mich nit wirdig, daß du nur mit mir redest. Als lange als ich deine Kunntschaft gehabt, bin ich allezeit also hitzig bei dir gestanden, daß dir nie kein Feind beikommen, ich hab desselbigen Feindschaft umb deinetwillen auch wöllen haben. Und du achtest mein Freundschaft also gering, daß du mich umb einer kleinen Beisorge, so ohnmächtige Böswicht von dir möchten haben, gantz verstoßest und vorwirfest; was kunnt unfreundlicher von dir gesagt werden? Was ist deinen Studiis ungemäßer? Mochtest aber sagen, ich muß meines Tuns acht nehmen und auf mich sehen, wenn dir vielleicht Fährligkeit darauf gestanden, so du mich zu dir gelassen hättest. Ich sehe es davor an, daß die Kurtisan alleine umb deinetwillen hieraußen seind, merken alleine auf dich, ob du etwan Gemeinschaft mit mir habest. Es haben mich viel Städte durch gantz Teutschland, auch viel redlich Männer insunderheit ohn alle Forcht und Beschwärnus offentlich behaust und gehoft, aber dich alleine will der Teufel bald fressen, du hast allein Fährligkeit zu forchten und willt kein Beschwernis, Gott gebe es sei billich oder unbillich, uberall tragen. Wie aber das erste wahr sei, und wie wohl dir das ander anstehet, kann ich nicht recht begreifen. Es hat sich noch keiner aus meinen Freunden umb der Kurtisan willen meiner entschlagen oder umb dieser Ursachen gedacht zu meiden, und du hast eben auch nicht ein vollkommlich Sach, daß du mich umb dieses Hasses Forcht, so dir daraus möcht entspringen, nicht zu dir hast wollen lassen. Es hätt dir aber wohl konnen begegnen, so du mir nähest in meiner Sache Beistand getan. Nu ist das meine Weise auch nie gewest, so ich gleich ungefährlich Sachen gehandelt, daß ich meine Freunde darein mischet. Welchs klar anzeigt Doktor Reuchlens Schutzunge*, do mit ich allezeit bis an das End also gehandelt, daß ich ihn stets selbest gebeten, er wollt mich je meiden, bin doch also mit der Sach umbgangen, daß sich seine Feinde allezeit mehr vor mir dann vor ihm selbst besorgt haben, ist ihn auch also widerfahren, darauf er doch frei hat durfen schweren, daß es alles ohn sein Wissen gesche⟨c⟩h, das sie sich von mir beklagten. Hab auch darumb, daß meine Widersacher das glaubten, daß mein Vornehmen nicht aus unser beider Rat ginge, geduldet, daß er mich vormahnet, ich sollt je seinethalben nichts anfahen, habe derhalben offentlich bekannt und gesagt, daß es meine Sache sei und keines andern, gehe Doktor Reuchlin nichts an, das ich handel, sunder mich alleine, geschehe auch mit meiner Fährligkeit alleine. Also haben die Böswichter kein Friede vor mir gehabt, so gleich Reuchlin in Friede gesessen, damit ich sie gnug gepeiniget, hab ihn dieweil stille lassen sitzen oder etwas anders tun. Ist aber nit vonnöten, daß ich mich von diesen Dingen bei dir rühme, seitemal du selbest offentlich von mir geschrieben, gezeuget und gelobet hast, daß ich niemands dann mich selbest mit Haß pflege zu beladen. Ist derhalben der Wahrheit wohl ähnlich, daß ich dir, meinem besten Freunde, hab wollen tun, das ich nie keinem Menschen je hab pfleget? Sonder das glaub mir, wo ich etwan dein Fährligkeit darinne bedacht hätte, daß ich deines Ansprechens nicht alleine nicht begehret, sonder auch nit zugelassen wollt haben. Ja ich wollt mich der Wollust, die ich allezeit entpfangen, so ich mit dir geredt, beraubet haben. Wer wollt aber glauben, daß meine Feinde so schnell, also heftig oder geschwind wären worden, daß sie sich solcher kleiner Ding annähmen, so ich doch in viel großerem bis hieher nichts vermerkt hab. Und das ich eben sage, wie mirs umbs Hertz, ist nicht der Wahrheit ähnlich, daß dir meinethalben etwas sollt zugesacht werden, seint sie [da sie doch] mich selbest, der ich selb schuldig, auf das allerkleineste verachten und sich meiner nichts uberall annehmen. Ich setze aber, daß dem also sei und du das recht besorgest. Wie wolltistu in einem großeren bei einem Freunde stehen, so du einen solchen kleinen Haß oder Nachrede nicht kannst tragen? Was Trostes sollt ich mich zu dir versehen, so mir alles, das ich hätt, von Feinden genommen wurde, daß ich von Armut getzwungen der Leut Steur und Hilf mußt begehren, so du mich itzund fleugest [fliehest], dieweil ich dasselbige noch nicht bedarf und meiner Sach noch Rat hab? Ist es auch glaublich, daß du in Verfolgung meiner Widersacher bei mir halten solltest, seint du mich bereit[s] nicht zu dir willt lassen, so noch niemand wider mich ist, und so ich auch daruber eins ehrbarn Rats Geleit gehabt*, ein offentliche Herberge in der Stadt? Item [Ferner] mit eins ehrbarn Rats Geschenk vorehret bin worden, ein Burgemeister nach dem andern zu mir kommen, viel ander güte Freunde, die mich mit Haufen besücht haben, auch etzliche aus meinen Widersachern, die sich wiederumb mit mir versühnt haben? Aber du müßtest allein daheim verschlossen liegen und forchten, daß dir der Papst das Geleite nicht wieder aufsaget, wo er erführe, daß du mit Hutten geredt hättest, wenn es müß je diese Ursach haben. Es wär dann, daß du deiner Stirn Schwacheit geforcht, daß du dein recht Gewissen nicht kunntest verdrucken, mochtest vielleicht sein rot worden und dich selbest vorraten, so ich etzlicher Ding Ursach von dir gefraget, als ich dann freilich gesinnet, wenn du weißt ohn Zweifel wohl, was mir von dir mißhaget, meinethalben erstlich, daß du so gantz unfreundlich von mir geschrieben, darnach Doktor Reuchlens halben, der nägst in Gott verscheiden, wilchen du aufs allerschändlichst angriffen und versprochen [verleumdet], endlich auf ein Schimpf und Unehr, als viel als in dir gewest, gesatzt. Darüber wollt ich dich auch erinnert haben in der Sach, das Evangelium und christliche Freiheit betreffend, so ich von etzlichen verstanden, daß du dich derselbigen nicht also wie vorhin [früher] annehmest, sunder wärest entweder viel anders gesinnet, oder so das nicht, redest doch anders davon dann du vormals pflegest, hätt vielleicht auch sunst etwas mehr mit dir zu reden gehabt, das uns auf beiden Teiln nit abträglich wäre gewesen, so kommet mir bald entgegen den ersten Tag, so ich gen Basel kommen, unser beider Freund der gestrenge Herr Heinrich von Eppendorf, grüßet mich erstlich von deinetwegen, bittet darnach, so ich nu dahin kommen, wollt dich je nicht mit Haß beschweren, hab ich nicht bald vorstanden, was das bedeutet, bis er weiter gesaget, wie das dein fleißige Bitt sei, daß ich je nicht zu dir heim in dein Haus wollt kommen, wenn es mocht dir von meinen Feinden Gfahr daraus entspringen, wo sie vornähmen, daß wir beisammen gewest wären, wilches, wiewohl michs sehre verdrossen von dir und mich fast [stark] beweget, hab ich doch viel nachgeben deinen Tugenden, unser alten Freundschaft und dem Wahn [Meinung], so alle Leute von uns gehabt, habe aber nicht gewußt, wie du auf Feindschaft bedacht seist und habst schöne gemachte Pfeile daheime, mit wilchen du wider der Wahrheit und christlicher Freiheit Schutzer fechtest, hab darumb mein Schreiben zu dir verzogen, ob du dich vielleicht noch bedenken wolltest und mich zu dir fo[r]dern. Dazu ich dir dann auch Ursach und gleich Reitzunge gegeben habe, bin oft mit güten Gesellen ohn all sonderlich Geschäft vor deim Hause ubergangen, wo du mich ohne Zweifel hast sehen müssen. Darnach hat sichs begeben, daß ich ehe bin abgescheiden, denn [als] ich mir vorgenommen hatt, und so etliche aus meinen Freunden erfahren, daß ich den Winter allhie wollt bleiben*, als ich denn nicht weit von Basel was, schrieben etzliche zu mir, etzliche kamen selbest, aus wilchen ich gehöret und wohl verstanden hab, was du wider D. Luthern und seinen Anhang täglich pflegest zu handeln, und wie du auch offentlich mir mit der Feder drauest [drohst] und mit etzlichen Büchern, damit du diese Sekt[e] wollest unterdrucken, daraus ich bald abgenommen, daß es nicht gantz vergebens sei gewest, damit mich furhin etzliche meiner Freunde gewarnet, hab mich aber enthalten, so den dritten Tag davor (ist mir recht) der Sendbrief zum Laurino, den ich fur [vorhin] anzogen, allhieher ist bracht worden, voller giftiger Stichel und Verfolgunge und ein offentlicher Zeug deines gantz umbgekahrten, auf das allerungeschickste Gemütes, oder, so das nicht, deiner angenommnen Heuchlern, daß du denjenigen heuchlest und zu Gefallen bist, die du ohn meine Feindschaft in Freunden nicht kannst behalten. Daruber ich mich sehr vorwundert und gantz besturtzt bin worden und grimmig, und doch bekummert bei mir gedacht, was es doch vor ein Ursache möcht haben, daß du, der du vorhin zugleich mit mir den Papst zu Rome in die Ordenunge hast helfen bringen und den andern Bischofen gleichformig machen, Rom als einen stinkenden Pfudel aller Laster und Buberei in Schriften geschulten, Ablaß und Gnadbriefe versprochen [angeprangert], die Zeremonien und äußerlichen Pracht verdammet, der Kurtisan Sache gantz ausgerott und vertilget, des Papsts Gesetz und Dekretal vermaledeiet, und endlich diesen gantzen Stand dieser Gleisnerei aufs allerheftigste zu Bodem geschlagen. Fällest nu also bald zurugke, folgest deinem Widerpart und gesellest dich zu deinen Feinden. In wilchem Bedenken mir viel eingefallen ist, das dein Ursachen angesehen werden, darumb du also gantz von dir selbest bist gewichen. Aus wilchen erstlich ist dein gantz unsättlicher Ruhm und eitel Ehrgeitz, davon man sagt, daß du keine fremde Tügend oder Verstand kannst leiden bei dir aufwachsen. Darnach deines Gemütes Schwacheit, die mir alltzeit in dir als ein unwirdig Ding deiner Höhe mißfallen hat, also, daß ich allezeit glaubet, daß du etwan [vielleicht] mit derjenigen Drauen oder Forcht uberwunden seist. So ich aber die Sach recht ansich [ansehe], wird mir keins davor gnug angesehen zu dem, das ich försche [was ich erforschen will]. Wenn ⟨so⟩ du gleich D. Luthern hassest oder ihm entgegen bist, darumb, daß vielleicht die gantze Welt alleine vom Luther saget, und seine Bücher mehr gelesen werden denn deine, und du dir nu ein Ehr oder Preis an Luthern zu erjagen, wo du ihn uberwundest, hast vorgesatzt, hab ichs doch davor gehalten, daß du denselbigen Haß oder Ehrgeitz nicht also würdest vollführen, daß du darumb bald die gantze Sach, die wider [weder] sein eigen ist, noch durch ihn alleine erstlich angefangen, widerfechten würdest, sonder erstlich dein selbest acht nehmen, so du selbest mit beiden Füßen darinne stickest [steckst], darnach auch vieler anderer ehrbarer Männer, zu wilchen du wohl weißt, daß die Sach auch ein groß Teil gehöret.

Zum andern, wenngleich dem also wäre, daß du mit Drauen uberwunden, ist es doch nicht davor anzusehen, daß du also eilend also wütend kunntest sein worden, daß du wider diese, die du in kurtz vorgangen zu guten Freunden gehabt, dich also ungeschickt [ungebührlich, schonungslos] auflehnen solltest. Ist auch der Wahrheit nicht ähnlich, daß einer aus seiner Feinde Forcht also bald wider jemantz bewegt oder vorbittert künnte werden, als ich dich vormerkt, wie gantz unfreundlich und bitter du hierinne bist. Daruber hab ich auch bei mir nicht konnen begreifen, daß du dein vorige Meinunge auf diese Weise widersprechest, als hättestu [hättest du] etwas bessers gefunden, oder, so du nu dein Irrtumb erkannt, wurdest von deinem Gewissen nicht alleine anders zu glauben, sonder auch dein vörige Meinunge zu vorwerfen und zu strafen nach all deim Vermügen, von großer Not, vorursacht. Wenn so dem also wäre, hättestu nicht die Person oder der Sachen Forderer, mit wilchen du gleich schuldig bist, in allem das du anzeugest dorfen verfolgen, auch dieser Ursachen keine uberall brauchen, die du einführest. Wär auch nicht vonnöten gewesen, (das denn dein großter Kämpf ist in derselbigen Gschrift), den Widersachern ein Wahn machen, daß sie je offentlich sehen und glaubten, daß du nie etwas wider sie hättest angefangen. Zuletzt wäre auch solch Linderunge ohne Not gewest, die du in all demjenigen, das du vorhin aufs allerklärste und heftigste geschrieben, brauchest, linderst und flickest auf allen Seiten, etzlichs mit neuer Auslegunge, etzlichs mit neuer Schmucke und Farbe, die du allen deinen Geschriften, diese Sach betreffend, an allen Orten anstreichst. Sonder wär gnug gewest, daß du dein Irrtumb bekannt hättest und Gnade gebeten. So das aber nicht geschehen, stehet ein ander Bedenken darauf, daß du vielleicht etwan mit der silbern Buchse geschossen bist, oder hast etwan ein großes Stands Hoffnung vorhanden, darnach du dich richten müssest, das ich aus deinen eigenen Schriften hab, da du erstlichen von dem großmächtigen Briefe sagest, damit dich der Papst begabet habe, wie es also fruntlich, also ehrerbietlich sei, daß er dich auch darinne lobe, und du des gleichen nie gehabt hast. Zum andern von dem Sedunenser [Sittener] Kardinal, der dir jährlich 500 Dukaten alleine vor seine Person und frei Reise vorheisset, wo du dich wollest gen Rome wenden, und von viel andern, als nämlich ist der wirdig Vater Silvester von Prierio, die dich alle mit großer Verheißunge und Zusagung gen Rome fo[r]dern, aus wilchen dir einer nicht ein geringe geistlich Lehen erbeut, so du abweichen wolltest, und weiter, da du dich beklagest, wie dir ungerecht geschiehe, daß etzliche schreien, wie du die Wahrheit umb Finantzen und Geschenk verlassen habst, schreibestu also: Ja wann ich mit Gift [Geschenk] oder Gaben zu diesem Kämpf hätt konnen gezogen werden, wär dasselbige längst geschehen. Wilche Wort allen Leuten große Beisorge [Besorgnis] machen, du habst etwas genommen, seint [da] dirs also oft erboten, wenn [denn] das glaubet man leichtlich, wo einem also oft umb einer Sachen wird angelegen, daß er endlich darein vorwillige. So ist das auch gemein, daß auf diejenigen allezeit am meisten Ergwan [Argwohn] wird geworfen, die sich der Tat am meisten entschuldigen. Wilches alles, wiewohl es nicht wenig zur Sache tut, sein mir doch ander Gedanken im Wege gestanden, daß ich nicht habe konnen vorstehen, wie du dich nu zuletzt mit schändlicher Finantz solltest lassen verführen, so du vorhin gnug hast und in diesem Alter bist, daß du nu in Zukunft nicht viel bedurfen wirst, bis ich endlich aus vielen eins bei mir beschlussen habe, darauf ich nu stehe und festigklich glaube, daß du durch diesen Weg darein gefuhrt bist. Erstlich unb Schwacheit und Unbeständigkeit deines Gemütes, damit du alle Ding fürchtest und bald verzweifelst, hast freilich wohl bedacht, die Sache wurde nicht also schlecht hinausgehen, forderlich so du vermerkt, daß beinahe die größten Fursten deutscher Nation wider uns geratschlagt und sich verbunden haben, hast derhalben bald gdacht nicht allein, wie du dich unser entschlügest, sonder daß du dich auch bei denjenigen zuflickest und dir gnädige Herrn machest. Zum andern so sie dich aufs allerehrlichste zu sich gezogen, und dich auch umb deiner Geschicklikeit und Glauben, des sie sich zu dir versehen, gelobet und preist haben, hat dir je die Sach nicht mißfallen durfen, hast ihn[en] doch nicht uberall vertrauen durfen, du hättest dich denn auch wiederumb mit Dienst gegen ihn erzeiget, ist also dir dein Bedenken gewest, daß wohl das der größte Dienst mocht sein, den du ihn[en] kunntest erzeigen, so du dich widern Luther legest, so sie doch vorhin lange einen gesucht, der dazu dienet, und dich forderlich verordnet und dazu abgedacht hätten. Bist also uberwunden. Erstlich von Forcht der Straf und Pein, so dir daruber mocht begegnen, wo der Widerpart uberwunde [siegte]. Zum andern aus Hoffnung der Gnad, daß, wenngleich die Sach nicht ein guten Ausgang gewünne, daß du dich doch dadurch Gnad versiehest zu erlangen, so du dich vorhin jenen abgeschlagen und diesen zugewendet hättest. Daß du aber im ersten Anfang also stürmest und pochest, schätze ich, daß es diese Ursach habe, daß du gedacht, du wolltest uns unser Gemüt mit Drauen zu brechen [uns mutlos machen] und zurucke schlagen, und also bezwingen, daß wir dir zufallen müßten, wilches so du endest, wurdestu dann in Zukunft wohl zufrieden bleiben und auch sonderlich und groß Ehre daruber erlaufen. So aus diesem inderteins [irgend etwas] deine Meinunge ist, ermahne ich dich treulich, du wolltest dich je mit Fleiß vorsehen, daß sie dich nicht betriege, wenn wo es anders hinausgehet, dann du dich vorsehen [als du glaubst], so prophezei ich dir das gewiß, daß du gar greulich und ungeschickt wirst anlaufen. Derhalben sie⟨c⟩h eben vor dich: Du bist itzund in diesen Tagen, daß dir nu nicht mehr wohl anstehet, nach großer Ehre oder großen Gütern zu ⟨be⟩trachten, sonder viel mehr, wann du sterben sollt zu bedenken, und daß du nu gleich tust als ein fröhlich Pilgram, der den großten Weg gangen und nu nicht ferne vom Vaterlande ist, sollest allen weltlichen Triumph, Ehre und Rühm verachten, so hebestu [hebst du] auf ein neues an, nach einer neuen Ehre zu stellen, auf diese Weise, daß du gantz wider deines Hertzen Meinunge denjenigen, der Welt Hirschern [Herrschern], zu Gefallen tun willt, sie⟨c⟩hst nicht, wie dir dein Vornehmen mächtig ubel anstehet und dir gantz unehrlich ist, darin dich doch dieser Zeit Läufft und Brauch erinnern sollten, was dir zu tun wäre. Darnach diejenigen selbest, die dich mit solcher Gabe und Katt [Köder] zu dieser Sach locken, wiewohl sie gewaltig, wo sie nicht etwan groß Fährligkeit vor ihn ruechen [Gefahr für sich vermuteten], wurden sie dich wohl gehen lassen, wurden auch so heftig uber uns nicht ratschlagen. Wilches, so du mit Augen sie⟨c⟩hst und dein Hoffnunge aus ihn hänget, stehet dir wohl zu bedenken, was du dich doch tzeihest [wessen du dich aussetzt], oder was du zu erlaufen gedenkest. Auch weißtu wohl, daß derjenigen Hoffnunge, die ihr Sach aufs Gluck und ungewisse Zuschläge gestellt haben, allezeit krank und geringe gewest ist, wilches ich doch mehr auf deines Names oder Geruchtes, dann Leibes Fährligkeit oder Nachteil sage, wiewohl dies auch zu bedenken ist. Ich setze aber, daß kein Leibes[ge]fahr darauf stehe, so ist dies doch gewiß, nämlich gütes Gerüchtes Vorlust und Nachteil, das allezeit mehr dann Leibes Fährligkeit zu vorwahren ist. Wieviel läßtu [läßt du] dich aber wohl bedunken, daß ihr[er] sein [sind], die durch diese Jahr deine Weise erkannt, und itzund meiden und dir abgefallen? Derhalben aber, daß sie solche Unbeständigkeit alleine in kleinen Dingen gesehen, haben sie dir umb deiner andern Tügend nicht zugerechent. Nu aber, so sie dich in dieser allergroßten Sach vermerken, daß du deiner selbest also unmächtig, werden sie gar großen Unwillen auf dich werfen und schellig [zornig] uber dich werden. Die andern aber, die allezeit gute Meinunge von dir gehabt und dich nie in Leichtfertigkeit oder irgendeinem Geticht [Betrug] vermerkt, so sie dich nu also werden sehen wanken, was werden die sagen oder gedenken? Ohne Zweifel, als tapfer und ehrlich ein itzlicher [jeder] vorhin von dir gehalten und geredt hat, also werden sie wiederumb verächtlich ausspritzen und sagen pfui, das ist Sund und Schande, daß man es von einem solchen Manne erfahrn sall. Wilchem, wollt Gott, ich hätt vorkommen künnen! Ist nichts, das ich lieber wollt [ge]tan haben, dann dich vor eim solchen Schimpf und Spott erhalten. Nu forcht ich, es sei zu lange geharret, seint du zu weit hast fortgefahren. Das glaub mir aber gewiß, daß ichs von Hertzen gern wollt tan haben, wenn ich gleich ungewiß, ob dir solch mein Neigunge oder gut Wille gegen dir angenehme oder unangenehme sei. Forderlich seitemal du in ein gemein handelst [Zumal nach dem, was du ganz allgemein tust], und [als auch] mich sonderlich mit Namen antast[est] und mit den[en], die ich am allerliebsten gehabt, also häßlich umbgehest, daß mirs, der ich ihr Freund, nicht wohl zu leiden steht. Und wiederum die meine tödlichen Feinde, hebest du bis in Himmel hinauf. Wilches meine erste Sache ist gwest, der ich mich von dir hab wöllen beklagen, wiewohl ich fast zu lang gesäumet, will derhalben erstlich und kurtzlich davon vollenden, ehr [bevor] ich zu des Luthers Schmähunge komme, ob du es vielleicht nicht kunntest sehen oder begreifen, so will ich dir vor die Augen legen, wie du beide, dein Freunde und Feinde, pflegest zu halten, will doch nachlassen alles, das nicht sonderlich dazu gehöret. Du schreibest in einem Sendbriefe zum Hochstrat auf diese Meinunge: Ich hab ungefährlich in einer fremden Liberei [Bibliothek] ein Büchlin funden, darin etzliche Sendbriefe seint gewest, wilcher Meinunge mit großer Freiheit wider den römischen Papst gelautet. Der erste ist Doktor Reuchlins gewest, der ander des Grafen vom Neuenarn, der dritte Buschii, der vierde Ulrichs von Hutten. Dieser Briefe Bitterkeit hätt ich in keinen Weg kunnen dulden, so ich nicht furhin Schrift gelesen, von wilcher sie zu solchem Stürmen und Rumorn verursacht mochten sein worden, hab sie doch nicht ohn sonderlichen Schmertzen gelesen, auf eim Teil mit ihn[en], auf dem andern mit dir Mitleidung tragen. Darnach auch geforcht, daß es nicht etzlichen frommen gelahrten Männern davor mocht angesehen werden, daß solch heftig Schmähung nicht ohn Ursache, auch nicht aller Dinge in Unschuldige gewurfen mocht sein, und dergleichen mehr. – So höre ich wohl, Erasme, es muß nu ein Stürmerei und Ungeheuer heißen, daß ich widern Hochstrat geschrieben, daß du doch vorhin pflegest zu billichen und zu sagen, daß es die Sach also fordert, ich handlet noch allzu freundlich, und forchst nu, daß es nicht aller Dinge vorgebens mocht sein, daß ich widern Hochstrat geschrieben, gleich als er das nie verschuldt hätt, und ich pfleget einem geticht, unnütze und falsch Ding vorzuwerfen, wilches, so ihm also ist [wenn dem so wäre], so will ich diesen Sententz selbst gefällt haben, daß keiner ist, den man billicher aus gantz Teutschland vertreibe, dann eben mich, Ulrichen von Hutten, der mit ertichten Lügen fromme Leut schmä⟨c⟩ht und mit giftigen Geschriften in die Unschuldigen wütet. So dem aber nicht also ist, so bin ich also gesinnet, daß ich von niemand großer Rachung begehre, dann von dem, der ein solch schnöde hässig Laster auf mich Unschuldigen legt. Ich hab all mein Tag kein Laster sehrer geflogen [geflohen] dann Verlogenheit, hab auch nichts schändlicher geacht, dann wo man nicht alle Ding lauter, einfältig und mit gutem Glauben redt und handelt, dazu ich von Kind auf bin gehalten, daß ich je in allen Dingen offentlich und aus gantzem Hertzen handlet. Wilches mich auch (das ich gewiß weiß) all mein Tag mehr dann sonst irgendein Ding uberall hat gefordert. Du machest mit deiner großen Unbillikeit, die du mir auflegest, daß ich mich wider meinen Willen muß berühmen. Derhalben, so ich auch wider Fursten geschrieben, hat mich bis hieher nichts anders enthalten, dann daß es allen offentlich ist gwest, daß ich die lauter Wahrheit mit guter Ursache hab geschrieben. Weiter ist auch mein Geschrift und Büchlein uberall vorhanden, meines Sinnes und Gemütes Anzeiger, ich will auch kein Recht fliehen, so man irgend[wo] gegen j[e]mand ein Lügen von meiner Schalkeit erticht wird befinden. Darüber sollen die Fürsten deutscher Nation meiner nicht schonen und keiner Straf, sie sei als [so] groß sie wölle, uberheben, wo ich irgendeines solchen Lasters wörde ubertzeuget [überführt], wilches ich also uber mich selbest gefället und von mir gezeuget will haben. Ich weiß auch wohl, daß etzliche seind, die mir auf dies Berufen nachstellen, ob sie etwas finden kunnten, davon sie mit mir rechten. So sie etwas finden, wie leichtlich werden sie mich unterdrucken, so sie mir ohndas nachstellen? Das sag ich aber zum andern [zweiten] Mal: So ich die Menschen in diesem Fall betriege, so zurschlage und zurknirsch mich Gott, der alle Ding sie⟨c⟩ht und weiß, und nehme mich nimmermehr auf tzu Gnaden. Auch hastu selbst meine Aufgerichtikeit und Lauterkeit oft gelobt, und ich weiß das vorwahr, wann du dir itzund nicht also hart vorgesatzt (ich weiß nicht aus was Ursache), daß du dem Hochstrat also unschambar heuchlest, wurdestu mich selbst solches Wahns schützen und entschuldigen und niemand Glauben geben, der saget, daß Hutten mit Lügen pflegt umbzugahn. Ich setze aber, daß ich gleich auch dorinne schuldig, wem wär doch vonnöten oder etwas damit beholfen, daß er von Hochstraten, von dem guten Manne, Lügen schriebe oder saget? Oder so j[e]mand wider einen schreiben wollt, der alle Schalkeit getrieben und alle Buberei auf sich hätt, die man ergent [irgend] erdenken oder ertichten mocht, der ein furtrefflicher aller einfältiger Gewissen Mörder, und also gesinnet, daß er alles, was ihm nur sein doller Kopf gibet, anfahen und tun darf. Was wär dem vonnöten, daß er dies alles stehen ließe und erticht etwas anders, damit er ein solchen Buben schuldiget? Wilches alles nicht mir alleine, sonder allen Leuten bekannt und offenbar ist. Nu sie⟨c⟩ht man wohl, was die Bestie von dir Lobes und Zeugnis hat. Ich will hiezu nicht rechnen die heuchlerischen Sendebriefe, die du ihm zugeschrieben, sonder von vielen frommen Männern Fragen und Tzeugnis nehmen, was oft dein Meinunge von Hochstraten ist gewest, und was du vor loblich Urteil uber ihn gefället, davon du billich rot solltest werden und dich schamen, so irgendein Scham in dir ist, daß du nu einen solchen wiederumb lobest, davon du oft ausgeschrien und gerufen, daß er uns von zornigen Göttern sonderlich auf die Erden geschicket sei zu einer P⟨f⟩lage, der alle gute Kunste und Ingenia verdrucke und verhindere, daß dies die betrübte Beraubung und Schadfall sei unsers itzigen verhinderten Studierens. Aller Gottseligkeit und Gutigkeit, ein unmenschlich, grausam Verderbnus, ein Fackel, von wilcher dies Feuer Ursprung genommen, davor man sich besorget, daß in dieser Zeit all denjenigen, die sich auf recht Studiern und rechte Kunst geben, Fährlikeit und Vertilgunge mocht entspringen, damit du uns anderen allen gleich ein[em] Häupter und Heerführer bist gewest, ein solchen zu verfolgen, daruber hastu all dein gute Freunde vermahnt und gewitzt, daß sie je die Feder wider diesen wohl schärften ... Allhie will ich geschweigen und meinem Glimpf zuschreiben, wiewohl ich nicht weiß, ob mirs ander Leute auch also zugute werden halten, was du zu mir geschrieben hast, wiewohl es auch nicht fast vonnöten. Das ist aber aus deinem Maul gehöret, daß du gesagt, daß vonnöten, daß dieser, alles Böses und Unglucks Bron [Quelle, Urheber], mußt vortilget und ausgeleschт werden, davon in gantz deutschem Land Haß, Eifern, Zwietracht und Hader flusse, ja wär auch möglich, daß Blütvergießen, Totschläge daraus erfolgten. Wie etwan ein ander Herkules vonnöten sei, der diese Schlange zurknirsche und den Cacum aus seinem Loch zur Strafe bringe. Und dies war zu derselbigen Zeit dein Meinunge, nu aber ist es viel in einem andern Zeichen mit dir, du müßt dem Hochstrat auf allen Seiten heuchlen, daß er dir je gnädig sei. Mochstu sagen, was gehet dich dies an? Also viel gehet michs an, daß ich umb deiner Heuchlerei willen, damit du den Böswichtern gefallen will[s]t, nicht frommer Leut Haß auf mich nehmen will. Es ist mein treulich Rat, wollest dich solcher Leichtfertigkeit mäßigen, und was du von eim itzlichen schreibest baß [besser] acht nehmen, das laß dir hie gesagt sein. Ich will und kann uberall nicht leiden, daß du dein Plastucken [Lügen] mit meinem Nachteil stärkest oder aufrichtest. Ich sage dir das vorwahr, wenn du nicht der wärest, durch wilches groß Beihulf alle rechte Studia zu unser Zeit wieder aufgericht und viel in gantz deutschen Land durch deine Hulf [Hilfe] zum rechten Wege kommen, das ich auch von mir selbest willig und gern bekenne, hätt ich schon ein Rat funden, damit ich dir deine Tat an mir vergleichet. Aber dein Tugend und Vordienst gegen mir seind nach [noch] großer dann die Ubeltat und mein Schmertzen, wollest aber gleichwohl aufhören und dies Dings ein Maße machen und deines Namens und Ehre baß acht nehmen, wenn, glaub mir, du kunntest nichtes tun, das dir unehrlicher und deinem Gerucht [Ruf] ungemäßer, wenn so dies deine Meinunge und Urteil vom Hochstrat ist, wie auch der Wahrheit nach sein muß und du ihn gleichwohl als ein ungehort Meerwunder aufruckest und preisest, mit großem Haß und Nachteil beinaht [beinahe] aller deiner Freunde. Mochtest vielleicht sagen, es ist nicht allezeit gut, daß man mit der Wahrheit hinausplatz, sonder muß sich bi[s]weilen schmiegen und [ver]stellen, darnachs die Tzeit fordert. Da sage ich nein zu. Es geziemet sich keinem Christen, mit getichtem [unehrlichem] Hertzen oder Worten zu handlen, viel weniger einem Gelehrten und Theologen. Es verdammen die heidnischen Meister* getichte Freundschaft, derhalben, daß sie der Wahrheit Erkenntnis wegnimmt und verhindert und macht sie zur Ehebrecherin. Also viel deste minder gehöret deinem Stande zu, mit Unwahrheit oder Geticht unterm Volk umbzugehen. Es geziemet mir wohl, daß ich umb rechte Freiheit zu verte[i]digen, alle Mühe und Widerwärtikeit tu und leide. Dir steht wohl an, daß du je uberall niemand beleidigest. In ein gemein aber seind wir alle vorpflicht, uns also zu halten, daß auch kein Wahn [Verdacht], als wollten wir jemand beleidigen, von uns gehabt mocht werden. So man mit solchem Vornehmen pfleget zu uberwinden, wurde ohn Zweifel j[e]dermann deim Exempel nachfolgen, wo sich etwan Fährlikeit begibt, so wüschtu [wischst du] das Maul und drehst dich aus, und solltestu gleich dein allerbesten Freunde damit beleidigen. Wilches Anzeigunge ist dies, damit du dich nägst dem wirdigen Vater will[s]t enpfohlen haben, da du zornig bist uber die Lutherischen, schreibest also unter andern Worten: Ich hab bald verstanden etzlicher Hinterlist, wilch ich nicht weiß, wie ich sie nennen sall, etzliche heißen sie die Lutheraner, die damit umbgangen, daß sie mich, der ich einfältig und bald glaube, wider den Hochstrat verhetzten. Und schreiest: O wilch ein tückisch Rat! Ja freilich ein tückische Lugen und ein unlauter unmildes Hertz, damit du in dieser Sach umbgehest. Es wär dann, daß dies dein und deiner Holländer Brauch sei, daß sie Hinterlist Einfalt nennen. Ich hab dies Gerücht zum ersten aufbracht, wie Hochstrat dein Bücher verbrannt hab. Was ist aber das vor ein Weise, daß du wissentlich und wohlverständiget fromme Leute also offentlich beleidigest? Ich erinnere dich deines Gewissens, wöllest recht sagen, was du dieser Sachen wissest und erfahren hast, wirdestu gewiß mussen bekennen, dasjenige, das alle wissen und dürfens nachsagen, daß zu derselbigen Tzeit der Hochstrat offentlich geratschlagt hat, daß man dich als ein Ketzer angriffe und deine Bucher als ketzerische Lehre offentlich verbrennet, wilchem ich dann allein im Wege gestanden bin mit dem Fleiß und Behendikeit, so ich D. Reuchlin mit beschützet, wenn er sein Datum darauf gesatzt [denn es war seine Absicht], daß, sobald er D. Reuchlins Sach vollendet, wollt er dich dann auch angreifen. Davon so alle Leute redeten, kunnt leichtlich dies Geruđt auskommen, daß er schon vorbracht [vollbracht] hätt, das er ihm [sich] also gewiß vorgenommen. Was wär mir denn vonnöten gwest, ein solch Geschrei zu tichten oder zu erdenken? Antwortestu, daß ihr mich widern Hochstrat hetzet, dazu ich nein sage, sonder dies alltzeit mein Meinunge ist gwest, daß ich glaubet, daß niemand mehr widern Hochstrat schon verhetzet und ihm auch niemand feinder wäre, dann eben du. Wie aber das mein Vorsatzt sollt sein gewest, daß ich dich damit auf meinen Ort wollt ⟨t⟩ziehen, oder wie ichs auch auf diese Weise hätt konnen zuwege bringen, kann ich nicht verstehen, so ich gewiß gwußt, daß du nichts würdest anfahen, es wär gleich widern Hochstrat oder sonst ein andern, du hättest denn die Sach erst recht grundlich erfahren. Nu ist auch Schweizerland nicht also fern von Brobant [Brabant] gelegen, daß ich hätt konnen verhoffen, dir würde in mittler Zeit kein Botschaft mögen zukommen. Heb dich aus in ein ander Welt mit dieser Einfalt, Teutschland trägt solch Mores nicht. Es ist etwan auch dergleichen Hinterlist von dir erfahren, aber dir zun Ehren ists nachgelassen und geduldet, so wir uns Besserung von dir verhofft. Do die Sendbriefe, die ohn Namen erstlich ausgangen*, lobistu [lobtest du] sie am ersten und frohlukkest gleich al[s] hätt der einen Triumph erlaufen, der sie getichtet, sagest, daß nichts je kurtzlicher und feiner erticht wäre wurden, do man die ungelahrten Gelahrten baß [besser] mit ubet [anzieht] und spottet, dann damit. Legest mir dieselbige Behendigkeit zu, gleich als ein groß Stuck meiner Gluckselikeit und Geschicklikeit, schriebest etzliche mit deiner eignen Hand aus, schickest sie in Frankreich und Engelland hin und her deinen Freunden, und war köstlich Ding, bald darnach aber, da du hörest, daß das gantz Geschwürm der Theologen zu Köln erzörnet wäre, und die Hummeln dadurch erweckt uberall schwärmeten und wutendt [wüteten], und sich verwunderten, woher wohl solch List Ursprung mocht haben, erzitterstu bald, daß nicht etwan Vermutunge auf dich möcht geworfen werd, daß du entweder der Sach Anheber wärest oder Mitwissen oder Gefallen darinne trugest, schreibest bald nach denselbigen Tag ein Brief gen Köln mit solchem Hertz, nicht daß dies dein ernste Meinunge gewest, sonder daß du mit solchem Getícht deinem Gerücht, das sie vielleicht auf dich hätten mögen werfen, vorkämest, gabest fur, wie dirs leid wäre und groß Mitleiden mit ihn[en] trugest, wie dir die Sach in keinem Weg gefiele, schultest [schaltst] und versprachst [verurteiltest] die Sach, erstlich an sich, darnach auch der Sachen Anheber, auf allen Orten. Damit du unsern Feinden gar ein scharfen Pfeil reichest und gleich in die Hand geben hast, wilches denn deines Gemütes Schwacheit ist, die nicht leidet, daß du irgend an einem Ort beständig seist, wilches ich nu stehen laß und andern Leuten heimgebe. Das ist aber offenbar, daß du zu demselbigen Mal bald hübestu an unwillig zu sein. Und, so nach Doktor Reuchlins Tod, der von Unschuld [Rechtschaffenheit] seines gantzen Lebens und sonderlichem Verstand und Kunst durch die gantz Welt berufen, etzliche gelehrte Männer nicht kunnten dulden und ihn schutzeten wider dein Antasten und Schmähung, die du ihm unverschuldt auflegest, welche Schutzunge ihm doch mehr geben und aufgedrungen wart, dann er es begehret hat, weiß ich nicht, ob dich dasselbige verdrossen, daß er also von Leuten freundlich gehalten und gewirdiget wart, das weiß ich aber wohl, daß du ihn uberall heimlich stocherst und ihm entgegen warest, so er dich doch sonderlich vor viel andern liebet. Und wiewohl du dies heimlich und in kleinen Sachen getan, hat sichs dir doch an keinem Ort geziemet, und auch nie wahr gewest. Wenn das wirstu je keinen lebendigen Menschen, der Hebraisch konne, uberreden, daß, so du zu dem teuren Manne seinen großmächtigen tiefen Verstand (der dir nu lange in der Nasen gelegen) willt min[d]ern, zeuhest ihm Doktor Capito fur, dieser sollt gegrunter im Hebraischen sein dann Reuchlin, so er doch kaum⟨et⟩ das erst Anheben in hebraischer Sprach geschmecket, und du, der du dies Urteil fällest, bekennest, daß du selbest neulich im Hebraischen hast angehaben zu studiern, wiewohl dich ander Leut deiner Geschicklikeit nach auch in dieser Sprach den andern wohl hätten gleichet, so du nicht dies selbest von dir geschrieben. Wilches ich Capitoni in keinem Weg zu Nachteil will gesagt haben, so er mir kein Ursach darzu geben, und auch nicht also viel da ist, das sunderlichs Hasses oder Vorgünnens wert wäre. Dies kann ich mich aber von dir nicht gnug verwundern, daß du also ungeschickt zween Männer vergleichest, wilche all Welt weiß, daß sie auf das allerungleichste zu Hauf seind, wenn nu gleich Capito der ist, der er sein sollt, soll ihm doch seiner Kunst kein frembde Vergünnen also entgegen sein als dies dein geticht falsch Lob. Daruber weiß ich auch wohl, daß Capito sich selbest wohl also kenne, daß er verstehe und wisse, wie groß Unterscheid zwischen ihm und Reuchlin, forderlich in dem Falle, damit er allen zu dieser Zeit weit vorgangen, sei, und sich auch dies getichten heuchlerischen Lobes nichts annehme, das ihm nicht allein nicht ehrlich, sonder auch nachteilig und beschwert ihn mit Haß bei viel frommen Männern. Er hat aber das Neu Testament, das da neu in die lateinische Sprache gesetzet, bis in Himmel hinauf gehaben, ei ein köstliche Ursache, ⟨und⟩ die dich billich beweget, daß du ihn also mit Lügen aufwirfest, hat doch Reuchlin dasselbige auch [ge]tan, es war dir aber dieses Dienst nicht fast [sehr] angenehme, derhalben, daß ers dahin bracht, daß man ihn itzund neben dich pfleget zu setzen, und so er zugleich mit dir, in der Zungen [Sprache] Verstand zu foddern [fördern], gearbeit, pfleget man ihn das ander[e] Licht deutscher Nation zu nennen, das dir in keinem Weg zu leiden war, so du der Mann bist, der alleine hirschen [herrschen] müß, vor dem sich die andern alle müssen verkriechen. Das ich nicht itzund alleine erfahren, sonder vormals lange in Frankreich von vielen redlichen Männern gehort, die unwillig darüber gewest, daß du widern Fabrum schreibest, die sageten, daß dies dein sonderlich Ei⟨n⟩genschaft wär, daß du deiner eigenen Ehre ohne anderer Leute Ehre Vorletzunge nicht kunntest brauchen, das ich doch nie glaubet habe, bistu [bis du] mirs nu selbest hast wahr gemacht, wenn ich kein ander Ursache oder Antzeigunge kann finden, die du gehabt, daß du deinem güten Freunde sein güt Gerücht also schändlich genommen, dann diese, daß du keinen, der dir gleich ist, leiden kannst. Wiewohl er dir alletzeit pfleget willig zu weichen und sich viel zu geringe acht, dann daß er dir sollt vergleicht werden. Das ich dann auch selbest nie sonderlich [ge]tan habe, sonder so ich dich aufs hochste geehrt, hab ich doch nicht vor billich angesehen, daß er darumb seines verdienten Lobes sollt beraubt sein, und hab dich also ehrlich gehalten, daß ich doch der andern Fleiß und Arbeit, die sich auch bemühet, rechten Studiis vorzustehen, nicht gantz verworfen und veracht hab. Wollt Gott, du kunntest diese Geschrift aus aller Menschen Hertzen und Gedächtnis ausleschen! Du hättest keine großer Anzeigunge deiner Bosheit hinter dir kunnt lassen, denn du mit dieser deiner verkahrten Meinunge an Tag gibest, so du etzliche geringe Leute alleine darumb, daß sie dir deine Bücher und Arbeit gelobet, also unverschamt lobest und aufruckest, und diesem Manne, der von aller Welt teuer und edel gehalten, der nie gegen dir Ehre halben mit irgendeinem Wort vermerkt, zeuchstu sein Geruch also schändlich abe, das ihm alle gelehrte Leute, ja auch die Juden, die ihm als einem der nicht zu ihn[en] gehöret feind gewest und allein davon richten konnen, allezeit geben und zugeschrieben haben. Weiter schreibestu also, dein Neu Testament betreffend: Herr Ludwig der Theologus zu Paris, ein vortrefflicher Mann in derselbigen Profession, lobet und preiset meinen Fleiß und Arbeit in dem Neuen Testament sehr etc. Dergleichen tut Herr Wolfgang [Capito] Prediger zu Basel, der im Hebraischen Reuchlin weit uberlegen. O wie ein unbillich unwahre Stimme hastu da von dir gelassen Erasme! Und die du billich mit allem Fleiß widerrufen sölltest, so etwan ein Blütstropfe der die Wahrheit liebet in dir wäre. Wie hats ein Meinunge? Kannstu dann je nicht dulden, daß bei dir leben, die auch tügendhaftig nach Ehren und Ehrbarkeit handeln? Das doch dein Eltern und Vorfahren haben müssen leiden, daß ihn[en] ein solche Ehre (als ich meine) an dir ist aufgewachsen. Warumb verdreußt dich doch also sehre, daß diejenigen, die ihn [sich] an ihrem Pfunde wohl lassen gnügen, alleine auf etzliche Grad dir nachgehen und sunst weit gnug von dir sein? Lieber, laß doch andern ihr Lob auch zugute kommen und biß [sei] nicht also ehrg[e]itzig, daß du darumb allen andern ihr Ehre vergünnen und verhindern wolltest. Es ist niemand, der sich dir zu dieser Zeit mit Wohlreden [Beredsamkeit] vergleichet, wolltestu aber darumb auch Reuchlin vergünnen, daß ihm, mit großer seiner Scham [Zurückhaltung] und doch wahrhaftig, von allen Gelehrten (wiewohl von dir nicht) sonderlicher hebraischer Zungen [Sprache] und etzlicher verborgener Kunste Verstand wird zugelegt, vortrefflich [besonders], so du selbest bekennest, daß dir seine Bücher auch etwan seind hulflich gewest. Davon ich itzund mit dir nicht will handlen, wiewohl du deinen Haß, den du ohne alle Ursach in dich geschäpft [geschöpft], damit nicht hast konnen sättigen und Reuchlin ein ander Laster aufgelegt, davor ich erzittere, wann ichs nennen sall, und muß doch gesagt werden. Darauf kein Mensch je gedacht, und auch keiner seiner Feinde Reuchlin je damit beschuldiget, sonder alle Welt allezeit diese Meinunge von ihm gehabt, wie auch oft befunden, daß er allezeit treu, beständig, lauter und offentlich all sein Lebetage gewest und gehandlet, dennest [dennoch] unterstehestu dich ihn von Mißtreu und Vorräterei zu beschuldigen, schreibest also zum Roffensi: So es wahr ist, das man saget, ist das die Ursache gewest. So man sich besorget, daß nicht der Hertzog von Wirtenberg Stuttgart einnehme, hat Reuchlin etzlichen Bürgern diesen Rat geben, daß sie dieweile anderswohin zügen, er wollt auch mit ihn[en], sie haben ihm gefolget und sein zogen.

Reuchlin aber hat sich gewant [seinen Sinn geändert] und seines Gutes besorgt, ist da[ge]blieben. Darnach, so der Hertzog vertrieben, hat Reuchlin durch etzliche Freunde beim ubersten Hauptmann erlanget, daß man seines Hauses verschonet. Die Bürger aber, die er also betrogen, haben in etzlicher Maße wieder benötiget. Nu hat er all das Seine wegbracht und sitzt zu Ingolstadt in gutem Friede. Wer hat etwan vor dir ein solche Lügen gelogen, Erasme, so du diese Fabel nicht ertiche hast? Weme hat je dieser Traum träumet? Ich frag dich bei dem unsterblichen Christo, da du ein solich Laster von einem Christenmenschen wöllest ertichten und an Tag geben, hastu nicht vorhin bedacht, daß dir glaubwirdige Zeugen datzu vonnöten wären? Oder hastu glaubet, daß Reuchlin also wenig Freund hätte oder also bald sterben würde, daß du dich nicht besorget, daß nicht etwan einer kommen mochte, der ein solch Schmähunge an dir rächen wurde? Ich sehe es davor an, dies sei dein Meinunge gewest. Ich sage aber das darwider, daß dieses meinen Glauben antrifft, daß ich meines Freundes Sach, die du ihm also erlogen auflegst, mit allem Fleiß verte[i]dige, hab mir auch also furgesetzt, daß ich einen solchen Hoen [Verunglimpfung] von ihm abnehmen will, und sollt ich dich auch gleich sehr daruber verzörnen. Und ich setze, daß gleich [wenn auch] dieser teurer Mann in aller Menschen Hertzen gestorben und ausgelescht sei, solltu doch wissen, daß ich diese Bösheit von dir fo[r]dern und an dir rächen will, wiewohl ich an diesem Orte will lassen fahren. Das sonst gewohnlich und tügen[d]haftig angesehen wird, daß ein Freund den andern uberall fodder [fördere] und ihm zun Ehren helfe wo er kann oder mag, als dies ein Exempel mocht sein, daß ich setze, wenn du gleich der Sachen gewiß gewest und von glaubwirdigen Zeugen gehöret und erfahren, hättestu doch umb alter Freundschaft solch Geruch aufs meist du kunntest sollen verdrucken und in keinem Weg mehren, wie du denn auch schriftlich hast [ge]tan. Von diesem habe ich gesagt, will ich mit dir nicht handlen, so ich siehe, daß du unfreundlicher bist, dann jemand je von dir glaubet hat, davon solltu mir aber Antwort geben, daß von allen, die ander Leut beschuldigen, billich und von Not wegen gefraget und gefordert wird, und ist das, mein Erasme, da du je ein solch getiche Laster von diesem Manne nicht alleine mit Worten wolltest an Tag bringen, sonder auch durch Schrift unsern Nachkommen hinter dir lassen, warumb hastu auch nicht glaubwirdige Zeugnis dazu gesatzt oder genommen?

Weißtu nicht, daß niemand ein solch Stuck von dir leiden kunnt, das du etwan einem Frembden oder seinen Feind[en] also ohne alle Ursache auflegest? Viel mehr sollestu dies in diesem Manne, der also viel Freund nach sich gelassen, bedacht haben und der Heiligkeit und Vernunft bas [besser] acht genommen. Es haben dirs etzliche gesagt, auf wilche du dich also sehre gründest, das du auch selbest schreibest, so es wahr ist, das sie sagen, es ist wahrlich ein schön Sagen und wohl billich das durch dich bekräftiget werde, so dirs also ungewiß gewest, das sie gesaget haben, und die Sach also groß ist, daß sie Gut und Ehre betrifft, wilcher Teufel hat dich dann [ge]zwungen, daß du es also gewißlich von dir geschrieben hast? So du es ungefähr⟨lich⟩ gehöret, wie darfstu denn aus ungewissem Geruc ht deinen Freund also tzu Schanden setzen? Darüber, so du es etwan von seinen Feinden oder Widersacheren gehöret, hättest du ihn nicht so bald sollen glauben, sonder eigentlich aufmerken, von wem⟨e⟩ und aus was Ursach dir das gsagt wäre wurden. Ich hoff und begehr auch, daß es je nit wahr sei, das etzliche auch von dir glauben und verfechten wöllen, daß du solch Gerücht wider [weder] gehöret noch verstanden von ander Leuten habst und dir auch nie zugeschrieben sei, sonder so du diesen Mann mit Haß habst wöllen beladen, sollestu diese Sach von dir selbest ertic ht haben, und wann dirs nu gleich andere gesagt haben, sollestu es doch nicht also bald an Tag geben haben, das aller Welt also seltsam und ungehört ist gewest. Und wenn auch gleich alle Leute davon gesagt und geschrieben hätten, sollestu es doch tzum allerletzten kaum⟨et⟩ glaubet haben. Nu ist die Sach also dunkel vor dich kommen, daß ich auch selbest nicht habe davon verstanden, der ich Reuchlins Ding und Handlunge alltzeit gewußt, und er mir auch all sein Sach, beide gluckselig und widerwärtig, alletzeit vertrauet hat und mir oft all sein Anliegen, Sorgen und Bekummernis gleich in meim Schuß [Schoß] heimgeben. Weiter ist auch alles erstlich vor mich kommen, als trieffs [träfe es] mich zum Teil an, was ubern Reuchlin ist klaget wurden oder das ihm seine Feinde je zubracht. Also, daß er sich nun aller Sachen schier entschlagen und sich zu Ruhe gesatzt, das ihm auch umb seiner Unschuld der Tyrann* zu derselbigen Zeit zugut gehabt und ihn wohl hat konnen leiden. Dies Gerucht aber, das kein Mensch je erfahren, und mir auch verborgen, der ich ihm der allergeheimste allezeit gewest, und dir also gesagt ist wurden, daß du ungewiß gewest bist, ob es wahr sei oder nicht, darfestu [darfst du] offentlich von dir schreiben und allen Leuten zu erkennen geben. Ist dies dein Glaube, Erasme? Ist das dein Widerstattunge, die du dem frommen, ehrbarn Manne darumb, daß er dich allezeit also geliebet, wiedertust? Legest ihm dies Laster auf, das ihm nie kein verzweifelt Hochstrat hat furgeworfen, keiner aus allen seinen Feinden je hat Schuld geben. Item [Ferner], das sich keiner Munche [Mönche] Wüterei, keiner Theologisten Bitterkeit je hat unterstanden, das zeuchstu [ziehst du], der du ein Freund solltest sein, gleich als aus einer bereiten Salbe hirfur, damit du ihn befleckest und betadelst. So du dies etwan aus Leichtfertigkeit hast getan, also, daß du dich nichts besorget, daß sichs jemand annehmen wurde, so salltu [sollst du] wissen, daß ich Reuchlins und seiner Wohltat, die er mir erzeiget, nimmermehr will vergessen und sein Unschuld, gleich ich am Leben [ge]tan, also auch nach seinem Tode verfechten. Derhalben du wissen sollt, daß ich von dir haben will, daß du Reuchlin eines solchen Beschuldigen uberzeugen sollt, wo nicht, daß ich dich uberzeugen will, und so du etwas vor dein Teil hast, das richt aus und feier [versäume] nichts, und wisse, daß ich nicht unterlassen will, das ich einmal angefangen habe, und an meines Freundes Sache darumb dester mehr anhalten, daß ich dir sunst alles was mich antrifft, und das du mir beweiset hast, schenken will, vortrefflich [besonders] so Reuchlin nach seinem Tode nun aller Schützunge beraubet ist. Die nach [noch] leben, mit wilchen du auch oft nicht allzu treulich gehandlet, schätze ich, daß es nicht vonnöten sei, daß ich ihre Sache auf mich sollt nehmen, derhalben, daß sie noch leben und ihre Sache wohl selbest verführen werden und auch wollen.

Will aber doch an diesem Orte von deinen, auch zugleich unser beider Freunden, in ein gemein etwas mit einmengen und dir anzeigen, wie kein Unterscheid uberall bei dir ist, wider [weder] von Freunden noch von Feinden, daß du endlich siehest, daß wir verstehen, wie du mit lauter Buberei umbgehest, vergünnest und verfolgest diejenigen, die dir viel Gütes getan, und den[en] du am allergrämsten bist, den heuchelstu am allermeisten. Vom Hochstrat hab ich vor[hin] gesagt, weiter aber, uber die Sophisten von Löwen und die von Köln hastu mit viel betrübten Briefen hin und her bei deinen Freunden klaget, wie sie allen güten Künsten sehre schädlich und uberall entgegen, und wie sie der rechte Samen aller Barbarei durch gantz deutsche Land wären, wie von ihn[en] gleich als aus einem faulen Pfudel alles Gift kommen, das alle, die recht gerne studieren gwollt bishieher erwurgt und umbbracht hat. Item, daß dies die unglückseligen Nester der allerärgesten Vogel wären, die von sich ausschicketen die ungezimpten [verunstalteten] Harpyien, die alle Reinikeit und Lauterkeit güter Künsten beschmeißten und befleckten, und dergleichen viel. Wilches so du oft getan und sie nu hart gnug wider uns gereitzet hast, fällestu zuruck und heuchlest ihn[en] wiederumb, gibest dich ihn heim aufs allerdemütigste, lobest ihre Schüle [Schule] also sehre, daß du sie schier Athen verzeuchest [vorziehst], und schuldigest uns wiederumb, daß wir dieselbigen Platones und Theophrastes angefochten haben, welches dein alte und ewige Weis ist, daß du uns allezeit wider diejenigen hetzest, die dir am allerfeindsten seind, und gräbest uberall darnach, daß du dir nur j[e]mand zu Feinde machest, bald aber, wanns Feur aufgehet, das du doch selber angelegt, ei so ist es nie dein Meinunge gewest, so hebestu an zu glossieren, etzliche zu loben, etzlichen zu heuchlen, etzlichen schreibestu heimliche Briefe, flickest und schmierest auf allen Seiten zu, bisweilen greifestu auch etwan unser einen an, denjenigen zu gefallen, und ist Müh und Arbeit. Wer weiß aber nicht, wie du demselbigen Haufen entgegen warest, do sie zum ersten Luthers Artikel verdammpten, nu zeigestu wiederumb an, wie sie recht [ge]tan haben, schreibest auch zu den[en] von Löwen, daß dir ihre Disputation widern Luther allezeit wohl gefallen hab. Dergleichen tuestu auch mit den Predigermünchen, den[en] du allezeit aufs hochst entgegen bist gewest. Nu schreibestu zu einem und willt ihn uberreden, wie du stets auf ihrer Seite seist gestanden, vor kurtzer Zeit pflegestu den Stuhl zu Rome als der ein Feind des Christenglaubens und aller Ehrbarkeit entgegen zu schelten, nun ist dirs ⟨das⟩ allerheiligste römische Kirche, darinne die Menschen reiner und lauterer seind dann die Lilien, und was der allerverzweifelste Kurtisan sagt, das hältestu fur Rosen und vor Heiltum, davon ich darnach will weiter sagen. Jeronimum Aleandrum gabestu zum ersten bei mir an als den allerärgesten, der je unter die Leut kommen wäre, der zu Schalkeit und Buberei geboren wäre, der viel Zankes anrichtet, wär selbest verlogen, treulos, zänkisch, giftig, der alleine dazu gelehret, daß er allen recht Gelehrten schädlich wäre. Von wilchem du auch zum ersten hast aufbracht, wie er ein getaufter Jude sei. Darüber kann ich auch mit glaubwirdigen Leuten bezeugen, so er vom Papst gen Worms zum [Reichs]tage geschickt, daß du gesaget, wo dieser Verräter lebendig wieder hinwegkäme, wolltestu nicht glauben, daß Deutschland Leute hätte. So nicht [War es nicht so], daß er darumb in Deutschland geschicket wäre, daß er dies harte Band und Verknopfnis deutscher Nation mit Hinterlist und Schalkeit zurtrennet [zertrennet] und zurstöret, wurde am Luther also anfahen und, so er den untergedruckt, darnach alle die recht Gelehrten und vortrefflich Verständig auch angreifen. Daran mir denn nichts zweifelt und weiß gewiß, daß du recht gesagt, das [darüber] kann ich mich aber nicht gnug verwundern, von wilchem du solch Gezeugnis geben hast, daß nichts deste minder [nichtsdestoweniger] desselbigen Lob ihm wiederumb von dir zugeschrieben alle Büchverkaufer umbfuhren*, schreibest nicht an einem Orte von ihm gleichbetreffes, in nichts, das ich itzund gesagt, wie er dich und du ihn wiederumb von Hertzen liebest, wie du stets bei ihm und er bei dir sei, wie ihr oft bis zu Mitternacht beinander gesessen und von lustigen Schwänken geredet, wie ihr gesinnet seid, daß ihr miteinander gen Rome wollet. Das müß mir je ein köstlich Freundschaft sein, die sich also schnell aus solchem Haß und Feindschaft unter euch hat begeben, du darfest aber nicht Sorge haben, daß mich dies bewege, daß ich dir darumb dieses Mannes Freundschaft vergünne [mißgönne], nein, das ist mein Meinunge nicht, hab dir den und diesgleichen alle, liebe sie und wird wiederumb von ihn[en] geliebt, ich will dich umb der keins [um keinen von ihnen] eifern. Derhalben werfe ich dir sie aber für, daß ich dir anzeige, was du vor ein Heuchler bist, und wie rechte Studia zu unser Tzeit keinen Feind gehabt, damit [mit dem] du nicht auf das allerschändlichste gehuret hast, das ist, wilchem du nicht ab und zu Gefallen geschulten und gelobet hast. Das weiß man je gewiß, daß Aleander am meisten umb deinetwillen ist hausen gewest [Vorkehrungen traf], daß er dich am ersten unterdrucket, darumb, daß er gedacht, es hätt darnach mit den andern nicht Not, wann du nur beiseite kämest, der du dieser Sachen ein erster Anheber bist gewest, und ihn hat auch nichts verhindert dann dies Bedenken, daß er vorhin betracht, es wär besser, daß man dich mit List dann mit Gwalt von deinem Furnehmen wendet, wann sie kunnten noch etwas mit dir ausrichten und dich gegen denselbigen Part wiederumb brauchen, wilches alles er auf einem andern Weg viel baß [besser] hätt kunnen zuwege bringen und wär auch deinem Namen ehrlicher gewest. Uberdies haben auch die Lutherischen nicht ertricht, daß dir der Papst Adrianus nachstellet oder entgegen sei, wilches du uns Schuld gibest wider dein eigen Gewissen, bist aber daraus verursacht, daß dir und etzlichen deinen Freunden aus Hispania oft zugeschrieben ist, wie Adrianus etwan, so er noch Kardinal gewest, ein Brief gen Rome zu den Obersten im Hofe geschrieben habe und sie vermahnt, daß sie sich umbsonst und vergebens widern Luther legeten, sonder sollten dich angreifen, du wärest der Bronn und rechte Grund aller Widerspännikeit, du weisest gantz Deutschland dahin, daß sie nur dem Papst nicht gehorsam wären. Item, wie du auch aller Neuerunge in Deutschland ein Haupt und Anreger gewest. Und wann man dich beiseit brächte, wäre denn leichtlich mit Luthern und all seinem Anhang zu handlen, wann was itzund in dieser Sach gesagt oder geschrieben wurde, wär alles aus deinem Kopf und deinen Büchern geschäpft. Daraus man auch abnehmen kann, daß es nicht allerdinge [völlig] ertic ht sei, daß man gesagt, er hätt ein eigen Büchlein wider dich geschrieben, wiewohl ichs nicht mehr gehort [gewisser gehört], daß ich gedächte [als daß ich vermuten könnte]. Das ist aber gewiß (darauf ich auch schweren [schwören] durft), daß du diese Gramschaft [Verdruß] eh[e]r erfahren hast dann irgendeiner aus den Lutherischen. Darumb aber, daß du Fährlikeit, so dir daraus mocht entspringen, furkämest und an Tag legest, wie du ihm geneiget, hastu auch uns bisweilen zwagket [übel mitgespielt] und hast dadurch dein Unschuld wollen anzeigen, legest also diese ertichte Lügen fein auf uns, wir sollen zum ersten ausbracht haben, wie dir Adrianus entgegen wäre, du hättest auch kaumet ein besser Weise konnen finden, damit du ein solchen Papst lobest, dann diese, wiewohl er nicht also lange Papst ist gewest, daß man hätt konnen vermerken, was Hoffnunge zu ihm wäre, und ehe er Papst wurden, ist dies stets dein Meinunge von ihm gewest, daß er nichts uberall [überhaupt nichts] töchte [tauge]. Dies ist aber deiner Tapferkeit sonderliche Eigenschaft, daß du allezeit denjenigen, den du heuchlest, das Lohn und Ehre der Uberwindnis ehe zuschreibest, dann sie in Streit kommen. Also das festigklich zu glauben, wo Adrianus ein tapfer Mann wäre, daß ihm dein unmäßig Lob nichts uberall sollt gefallen, sonder er wurde sprechen: Mein lieber Erasme, ich bin ein solcher nit. Und alsdenn solltestu, wie etwan des Timonis Freunde täten, sagen: O mein Adriane, darnach wirstu ein solcher werden. Desgleichen tüstu [tust du] auch mit dem Glapion, wilches [dessen] Lob du itzund mit großen Basaunen ausbläsest, fur kurtzer Zeit aber war kein großerer Schalk dann dieser, uber wilchen du auch oft als uber einen listigen Fuchs, der alle Büberei ertichtet, damit man dich mochte beiseit bringen, klagest. Item wie er der allerärgeste Meister, der allerärgeste Ratgeber, der den Kaiser von allen guten Furnehmen wendet und ihm wiederumb alle verführische Meinunge einbrauet, wollt Gott aber, du hättest ihn solches Falles unrecht beklaget, wäre viel besser gewest, dann daß du ihm itzund also unverschampt falsch Lob zuschreibest, wenn deme also wäre, stunden ohne Zweifel viel Ding besser im deutschen Land, und wir hätten auch viel ein bessern und gnädigern Kaiser. Wenn du aber mich fragest, was mein Meinung von Glapion sei, ist dies mein Antwort (so ich mich doch erwegen [verpflichtet habe], die Wahrheit uberall zu bekennen), daß ich keinen verzweifelten Boswicht nie erkannt noch gesehen hab, der geschickter und gewap[pne]ter zu aller Buberei wäre dann diesen, der allen Hypokriten und Gleisnern mit Liegen [Lügen], Triegen, Schmeichlen und Heucheln mehr uberlegen, dem alle Gliedemaß gleich aus Vorsatz von Natur zu Betriegen geben und vermut sein. Zum ersten ein giftig uberaus verlogen Maul, hürische Augen, ein unverschampte ehrgeitzige Stimme, diebische Fäuste, ein rechten betriegerischen heuchlerischen Gang, endlich Kopf, Füße, Hand und Haar alles nach eines Grundschalkes und Verführers Liniamenten [Zügen] formieret und aufs allereigentlichste abgemessen. Wilches Eigentschaft vortrefflich ist, die ihm sein Grundschalkeit hat geben, daß er sich mit Tichten allen Leuten zu Gefallen weiß zu halten und sich in allen Sachen recht schicken, von welchem ich selbest in Kegenwert [Gegenwart] vieler tapferer Männer (und forderlich Franzes von Sickingen), so er vom Kaiser zu uns gen Eberburg geschicket, diese Wort gehöret hab (daraus man leichtlich all sein ander Büberei kann abnehmen), daß er gesagt, daß er dies bekennet und zweifelt auch nichts daran, daß keiner aus denjenigen, die Luthern todtlich feind seind, leucknen [leugnen] wurden, auch nicht kunnten, daß Martinus der sei, der zum ersten [als erster] allen Christen die rechte Tör zu dem rechten Geheimnis und rechtem Verstand der Heiligen Gschrift zu kommen geoffnet und aufgesperret hat. Darauf so ich gefraget, was denn die Ursache wäre oder was er verschuldt hätte, daß man ihm also nachstellet. Antwort, er wußte es selbest nicht, und das war gleichwohl offentlich, daß niemand Luthern gehässiger was [war] dann eben er, und was zu derselbigen Tzeit widern Luther gehandlet ward, hat alles aus seinem Rat und Angeben ein Ursprung, ja niemand stund auch heftiger darauf, daß man Luthern unverhört und unüberwunden sollt verdammen dann eben dieser Glapion. J[e]doch kunnt er den Schalk, wo es vonnöten war, also fein bergen und wiederumb, wo es die Tzeit fo[r]dert, wüten und toben. Ist eben dieser Harr und Art [diese Unbeständigkeit], der von niemand billicher dann von dir gelobet und geschändet soll werden, wenn [denn] du auch seiner Art ein groß Teil an dir hast. Den Silvestrum von Prierio hastu vormals nie bei irgendeinem Menschen gepreiset, und wann du es auch gleich hättest wöllen tun, hättestu freilich keine Ursache darzu gehabt, nu wirfestu ihn doch auf und schreibest von ihm als von einem großen Manne, und wie er dir sehre geneiget sei, so du verstanden, daß er Luthern entgegen ist, tust dasselbige Luthern alleine zu Widerdries, daß man daraus abnehmen soll, wie du Luthern auch mußt entgegen sein, so du seine Feinde also herrlich handelst. Dergleichen hastu auch den Caracciolum (der sonst ein böser Mensch in der Haut ist) gelobet umb keiner andern Ursachen, dann daß er mit Aleandro ins Papst[s] Sache widern Luthern gehandlet hat, wilches seine Tügend alle seind, darüber du dich also sehre krekist [gackerst] und sie gerne hoch ausbreiten wolltest. Zu diesen setzestu auch den D. Eck, wilches gleichen der hoffärtiger und unnutzer wäre kein Mensch je gesehen hat, das du auch selbest bezeugest und oft von ihm gesagt hast, daß er alleine wirdig sei, den [daß ihn] alle Leute offentlich verlachten verspotten, das doch itzund also weit dein Meinung nicht ist, das man auch erfahren, daß du ⟨t⟩zornig uber diejenigen bist, die ihm nur etzliche Zittel [Zettel] haben angeschlagen. Darüber gefällt dir auch ⟨er⟩ Hans Schmidt, Predigerordens, der keinem frommen Manne je wohl gefallen hat und von Natur ein Wüterich und Tyrann ist, und niemand heftiger und eher ⟨beide⟩ widern Reuchlin und Luthern hässiger und fälschlicher geratschlagt hat dann eben dieser Schmidt. So aber dies keine Verschuldunge oder Ubeltat bei dir ist, und du ihm dieser Ursachen halben nicht magst feind ⟨ge⟩sein, sollt dich doch dies bewegen, daß alle Leute von ihm wissen, daß niemand je größern Fleiß hat tan, alle gute Studia unterzudrucken, dann dieser Schmidt. J[e]doch schreibestu in einem Briefe zum Bischof von Mentz [Mainz] von ihm und beklagest dich, daß du nicht gnug Kräfte habest, daß du einen solchen Mann nach seiner Wirde, Verdienst und Tügend gnugsam loben kunntest. In gleicher Wirde ist auch ein ander Schmidt* bei dir, Thumbher [Domherr] und Vicarius zu Kostnitz [Konstanz], aller Kurtisanen Mutter, der auch ein groß Buch wider Martinum geschrieben, davon du etwan selbest gesagt, daß es wirdig wär, daß mans mit allen Drecken beschisse, wär auch nicht unbillich, wenn er macht sich wohl also unnütze [denn er schwatzt nur Unsinn], derselbige Esel. J[e]doch hastu Ursache funden, daß du ihn allen denjenigen, die etwas tapfers seind, darfst vergleichen. Derhalben forderlich, daß du erfahren, daß er zu Rome gnädige Herrn habe und hat dir auch das nägst guldene Breve [päpstliches Schreiben], davon ich vor gesagt, vom Adriano bracht, und endlich, wilches das allergrößte bei dir ist, ist er auch des Luthers tödlicher Feind. Wer hätt auch glaubet, daß die tzwu [zwei] Pestilentzien [Scheusale, Unholde] zu Basel, Ludewig Bär und Hans Gebeler, die von Wucher und Ehrgeitz gantz verblendet und die allervertzweifelsten unter allen Kurtisan, die am ersten und am meisten rechten Studiis, so zu unserer Zeit wieder gegrünet und an Tag kommen, allezeit mit allem Fleiß widerstanden, sollten etwan unter uns einen finden, der sie lobet? Sie haben dich funden, wilchen ein itzlicher, so er nur will, ihm [sich] wohl zu einem Lober erkaufen kann. Sie konnen aber nicht vermerken, daß durch dies dein Lob ihre Tügend gemehret oder getzieret sei, sonder sehen und erkennen, daß ihr Schalkheit dadurch bestätiget und verschattet [ans Licht gebracht] ist, des[sen] sie sich freuen⟨dt⟩, und du ihn[en] in dussem [diesem] Fall wohl zu Gefallen gewest bist. Solche Gesellen hastu täglich bei dir im Hause, ißt und trinkest mit ihn, mich aber, der ich dich in dreien Jahren nicht gesehen hatte, achtestu nicht wirdig, daß du nur etzliche Wort mit mir redest. Den Latomum, Edmontanum und Atensem hätten ohn Tzweifel nicht viel Leute in gantzem Deutschland erkannt, so du sie nicht in allen deinen Briefen umbgeführt und geschändet hättest, uns auch mit Fleiß uberredet, daß nichts also heftig wider sie kunnt geschrieben werden, sie wären nach [noch] viel großeres widrig, sie wären allen guten Künsten und Tugenden entgegen, das ich denn nachmals auch erfahren und dieser deiner Vermahnunge nach, auch ihres Wesens Anzeigen, nie anders von ihn gehalten, dann sie wirdig gewest. In deinen Briefen aber lese ich nu ander Meinung, darinne du, wiewohl bisweilen zweifelhaftig, und doch am meisten löblich und freundlich von ihn schreibest. Dem Atensi gibestu auch dies Zeugnis, das wenigen (als ich glaube) weil [seit] die Welt gestanden hat, ist geben wurden, wie er von aller Welt aufs allerhochste und doch nicht gnugsam je gelobet sei. Ei wie fein trifft dies uberein Erasme, wie fein stimmen deine Wort zuhaufen, es stehet einem Christentheologo uberaus wohl an, daß er ein solch Zeugnis von einer solchen Bestien von sich gibet. Ich will viel ander allhie umb Kurtz willen lassen bestehen. Zum letzten aber acht ich, daß dir auch vonnöten sei, daßtu [daß du] den Leum, wider wilchen du uns zum jungsten vorhetzet hast zu schreiben, auch wiederumb mit einem eigen Büchlin versohnest und wider uns schützest, wenn es dir alleine ziemet als oft du willt und wo du willt, ein itzlichen zu rechtfertigen oder wiederumb zu verdamnen, ein itzlichen zu loben oder zu schänden, warm oder kalt blosen [blasen]. Wilcher Gewalt und Privilegion, so du dich gleich sunst uberall hättest brauchet und dir selbest also viel nachgeben, das ihm [sich] selbest sunst niemand nachgeben soll, kein redlich Mann auch begehret, sollestu dich doch in dieser Sachen gemäßiget haben und vieler guter Freunde achtgenommen, aus wilchen dir etzliche etwan auch seind forderlich gewest, etzliche also bei Luthern halten, daß sie schier gleich als wenig von ihm als von der evangelischen Wahrheit selbest wollen gerissen oder gewendet werden. Nu weißtu, daß ihn[en] dies Vorletzen, das du ihn mit deinem Vornehmen getan, sehre weh tut, so sie sehen, daß du nicht alleine von ihn abgewichen, sonder auch mit den Widersachern wider sie streitest. Dir gefällt aber die neu Gesellschaft also wohl, daß du unser leichtlich daruber vergissest. Die Soppe [Suppe] von Rome ist auch freilich wohl also feist geschmaltzen gewest, daß sie dirs Maul vorwenet [verwöhnt] hat, daß du unserer Speise nu nicht hoch achtest. Also kommet es nu, daß du dieselbige Gesellschaft einlässest, ich und meinsgleichen müssen ausgeschlossen werden. Wenn ich dich aber fraget aus was Ursache, wurdestu freilich nicht sagen konnen, aus was Reitzen oder Bewegunge wurdestu nicht sagen wollen, derhalben ich die Ursache an diesem Ort abnehmen müß, gewiß kann ich sie nicht wissen. Doch hat dein Wandlunge diese Gestalt, daß du es ohne sonderlichen Rat und Bedenken, wo du ein redlicher Mann wärest, in keinen Weg sollest [ge]tan haben, daruber sich alle Leute sehre verwundern und mit allem Fleiß gerne rechte Ursache wollten erfahren. Wenn es hätt niemand nichts Neuers oder Ungehorters [Ungehörteres, schwerer Verständlicheres] konnen vorkommen, denn daß man saget: Erasmus ist des Papsts arm Mann [Untertan] wurden, hat Befehl, und ist ihm hart geboten, daß er seine und des gantzen Römischen Stühles Büberei je mit allen Fleiß verte[i]dige. Was ist dies anders gesagt, dann wie man in den alten Fabeln liest? Herkules ist ein tapfer starker Mann, ist unter Omphales, das ist einer Hürn [Hure] Gebiete kommen, spinnet dieser den Rocken, sie fordert das Garn und Tagwerk von ihm. O Erasme, wie weit beschamestu in diesem Falle dein und unser aller Mannschaft! O wilch ein unbillich Dienst ist dies, dazu sie dich brauchen, nämlich daßtu ihn ihre unaussprechlich Unreinigkeit und Buberei vorte[i]digest. Wilches dir nicht alleine dein Gerücht, sonder auch dein Seligkeit antrifft, so du dich zu denjenigen wendest, die aller Redligkeit Verachter, aller Gottselikeit und göttlicher Gsetz Ubertreter, aller guten Sitten, Glaubens und Unschuld Verrucker und Zunichtmacher, ja auch Gottes und aller Wahrheit Verlacher und Verspotter seind. Diesen unterstehestu dich Dienst zu leisten und hast dich desselbigen nu lassen merken, ja auch angefangen, die Panner [Banner] seind ausgestackt, die Basaun ist geblasen, die Pfeile seind geflogen, du hast den Orfriede [Urfriede] gebrochen, Pfeile von dir geschossen. Da warest in kurtz vergangener Tzeit ein glimpflicher und in allen Dingen ein wohlbedachter Mann, nu ist ein ohnmächtiger, untuchtiger Kurtisan aus dir worden. Wie hätt sich ein größer Verneuerung in dir konnen begeben? Wie hättestu dich allen Leuten fremder oder unbekannter kunnen machen? Wer hätt dies von dir konnen glauben oder begreifen? Du hast in kurtz vergangner Zeit die vormols zur Zeit gestorbene Gottselikeit mit deinen Schriften gleich als mit Nägeln wiederumb aus der Erden graben, das Evangelium wieder an Tag bracht, recht Geistlikeit und den Glauben wieder aufgericht. Nu unterstehestu dich, dasselbige alle wiederumb zu verdrucken, zu vertilgen und mit allem Fleiß auszurutten. Bistu auch noch bei Sinnen, Erasme? Du wirst ohn Zweifel ›ja‹ sagen. Was ist denn dein Ursache, daß du dein Vornehmen also fern und ungeschickt gewandlet hast? Wie hat dir die Sache also eilend konnen mißfallen, daß du sie also schnell und gleich als zwünge dich j[e]mand darzu hast verlassen? Dies sagestu nicht, schreibest aber gleichwohl also von dir: Es haben mich viel dazu verinnert und vermahnet erstlich (daß ich sie nicht alle nenne) der wirdige Vater Martinus Caracciolus, päpstlicher Legat, zum Kaiser geschickt; darnach auch der achtbar Herr, Herr Hieronymus Aleander, der in dreierlei Sprache zu unser Zeit ohne Tzweifel der furnehmste. Item der wirdige Vater Johannes Glapion, des Kaisers Prediger, der mir oft aus des Kaisers Befehl freundlich und fleißig von dieser Sachen geschrieben. Item Wilhelmus Montioius, dergleichen der durchlauchtige Herr Herzog Jürge aus Meißen. Daruber hätten auch etzliche den Kaiser schon uberredet, daß ich zu dieser Sach am meisten geschickt und bequeme wär, was wollt ich weiter begehren oder verziehen, so die gantz Welt ungezwungen und von eigenem Willen sich widern Luther leget? Worumb wollestu mir nicht zugute haben, so ich mich ließ bewegen aus derjenigen Gebitt und Verheischen, wilchen ich solchen Dienst ohn großer Fährligkeit nicht wohl kann versagen? – Ei schone Argument seind dies, Erasme, und die ein jedern Ungelehrten, geschweig dich, sollten bewegen. Davon man fein kann abmerken, wie dich der großen Hansen Gunst, Kunntschaft [Bekanntschaft], Gemeinschaft, Pracht, Gnade, groß Erbieten sticht und kutzelt [kitzelt], machest auch dadurch offenbar, daß du es vor ein groß Ehre und köstlich Ding achtest, also von Mächtigen gehandlet werden, und wenn du auch gleich noch einmal den Laurinum zum Gezeug anzögest, wie du dies Dinges alles nichts begehrest, wenn wo es also wahr wäre, wie du sagest, wurden sie dich freilich vergebens und umbsonst zu ihn [sich] locken. Du wurdest dich auch nicht also schnell von uns abgewendet haben, so du dirs nicht vor ein großmächtigen Preis anzögest, daß der Stuh⟨e⟩l zu Rome, der mit aller Volker Geschlecht erfüllet und nu von uns also zerstöret, daß er in Kurtz zu großer Not wäre kommen, hätt auch keiner Hulf [Hilfe], Hoffnunge, wider uns zu streben, so [bis] er gehoret, daß du von uns abgewichen, von dir sollt erhalten werden. Ja ist wohl billich, wenn umb dieser Ursachen wird Erasmus ohne Zweifel ein gehalten [bedeutender] Mann zu Rome werden, und wann er wird einreiten, werden ihm die wirdigen Väter alle entgegen kommen, die gantze Gemein[d]e, werden ihn als einen starken Vorfechter der heiligen Römischen Kirchen, der Ketzer Uberwinder, der mit seiner Tügend gleich als der Camillus etwan das gantz Römisch Reich erhalten und wieder aufgericht, mit Wonne und Freuden entpfangen und aufnehmen. Solches und dergleichen laß ich mich gedunken, liegt dir Tag und Nacht in Ohren, sindt [seit] du dich also prächtisch berühmest der gewaltigen Kunntschaft und Briefe, so sie zu dir geschrieben. Item des Lobes, das sie deinen Büchern zuschreiben, und forder der Ehre und Ehrbietunge, die dir diese Stadt, dieser Fürst hat erzeiget, weiter auch Geschenk und Verheißunge, wilches alles uns deiner Torheit und Eitelkeit ein groß Bedenken macht, sie⟨c⟩h dich aber gleichwohl fur, daß dich diese Gluckseligkeit nicht betriege und dich etwan zu Ungeluck bringe, daß nicht etzliche seind, die dir süße Wort geben und tun dasselbige gar nichts uberall umb deinetwillen. Wenn ich weiß ihr viel, vor wilchen du dich gar eben magst fursehen. Ich setze aber, daß dir die alle Glauben halten und du erläufest dies Lob und diese Triumph alle zu Rome, wie bistu also sorgfellig [besorgt] und arm von Lobe, daß du dasselbige bei den allerverzweifelsten Buben mußt suchen? Du bist aber gebeten: du wolltest des Apostolischen Stuhls Wirde je beiständig sein; stehe also lange du willt, so salltu [sollst du] wissen, daß ich mit Fleiß darwider stehen und streben will. Wiewohl ich auch gerne von dir wissen wollt, wo doch derselbige Stuhl wäre, den du alleine den Apostolischen Stuhl nennest, wollt ich auch kommen und ihn mit dir anbeten, wirdest vielleicht sagen, daß die Römische Kirche der Apostolischen Kirche nicht ungemäß sei. Ja ich will des Teufels sein mit Leib und Seele, wann du nicht w[e]ißt, so du mit mir die Wahrheit bekennen wolltest, wie weit Unterscheid unter dieser Römischen und der Apostolischen Kirchen sei. Wo stehet es doch geschrieben, oder aus was Schrift willtu bewähren, wollt ich gerne wissen, daß zu Rome ein solche Kirche sei, die aller ander Kirchen Haupt ist? Darinne der andern Bischofen aller Tyrann müß wohnen, den man müß den allerheiligesten nennen, der das Evangelium verandern kunnt so er wollte und Christi Gesetz abtun und ein neue Form und Regel, wie man sich halten soll, furschreiben, von wilches Meinunge und Gutdünken niemand darf abweichen, den man leiden muß, er sei als böse, als er immer mehr [nur immer] wollte, dem die andern Fursten zu Füß fallen müssen, ja ihm auch die Füße kussen, der die Reich der Welt nach seinem Gutdunken austeilet und lehenet, den Himmel und der Seelen Seligkeit den Menschen verkauft. Diese Schrift zeige mir an aus der Bibel oder sonst etwan aus den Aposteln, so will ich dir zufallen und den Heiligen Stuhel auch helfen verfechten. So es aber diese Gestalt umb die Romische Kirche hat, wie man offentlich weiß, daß kein frommer Christ ist, der sie nicht mit Willen und allem Fleiß zurstöret und vertilget wollt haben, wilches, so es geschähe, ohn Tzweifel der gantzen Christenheit sehre forderlich und gut sein wurde. Was hätt schädlichers von dir konnen gesagt werden, denn das ich furhin hab angezogen, daß du von dir geschrieben, daß kein frommer gottseliger Mann indert [irgendwo] sei, der nicht dem Papst von Hertzen gunstig sei? Du hättest viel rechter gesagt, wenn du das Blatt hättest umbgekahrt und gesagt: Es mag und kann kein Frommer einem solchen Wüterich geneiget sein. Wilches Stand und gantz Wesen nichts anders dann lauter Farbe und Gleisnerei ist, bei wilches Leben keine Gottseligkeit nimmermehr kann aufkommen. Mochtest aber sagen: Hat doch die gantze Christenheit etlich hundert Jahr diesem Stuhle nachgefolget und ist ihm untertänig gewest. Antwort: Willtu uns darumb vorbieten, daß wir nicht auf einen rechten Weg sollen gedenken darumb, daß unser Furfarn [Vorfahren] also langne geirret haben und uns aus Fährligkeit dahin, wo es sicher ist, wenden? Wenn das ist gewiß, daß man geirret, und du hast eben zum allerersten solchen Irrtumb vermerket, hast uns auch, als viel in dir gewest [soviel dir möglich war], wiederumb zum rechten Wege geweiset, und es haben dir auch viel nachgefolget und seind dir danksam gewest. Nu fällest du wieder zurucke und reitzest uns wiederumb zu dem vorigen Irrtumb, daruber sich niemand gnug verwundern kann, bringest diese Ursache, wie die gantze Welt einträchtigklich also lange daruber gehalten habe, dagegen ich das sage, daß gantz Krichenland [Griechenland], gantz Asia und auch das großte Teil der Christenheit nicht daruber gehalten hat, auch nicht diesem Stuhle gefolget. Darumb ich dich frage, wo doch dieselbige gantze Welt sei, die sich gantz und gar widern Luther zu schreiben vereiniget hat? Es müß etwan ein Welt sein aus den Welten, die Democritus getichtet hat, wenn das ist je gewiß, daß viel in unser Welt sein, die gar nichts uberall widern Luther zu tun gesinnet sein, aus wilchen du auch etzliche finden wirdest, die Luthern gegen dir verte[i]digen werden. Du hast aber Privilegia, daß du kleine Ding mit Worten magst ausbreiten und groß machen, ficht mich nichts an, wenn das ist gewiß, daß mich wider [weder] dein Ruhmreitigkeit noch die Schmähunge, die du Luthern anlegest, irgend von meinen Furnehmen wird abwenden. Wer seind aber dieselbigen gewaltigen Gebieter, davon du schreibest, die dich also hart dazu pflichten? Ists auch recht oder ehrbarlich, dasjenige, das sie dir gebieten? Davon du sagest, daß du es ihn[en] nicht versagen darfest. Deine Antwort ist, daß es darumb recht müß sein, sint [weil] dirs solche gewaltige Leute gebieten, hastu aber keinen Rat bei dir selbest? Oder keine Vornunft, die dich also viel lerne, daß du selbest kunntest verstehen, was dir in diesem Falle zu tun oder zu lassen sei? Ja du schreibest an einem andern Ort, die Lutheraner werden mir, der ich von

Natur ein forchtsam Mensch bin, wie sie auch selbest billich von mir schreiben, und mich des Dinges nicht fast [sehr] viel verstehe, je zugute halten, daß ich in diesem Falle den meisten gelehrten Leuten nachfolge und denselbigen meine Stimme gebe. Wie kommestu also schnell zu diesem Unverstand, Erasme? Der du in kurtz vergangen ein solcher trefflicher gelehrter Mann gewest, wo ist deine Kunst hinkommen, dadurch sich viel gebessert haben und gewachsen seind? Wie ist dir die Sache also eilend dahin kommen, daßtu [daß du] nu wiederumb in die Schule mußt gehen, der du in kurtz vergangen alle Welt gelernet [gelehret] hast, und dasselbige gnugsam und mit großem Preis? Au weh, wie ein ungeschickt Geticht ist dies und gar nichts bequeme, damit du jemand betriegen wolltest. Du hättest aber unter zweien eins sollen tun, das ist, du hättest entweder bei uns sollen bleiben oder Ursache anzeigen, warumb du von uns geweichen. Vom Luther, sprichstu, gefalle dir nicht, daß sein Sache ein Ansehen hat, als tät er alles umb Ehrgeitz willen, und daß er allzu wilde und unmäßig die Leute verspreche [verdamme]. Wenn es nu gleich diese Meinunge hätte, was gehet dies die Sache in sich selbest an? Nämlich so sie das Evangelium und die Wahrheit selber betrifft? Mochtest vielleicht sagen, wider das Evangelium und Wahrheit handel ich nichts, sonder allein wider die Sekt[e] und wider die Lutheraner, und so du mich vielleicht fragest, warumb ich mich in diese Sache menge, den du nie fur einen Lutheraner hast gehalten, davor ich mich auch selbest nicht halten will, habs auch nicht gerne, daß mich ander Leute also heißen. Will dir aber gleichwohl allhie anzeigen, was mich beweget. Also doch, daß du mir erstlich sagest, was es doch sei, das dem Papst vortrefflich am Luther mißfalle und warumb er ihn also gerne verdrucken wollt? Du möchtest wohl etzliche Ursachen zu einem Schein anzeigen, wenn du aber auf dein Gewissen willt sagen, müßtu freilich bekennen, daß es darumb am meisten geschie⟨c⟩ht, daß Martinus so nicht zum ersten [wenn auch nicht als erster], daß er doch aufs gewaltigste des Papsts Tyrannei habe widerstanden, das Evangelium mehr dann irgendeiner fur [vor] ihm wieder an Tag bracht, menschliche Gesetz darnieder geschlagen, der Pfaffen und seiner Kreaturn, auch seiner eigen Buberei den Vorhang und Firnes abgestrichen, die Bull[e]n zunicht gemacht, den Ablaß zu Boden geschlagen und ihm das gantz Deutschland fur seiner Betriegerei zugeschlossen. Dies und dergleichen wirstu freilich mussen sagen, daß es die Ursachen seind. Weiter: So du den Luther sehre wolltest gefähr[de]n, schreiestu heftig, wie du die Römische Kirche alleine fur die rechte Kirche erkennest, von wilcher du nimmermehr, auch nicht am Tode (das du doch vormals also oft getan) willt ab⟨e⟩weichen, bekennest auch förder mit drauenden [drohenden] Worten, daß du diejenigen alle, die dem Papst entgegen seind, auch fur deine Feinde und Widersacher halten willt, darumb, daß du all dein Lebtage des Römischen Stuhles Untertan gewest bist, willt auch dasselbige stets bleiben, seist auch diesem Stuhle umb viel Ursachen allen müglichen Dienst pflichtig. Diese holhyppische [schändlichen] Wort wurdestu wohl dahinden lassen [nicht aussprechen], wenn du nicht wüßtest, daß dies des Papsts Sache widern Luther wäre, die ich itzund angezeigt. Hättest auch die zornigen Romanisten leichtlich verachtet, die Martinum davor halten, daß er nicht recht mit dem freien Willen, mit den Sakramenten und dergleichen hab umbgangen, und handel dies alleine, damit er ihn ihren Geitz verhindere und mach ihn ihre Schalkheit offinbar. Wilches auch die Ursache ist, daß der Papst Leo also viel arme Kreaturn nach sich gelassen hat, daß den Bischofen und Ertznotarien die Küchen ist gemindert wurden, auch des Allerheiligsten Hof nu Wüste wird, die Gerichtshäuser zufallen, die Kurtisan plastucken [betrügen] umbsonst, die Kopisten und Notarien haben kaum⟨et⟩ das Brot zu fressen. Wilches alles, so ich eh[e]r angefangen dann Martinus selbest und nach meinem Vermugen bis auf diesen Tag mit allem Fleiß verfuhret und weiß, daß einem redlichen Manne zugehöret, daß er mit Bekenntnis der Wahrheit, mit Rachunge und Straf der Ungerechtikeit allezeit und uberall dem Vaterland soll forderlich sein, einem Christen aber, daß er auch, wo es vonnöten ist, von wegen der Wahrheit willig sterbe, will ich noch lieber ein Lutheraner genennet werden, so man sie je also nennet, die mit dieser Sachen umbgehen dann [statt] ⟨die Tat, das ist⟩ die Sach in sich selbest verlassen. Wiewohl ich Martinum in diesem Fall zum Schulmeister, auch zum Gesellen nie gehabt, will auch noch die Sach sonderlich und fur mich selbest treiben, und wann sie mich gleich von der allerärgesten Sekten oder Faction [Partei] nenneten, die je auf Erden ist kommen, sintemol [da] doch diejenigen, die des Papsts Tyrannei widerstreben, unter wilche ich allezeit gerne gezahlt werde, und die Wahrheit frei bekennen durfen und sich Menschengesetz entschlagen, dem Evangelio zuwenden, die Lutheraner genennet werden, will ich diese Ungerechtigkeit dieses Zunamens gerne tragen, darumb daß ich nicht der Sachen in sich selbest widerständig gesehen werde. Will mich also keines Namens uberall schamen, wann ich auch gleich sollt wissen, daß Argwahn meiner verwandelten vorigen guter Meinunge auf mich sollt geworfen werden. Da hast du Ursache, warumb ich den lutherischen Namen annehme und erkenne. Daraus man leichtlich abnehmen kann, daß du, dies angesehen, so du ein redlich Mann bist, auch mußt lutherisch sein, und also viel deste mehr dann ich oder sonst irgendeiner, daß du zu unser Zeit der beste und am wohlberedesten Schreiber bist, hast auch diese Sach, wie ich fur [vorhin] angezeiget, eh[e]r angefangen dann Luther und ich auf Erden sein kommen. Entschuldige dich wie du willt, so mussen entweder deine meisten Bücher vertilget werden, oder du mußt auch lutherisch (so man es je also nennet) von all denjenigen, die die Sache in sich selbest mehr ansehen dann den Namen, gehalten werden. So dir aber dieselbigen zugut wurden halten und dein Entschuldigung annehmen, deshalben daß sie sich verhofften, du kunntest ihn[en] diesen Schaden mit einem andern wieder einbringen, so sie dich unverhindert ließen, und du also wider die Lutheraner, das ist wider diejenigen, die die Wahrheit bekennen und christliche Freiheit verschützen, dich zu handlen unterstundest und mich je zu einem Widersacher haben wolltest, solltu wissen, daß ich keinen Namen angesehen, die Sach ingemein und in sich selbest frei will verte[i]digen und verfechten. Wiewohl mirs leid ist, daß mir dies mit dir begegnen soll, seitemal du aber lieber mit denjenigen plastucken willt dann mit mir in rechter Sache fechten, muß ichs geschehen lassen, daß du auf des Heiligen Stuhles Seiten bleibest. Ich will mich aber zu diesem Teil wenden, das vor die gantze Christenheit wachet, daß all diejenigen mochten beseit bracht werden, die Tyrannei in der Kirchen uben. Du bist auf deinem Teile wohl sicher unter den Gewaltigen, die dir alle Tag Geschenk geben und haben ledige Bis⟨ch⟩tumb und gute Lehen fur dich, so du nur widern Luther schreiben wolltest. Ich will allhie unter redlichen, frommen, tapfern Männern gerne Gefahr [be]stehen, die da wahrhaftig und beständig seind, die widder [weder] Geschenk noch weltliche Ehre beweget, seind auch vor aller Fährligkeit unerschrocken, von wilchen die Gerechtigkeit wird geübet, der recht Glaube gefoddert [gefördert], der recht Gottisdienst in Hut gehalten, die Wahrheit angenommen. Was gehet mich dies an, daß du dem Römischen Stuhle gepflicht bist? Ich will ihm wohl also viel umb gemeines Nutzes willen entgegen sein, als du ihn umb deines eigen Nutzes willen schutzen kannst. Will auch dasselbige mit weniger Müh und freierem Gewissen zuweg bringen dann du, darumb daß meine Sache ein rechten Grund hat, [be]darf nichts tichten, nichts heuchlen, nichts unrechts sagen. Dein Teil ist darumb deste schwerer, daß du alles ertichten, liegen und triegen, mischen und mengen mußt, wilches so du dich unterstehest, sprichstu, daß es nicht allezeit güt sei, daß man mit der Wahrheit [h]erfurplatze, und wie groß daran gelegen, wie man sie furgebe. O wie hoch wäre vonnöten von denjenigen, die itzund die Ketzer brennen oder zur Widerrufunge zwingen, so sie ihrem Ampt recht wollten fürstehen, daß sie dir diese gottlose Stimm wiederumb in Hals trieben, alsoferne du sie hast [h]eraus gelogen. Wenn was ist gottloser und Christi Lehre mehr entgegen, denn daß man saget, die Wahrheit sei nicht uberall und allezeit zu bekennen, bei wilcher er uns auch befohlen, daß wir das Leben lassen sollen? Daruber auch, daßtu mehr Neides auf uns schuttest, ruckestu uns Aufruhr und Zwietracht auf, gibest dasjenige uns schuld, wilches der Sachen Natur fordert und haben muß, hat nicht Christus selber gesagt, daß Haß, Neid, Zweitracht, Streit, Tod umb seinetwillen und seiner Lehre wurden kommen*? Derhalben, wo dieselbigen Herrn von Rome das Evangelium kunnten leiden, wurden sie Luthern auch wohl zufriede lassen, wurden auch von ihm nichts verletzt werden, wann er lehret, daß man ohn ihren Schaden oder Abgang sollt oder kunnt christlich leben. Ich wollt gerne einen Weg von dir lernen, dadurch man zugleich die Wahrheit kunnt erhalten und daß diejenigen, so ihr also heftig widerstreben, auch zufrieden säßen. Darüber dies dein Rat ist, so du dich rühmest, du wollest allezeit bei dem gemeinen Christenhaufen festhalten und trauest dir auch also viel, daß du dieser Zweitracht wohl raten wolltest. Schreibest aber forder, daß es nicht in deiner Hand stehe, sonder in derjenigen, die dir zu gebieten haben. Reimet sich hieher nichts uberall, wird auch dieser Gehorsam allhie nichts von dir gefordert, sonder vielmehr, daß du darauf siehest, daß der gemeine christliche Haufe gemehret werde. Mochtest aber sagen, ja Christus lebet noch, hat auch die Peitzen [Peitschen] in der Hand, damit er sein Widersacher aus dem Tempel treibet. Wir wissen dies wohl, dir gehöret aber nichtsdesteminder, ja ist dir auch durch den Propheten befohlen, daßtu deine Stimme aufhebest, schreiest und hörest nicht auf, verkundigest dem Volk Gottes seine Sunde und Ubeltat. Dies gehöret einem rechten Theologo zu, ja du wirdest auch von oben hernieder dazu gezwungen, so dir die Schlussel des Verstandes und der Kunst Gottes geben seind, daß du ernstlich und unbeweglich die Wahrheit, auch mit deiner Fährligkeit, wanns nicht anders sein kann, schutzest und handhabest. Ja dies kann nicht ohn Aufruhr geschehen. Ich setze, daß diesem also sei, so wollt ich doch gerne von dir hören und verständiget werden, obs besser sei, daß man solch Aufruhr meide, oder daß man umb Aufruhrs willen Christi Lehre geschweige, wenn ich sichs [sehe es] nicht vor gnugsam Ursach an, daß wir das Wort Gottes umb etzlicher Schwür [Verschwörungen] mehr willen sollten verlassen. Und wenngleich des Evangelions und der Wahrheit Widersacher nicht anders dann durch der gantzen Welt Aufruhr und Entporunge [Empörung] kunnten gestillet werden, seind wir doch nichtsdesteminder schuldig, denselbigen zu widerstehen. Christus will, daß man sein Wort sittig und stürmig nach der Zeit Gelegenheit predige, desgleichen gebeut auch Sant Pauel, man sall auch da nicht aufhören, Gott gebe, es stehe im Wege, was nur wölle*. Es kommet aber oft, daß die Unschuldigen in solchen Aufruhren mussen mitleiden. Dies sagestu, ich sage nein dazu, und wenn es gleich also geschie⟨c⟩ht, so ist es doch nicht gnugsam Ursache, daß man derhalben Gottis Sache sall liegenlassen. Dir wird nicht ohne Ursache von den Lutheranern, wie du selber schreibest, vorgehalten, wie du ein mäßiger, feiner Mann bist, Herrn und Fürsten sehre angenehme und allzu friedsam. Ja du hast sie nicht recht verstanden, mit diesen verwikkleten Worten haben sie sich beklaget, daß du widder [weder] in Werken noch in Worten beständig bist, heuchlest und schmeuchlest auf allen Seiten, und nicht alleine Herren und Fürsten, sonder auch den Allergeringesten, vor wilchen sich nur deine Tapferkeit etwan ein wenig besorget. Ich mein ja, das sei recht geheuchlet, daß du klapperst: Wer wollte dieses Wirde nicht günstig sein, der uns mit evangelischen Tügenden Christum gleich furträgt [vergegenwärtigt]? Ja freilich, wir wollten dies alle gerne tun, wenn du uns etwan einen solchen anzeigest. Sage mir aber auf dein Gewissen, ist auch in diesen achthundert Jahrn ein Papst zu Rome gewest, der sich nach dem Evangelio hat regieret? Oder ist auch zu unser Zeit irgendeiner gewest, der nur ein Punktlin Frommikeit an sich gehabt, alleine was du sie mit deinen Lügen bestrichen und gefirnest hast. Derhalben so nu offentlich erscheinet, daß kein Redlikeit, kein Beständigkeit mehr in dir ist, und du vorhin diese Sach zugleich mit mir getrieben und nu abgefallen und dich zu unsern Feinden gewendet, sagest auch ohn Ursache und alle Vernunft, daß kein redlich Mann ist, der dem Römische Stuhle nicht von Hertzen freundlich und günstig sei, so man doch offentlich sie⟨c⟩ht, daß sein gantzer Anhang eitel gottlose Leute und Bosewichter seind, muß ichs lassen geschehen, daß du dich von mir wendest, das erbarmet mich aber gleichwohl, daß du also weit gefallen bist, daß du bei einer solchen schnöden Sache wider dein gantz Gewissen doch halten mussest, und so du dir je nicht willt lassen raten, ist mir noch lieber, du verdirbest alleine dann ich mit dir. So will diese Sach auch nicht unbeständige, lose Leute haben, sonder muß durch tapfere, glaubhaftige Männer gehandelt werden. Ich kann mich aber nicht gnug verwundern, daß du dich rühmest, wie dich etzliche Lutheraner mit Hinterlist zu ihn haben wollen ziehen, etzliche mit Gewalt zwingen, und probierest weiter mit deiner Sophisterei daraus, daß die Lutheraner nicht evangelisch sein, darumb daß dies nicht evangelisch ist, daß man jemand mit List oder Gewalt auf ein Meinunge wollt bringen, forderlich so nicht minder [Ge]fahr itzund auf dieser Sekten Bekenntnis stehe dann etwan auf Christi Namen gestanden hat. Ich bekenne, daß solcher Zwang nicht evangelisch sei, sage auch weiter, daß dein Papst zu Rome auch nicht evangelisch tu, so er uns mit lauter Gewalt und Tyrannei, ja auch mit Plitzen und Donnern, gleich wäre er des Himmels auch mächtig, unter sich zwinget. Weiter wollt ich auch gerne wissen, wer sie doch seind, die also mit List mit dir umbgehen und Gewalt an dich legen, bitt wollest mir sagen, ob es dein Ernst oder Schertz sei? Ich versehe mich freilich, es sei dein Ernst, sint [da] du es also oft anzügest, daß es Lütherische seind, die dich zum ersten mit List, darnach mit Gewalt auf ihren Ort haben wollen ziehen. Es mussen lügenhaftige und treulose Leute sein, die solchs an dir versucht, in wilchen kein Tropfen lutherisches Geistes ist, so ihm doch also ist wie du sagest und du nicht vielmehr dies umb unser Verachtunge willen tust, willt uns, so du uns fur bäurische und einfältige Leute hältest, solch Ding auflegen. Wiewohl ich auch bekenne, daß etzliche grobe Narrn seind, die darumb, daß sie auch etwas mügen gesehen sein, all ungehort Ding tun und sagen, wollen zuletzt ihre Torheit mit Luthers Namen verschatten und verdecken, solche Leute weißtu wohl, daß sie nichts uberall vom Luther haben, des sie sich rühmen möchten, seind auch nit wirdig, daß sie mit frommen Leuten vormenget werden, darzu versehe ich mich auch nicht zu dir, daß du uns also abgünstig bist, daß du uns mit solcher Leute Torheit wollest beschweren. Weiter wollt ich gerne wissen, was dies vor Gewalt mocht sein, damit dich die Lutheraner sollten zwingen unter also viel deutschen Fürsten, die beinaht [beinahe] alle wider uns verbunden seind? Ich hab zu Basel, so ich etzlich Wochen da gelegen, niemand vernommen, der gefochten, daß wider [weder] du noch sonst irgendeiner lutherisch würde, und weiß furwahr, daß zu Wittemberg auch niemand ist, der dies begehret, so sie bis hieher glaubet, daß du furhin bei ihn[en] stundest, daruber lernen sie auch in diesem Fall vom Luther wohl also viel, daß sie wissen, wes sie sich halten sollen, das weiß ich aber gewiß, daß dies Luthers Meinunge sei, als viel die Furcht der Abfallunge, so du dich mit deinem Abweichen vorsie⟨c⟩hst zu machen, daß er dich nicht umb einen Heller wiederkaufet. Er hat ihm [sich] und viel mehr Christo mit des Worts Prediget einen guten Haufen Herrn und gemeines Volkes versammlet. Wird dergleichen auch in Zukunft tun, weiß auch gewiß, daß wider [weder] du noch sonst j[e]mand in dieser, das ist ins Worts Sache, etwas wider ihn wird konnen aufbringen, ist dies auch gewähret, daß allezeit Leute sein werden, die das Wort werden annehmen. Darumb du nicht fürchten darfest, daß er gesinnet, j[e]mand mit List oder mit Gewalt Christo zu gewinnen. Ich wollt aber zum andern je gerne wissen, in wilcher Wüstenei doch diese verlassene Lutheraner seind, den[en] also, daß man sie bestreite, vonnöten ist. Ich kehre mich zum Aufgang, Niedergang, Mittag oder Mitternacht, so kann ich doch dieser Krieger keinen ansehen, mich wundert, wo sie sein müssen, daß ich sie auch nicht vermerkt. Seind sie nahent, so muß es seltzam zugangen haben, daß ich sie nähst [kürzlich] zu Basel, so doch viel Lutherische bei mir gewest, nicht auch verstanden habe, oder, so sie daruber geratschlagt, daß sie dich auch unters Fähnlin brächten, wie du dich beklagest, daß sie mich nicht auch zu Rat genommen haben. So sie aber weit von dir seind, wie furchtestu dich also sehre in einer gemaureten Stadt unter einem solchen Volke? Es will nicht klappen Erasme! Ist der Wahrheit auch nichts ähnlich, derhalben mir diese mehr denn lügenhaftige Fabel nichts uberall gefällt. Das weiß ich auch furwahr, daßtu Luthern sehre Unrecht tust, was Ursache aber, kann ich nicht wissen. Es sei denn, daß es noch diese Meinunge habe, wie man von dir saget, daß du nicht frembde Tugend bei dir kannst leiden, das ist, daß jemand gleich gelehret oder gleich bei dir [wie du] geehret sei. So dem⟨e⟩ also ist, so wirstu freilich viel am Luther finden, darumb du ihm magst billich feind sein. Wenn sein Namen wird itzund durch die gantze Welt geehrt und ausgeschreien, den auch die Kinder in der Wiegen lernen erkennen, sein Gerücht endet sich auch nicht bei uns Christen, sonder hat sich durch alle Unglaubige langst ausgebreitet. O Erasme, wie wohl stunde dir an, daß du lernest mit deiner Ehre zufriede sein, zügest niemand seinen Preis abe. Wir wissen wohl, daß du vieler Tugend halben ein trefflicher, sonderlicher Mann bist, dir ist auch vom Luther an deiner Ehre nichts abgebrochen. In wilchem [So wie wir] uns uber die Großmächtikeit und Höhe des Geistes und der Heiligen Schrift sonderlichen Verstand verwundern, der dir auch von Hertzen günstig ist, desgleichen du ihm auch etwan wiederumb erzeigest, lobest und preisest sein Werk und Leben. Ja er hat aber noch nicht den Rhein angetzundt*. Antwort: Diesen Rhein entbrennt ein jetzlicher [jeder], der das Evangelium prediget, Erasme. Aber du wollest vielleicht sagen, er hat mich noch nicht bei den großen Hansen mit Haß beladen, so hätt ich die Soppen von Rome auch noch nicht geschmackt. Wollest darumb aufhören, mein Erasme, diesen frommen, ehrbarn Mann zu schmähen, daß er nicht etwan selbest diese Ungerechtigkeit, so die andern alle schweigen wurden, von dir fordere, der in allen Sachen Gerechtigkeit fordert und haben will. So du kein Ursache hast, darumb du ihn forder liebest, versehe ich mich, du habst auch nicht Fug, daß du ihn darumb hassen wolltest. So du aber dieses auch gefühlet, hättestu dich in solcher Sachen und Zweitracht in keinen Weg sollen merken lassen und ander Ding [ge]tan haben wie [als] du pflegest, das besser wäre gewest dann dieser Hader. Wär auch nu fast Zeit, daß dein Arbeit gemin[d]ert und nicht gemehret wurde. Was gedenkstu aber, mein lieber Erasme, mit den Dialogis auszurichten, damit du uns drauest [drohst]? Nichts anders, denn daßtu dir Feinde zu Freunden wirst machen und wirst dieselbigen mit großer Fährligkeit haben, aus wilcher Uberreden du nicht ein klugliche Wandelunge hast tan. Wenn alle, die dich dazu gereitzet, daß du widern Luther schreibest, seind entweder Grundbuben [Schurken] oder sehre gewaltig oder zuhauf [beides] Buben und gewaltig. Weiter sollestu auch daraus abnehmen, ob die Sach recht oder unrecht wäre, daß diejenigen alle, die Luthern verdammen, mit Gewalt unverhort und unuberwunden verdammen wollen; niemand greift ihn mit Schrift oder mit Ursachen [rationaler Argumentation] an, marteln [plagen] ihn alleine mit Scheltworten, Schänden und Lästern, das dir etwan auch (wie deine Bücher anzeigen) nicht gefallen. Und glaub mir, so dies Ding mit Ursachen kunnt uberwunden werden, wurde ohne Zweifel nicht also heftig wider etzliche Fursten geschrieben sein wurden, die sich datzu verknöpft [verbündet], daß sie uns mit Fleiß und grundlich, wo sie Fug hätten, vertilgen und ausrotten wollten. Wilcher Meinunge ist, wo sie es nur etwan mit kleinem Ansehen kunnten zuwege bringen, so sie gewaltig und stark gnug dazu seind, wurden sie sich bald begierlich und mit allen Freuden in unserem Blute waschen. Nu verhindert sie dies alleine, daß sie wissen, daß ihr Furnehmen falsch ist, furchten auch, daß sie das Volk mit solcher Unbillikeit wider sich mochten erwecken. Derhalben, so sie an diesem Ort verhindert und sehen, daß man mit Schreiben die Sach kunnt handlen, haben sie dich erlesen, den sie langst gerne zu Ungluck bracht hätten, und dich gemiet [gekauft, bestochen], daß du vor sie streitest, wirst dasselbige auch tun, wie du angefangen, so du siehest, daß es bei denselbigen unsern Widersachern als tapferer, köstlicher und scheinbarlicher [ansehnlicher, glänzender] zugehet dann bei uns. Zum andern, daß du gesehen, daß ihr Teil stärker ist dann unsers, hastu an unserm Gluck vertzweifelt und gefurcht, so wir uberwunden, daß du nicht etwan zu Ungluck darüber mochtest kommen, dich also unser entschlagen. Dazu haben auch gehulfen und gereitzet der großen Haufen Bitt und Begehr, das groß Erbieten, die Geschenk und Verheischunge, die Ehre, die Triumph, die du dich dadurch hast verhofft zu erlangen, also bistu von uns kommen und denjenigen zugeschantzt. Wohlan, Gluck tzu, wiewohl ich mich des nicht versehen, wann sichs aber also begibt, muß ich mich darumb nicht krank legen. Du hast bishieher auf beiden Achslen getragen, fursichtiglich gehandlet und gleich als ein ander Metius auf gute Gelegenheit, ab- oder zuzufallen gewartet. Nu siehestu, daß die Widersacher also gewaltig gemehret sein, daß du dich unsers Teiles erwegen [begeben], wendest dich derhalben ohn alle Gewissen alleine dem Gluck nach, und dies angesehen, wann wir unten lägen, daß man vielleicht nichts freundlicher mit dir dann mit unser einen würde umbgehen, zu denjenigen, die am starkesten seind, und da du dich Uberwindunge zuversie⟨c⟩hst, sie⟨c⟩hst alleine darauf in diesem Fall, wie dirs mocht gehen, und so du dich Fährlikeit besorget, hastu dir furgenommen,

Gott gebe, es gehe wie es wölle, so willtu dich doch mit Heuchlen und Schmeicheln wohl auswinden. Vorsie⟨c⟩hst dich auch, du habest dasselbige nu fast zuwege bracht, tzweifelst auch nicht daran, du habest dir die vörigen Widersacher zu Freunde gemacht. Siehe dich aber eben fur, ob auch etwas Beständiges da sei, daß nicht diese deine Untreu, die du uns beweisest, mit anderer Untreu in dir gestrafet werde. Wenn ich weiß das gewiß (du magest dich zu ihn versehen was du willt), daß sie dich nicht fur einen Freund oder wiederumb Versühneten aufnehmen, sonder vor einen Gefangenen und der ihr eigen sein sall. Sie haben zum ersten dein Schreiben wider sich gefurcht und dasselbige auch freilich nicht ohn Ursache gefühlet. Darnach haben sie auch diese Meinunge gehabt, daß sie glaubet, wir kunnten ohn dich nichts ausrichten, darin sie betrogen und wir uns billich freuen, daß sie solches uberredet, wenn so sie dich mit diesem Rat (wie ich mich gantzlich versie⟨c⟩h) also hitzig zu ihn [sich] gezogen, wird ihre Hoffnunge umbsonst und vergebens sein, werden auch kurtzlich vermerken, wie sie betrogen und wie es nicht bei dir gestanden, daß wir bishieher (wie etzliche rühmen) unverbrennt sein blieben, darnach werden sie sich erst freuen, daß sie dich in die Klapfe [Klammer, Fessel] haben erkrieget und von uns abgezogen. Wir sein aber nichtsdesteminder auf unserm Teil gesinnet fortzufahren, und wird die Sach erst recht angehen, so sie werden sehen, daß sie mit des Hulfe werden unten liegen, durch wilches sie allezeit glaubet, daß wir die Uberwindunge behalten. Da werden sie dann erst erkennen, wie oder von wem⟨e⟩ dies Sache gesteuret sei. Man hat stets von dir gesagt, wie du dies alleine ausrichtes[t], davon wir uns andern alle rühmeten, sie haben dich nu bei ihn [sich], laßt sie sehen, ob darumb die Wahrheit unbeschützet wird bleiben. Sie haben allezeit glaubet, wie du unser Hulf und Schloß seist, sie haben dasselbige Schloß und Befestigung nu bei ihn, in Gottis Namen. Es ist Zeit, daß die Welt erkenne, wie leichtlich die Wahrheit zu verte[i]digen ist, ficht uns nichts an, daß sie ihrem Furnehmen an dir seind nachkommen, und du auch dahin, da du dich läßt bedunken, daß du nun ausgeschwummen und am Ufer bist. Dies ist ein gewisse Regel, daß diejenigen ihre Gewissen am besten konnen zufriede gestellen, die ihn [sich] etwas Gewisses und Rechtes vorgesatzt, wilches du nimmermehr wirst zuwege bringen, der du dich also leichtlich biegen lässest, wißt nichts Gewisses, wo du dich hinkehrest oder wendest, wo du bleibest, oder wohin du also eilest, dahin dich kein Glaube zwinget, sonder allein fleischlich Neigunge reitzet, kein Dienstbarligkeit fordert, sonder allein die Ehre, die dir darumb Verheischen verursacht, darumb du ewig bekümmert mußt sein, daß dir nicht etwan solcher Wandlungen Not mehr unterhanden gehe, wilche doch, so du denn vielleicht gerne annehmen wolltest, wirdestu denn keinen Fug darzu haben und dir die Sach endlich dahin kommen, daß so du zum ersten aus diesem Gemüt auf Ursache deiner Sicherheit gewartet, zum andern, daß du endlich große Ehre daruber wolltest erlaufen, daß dir nicht dasselbige auf beiden Seiten umbschlage und du so zwischen zweien Stühlen niedergesessen, deiner Treu auf beiden Seiten wirdig Lohn daruber entpfangest. An wilchem Ort (so ich dich nicht noch ein wenig lieb hätte) wollt ich diejenigen recht loben, so sie dir wiederumb (das man sich doch ohndas zu ihn versie⟨c⟩ht) nach deinem Verdienst, nämals einen Vorräter, so sie sich doch nicht mehr Glaubens zu dir versehen durfen, dann du uns furhin beweiset, ablohneten. Ich weiß wohl, wie du herrlich mit den Leuten kannst umbgehen, wann es recht und glückselig zugehet und nicht mehr denn Heuchlen antrifft, sie⟨c⟩h dich aber nu gleichwohl deste mehr fur, darumb daß dir dein Heucheln allezeit zugute ist gediegen [gediehen], daß sich nicht das Glücke wende und dich auf einmal betzahle. Meinestu auch, daß dich diese Leute immermehr [jemals] recht lieben konnen oder nur aufhören zu hassen, von wilchem sie am allerersten angefochten und den ersten Fall genommen? Es wird nicht geschehn, es wird bei Gott nicht geschehn, Erasme, und also viel deste minder, daß sie sehen werden, daß wir unser Teil je mehr und mehr werden foddern [fördern] und treiben, darinne sie dies am ubelsten wird verdrießen, daß deine eigene Geschrifte allezeit mit uns wider euch werden fechten. Wenn du stehest gleichwohl bei uns, ob du dich gleich zu ihn[en] gewendet hast und vielleicht mit großern Müh und Fleiß, dann du zu derselbigen Zeit getan, da du dasselbige geschrieben. Also kommet es, daß deine Bücher auch wider deinen eigenen Willen in unsern Gezelten bei uns stehen, die freilich besser seind dann diejenigen, die du in Zukunft schreiben wirst, so du doch etwas mehr schreiben wirdest und dich nicht eher Verleide [Ekel] und dieser schändlichen Wandlunge Schame henken [zum Selbstmord treiben]. Was du fur [früher] getan hast, ist großes Lobes und Preises wirdig, was du aber nun auf dem neuen Wege wirst furgeben, kann ich nicht begreifen. Wie künntestu aber auf diesem Ort etwas

Tapfer[e]s ausrichten? Wie kunntestu etwas Redlichs gehandeln? Wie künntestu etwan Ehre oder Lob erlaufen? Fur [Früher] hastu die Freiheit verfochten, nu mußtu acht nehmen, daß du wohl heucheln lernest, fur hättestu alle gelehrte, ehrbare Männer auf deiner Seiten, nu mußtu mit Barbarei, die du also oft widerfochten, und mit einem großen Haufen unnutzer Leute, die zu aller Schalkeit geneiget, wider Gott und alle Ehrbarkeit streiten. Wilches so du gleich mit allem Fleiß getan und auch zuwege bringest, daß du uns uberwindest und ihn[en] den Triumpf schenkest, was hastu denn ausgericht, so du selber sagest und gleich als Caiphas etwan wider dich selbest prophetierst, daß ein solch Uberwindnis ohn des Evangelioms großen Nachteil nicht geschehen kann? Seitemal du dies siehest und bekennest, was zeihestu uns dann? Was kunnt schalkhaftigers und gottlosers von dir vorgenommen werden? An diesem Ort vorrätstu [verrätst du] dein Schalkeit selbest und machest dich gantz offenbar, ist derhalben ohn Not, daß du deine Tukke mit etlicher Gestalt willt bedecken, mit diesem einigen Zeugnis hastu dich gantz und gar geoffnet, das nu von allen leichtlich kann verstanden werden, was du hast verlassen oder was dir itzund wohl gefället, wärest auch wohl billicher Straf wirdig. Wenn ich aber am allerzornigsten auf dich bin, so fällt mir wiederumb ein dein vorige Wohltat, also daß ich zweifel, ob ich dich mehr umb dein itzig Verschulden meiden, oder dir umb vorigen Verdienst weiter zugut halten sall. Darin mich nichts mehr bewegt dann diese Tropferei, daß du nicht davor angesehen willt sein, als wärestu je dem Bischof zu Rome entgegen gewest. Wilches dir auch am allermeisten Abgunst macht, und auch daselbest her der großte Haß auf dich geworfen wird. Hättestu mich aber zu Rat genommen, wollt ich dir freilich nicht geraten haben, daß du umb einer solchen kleinen Ursachen dein vorig Gericht [deinen früheren Ruf] also solltest verdunkeln oder zuschanden machen, und dich des erinneret haben, daß du dir mit diesem Furnehmen auf unserm Teil mehr Abgunst dann auf ihrem Freundschaft wirst machen. Es ist aber nu zu lange geharret, und mein Mitleiden geschie⟨c⟩ht umbsunst. Du bist uns en[t]zogen und hast dasselbige gerne gehabt, mit meinen großen Schmertzen und Mitleiden und wiederumb mit derjenigen, die dich uns enzogen, großen Triumpf und Freuden, das mir von Hertzen leid fur dich ist, wenn ich weiß das furwahr, daß dirs nicht wohl daruber wird ergehen, so du dich selbest vorraten und willig zu Ungluck bringest, und wenn du dich gleich etwan recht bedächtest, wird dir doch nicht frei sein, wiederumb [um]zukehren, sie werden an allen Orten allezeit auf dich merken und dich mit Gewalt, du willt oder willt nicht, auf ihrem Ort behalten. Wiewohl wenn du dich noch in der Zeit wendest, mocht etwan Rat gefunden werden, dadurch du wiederumb zu uns möchtest kommen. Ich halt es aber davor, wenn dirs gleich kunnt begegnen, daß du es doch nicht tätest, und wann du es gleich tun wolltest, wurde dirs doch vor Schanden nicht anstehen, also hastu dich ihn[en] gar heimgeben, verknupft und verbunden, auch mit dem verfluchten Sendbriefe* daruber zeuget, damit du gleich beiden Teiln zum Streit aufbläsest, und willt doch dasselbige auch also getan haben (als du dich läßt bedunken), daß du nichtsdestemínder davor angesehen willt sein, daßtu bei uns auch haltest, forderst Wasser und Becken mit Pilato und schreiest: Ich bin unschuldig vons Luthers Verfolgunge. Gebeutest auch weiter, daß wir alle zu dir sollen kommen und Rat nehmen. Du hast einen Rat funden, dadurch diesen Sachen alle leichtlich kann gehulfen werden, begehrest auch von den höchsten Fürsten, den[en] du nichts darfst versagen, daß sie dich je widern Luther nicht wollten brauchen, willt je fur [vor] allen Leuten gerecht gesehen sein und davor gehalten, daß du nie kein Wasser betrübet hast, keinen Freund je beleidiget. O des falschen, getichten Rühmens, Erasme, wa [wo] hat man je mehr einen erfahren, der also unbeständig wankelmütig alle Ding geredet und getan hätt? Du magest wohl mit den Soppenesser [Schmarotzer], den Terentius einführet, sagen: Zum letzten hab ich mir selbest geboten und mich mir also untertänig gemacht, daß ich allen Leuten in allen Dingen kann heuchlen. Wer kunnt also wohl beredet sein, so er dir auf dein Wanken sollt antwurten, daß er Einformigkeit und Bestand in seiner Rede hielte oder rechter Ordenunge nachfolget, so du also unbeständig und vielfaltig bist? Du kummpst mir also wunderlich fur, daß ich nicht weiß, mit was Knoten ich den Protea sall bestricken, der sich all Augenblick in ander Gestalt verwandlet? Ich versehe mich aber, wir haben dir deine List beinahet abgelernet, du wirst uns nicht mehr also betriegen. Es mußt je einer gar tulpisch [einfältig] sein, der diese Buberei nicht merket, bedeck sie auch wie du willt. Du willt nicht davor gehalten sein, als wärestu uns entgegen, und hast dich doch wider uns zu tun schon unterstanden, Ehre und Gut gewagt, uns auch mit großen Geschriften und Forcht bedrauet [bedroht], und gibest dich gleichwohl aus, du willt uns Rat geben, der Teufel gestehe dies Rats – ich nicht, du unterstehest dich, uns Rat zu pflegen, und wir wissen, daß du unsern Widersachern also hart geschworn bist, ja auch unser Feind selbest. Wir sollten freilich einen guten Rat von dir entpfangen, so du unterdes[sen], weil [während] du uns Rat verheischest, nichtsdesteminder offentlich ausschreiest, du willt dein Meinunge behalten und von dem Heiligen Stuhle zu Rome nimmermehr abweichen. So du aber dies gesinnet, daß du auf beiden Teiln willt Friede machen, warumb schlächstu [schlägst du] dich dann einem zu und sträubest dich also wunderlich gegen das ander? Es wäre freilich das beste gewest, daß du dich dieser Sachen nichts uberall hättest angenommen und da dein Alter oder deine andere Geschäfte zur Entschuldunge angezeiget. So dies dein Meinunge ist, daß du der Gerechtigkeit allezeit willt beiständig sein, wie du dich rühmest, wird sich gar nichts dazu reimen, das du dich wider uns zu tun unterstanden, in wilchem du gar uberall unrecht hast, und so du allezeit ein Friedestifter gewest, was hastu an uns ersehen, daß dich eben mit uns gelust zu kämpfen? Was zwinget dich dazu, daß du mich erst anders willt machen? Und so du in allen Dingen allezeit fur ein glimpflichen, mäßigen Mann gehalten, wie kommpt es, daß du wider mich also heftig stürmest? Ich bin der erste und furnehmeste gewest, der allezeit dein angeborne Gutikeit gepreiset und gelobet hat, und so bisweilen dein eigene Freunde, den[en] du etwan deine Tucke beweiset, uber dich geklaget und bei Himmel und Erde geschworn, wie du nicht allein nicht senftmütig, sonder auch hinterlistig und falsch wärest, habe ich nicht konnen glauben, wenn wir hingen alle zu derselbigen Zeit wohl also fest an dir, daß wir uns nicht leichtlich etwas von dir ließen uberreden, und wann es gleich geschehen, und du nur zur Entschuldunge gesagt, ei muß es denn je also sein, muß ich je von bösen Leuten angefochten werden, ließen wir uns leichtlich daran genügen, dächten, es muß alles also wahr sein, das du sagest. Bis wir nu selbst verstanden, was du im Schild führest, und wie du mit uns umbgangen hast. Und so du ein solcher bist, willtu doch gleichwohl fur gut deutsch gehalten sein, rühmest dich auch, wie deine Weise mit deutscher Nation sehre uberein-komme. Du sallt wissen, Erasme, daß dies gar nichts uberall deutsche Stucke seind, sonder etwan frembder und wilder Nation Leichtfertigkeit und Unbeständigkeit und der⟨e⟩ Volker Art, die alle Augenblick gewandt und wiederumb gewendt wer-

den, bei wilchen nichts Beständiges, sonder alles nach des Gluk-
kes Unbestand gehandlet und getan wird. Darumb heb dich
aus, Erasme, zu den weibischen Walen [Italienern] und zu dei-
nen Kardinaln gen Rome, bei wilchen alle Betriegerei frei ist
und ein itzlicher nach seinem Mutwillen lebet, oder zeuch zu
deinen Frantzosendeutschen [Belgiern], wirstu vielleicht bei
denselbigen deiner Art und Gattunge finden. Und wo du nicht
etzliche deiner Tuck [Tücken], die gantz unträglich seind, mit
unserer Weise und Gewohnheit mäßigest, wird vonnöten sein,
daß wir alle in gemeinen Rat an dich bringen, daß du dich et-
wan anderswohin wollest wenden und unser Jügend [Jugend]
nicht solche Leichtfertigkeit, die unser Nation gantz unbekannt,
mit deinen Exempel furschreiben und einbrau⟨w⟩en, forderlich
seitemal du also gehalten bei uns bist, und ein jetzlicher dein
Werk fur gut ansie⟨c⟩ht und wollt dir auch uberall gerne nach-
folgen. Es ist auch kein jung Gesell, wilcher so er in Kunsten
von dir erhaben, der auch nicht dein Weise und Sitten begehret
nachzufolgen. Das ich allen allezeit also viel widerraten will, als
ich sie furmals deinen Studiis nachzufolgen habe erinneret. Will
dir auch, wo ich nur kann, deine Farbe abstreichen und verhin-
dern, daß man dir dieser Einfaltigkeit, die du deiner Triegerei
gleich als einen Schanddeckel furgezogen und ins Volk gebrauet,
nicht mehr gestehe, sonder dir nu wiederumb zum Offenbarnis
deiner Schande gedeige [gerät], und so mir die Leute in diesem
Falle werden gehorchen, darfestu dich auf deine Z[a]uberei for-
der nichts mehr verlassen. Es wird ihm [sich] auch keiner mit dei-
nen verblumbten Worten forder das Maul lassen schmieren. Dies
zwingestu mich wider dich zu tun, Erasme, fur wilches ich viel
lieber etwas anders wollt handeln, wann du dich auch anders
halten wolltest. So du aber je also willt fortfahrn und die Bu-
ben wider alle Tugend, Gott, Ehre und Recht reitzen und be-
festigen, so fahr hin, was sollt ich mich eben dein vorige Wohl-
tat also sehre anfechten lassen, so du selbest begehrest, daß
alles, was du fur [früher] getan hast, ewig verdruckt und aus
aller Menschen Hertzen ausgelescht mocht werden. Und was
du vorhin aufs allerbeste und ehrlichste getan, dasselbige wi-
dersprichstu nicht alleine itzund, sonder sagest auch gantz dar-
gegen und hältest dir selber Widerpart. Ich sag zum andern,
daß mich deiner recht erbarmet, wiewohl ich weiß, daß du
nicht davor angesehen wollt sein, als wäre sich billich uber dich
zu erbarmen, also haben dich diejenigen auch verblendt, die
dich gewandt haben, wilchen du doch frei hättest kunnt

widerstehen, so du ein Mann wärest gewest, und so dich sunst nichts dazu verursacht, hätt dich doch dies sollen bewegen, daß du dich nu ewig fur [vor] uns schamen mußt, und wilche du fur [früher] am meisten zur Sache gereitzet hast, werden dir nun am meisten Röte abjagen, wie wirstu dann stehen? Oder wie willtu dich stellen, wenn ich dir etwan werde begegnen? Es ist aber nicht dein erste Mal, du bist fur mehr also gefunden und nu gewohnet, daß dich ein kleine Schalkeit nicht bald rot macht. Es ist ein große Gnade, daß einer Buberei ubet und darf dennest [dennoch] nicht rot werden. Dasjenige, das du selbest gesät, gepflantzt und begossen hast, verdammestu itzund also heftig, als mußt mans mit Blute wiederumb versühnen und ausleschen, was kunnt mehr umbgekahrt oder verwandelter sein, dann du bist, Erasme? Tustu [Tust du] dasselbige nicht etwan aus Hitze deines Hertzen, nicht aus Bewegunge deines Gemütes, nicht aus Zwang deines Gewissens, auch nicht Ursachen halben, die dich dahin weiseten, sonder alleine umb Ehrgeitz, und daß du sie⟨c⟩hst, daß mehr Reiche und Gewaltige auf jener Seiten seind dann auf unserer, und besorgest dich, wir möchten unten liegen. Daruber bistu auch vielleicht mit der silbern Buchsen geschossen, wilche Beisorge du dir aus deinen eigenen Schriften machest, darinne du dich rühmest (und beinaht [beinah] bekennest), wie dir groß Ding verheischen und gelobet sei. Es muß freilich nichts Geringes sein und dir hoch vonnöten, als ich mich versie⟨c⟩h, das dich dahin reitzet. Das weiß ich aber auch gewiß, daß du dich umb keiner rechten Ursachen von uns wenden kannst. Ich setze aber, daß dies auch nicht sei, wollt ich doch gerne von dir hören, mit was Ansehen oder mit was Verdeckunge du doch dies Teil widerfechten willt? Davon du selber bekannt hast, daß es ohn des Evangelioms großen Nachteil nimmermehr kann uberwunden werden. Ist Christus also geringe bei dir angesehen? Oder bistu ihn[en] also gantz hart verbunden, daß du ihn[en] doch zugefallen willt sein, wenn du gleich siehest und weißt, daß es wider Gott und sein Evangelium ist, unangesehen deinen Namen und dein gut Gerucht, so du dich also unverschampt zu dieser Zeit durch Recht und Unrecht in der Gewaltigen Kunntschaft dringest, das ich von dir nie hätt konnen denken, geschweig glauben. Ja ich hätt auch hundert Eide, wanns vonnöten wäre gewest, fur dich geschworn, du wurdest dein erstes recht Furnehmen nimmermehr verlassen, dich auch nichts derjenigen Weisung lassen bewegen, die nun bis ins funfte Jahr bei dir angereget haben. Ich hab dich allezeit fur einen gehalten, der gleich unbeweglich bei der Wahrheit wäre. Wiewohl mich nicht betrogen hat, das ich mich allezeit besorget und versehen, daß die Widersacher damit umbgangen, daß sie je einen aus uns auf ihren Ort brächten, den sie wider uns zum Fähnrich und Hauptmann brauchten, wer hätte aber glaubet, daß du also leichtlich hättest sollen vom Kreutz fallen, so höre ich wohl, daß mein und aller frommen Männer Meinung von dir falsch ist, so derjenigen Furnehmen an dir Fortgang habe, warumb sall ich nu nicht sagen, daß kein Glaube uberall mehr ist? Du bist der, der zum allerersten alle rechte Studia wieder erhaben [erhoben] und ausgebreitet hat und damit vielen Leuten forderlich und behülflich gewest, und sträubest dich nun in dieser Sach, die das Evangelium und die Wahrheit selbest betrifft, wider Gott und alle Ehrbarkeit. Man hat allezeit von dir gesagt, daß du das Haupt und ein einiger [erster] Heerführer seist wider alle diejenigen, die dem Evangelio widerstreben, nu stehestu selbest bei ihn[en] auf ihrer Seiten. Wem⟨e⟩ hätte ein solch ungehört, ungeschickt Wandlunge von dir konnen träumen? Mir ist all mein Tage kein Ding mehr also unversehens je unterhanden gangen dann dies itzund mit dir. Sie werden nun einen an dir haben, dem sie die Sach zuhanden werden schieben, dazu sie sich Hoffnunge werden versehen und Glauben durfen geben. Du wirst ihn[en] allen zu Hulf kommen, sie stärken und wieder aufwecken, ist auch hoch vonnöten gewest. Ihr Sache lag beinaht darnieder, so du eben in der Zeit da bist, sagest ihn Hulf zu, sie hatten beinaht verzweifelt, so kommestu und willt ihn wieder in Sattel helfen. Ja ist wohl billich, hastu doch keine Ursache bei uns zu bleiben gehabt. Mein getreu Hertz und Gutwillikeit gegen dir, das du lange und oft erfahren, ist nichts bei dir, mein Fleiß und Sorge, die ich allezeit fur dich gehabt, als oft du mir uber deine Feinde geklaget hast, ist alles nichts gewest. Was sag ich aber von mir? Wenn dich dies alles nichts angefochten, sollestu doch dies zu Hertzen genommen haben und darauf gesehen, wilch Teil gerecht oder ungerecht gewest wäre, dich auch daran gestoßen, daß dies Teil, dazu du dich wendest, alleine auf weltliche Güter und Menschentyrannei gegrundet ist. Damit du gleich⟨e⟩ viel sundigest, als entsagestu offentlich dem Evangelio selbest, so du dich seinen Feinden also begierlich zuschlächst [zuschlägst]. Gedenkestu nicht an diese Tzeit, do alle Welt mit Wonne und Freuden eins mit dem andern frohlucketen und solch Wort von dir sageten? Do haben wir den rechten Mann, der uns mit Fleiß und rechtem Verstand die Heilige Schrift ausleget und an Tag gibet, dieser Mann wird uns alle verlöschene Gottseligkeit und den rechten Gottesdienst wiederumb aufrichten. Dieser wird der Wahrheit allen Nebel, dermit [mit welchem] sie bishieher vorschattet, ab⟨e⟩streichen und sie wiederumb kenntlich und offenbar machen. Dieser wird der Päpste Schalkeit frei aufdecken und alles, das sie unversunnen umb Geitz und weltliche Ehre in der Kirchen haben aufgericht, wiederumb zu dem alten rechten Wesen und Stand bringen. Dieser darf alleine den Tyrannen widerstreben, wird auch die christliche Freiheit, die sie gleich gefänglich unter sich gedruckt haben, frei, ledig und los machen. Dies war dein großer Preis und Ehre. Dies Gerucht breitet sich zu allen Völkern. Nu hastu ander Schu⟨c⟩h angezogen, und gleich als hättestu geirret, wendest du dich umb, verläßt Fähnlen [Fahne], Getzelt und Ordenunge, fleugest gleich als ein Vorräter in der Feinde Befestunge, bei wilchen so du furhin weißt, daß du ihn ihre Buberei mußt helfen verte[i]digen und auch mit ihn[en] treiben, was tust du anders, wollt ich gerne von dir hören, dann daß du wider die Wahrheit selber streitest? Darumb ich noch sage, daß mich deiner von Hertzen sehre erbarmet und hab groß Mitleidunge mit dir, wenn ich vorsich [versehe] mich, daß du nu nicht leuckenen [leugnen] kannst, daß man sich billich uber dich erbarme, und so du mir wöllest gehorchen, wäre mein Rat, wöllest noch umbkehren, dieses Sprichwortes eindächtig: Es ist allezeit besser, daß man wieder umbkehre, dann daß man unrecht gehe. Wenn (daß ich dies aber eins [nochmals] antziehe) so dich nichts mehr dazu verinneret, sollest du doch dies bedenken, daß du zu großen Schanden darüber wirst gesetzt werden, das diejenigen wohl wissen, die dich uns abeziehen. Darauf die Böswichter (glaub mir) wohl gesehen haben, daß sie zu diesem Spiel einen Fremden, an wilchem ihn nicht viel gelegen, wann er gleich umbkäme, genommen, der ihre Fährligkeit alle auf sich nähme. Wilches so sie lange gehandlet, bistu ihn eben bequeme darzu ersehen, haben sich auch bald lassen bedunken, daß keiner wäre, davor wir uns mehr wurden forchten dann vor dir. Wann dies nu also gleich wahr wäre, was ist dies vor ein Klugheit, daß du nur ansie⟨c⟩hst, was du vermag⟨e⟩st, sie⟨c⟩hst nicht, was sich dir gezäme, was recht oder unrecht sei? Willt du nun erst der verzweifelten Leute Hoffnunge werden? Willtu ihr Hulf, ihr Schloß sein, darauf sie wider uns fechten? Willtu der sein, darauf sie sich gründen und verlassen durfen? O wie gerne wollt ich dich von dieser Meinunge wenden, Erasme, wann du mich hören wolltest. Es wäre dir aber zunaht [zu nahe getreten], daß du von einem, der jünger wäre dann du, sollest Rat nehmen, wollt Gott aber, daß ich dich in diesem Fall zwingen kunnte, daß du deines Furnehmens baß [besser] mussest acht nehmen. Nicht daß ich gesinnet, wie du den Lutheranern schuld gibest, daß ich dich mit Gewalt etwan auf ein Sekt wollt dringen, sonder wollt dich alleine umb alter Freundschaft auch wider deinen Willen vor Ungluck bewahren, wollte solche Gewalt gerne auf ein kleine Zeit an dir uben, die dir darnach ewig kunnt zuträglich sein. Aber dies ziemet sich mir nicht, und du wurdest es auch nicht zulassen, hast auch schon bei dir beschlossen, daß du von deiner angenommenen Sachen nicht willt ablassen, du wirst auch forder nicht konnen leiden, daß man mit der Wahrheit wider dich fechte oder dich deines Gewissens erinnere, sonder wirst unters Papsts Regiment bleiben, die Heilige Römische Kirche verte[i]digen und des Papsts Hof, den wir schier erschapft und wüst gemacht haben, wiederumb mit Narr[e]n besetzen, das geistlich Recht und die Canones, die wir beinaht erwürget, wiederumb in den Schwanck [Schwung] bringen. O der losen Wandlunge deines Furnehmens! O der großen Unehrbarkeit, die du darinne ubest! Es wird aber denjenigen ein rechte Sache sein, dies Schreiben wird ihn[en] allererst süße sein, diese Bücher werden sie recht anlachen! Was sollen wir denn dazu tun? Ich versie⟨c⟩h mich, es wird das beste sein, daß wir uns etwan zun Heiligen geloben, gehen fur alle Kirchen, fur alle Altar, bitten Gott, daß er uns fur einen solchen Manne wollt behüten, daß du uns je wollest gnädig sein. Und wenn wir uns gleich nicht fürchten, wird doch vonnöten sein, daß wir Gott fur dich bitten, daß er dich von dieser tollen Weise wollt abwenden und bessern Verstand verliehen, daßtu nicht dein vorige Wohltat, damit du in ein gemein vielen Leuten hast gedienet, nun aufs letzte mit einer solchen Unkost also schändlich mochtest zunicht und zuschanden machen. Es ist aber vielleicht alles großer, das dir diejenigen verheischen, dann dies, das du allhie magst verlieren. Ich wollt wohl gerne, daß es also wäre, ich sie⟨c⟩h nicht, was du itzund allererst künntest fur Frucht bringen, seitemal [da] nu die besten von dir gebrochen und abgefallen seind. Ich versie⟨c⟩h mich, du wirst nimmermehr zu großerer Ehre kommen, dann du vorhin bist. Das sich [sehe] ich aber wohl, daßtu mit dieser Weise die Früchte deines vorgangenen Lebens verlieren und verschutten wirst, und alle dein Ehre und Gerücht, das du vorhin mit großer Mühe und Arbeit erlanget, zu großem Fall und [Ge]fahr bringen. Also leichtlich begegnet einem Schande und Schaden, der falsch Ehre und Lob sücht. Was gedenkestu doch, das man nachmals von dir sagen wird? Was meinstu, das dein Gerücht untern Leuten wird werden? Was werden sie gedenken oder sagen? Glaub mir, daß unter Tausend nicht einer wird sein, der anders glauben wird, denn daß du Geschenk genommen habst oder stahest [trachtest] etwan nach großen Ehren, Ampt, Lehen oder dergleichen. Und wollt Gott, daß diese Meinunge falsch wäre, wenn ich furcht selbest, daß du dich in diesem Fall schwerlig gnug kannst entschuldigen, wilche Sache mich auch am allermeisten anficht, daß ich furcht, du habst dein vorig Furnehmen schwerlich vergebens oder umbsunst verlassen. Es komme von weme es wolle, so sich [sehe] und verstehe ich wohl, daß du umb keiner ungewissen Ursachen dies Gemüte an dich genommen, sonder ist gewiß, daß etwas vorhanden sei, das dich zum ersten erweckt hat und nun auch wider uns verbittert. Was ist aber dies gesagt, Erasme, daß diejenigen, die Gewalt uber dich haben als uber einen, der sich willig unter die Heilige Römische Kirche hat geben, gleich⟨e⟩wohl mit Bette [Bitten], päpstlichen Briefen und süßen Worten, daß du ihn[en] in dieser Sach zu Gefallen bist, von dir mussen erlangen? Meinest du nicht, daß man dabei kann abnehmen, daß du solch Gepiet, wann du willt, wohl kannst abschlagen? Wenn man dir aber das Maul schmiert, verheißt, schenkt und gibt, ei so bistu gefangen, so haben alle Herrn uber dich zu gepieten. Wohlan, wenn es ja nicht anders ⟨ge⟩sein kann, so partir [betrüge] immer fort und sie⟨c⟩h, daß du deinen Heiligen Vater, den Papst, je wohl beschützest. Ich will dich darinne gar nichts verhinderen, alleine daß ich dich umb alter Freundschaft fur [vor] Ungluck gerne wollt behüten. Du hast dich aber also hart bestätiget [festgelegt], daß du nu wütest und tobest, wie der Feinde Art ist. Und wenn du dir etwas furgesatzt, so platzestu bald damit [h]erfur, stellest dich also närrisch, daß ich an deiner Gesund[heit] und Bekehrunge gantz verzweifel. Darumb fahr hin und erfüll derjenigen Hoffnunge, die allezeit gerne ein Hauptmann gehabt, damit sie wider die Wahrheit mochten fechten, schütze dich, es ist eben Zeit, ist noch eben ein bequeme Sache in deinem Alter fur dich, strecke dein Kräfte aufs beste aus und stehe feste, wenn du wirst auf diesen Ort mussen steigen, davon viel fur [vor] dir hinabe gestürtzt sein. Du wirst auch nicht faule Widersacher haben. Der Streit ist bereit und wart auf dich, wilchen die Lutheraner, die nu von dir sollen niedergelegt werden, nicht durfen ausschlagen. Sie seind auch bereit, mit sicherer und gerechter, aller Ehre und Gerechtigkeit, auch guter Gewissen Zuvorsicht gesteuret, sie werden dir nichts ab⟨e⟩schlagen, förder sie wohin du willt, wilches du auch daraus merken kannst, daß du uns, wie du selber sie⟨c⟩hst, mit dem ersten Sturm gantz unerschrocken funden hast. Schreib du also viel du willt, aufs köstlichste und aufs geschmuckeste du immer kannst, so wöllen wir dasselbige, was uns betrifft, mit der Tat beweisen, und laß sehen, wilchem man am meisten glauben wird, mir zweifelt auch nichts, daß wir mit der bloßen Wahrheit also viel wöllen ausrichten als du mit vielem unnutzen Geschwätz. Es kann einer leichtlich gnug Worte finden, wenn er ein gerechte Sache hat, wiewohl auch (davon ich fur [vorhin] gesagt) das großte und beste Stucke von dir bei uns wird stehen in unsern Gezelten, und du wirst in diesem Fall nichts minder mit uns dann mit dir selbest und deinen eigen Büchern streiten, wirdest deine Geschicklikeit wider dich selbest brauchen und wider deine eigene Wohlredsamkeit wohlreden. Der Kampf und die Widerschlagunge wird am meisten unter deinen Büchern sein. Derhalben, so du je nicht anders willt, so fahr her, wir sein unerschrocken fur [vor] dir, forchten uns nichts uberall, haben uns auch nichts gewandt, sonder dazu geschickt und viel Leute zu dem rechten Wege, davon du uns freilich nicht wirdest wenden, erinneret. Wie sollen wir uns aber endlich gegen dir halten, so du dich also wider unser Furnehmen sträubest und nu nicht den Kampf anbeutest [nur in Aussicht stellst], sonder streitest bereit [wirklich]? Sollen wir dich erst bitten, daß du nicht von uns wöllest weichen? Will sich nicht reimen, wenn die Sache bewährter und offentlicher an sich selbest ist, dann daß man j[e]mand uberall sonderlich dazu sollt reitzen oder bitten, geschweig einen, der auf keinen Glauben, auf keine Freundschaft nichts gibet, will auch keinen guten Freund darinne hören, oder sollen wir Gott anrufen, daß du uns je mit deiner Gewalt nicht schadest? Ziemet sich auch nicht, daß wir uns forchten sollten oder etwan zweifeln oder wanken, so wir die Wahrheit beschützen. Und glaub mir, daß wir uns (diesen Grund angesehen) fur [vor] deiner Wohlredesamkeit, Ingenio und andern Gaben, die dir die Natur fur [vor] andern hat geben, nichts uberall furchten.

Dazu wisse, daß wir unser Pfund auch haben. Woran feilet [fehlt] es dann? Daran, daß wir diesen Kempf anfangen und uns miteinander versüchen, daß alle Leute mügen verstehen, wie mit verrücktem, hürischen Gewissen du ein solche unrechte Sache zu verfechten hast angenommen. Dies wird freilich der einige [richtige] Weg sein, dies der beste Rat, so kein Gottselikeit, kein freundliche Ermahnunge mehr bei dir angesehen oder statt hat.

Augsburg, den 25. Oktober 1518

Des Ritters Ulrich von Hutten Brief an den Nürnberger Patrizier Willibald Pirckheimer, in dem er über sein Leben Rechenschaft ablegt.

Bisher bin ich immer in gutem Einvernehmen mit dir, Willibald, gestanden, und ich bereue nicht mein Urteil, daß du ein aufrichtiger und offenherziger Mann bist. So hast du dich auch über meine »Aula« freimütig und unverhohlen ausgesprochen. Wohl denn, da du in diesem Dialog meine Unreife beanstandest und dich beklagst, daß ich, der, wie du sagst, mit dem Hofleben kaum begonnen habe, über die höfischen Dinge schreibe, warum läßt du mich nicht am Hofe heranreifen, sondern willst mich daran hindern, ihn überhaupt zu betreten? Oder geht es dir mit mir wie einst dem Sokrates mit Glauco – ich glaube einem Bruder Platos –, den er für zu ungebildet hält, als daß er ihn für die öffentlichen Geschäfte geeignet erachtete und den er davon abhält, sich dem Staate zu widmen, während er den Charmides unaufgefordert dazu ermahnt, da er ihn für geeignet erachtete? Gewiß, du hältst mich für die Hofgeschäfte untauglich und willst mich mit dem Eifer eines Freundes vor vielem Unheil bewahren, das mich dort erwartet, und warnst mich vielleicht mit Recht. Dafür bin ich dir dankbar, denn dies scheint mir eine richtige Gesinnung zu sein. Trotzdem will ich das Hofleben versuchen, das ich andern zu fliehen riet. Denn was soll ich sonst tun, da ich doch etwas tun muß? Wenn du mich so rasch in den Schatten und zu jenem seßhaften Studium rufst, so weiß ich nicht, ob du dabei meiner Natur Rechnung trägst oder mein Alter berücksichtigst, das jene Ruhe noch nicht zu ertragen vermag. Oder sollte ich mich bei meiner Jugend in vier Wänden bergen und, bevor ich die Stürme und Unruhen der Welt erfahren habe, mich in jene Abgeschiedenheit und Stille zurückziehen? Sollte ich den Verwandten und Freunden den Dienst, den sie von mir fordern und den ich auch leisten könnte, vorenthalten und nur mir oder – wie du mahnst – den Musen leben? Wenn ich dir gehorchte und mich ganz in jener scholastischen Ruhe begrübe, alle Kraft auf die Studien und das Bücherschreiben wendete, wozu ich dir, ich weiß nicht warum, fähig erscheine, sage mir, was könnte ich dann mit den Gleichstrebenden Erfreuliches besprechen, wenn ich meinen Geist einmal ruhen lassen möchte? Welche Geschichten soll ich dann erzählen, über welche Dinge reden, wenn ich so gar nichts erfahren habe? Denn jenes zwölfjährige Wanderleben, während dessen ich zwar viel gesehen und kennengelernt, aber nichts tätig vollbracht und geleistet habe, genügt mir nicht. Jetzt muß ich, so glaube ich, eigentlich anfangen zu leben, denn dies war nur das Vorspiel des Lebens, eine Vorübung des Schauspiels. Es sei denn, du willst mich in die Einsamkeit verstoßen, von der menschlichen Gemeinschaft abhalten und achtest die Ermahnung des großen Helden im Unglück gering: »Auch dies dient einst zum frohen Gedächtnis«. Du kennst auch meine Natur nicht, wenn du mich aus dem menschlichen Verkehr entfernen zu können vermeinst, einen Menschen, der bei aller Befähigung für die Studien dabei doch vor keinem ehrenwerten Umgang und Verkehr, zuweilen auch der Gesellschaft mit Andersgestimmten, zurückschreckt. Und wenn du mich richtig kennenlernen willst: ich kann viel leichter dieses Getöse, dies fremde Gedränge ertragen, worin ich mir nicht selten die größte Einsamkeit schaffe, als daß ich allein zu sein vermöchte. Also glaube ich, daß ich in diesen Verhältnissen nicht ganz unglücklich sein werde. Und wie ich mir bewußt bin, schon in den Wissenschaften ein Verdienst, so klein es auch ist, erworben zu haben, so zweifle ich nicht daran, auch noch in großen Dingen Ruhm zu erreichen. Ich biete meine Dienste aus freien Stücken an, obwohl ich nichts weniger im Sinne habe, als meinen geliebten Studien Lebewohl zu sagen, die mich, so lange ich bei rechten Sinnen bin, beschäftigen werden, und zwar nicht nur für den Augenblick, sondern für immer, ununterbrochen, selbst inmitten dieser Ablenkungen. Darin haben sich meine Freunde in Deutschland sehr getäuscht, die der Ansicht waren, ich würde meine gelehrten Beschäftigungen aufgeben, wenn ich erst in den Hofdienst gewilligt hätte. Woher kommt es, daß diejenigen Menschen, die mir während meines italienischen Aufenthaltes häufig ganze Bündel von Briefen zu schicken pflegten, jetzt so still geworden sind, daß niemand an Hutten auch nur drei Worte richtet, da sie anscheinend glauben, daß ich nicht mehr ihres Schlages bin? Wenn sie sich nur darauf besännen, wie wenig ich jemals auch nur einen einzigen von ihnen vergesse, so würde zwischen uns jener eifrige Briefwechsel einsetzen, der meine höchste Freude ist. Du hast es an dir in dieser Hinsicht nicht fehlen lassen, und ich weiß dies hoch zu schätzen und bin dir darum nur um so mehr geneigt, wie ich auch den Grafen Hermann von Neuenar verehre, der mir immer ausführlich schreibt. Jenen argwöhnischen angeblichen Freunden dagegen, die es für gut befunden haben, mich mit stolzer Verachtung zu behandeln, zürne ich als hochmütigen Gesellen, die sich schnöde benehmen und ein Verhalten an den Tag legen, das unserer Studien ganz unwürdig ist. Wenn Wißbegierde bedeutet, sich der Wissenschaft zu befleißigen, so stehe ich in dieser Hinsicht niemandem in Deutschland nach, der ich es auch inmitten großer Schwierigkeiten tue. Dies beweist die Tatsache, daß ich an der Verteidigung Reuchlins zähe festhalte. Du erwähnst dies in deinem Brief, wo du schreibst, daß die sogenannten Theologen gegen uns Gott weiß was für Klagen erhoben haben. Ich weiß nicht, ob es besser ist, ihre Unverschämtheit zu verachten oder sie empört zu tadeln und zu bestrafen, da die Frechheit ihres heillosen Treibens bis ins Unermeßliche gestiegen ist. Doch schien es mir neuerlich richtig, keine Nachsicht mit ihnen zu üben, nichts mit Schweigen zu übergehen und in der Verteidigung der Sache, deren Verfechtung ich mit solchem Eifer übernommen habe, nichts unversucht zu lassen. Wenn nicht besonnen, so werde ich diese Sache doch mit äußerster Anstrengung betreiben. Wir sehen, wie wichtig es ist, dieses Unkraut auszureißen, diesen Tintenfisch auszumerzen, damit die glückliche Pflanze der wahren Wissenschaft hervorsprießt und sich so weit wie möglich ausbreitet; damit, wie ich sage, diejenigen vernichtet werden, die sich als drohende Wolken vor das strahlende Licht der aufgehenden Sonne der freien Bildung schieben und versuchen, dieses Licht des wahren Glanzes bei seinem Aufgang zu verdunkeln, ja es zum Erlöschen zu bringen. Die schönen Künste mögen wieder aufleben, und wir mögen mit Griechen und Lateinern in beiden Sprachen verkehren. Deutschland soll sich mit Kultur bekleiden und die Barbarei über die Garamanten und das Baltische Meer hinaus ausgezischt und verstoßen werden. Schon haben die Windbeutel zwei Pfeile gegen mich geschleudert unter dem Namen des Juden Pfefferkorn. Diese verursachen mir zwar keine Schmerzen, ja sie berühren mich überhaupt nicht, und ich habe bisher die Sache verschwiegen, aber sie werden am Ende doch sehen, wen sie angegriffen haben. Sie haben bisher geglaubt, sich alles herausnehmen zu können, und nicht darauf geachtet, gegen wen sie ihren Angriff gerichtet haben. Daher haben die verwegenen Verächter noch nicht erfahren, wer sich gegen sie ins Schild werfen wird. Dabei glaube ich nicht, denen Gehör schenken zu sollen, die raten, wir sollten uns keinen Haß zuziehen. Ich fürchte mich davor so wenig, daß ich nicht nur vor ihrem Haß nicht fliehe, sondern ihn sogar bewußt suche. Mögen sie nur hassen, ich werde unterdessen dafür sorgen, daß sie mich gleichzeitig auch fürchten. Denn ich habe beschlossen, wenn sie nicht aufhören, über uns zu reden, sie nicht von hinten mit einer Grimasse zu verfolgen, sondern sie beherzt mit einem Frontalangriff zu überrumpeln. Ich weiß, daß du denselben Wunsch hast und auch danach handelst, der du einer der wenigen bist, die es mit mir halten. Wenn du dich konsequent bemühst, glaube ich, werden wir durch das Verderben vieler vielen helfen. Dabei sorge ich mich nicht wegen der Länge der Zeit. Denn obgleich unser Unternehmen langsam fortschreitet, so geht es doch voran, und es wird schließlich zum öffentlichen Besten den erforderlichen Ausgang nehmen. Unterdessen wollen wir es dem Holze der Palme gleichtun, das heißt, uns um so hartnäckiger aufwärts stemmen, je mehr uns jene zu unterdrücken suchen, und uns gegen die lästigen Bedränger mit unbeugsamem Trotz erheben. Um dies zu bewirken, werden wir die Studien unserer Zeitgenossen anregen, du als Veteran, der seine Jahre schon ausgedient hat und andern voraus das weite Feld schon abgelaufen bist, ich noch in meinen frühen Jahren ein Rekrut, der leicht, voller Eifer jede Gelegenheit wahrnimmt.

Wenn ich danach trachte, bei dir Gefallen zu finden, glaube nicht, daß ich aus Selbstgefallen mich unbesonnen in die Reihen derer dränge, die diese Sprachen bei den Deutschen bereichern können; vielmehr meine ich, kein ungeeigneter und schwacher Verfolger dieser Gruppe zu sein, so daß, nachdem durch deine und anderer Hilfe die Leute vertrieben worden sind, die uns die Saat der besten Frucht abpflücken, diejenigen Früchte zum Vorschein kommen, deren Pflege ihr Gelehrteren in unser Vaterland einführt und es nicht zuläßt, daß dieser Weinberg verwildert, sondern, nachdem ihr den Acker der schönen Wissenschaften wieder umgegraben habt, keine Mühe und keinen Überdruß scheut. Dabei handelt ihr wie ein geschickter Ackermann, der die Arbeit eines fleißigen Weinbauers verrichtet, und zwar nicht ohne Erfolg. Erasmus hat das ganze Gebiet am

Rhein mit der Bildung von Griechisch und Latein besät und in ganz Niederdeutschland die Gemüter so erregt, daß es den Wettkampf mit Italien aufnehmen kann. Wie Reuchlin sein Schwaben veredelt und mit dieser Zierde geschmückt hat, so hast du mit außerordentlichem Geschick die Jugend deiner Stadt für Bildung interessiert. Ein Beispiel dafür sind deine Verwandten, die Geuders, die dank deiner Bemühung Griechisch und Latein vortrefflich beherrschen. Du hast sie zuerst zu Hause unterrichtet und es als Patrizier nicht verschmäht, die vorgekaute Speise in die Münder der Knaben zu stopfen. Danach hast du sie nach Italien geschickt. Als deine Mitbürger dies sahen, haben sie es dir nachgemacht, indem sie sich von dir überzeugen ließen, wie richtig es sei, sich unterrichten zu lassen und zu lernen. Dies erreichtest du vorsätzlich, dem ich es als ersten Glücksfall zuschreibe, daß du in der Stadt geboren bist, die immer als erste von allen deutschen Städten eine Fülle guter Köpfe beherbergt hat, die sie ehrt, und immer aufs beste zu den schönen Wissenschaften eingestellt war und dies so lange allein. Denn zur Zeit unserer Väter hat sie meinen Mitbürger Johannes Müller (Regiomontan) – ihn, der nach allgemeiner Ansicht in der Kenntnis der Mathematik selbst dem Archimedes den Siegespreis strittig machte und zu einer Zeit, in der die Wissenschaften noch kaum atmeten, unter allen Männern dieses Jahrhunderts nicht nur in Deutschland, sondern auch in aller Welt rein und fehlerfrei Griechisch und Latein gesprochen und geschrieben hat – ihn, sage ich, hat Nürnberg als einzige Stadt hoch geachtet, unterstützt und mit dem Bürgerrecht belehnt, während die andern noch blind waren und den Wert des Mannes nicht erkannten. Und in den vergangenen Jahren hat sie Conrad Celtis, der als Dichter in Deutschland noch unbekannt war, geehrt und mit Geld unterstützt und mehrere andere Männer verehrungsvoll aufgenommen und freigebig gefördert. Ich glaube, diese Tatsache hat den Venetianern das Sprichwort eingegeben, daß alle anderen Städte Deutschlands blind seien und Nürnberg allein auf beiden Augen sähe. Denn so heißt es bei ihnen, sei es aus dem genannten Grunde, sei es weil eure Leute durch die Schärfe ihres Geistes und einen beispiellosen Fleiß sich wunderbar hervortun. Man kann dies an ihren Kunstobjekten sehen. Alle sind davon überzeugt, daß, was aus euren Händen kommt, hervorragend ist oder mehr als alles andere dem Ideal gleichkommt. Auch seid ihr dafür berühmt, daß nichts bei euch gefälscht wird.

Unser Apelles, Albrecht Dürer, hat davon die Italiener mit seiner Kunst völlig überzeugt. Die Italiener, die es nicht so leicht zulassen, daß etwas Deutsches von ihnen gelobt wird – sei es aus Neid, an dem dieses Volk besonders krankt, oder weil es die anerkannte allgemeine Meinung ist, daß wir in allem, was des Geistes bedarf, schwach und untüchtig sind – bewundern Dürer so sehr, daß sie ihm nicht nur seine Überlegenheit einräumen, sondern sogar ihre eigenen Werke, um sie besser verkäuflich zu machen, unter seinem Namen anbieten. In unseren Stand schleicht sich dieses Gut nur langsam ein, da schon seit vielen Jahren die Meinung besteht, daß eine Kenntnis der Wissenschaften unter der Würde der Ritter sei. Nichts hat bei uns dem berühmten Ritter Eitelwolf mehr oder früher Neid zugezogen, als daß er sich in dieser Tugend hervortat und durch sie groß wurde. Als er mir, der ich schon durch seine Hilfe und seinen Rat bekannt wurde, so viel er konnte, Schutz gewährte und wir außerdem einen Fürsten gefunden hatten, der über den gewöhnlichen Bildungsstand dieses Standes hinaus die Geister und die Wissenschaft begünstigte, nämlich Albrecht, den du, Willibald, mit Recht bewunderst, und ich schon dank der Unterstützung und der Freigebigkeit dieses Fürsten mir einen Namen machte, starb Eitelwolf. Mit gutem Recht betrauere ich den Tod des Mannes, der meinem Leben eine solche Stütze war. Allerdings erweckt der Tod Eitelwolfs nicht so sehr meinen privaten Kummer wie den öffentlichen aller Wissenschaften und Gebildeten. Er hatte etwas in Vorbereitung, das für uns von hervorragender Wichtigkeit gewesen wäre, wenn nicht ein unzeitiger Tod seine frommen Gedanken unterbrochen hätte. Mein Schmerz läßt mich jedoch zu weit abschweifen. Einem solchen Manne, sage ich, zog seine Beschäftigung mit den Wissenschaften Neid zu. So sehr sind die Herzen unserer Zeitgenossen gegen eine humanere Humanität verhärtet; so wenig sind die weise, die es zuerst sein sollten. Trotzdem scheinen diejenigen, die das Ohr des Kaisers haben, es mit unserer Partei noch am besten zu meinen. Dasselbe gilt für die Umgebung der anderen Fürsten, so weit sie einigen Einfluß hat. Ja, die Fürsten selber machen uns Versprechungen, und wir rühmen sie oft mit großem Namen und nennen sie Mäcene und Augustuse, nicht weil ihre Tugenden es gewährleisteten, da einige von ihnen mehr öffentlichen Haß als private Gunst verdienen, sondern in der Hoffnung, sie zur Nachahmung der alten Tugend anzuregen. Und wir haben uns nicht ganz in unserer Meinung getäuscht. Einige haben wir gezwungen, uns aus Scham wohlzutun, und sie haben wenigstens so viel verstanden, daß es eines Fürsten würdig ist, die Wissenschaften zu fördern. Daher rate ich, ihr Wohlwollen auf jede Weise einzufangen und wo immer es geht der Gunst des Fürsten die Netze zu spannen, ihnen anzuhangen und unbedenklich die öffentlichen Geschäfte zu betreiben, um es den andern gleichzutun, zumal wir sehen, daß diejenigen, die Juristen und Theologen heißen, die derselbe Ehrgeiz motiviert, keinen anderen Weg beschreiten.

Während ich dies versuche, erhebst du Einspruch und suchst mich zurückzurufen, als ob ich auf einem Irrweg ginge. Als ob sich nicht beides vereinigen ließe und du dich nicht in dem allerbetriebsamsten Hofe hin und her bewegtest und von Sorgen und Geschäften verzehrt wirst oder sogar in den Krieg gehst und die Truppen deiner Stadt befehligst, während du die Studien unterdessen nicht aufgibst und dich von diesen Besänftigungsmitteln neu beleben läßt.

Es sei denn, es sei mit mir zu Ende und mein Verstand erscheine zu schwach, als daß er diese beiden Seiten vertreten könne, und du es für etwas Neuartiges hältst, bei den Geschäften die Wissenschaften und mit den Wissenschaften die Geschäfte zu betreiben. Dabei fehlt es dir nicht an Beispielen, wie viele und was für Männer beides in glücklicher Weise verbanden, wie verachtet diejenigen einst waren, vielmehr heutzutage noch sind, die so der Muse pflegen, daß sie nicht manchmal die Geschäfte in Nebenstunden zulassen. Dabei rechne ich mich nicht unter die höchsten Geister ein, aber mein Wesen, mein Alter vermag das häusliche Leben, eine stille Verborgenheit entweder überhaupt nicht oder bis jetzt noch nicht zu ertragen. Laßt die Glut sich abkühlen, meinen unruhigen und beweglichen Geist etwas ermüden, bevor er jene Ruhe verdient, zu der du mich, wie es scheint vor der Zeit, mahnst. Wenn du von meinem Leben, das ich unter dem Fürsten führe, Rechenschaft haben willst, so glaube mir, daß ich mich niemals mehr der Wissenschaften befleißigt habe, denn da mir der Fürst genügend Ruhe dazu gibt. In seiner Güte hat er mir Zeiten völliger Ruhe von den gewöhnlichen Beratschlagungen und der gemeinen Beschäftigung mit den Dingen zugestanden. Diese Zeit widme ich den Studien abgesehen von jener Muse, die mir mit anderen gemeinsam ist. Daher trage ich eine Bibliothek der besten Autoren mit mir herum. Wo immer ich die Möglichkeit habe, lese ich und schreibe ich manchmal. Oft bin ich inmitten der

Menge allein, und es ist auch erlaubt, ganz allein zu sein. Ich suche mir gerade einen Vorleser, einen jungen Mann von gutem Verstand, der schon über den Durchschnitt in den Studien Bescheid weiß, schnell lesen und mit Leichtigkeit Diktat aufnehmen kann. Er soll mir in meinen Studien beistehen und mir Mühe abnehmen. Ich scheine dir mein Leben nicht gut einzurichten und du wiederholst die Litanei: »Du verdienst, von den Mühseligkeiten des Hoflebens verschont zu bleiben.« Ich erkenne deine gute Absicht an: du rätst dem Freunde mit heilsamer Ermahnung, wenn du mich nicht, während du mich jenen Unbilden entreißt, dem Ertragen schlimmerer aussetzt – denn das kann man schon erkennen. Sage mir, hast du schon Vorsorge getroffen, wovon du mich fernhalten und wo du mich unterbringen willst? Oder vergleichst du meine Lage mit der deinen? Ihr Bürger lebt in den Städten nicht nur angenehm, sondern auch bequem, wenn es euch so gefällt. Glaubst du aber, daß ich jemals unter meinen Rittern Ruhe finden werde, und hast du vergessen, welchen Störungen und Beunruhigungen die Männer unseres Standes ausgesetzt sind? Glaube dies nicht. Vergleiche nicht dein Leben mit dem meinen; denn es steht um uns Ritter so, daß mir die Zeit keine Ruhe gönnte, auch wenn ich ein noch so ansehnliches Erbe besäße und von den Einkünften meines Besitzes leben könnte. Man lebt auf dem Felde, im Wald und auf jenen Burgen. Die uns ernähren sind bettelarme Bauern, denen wir unsere Äcker, Wiesen und Wälder verpachten. Der Erwerb, der daraus eingeht, ist im Verhältnis zur Arbeit, die er kostet, schmal; doch wird alle Mühe angewandt, um ihn reich und ergiebig zu machen, denn wir müssen sorgsame Hausväter sein. Sodann müssen wir uns in den Dienst eines Fürsten stellen, von dem wir Schutz erhoffen dürfen: denn andernfalls glauben alle, sie könnten sich alles gegen mich herausnehmen. Stehe ich aber im Dienste, so ist auch jene Hoffnung wiederum gepaart mit Gefahr und täglicher Furcht. Gehe ich nämlich von Hause fort, so muß ich fürchten, daß ich auf Leute stoße, mit denen der Fürst, einerlei wer er sei, Fehde oder Krieg hat, und sie mich unter diesem Vorwand anfallen und wegschleppen. Wenn es dann mein Unstern will, so geht die Hälfte meines Erbgutes darauf, mich wieder loszukaufen, und so droht gerade da ein Angriff, wo ich Schutz erhofft hatte. Daher müssen wir uns Pferde und eine Wehr bereithalten und uns mit zahlreicher Begleitung umgeben – alles unter schweren Kosten. Währenddem gehen wir nicht einmal in einem Umkreis von zwei Joch ohne Waffen aus. Kein Vorwerk können wir unbewaffnet besuchen; zu Jagd und Fischfang können wir nur in Eisen erscheinen. Außerdem entstehen häufig Streitigkeiten zwischen unseren und fremden Vögten, und es vergeht kein Tag, an dem uns nicht irgendeine Reiberei hinterbracht wird, die wir möglichst vorsichtig beilegen müssen; denn sobald ich etwas eigensinniger mein Recht vertrete oder Unrecht fahnde, entsteht Krieg; wenn ich aber allzu sanftmütig nachgebe und auch noch etwas von dem Meinigen darangebe, dann bin ich gleich dem ungerechten Sinn von aller Welt preisgegeben, denn alle wollen als Lohn ihres eigenen Unrechts, was einmal einem einzigen zugestanden worden ist. Aber unter welchen Leuten geschieht dies? Nicht unter Fremden, mein Freund, nein, zwischen Nachbarn, Verwandten und Familienangehörigen, ja, sogar unter Brüdern. Das sind unsere ländlichen Freuden, das ist unsere Muße und Stille! Die Burg selbst, mag sie auf dem Berg oder im Tal liegen, ist nicht gebaut, um schön, sondern um fest zu sein; von Wall und Graben umgeben, innen eng, da sie durch die Stallungen für Vieh und Herden versperrt wird. Daneben liegen die dunkeln Kammern, angefüllt mit Geschützen, Pech, Schwefel und dem übrigen Zubehör der Waffen und Kriegswerkzeuge. Überall stinkt es nach Pulver, dazu kommen die Hunde mit ihrem Dreck, eine liebliche Angelegenheit, wie sich denken läßt, und ein feiner Duft! Reiter kommen und gehen, unter ihnen sind Räuber, Diebe und Banditen. Denn fast für alle stehen unsere Häuser offen, entweder weil wir nicht wissen können, wer ein jeder ist, oder weil wir nicht weiter danach fragen. Man hört das Blöken der Schafe, das Brüllen der Rinder, das Hundegebell, das Rufen der Arbeiter auf dem Felde, das Knarren und Rattern von Fuhrwerken und Karren; ja wahrhaftig, auch das Heulen der Wölfe wird im Haus vernehmbar, da der Wald so nahe ist. Der ganze Tag, vom frühen Morgen an, birgt Sorge und Plage, beständige Unruhe und dauernden Betrieb. Die Äcker müssen gepflügt und gegraben werden; man muß eggen, säen, düngen, mähen und dreschen. Es kommt die Ernte und Weinlese. Wenn es dann einmal ein schlechtes Jahr gewesen ist, wie es bei jener Magerkeit häufig geschieht, so tritt furchtbare Not und Bedrängnis ein, bange Unruhe und tiefe Niedergeschlagenheit ergreift alle. In dieses Leben rufst du mich als ein der Studien würdiges von dem unwürdigen Hofleben zurück und verankerst mich dort wie in einen erwünschten Hafen.

Damit glaubst du mir Ruhe zu verschaffen, oder, wenn du dies nicht glaubst, verheimlichst du mir die Beweggründe deines Ratschlags. Es ist hier nicht am Platze zu schildern, was deine Umstände und was sie im Vergleich zu meinen sind, wie frei dein Leben von diesen Umtrieben ist, wie gesichert gegen die Stürme und Unruhen, denn es handelt sich nicht darum, dich zu lehren, was du schon weißt, sondern zum Ausdruck zu bringen, was ich deiner Meinung nach nicht erkenne. Ich glaube, dir schon zu Genüge gezeigt zu haben, daß mich keine Unbeständigkeit, keine Lockung der Wollust oder Neugierde an den Hof zieht, sondern daß die Notwendigkeit mich dahin treibt. Du brauchst mir nicht die Schlinge des Hofes, in der du mich gefangen wähnst, oder den Angelhaken, den ich verschlungen haben soll, entgegenzuhalten. Erstens habe ich keinen Angelhaken verschluckt, sondern hole mir davon den Köder und benage ihn sorgfältig ohne jede Gefahr. Ich gestehe zwar, daß ich in jenes Netz geraten bin, doch bin ich des Ausgangs gewiß, den ich vorher ausfindig gemacht habe, eingedenk der Warnung des Daedalus, daß es nottut, von diesem Labyrinth zurückzukehren. Sei nur guten Mutes, ich bin mir sicher und bleibe mir treu. Kein Ehrgeiz verdirbt mich, sondern ehrliche Erwägung läßt mich die nötigen Ämter durchlaufen. Ich muß meinen Namen schützen, meine Würde bewahren, es dem Fleiße meiner Ahnen gleichtun, den Ruhm meiner Familie, den mir meine Verwandten zuschreiben, vermehren und ihren Glanz verbreiten. Lasse ich es daran fehlen, so versage ich mir und der Wissenschaft gegenüber. Dabei kümmert mich meine eigene Person weniger als die Wissenschaften, denen ich bei meinen Stammes- und Standesgenossen Gunst und Autorität zu verschaffen suche. Der ganze Stand hat sein Auge auf mich gerichtet; alle meine Gedanken, erst gar meine Taten beobachten die Menschen. Nicht was ich ihnen schulde, wird von mir verlangt, sondern was ihnen zu verlangen in den Sinn kommt. Sie haben eine hohe Erwartung und eine noch größere Meinung von mir und bemessen sie nach dem von ihnen nicht richtig eingeschätzten Ruhme meines Namens. Wenn ich nichts versuche, nichts leiste, so wird einer von ihnen, der so denkt und die Verhältnisse übersieht, oder überhaupt jemand sagen: »Wozu hat dieser mit solchen Mühen, solchen Kosten und solchem Aufwand dies gelernt?« Sie werden, teils aus eigener Ansicht, teils von andern überzeugt, von nun an glauben, daß das Studium der Wissenschaften die Menschen träge, müßig, faul, säumig und verweichlicht macht, und werden ihren Kindern davon abraten und sie in dem Glauben davon abhalten, daß sie so unterrichtet alle Sorgen für die Ihren und das Menschengeschlecht aufgeben und zu keinem Nutzen leben würden. Daher ist es im Augenblick für mich sicherer, dem Willen der Menschen zu gehorchen und, was sie von mir erwarten, so gut ich kann zu tun. Doch hoffe ich, daß ich dies nicht nur zur Befriedigung der Wissenschaften, sondern auch zu ihrem Vorteil tun werde, wobei meine Würde nicht vermindert, sondern sogar noch vermehrt wird. Überdies wird diese ehrenwerte und edle Knechtschaft von mir als etwas Vorübergehendes, nicht als etwas Dauerndes vorgeschlagen. Auch verspricht sie mir Ehren und die Beförderung zu einem höheren Glanz und einer höheren Stelle. So halte mich nicht für töricht, wenn ich nach Ehren trachte, oder für verloren, wenn ich inmitten der Unruhen des Hofes eine Vermehrung meiner Würde erstrebe. Ziehe lieber die Verhältnisse unserer Zeit und den gesunden Menschenverstand in Betracht oder mehr noch, bedenke, was immer alle, und am meisten die Berühmtesten, geleistet haben. Wenn du ein anderes, besseres Leben kennst, schreibe mir darüber, zeige mir es an, zupfe mich am Ohr und führe mich an der Hand zu jenem dem Trubel unzugänglichen Ort. Mir, dem jene tägliche Wanderschaft eine gewisse Urteilskraft verliehen und viele Irrtümer beseitigt hat, scheinen alle Dinge voll von Jammer und allen möglichen Tragödien zu sein, und wohin ich mich wende, sehe ich nichts, was sicher und ruhig ist. Da sind die Ämter, die Klientelen, die Debatten, Zusammenkünfte, Gefolge, Sorgen, Störungen, Mühen und Widerwärtigkeiten; ferner die Wechselfälle und das überall drohende Unheil des Schicksals, die Krankheiten und die Schmerzen. Nicht der Hof allein leidet an diesen Dingen, die ich auf jener Fahrt beschrieben habe. Wo mir die Worte fehlten, fehlte mir doch nicht die Erfahrung. Diese Mär bedarf noch eines beredten Mannes, der alles genauer schildern und vielleicht mit seinen Worten der Sache gerecht werden kann. Überall, glaube ich, ist es so unruhvoll wie am Hofe. Solltest du aber einen ruhigen Platz gefunden haben, verrate und zeige ihn mir und ziehe mich nur dahin; ich will ganz deinem Rate folgen oder, wenn du zögerst, laut klagen: »Willibald, wie steht's um die Stadt? Welch Bollwerk halten die Freunde?« Du hast schon gehört, in welchem Maße ich jenes freie Leben verabscheue, und daß ich etwas zu leisten als Ziel gesetzt habe, bevor ich mich jener Abgeschiedenheit in die

Arme werfe: nicht daß ich etwa beschlossen hätte, in den Tag hineinzuleben oder mein Leben vom Zufall abhängig zu machen und mich von ungewissen Antrieben ins Ungewisse treiben zu lassen, sondern weil ich noch nicht das Nötige erworben habe, um jenes gleichmäßige Leben zu führen und mir gleich zu bleiben. Noch vermag mein Geist keine Ruhe oder gar schlaffe Trägheit zu ertragen; noch habe ich mich nicht gebändigt und die Glut meines Alters besänftigt; noch habe ich es nicht verdient, mit Epikur im Verborgenen zu weilen. Dieser lädt zwar zur Muße ein, aber doch nur (daran zweifle ich nicht) den, der zur Muße fähig ist, und wenn er heute wieder lebendig würde und mich zum Schüler bekäme, so würde er mich wohl nicht eher in jene Verborgenheit bringen, als bis ich etwas erkannt und etwas vollbracht hätte. Du sollst wissen, daß ich nicht richtungslos nach verschiedenen Seiten hin schwanke, sondern mir etwas vorgenommen habe, und daß es etwas gibt, an dem ich zähe festhalte, wohin ich den Bogen meines Lebens ziele, wohin ich freiwillig und absichtlich trachte, wobei ich aber daran verzweifle, ohne fremde Hilfe mein Ziel zu erreichen. Daher verlange ich, Willibald, die Speise aus diesem Netz als Wegzehrung. Denn um emporzukommen, bedarf ich der Dinge von andersher. Wie weit dies am Hofe möglich ist, und wie leicht oder schwer es für mich ist, ist jetzt nicht am Platze zu erklären. Doch wird es dir nicht entgehen, wie ich den Rückhalt meines Lebens ergreife, denn ich werde es dir einmal sagen, nicht durch einen Ausleger oder die Vermittlung von Briefen, sondern ich allein dir allein. Für den Augenblick aber möge dir genügen, was ich immer wiederhole, daß ich zum Hofleben mit Notwendigkeit gezwungen werde. Dort werde ich mich so erklären, so weiter ausspinnen, daß ich, sobald ich dazu die Gelegenheit und zwar, wie ich hoffe, bald gefunden habe, mich kurz fassen und meinen Standpunkt behaupten kann. Wenn es dir scheint, daß ich meinen Stand gewechselt und meine Verhältnisse geändert habe, so soll dir das nicht als ein Stimmungswandel erscheinen. Denn ich werde mich bemühen, immer Hutten zu bleiben und niemals als ein Flüchtling vor mir selber zu erscheinen, sondern gleichmäßig durch die ungleichmäßigen Akte des Lebens schreiten. Laß mich für den Augenblick mich jenen Höflingen feilbieten, laß mich für eine kleine Weile töricht sein – um diesen Gefallen bittet jener Sprecher bei Cicero – laß mich, sage ich, den Zeiten dienen. Wenn du dies nicht zugibst, werde ich gezwungen sein, gegen den Befehl des

Feldherrn meinen Posten zu verlassen, doch glaube ich, du wirst es zulassen oder mir raten, mich dahin treiben zu lassen, wohin mich mein Glück oder mein Geschick fortreißt. Denn fortgerissen werde ich zwar, aber nicht wider meinen Willen; ich lasse mich dahintreiben, nicht ohne Ziel, sondern mit voller Überlegung in der Weise, daß ich jeden Augenblick den Fuß anhalten kann, wenn ich mich an jenen Dingen gesättigt habe. Auch sind diese Stürme nicht so, daß ich den Trubel der Ruhe vorziehe, sondern ich gedenke, jenen vor dieser zu erproben. Was sage ich: »ich gedenke«? Ich werde vielmehr von der Notwendigkeit gezwungen. Denn mir wird befohlen, erst einige Stufen der Ehren zu durchlaufen, bevor ich mich dem Getöse entziehen kann. Wenn dabei lästige Beschwerden zu ertragen sind, so habe ich mir Geduld für sie auferlegt. Und was ich in der Schule und auf meinen Wanderungen gelernt habe, werde ich wie aus einer Vorratskammer benutzen, damit ich gleichmütig alles ertrage und mich nicht nach einer anderen Richtung fortreißen lasse. So habe ich mich gewöhnt und gestählt, und ich weiß den Tumult und auch Kränkungen zu ertragen, und bin darin erfahren, Schwierigkeiten auszuhalten, und habe mir Gleichmut angewöhnt. Wäre es in meiner Macht, die Übel zu fliehen, welche würde ich früher fliehen wollen als die des Körpers, ich meine die Krankheiten, die mich manchmal bewegen, aber nie fortbewegen? Wenn sie meinen Geist untergraben könnten, hätten sie mir schon alle Lust für die Studien genommen, da ich mir nicht durch die Unmäßigkeit meines Lebenswandels – wie alle, die mit mir verkehren, wissen – sondern durch Studium und Wanderungen eine Magenschwäche zugezogen und die Gesundheit meines Körpers untergraben habe. Ich habe viele Unbilden auf meinen Fahrten ausgehalten, bald Kälte und große Hitze, bald Hunger und noch öfter Durst und habe manchmal schwere Erschöpfung auf der Reise erlitten. Dazu kam infolge allzugroßen Blutverlustes aus meinen Wunden eine Schwächung meines Körpers und Minderung meiner angeborenen Kraft. Die anderen Schreckgespenster, die du heraufbeschwörst, machen auf mich gar keinen Eindruck. Denn wer gefaßten Geistes ist, hat überall Ruhe, Abgeschiedenheit und Einsamkeit. Was unsere Ohren umschwirrt, hat nichts mit unserem Geist zu tun. Daher glaube ich, daß es mir manchmal nicht an tiefster Ruhe inmitten des Getöses des Hoflebens fehlen wird. Um dir doch weitere Beweise zu bringen, so wisse, daß ich hier in diesem Jahr von keinem Glücksgut weiter entfernt gewesen bin als von der Ruhe der Studien und trotzdem sehr fleißig gewesen bin. Dieses Jahr brachte viel Sorge und Unruhe, ich habe mich zu kleiden, zu putzen, die Gepflogenheiten und Disziplin am Hofe zu erlernen, mich dessen Sitten anzupassen, mich mit Pferden und Waffen auszustatten, um dieser Dinge willen überall Freunde und Verwandte anzugehen und hin und her zu eilen. Daher fürchte ich nicht, daß die übrige Zeit mir viel am Studium wegnehmen wird. Bisher jedenfalls ist es gut gegangen; ich habe Briefe an meine Freunde geschrieben, habe gelesen und, wie du siehst, auch einige kleine Schriften verfaßt, von denen ich dir meine Ermahnungsrede an die Fürsten schicke, die veröffentlicht worden ist. »So wie du sie geschrieben hast?« fragst du. Keineswegs. Und dies bedauere ich, daß ich augenblicklich nicht schreiben kann, was am meisten nottut. Diese unglückliche Rede ist daher unvollständig und hat ihren besseren Teil, der, bei Gott, am wünschenswertesten wäre, verloren. Und zwar nicht durch meine Schuld, sondern die Schuld derer, die es nicht ertragen können, daß ihre Sache offen behandelt wird. Ein so verhaßtes Gut ist heute die Freiheit. So sehr hat Deutschland aufgehört, Deutschland zu sein. Wer am meisten den andern nach dem Mund redet, wird heute am ehesten gebilligt. Die dagegen die Wahrheit erstreben, scheinen Haß zu verdienen. Ich aber halte dafür, daß die Unwahrheit das Werk eines gemeinen Mannes ist, auch wenn es sehr gefährlich ist, die Wahrheit zu bekennen. Wenn ich jedoch Würde und Leben haben will, ist es mir nicht erlaubt, das Amt eines guten Mannes ganz zu erfüllen. Aber genug von den Dingen, die meinen Schmerz aufwühlen. Wenn ich mich tiefer in ihre Betrachtung versenke, werde ich nicht nur beweisen, was du mir rätst, ich solle mir und den Musen leben, sondern ich werde auch sofort und plötzlich, wenn es erlaubt ist, zum Angriff übergehen. Damit du ganz verstehst, was ich meine: ich sehe für mich noch immer einige Ruhe und Muße für meine Studien voraus. Ich bin weit davon entfernt, zu erwägen, wovor du mich in deinem Briefe warnst, unter den Sykophanten am Hofe alt zu werden, und nicht nur das, es lange bei ihnen auszuhalten. Ich gestehe, daß hier Fortuna im Spiele ist, wie überall und in allem. Wenn sie mir übel gesinnt sein wird, so bringt sie mir doch den Trost, daß ich mit diesem Würfelwurf nichts Gefährlicheres getan habe, als wenn ich eine andere Lebensform gewählt hätte. Mir geht es wie denen, die im Stäbchenspiel vor Gewinn und Verlust sicher sind, weil sie nichts oder sehr wenig zu verlieren haben. Du sagst, ich verliere Zeit. Nicht mehr, als wenn ich auf Reisen ginge, oder sogar etwas weniger; denn dort ist alles ungewiß, und nichts geht ohne Sorge ab. Bald muß man sich um das Zehrgeld ängstigen, bald mitten in Gefahren sein Leben verbringen, das für mich oft zu Wasser und zu Land bedroht war. Oft fehlte es mir an Speise, noch öfter an Kleidung. Du kannst eine wundersame Tragödie hören, obgleich du schon einen Teil der Geschichte vernommen hast. Aber wenn ich dir der Reihe nach aufzähle, welche Härten ich sowohl anderswo als auch besonders in Italien (wo ich aus Geldmangel sogar zum Kriegsdienst gezwungen wurde) ertragen mußte, so würdest du Staunenswertes und eine höchst traurige Tragödie hören. Wenn du dir dessen bewußt bist und den Tatsachen in die Augen siehst, wirst du es nicht für richtig halten, daß vom Hofleben zurückschreckt, wer sich an so viele Übel gewöhnt hat. So weise will ich nicht sein, daß ich gar nichts mehr vom Glück erhoffe. Schon habe ich mich daran angeklammert und halte mich an das Rad, um mich umdrehen zu lassen voller Erwartung, wohin es mich wenden will. Es kann mich auf die Höhe führen, sicherlich nicht tiefer hinab. Wohin sollte es auch sein? Was ich mit ihm gemein habe, bedeutet mir nichts, was aber in Wahrheit mein Eigen ist, kann es mir nicht rauben. Scheint dir das nicht ein genügender Trost im Zweifel zu sein? Daß ich nicht viel Vertrauen habe, vermehrt oder vermindert zu werden? Denn wie meine Fähigkeiten sind, glaube ich nicht, daß viel verloren ist, auch wenn sie vernichtet werden. Ich schätze sie so ein, daß ich es für einerlei halte, ob sie ganz zugrunde gehen oder nicht vermehrt werden, in der Gewißheit, daß ich größerer bedarf oder daß die vorhandenen nicht genügen. Allerdings sind sie auch nicht ganz beschränkt. Aber mein Geist erklärt sich weiter als solche Sorgen. Da alle Würde für mich vom Geiste kommt und im Geiste beschlossen ist, so ist meine Erfahrung, daß Fortuna keine Gewalt über sie hat. Diese kann meinen Adel zwar herrlich vermehren, aber keineswegs vermindern. Siehst du, auf welchen Stützen ich zuversichtlich stehe, mit welchen Schanzen und Truppen ich mich umgeben habe? »Aber was Fortuna gibt, nimmt sie auch meistens zurück.« Richtig, aber nicht nur das, sondern auch, was wir von ihr empfangen haben und nicht ausnutzen. Ich sehe, daß alles, was dem Menschen äußerlich anhängt, den Zufällen ausgesetzt ist. Ich begehre Ehren, wenn es möglich ist, ohne Neid zu erregen, aber wenn das nicht möglich ist, so trotzdem und auf jeden Fall. Ich habe keinen geringen Hunger nach Ruhm, ein Adliger zu sein, soviel in meinem Charakter liegt, aber Weh über mich, Willibald, wenn ich mich als adlig erachten wollte, ohne diesen Namen durch meine eigene Leistung zu verdienen, auch wenn ich der Sohn eines adligen Standes, einer adligen Familie und adliger Eltern bin. Ich arbeite an einem stolzeren Werke und hege größere Pläne. Nicht daß ich meinen Familienstand fördern wollte; anderswo suche ich nach der Quelle des Adels und trinke aus ihr. Glaube nicht, daß ich mit einer Ahnengalerie oder meinem Familienerbe zufrieden bin, vielmehr möchte ich beides noch für meine Nachwelt erhöhen. Auch wenn Fortuna nicht alle Dinge zuzuschreiben sind, so wiegt ihr Einfluß doch schwer, vielleicht sehr schwer. Du siehst, aus was für dürftigen Gründen manche berühmt werden. Obgleich dies meist nicht ohne Beschädigung ihrer Tugend geschieht, können sie doch oft der allgemeinen Anklage entgehen. Dieser Adel, der so ganz auf Zufall beruht, ist wertlos, und ich habe kein Verlangen nach ihm. Gewisse Fähigkeiten mancher Menschen kommen nicht ans Licht, weil Fortuna ihnen wehrt, hier wünschte ich, das Rad würde sich wenden. Ich weiß, sie ist eine blinde Göttin, eine unvernünftige Führerin; die Königin aller Unruhen und Veränderungen, die sich tollkühn und unbeständig gebärdet. Sie ist flüchtig und schwankend, veränderlich, launisch, treulos, unsicher und unstet und was immer zu ihrer Schande angeführt werden mag. Gegen sie brauche ich einen Glückszufall und eine zweite Drehung des Rads, damit ich wieder emporkomme, damit ich vorankomme. Auf dieses Ziel richte ich meine Arbeit und meine Mühe. Ich teile nicht die Ansicht derer, die sich mit jedem Schicksal abfinden, denn ich gebe mich nicht damit zufrieden. So wie ich dir ehrlich und aus freien Stücken meinen Ehrgeiz eingestanden habe, so beneide ich auch jene nicht, die, selbst von niedrigerer Abstammung, ein besseres Los als meines erreicht haben. Diejenigen, die das Zeug zum Ruhm haben und nutzen, was wir geringschätzen, müssen uns in der Tat vorgezogen werden, selbst wenn sie die Söhne von Webern und Schuhmachern sind. Sie ringen mit größeren Schwierigkeiten als wir. Nicht nur ist derjenige, der abseits steht und den Gebildeten beneidet, ein ungebildeter Narr, sondern er ist bemitleidenswert, höchst bemitleidenswert. Unser Adel krankt besonders an dem Laster, dieser Zierde zu wehren. Aber was für ein Neid, bei Christus, ist das, einem anderen zu mißgönnen, was wir selber verachten? Warum widmen wir uns nicht dem Recht, den Wissenschaften und Künsten, damit diese Schneider, Weber und Zimmerleute uns nicht übertreffen? Warum räumen wir ihnen einen Platz ein, warum verbannen wir Künste und Bildung zu Knechtschaft und Schmach? Mit gutem Recht nimmt sich daher ein fleißiger Gelehrter der Aufgabe des Adels an, die von uns gemieden wird. O, wir Elenden, wieviel verschmähen wir, und andere von niederem Stand sind fähig, uns zu übertreffen. Laßt uns daher aufhören, neidisch zu sein, und das anpacken, was zu unserer großen Schmach das Gewerbe anderer geworden ist. Ein verlorener Gegenstand gehört jedem, und alle können danach suchen. Wieviel einfacher hätten wir uns damit befassen können als sie, wenn wir nicht bewußt den Weg des Ruhmes von uns gewiesen hätten, wir, die wir mit geringeren Dingen beschäftigt und der Stumpfheit und Lethargie verfallen waren. Ruhm ist ein Gegenstand des Ehrgeizes, zu dem alle berechtigt sind. Jedes Streben nach Tugend ist lobenswert, und zu jedem paßt seine eigene Art und Ehre. Familienbildnisse sind nicht gänzlich zu verachten, verleihen sie doch eine gewisse Zierde, aber was immer sie auch vermitteln, ist nicht eigentlich unser, wenn wir es uns nicht durch unser eigenes Bemühen zu eigen gemacht haben, und nichts bleibt haften, wenn der Adel nicht die ihm angemessenen Sitten annimmt. Daher magst du vergeblich einen fetten und ungeschlachten Familienvater sehen, der die Statuen seiner Ahnen vorführt, während er selber die Hände in den Schoß legt, mehr einem Klotze gleich, als daß er mit der Tugend derer, die ihm vorangeleuchtet haben, verglichen werden könnte. So viel über meinen Ehrgeiz, den ich dir ausführlich und offen dargelegt habe. Es bleibt noch übrig, dich zu bitten, du möchtest mich vom Hofe erst als einen reifen Mann zurückholen, da du willst, daß der Hof selbst reif geworden ist, bevor ich ihn verlassen, und du möchtest über mein Beginnen besser sprechen und mich in der Blüte meiner Jahre etwas tun lassen und zugleich auf die Meinung der Menschen achten, die meine Muße schlecht auslegen würden, wenn ich sie vor der Zeit ergriffe. Selbst wenn ich zu ruhen beschlösse, so brächte ich dies aus vielen Gründen, von denen ich dir kaum die hauptsächlichen auseinandergesetzt oder auch nur aufgezählt habe, nicht fertig. Bedenke, mein Willibald, was einem andern und was mir selbst ansteht. Wir dürfen nicht den Ausspruch Senecas vergessen: »Wer ruht, muß handeln, und wer handelt, ruhen.« Wer möchte heutzutage jene alten Stoiker nachahmen, die vor dem Handeln wie vor einer Pest zurückschrecken und sich in jene tiefe und unfruchtbare Ruhe nicht nur vergraben, sondern auch verbergen? Oder wer könnte es mit einigen Zynikern halten, die über dem Studium der Philosophie den Verstand verloren haben? Glaubst du, der du die hoffnungsvollen Jünglinge unserer Zeit sich in der Suche nach Ruhm abmühen siehst und selbst, wie du weißt, mir als Beispiel vorangegangen bist, ich wäre so gefühllos, daß mich keine Sehnsucht befällt, es ihnen gleichzutun, kein Verlangen nach wahrem Lobe? Damals hättest du deine Ermahnung anbringen sollen, als du sahst, daß ich zum großen Schaden der wahren Studien vier Jahre in Italien zubrachte, den Wermut der Accursier trank und meine Zeit vertat. Aber damals warst du nicht so gewitzigt und kanntest mich nicht gut: ich lasse diese Entschuldigung zu und spreche dich des Irrtums, erst recht der Schuld unter der Bedingung frei, daß du deinerseits in meinen Ehrgeiz, meine Torheit einwilligst und mir wenigstens einige Jahre am Hofe gestattest, vor dessen Innerem du mich wie mit einem Verbot abhältst. Ich bitte dich, deine Strenge zu mildern. Sei gewiß, daß ich vorsichtig vorgehen werde und so vorangehe, daß ich mich nicht unbesonnen auf eine steile Höhe begehe, sondern mich noch in der Ebene halten werde. Dort, wo es am sichersten ist, will ich mich nach Kräften aufhalten, ich habe mich gestählt und gestärkt. Willst du etwas Prahlerisches hören? Auch wenn du es nicht willst, will ich es dir sagen. Da du mir in deinem ehrlichen Brief so leicht alles abtrotzt, will ich es dir sagen: Ich kann gleichzeitig den Ehren nachgehen und sie verachten. Hier hast du unumwunden die Summe aller Dinge. Wenn die Glut, in der du mich entbrannt siehst, sich gelegt hat und ich die Notwendigkeit, von der ich so oft spreche, genügend ausgekostet habe und etwas geleistet habe, das von meinem Leben Zeugnis abzulegen vermag, dann werde ich, deinem Rat folgend, in die Vergessenheit der Menschen absteigen, die Stille und, mit Gottes Willen, die Ruhe erstreben. Ich werde mich in einen Winkel verkriechen und in einer Höhle der Ruhe verbergen, von wo ich die Sorgen und Geschäfte der Menschen betrachte, und werde mit dir jene aufgeblasenen Höflinge, jene den Ahnenbildern nach Adlige, jene Rechtsgelehrte, die über den Scheiterhaufen der Bücher frohlocken, jene Theologen, die sich in Nichtigkeiten bewundern, verlachen. Ich verstehe schon ihre Redewendungen, die es auf mich abgesehen haben, und bedarf keines

Dolmetschers für die gallige Haltung eines gewissen Mannes. Wenn er wüßte, wie wenig er dabei ausrichtet und wie wenige Kränkungen diese Schmähungen erregen, würde er nicht so viel Mühe und Öl verschwenden, da er sähe, daß dies alles umsonst ist. Einige, die sich für Rechtsgelehrte halten, tollköpfige und törichte Menschen, lästern mich wegen meiner Erzählung von Nihil und Nemo. Wenn du hörtest, was über mich gesagt und gefabelt wird, wie der unselige Nemo ganze Mittagsmahle, die sich manchmal in Gelage hinziehen, in Anspruch nimmt! Die abgeschmackten Leute haben sich verschworen, mir danach keine Mühe zukommen zu lassen; so übel nehmen sie diese Erzählung. Ich weiß, mit was für Symposien gewisse Leute gegen mich, der ich nicht dabei war, losgezogen sind. Ich zeige ihnen meinen Mittelfinger, die so unwissend sind, daß sie eine Tragödie aus Kleinigkeiten machen. Glaubst du, daß jemand, der bei Verstand ist, sich über diese Nichtigkeiten aufregt? Es sind zu mir Gelehrte gekommen, gelehrtere als die eben beschriebenen, die mir gesagt haben, sie seien bei der Lektüre des »Nemo« vor Lachen beinahe geplatzt. Diese haben einen guten Verstand und beziehen nicht auf sich persönlich, was ich gegen die Fehler der Zeit vorgetragen habe. Wenn du siehst, daß mir Leute allzusehr zürnen, tritt für mich ein und bitte, daß ich Unglücklicher von Strafen verschont werde. Sage, Nemo ist der, der »diesen Sumpf bewohnt, dieses Blitzmal berührt«. Was geht es Hutten an, so sprich, wenn ein Nemo der Autorität des Jason widerstrebt oder gegen Accursius loszieht, und wenn einer, der Nihil ist, vor dem Grab des Bartholus nicht in die Kniee fällt? Du wirst mir ohne Schwierigkeit das Leben erwirken oder um Verzeihung bitten. Wenn sie es als Majestätsbeleidigung auslegen und mich des Hochverrats anklagen, so frage sie, ob sie glauben, daß Accursius verstanden hat, was für ein Verbrechen Hochverrat ist. Wenn du das gefragt hast, werden sie meine Verfolgung aufgeben, und du wirst es bewirkt haben, daß sie sich in die Beweise von hunderttausend einzelnen Glossen zersplittern. Aber ich will diese Schwätzer sein lassen und auf die übrigen Teile deines Briefes eingehen.

Du hast nicht unrecht, wenn du schreibst, man merke es meiner »Aula« manchmal an, daß ich, schon im Begriffe, mich weiter aufzubäumen, meine lebhaft aufgeregte Galle wider Erwartung unterdrückt habe. So ist es nämlich; ich habe mich zurückgehalten, einmal, weil ich sehe, daß sich heutzutage allenthalben alle gegen die Freiheit verschworen haben, zum andern aber, weil ein Scherz keinen schärferen Tadel verträgt. Du beklagst es mit Recht, daß der Arzt Stromer dich nicht auf dieser Reise beherbergt hat. Er ist ein guter, angenehmer und geschickter Mann. Wer ihm gewogen ist, soll wissen, daß er von mir sehr geliebt wird. Ich habe die Briefe Hermann von Neuenars erhalten. Du hast mich lachen machen, wenn du so tust, als ob du lispelst, und manchmal den Buchstaben R ausläßt. Über den, den ich dir zu meiden riet, will ich weiter keine Worte verlieren. Denn jener ist nun einmal so. Aber ich habe es in bester Absicht getan, dich zu warnen, daß du ihm nicht etwas allzu unvorsichtig anvertraust, da ich nicht weiß, ob du ihn richtig kennst.

Aber nun zu dem, was dich, wie ich weiß, interessiert. Dieses Konzil ist entlassen worden, und ich weiß nicht, ob es etwas der Erwartung der Menschen Entsprechendes gezeitigt hat. Allerdings bin ich nicht ganz unwissend; denn es hat nichts gezeitigt. Der päpstliche Legat geht wie ein Wolf mit aufgesperrtem Rachen aus Deutschland weg und bringt kein Geld zurück. Während ich dies billige, mißbillige ich es schwer, daß keiner sich um den Türkenkrieg kümmert. Ich möchte, daß wir die Türken bis an die Schwelle Deutschlands treiben, damit jene Zauderer aufgeweckt werden. Über meine Gesundheit vernimm folgendes: Äußerst wirksam ist eine Medizin von einem Holz, für das wir bisher noch keinen Namen haben. Es ist in vielem dem Ebenholz gleich, in manchem dem Buchsbaum. Wir wissen bloß, daß es nicht Buchsbaumholz ist. Ich erhole mich in wunderbarer Weise. Dafür habe ich zuerst Christus zu danken, danach den Fuchers, oder wer immer die sind, die uns ein Heilmittel gegen die verderblichen und schon so viele Jahre von den Ärzten beklagte Krankheit gebracht haben. Bei diesem Heilungsprozeß muß ich mich aufs äußerste der Speise, des Trankes und all der Dinge enthalten, die den Körper nicht nur ergötzen, sondern auch wärmen und nähren. Außerdem muß ich jeden Luftzug vermeiden, und alle Ritzen des Zimmers müssen verstopft werden. Ich bin schon den ganzen Monat nüchtern gewesen, um dessen Mitte ich täglich ein halbes Hühnchen zum Lunch erhielt, aber kein Abendessen. Nach einiger Zeit bekam ich zum Abend die andere Hälfte. Brot esse ich nicht mehr als 5 Unzen am Tag. Alles, auch den kleinsten Bissen, esse ich ohne Salz und nehme keine andere Flüssigkeit zu mir außer dem Aufguß jenes Holzes. Ich scheine dir noch nicht genug mitgenommen zu sein, da du mich ermahnst, mich der Venus zu enthalten. Du solltest bloß sehen, wie blaß, wie mager, wie ausgedörrt ich bin, dann würdest du deine Ansicht ändern. Freilich muß ich mich nicht so sehr um meine Krankheit kümmern, wenn nur die anderen Dinge mir gut auslaufen. Dafür wünschst du mir Glück, und ich freue mich sehr darüber, denn ich halte es für eine Ehre, von einem solchen und so großen Mann geliebt zu werden. Hier haben mich viele berühmte und vornehme Männer besucht, unter anderen Graf Ulrich von Helfenstein, der sich nicht so sehr durch das Alter seines Geschlechts als durch seine Kenntnis der Wissenschaften hervortut. Ferner Jacob von Banisien, ein besonders gelehrter und beredter Mann, demgegenüber ich dasselbe Gefühl habe wie Agamemnon gegenüber Nestor, denn ich wünschte, der Kaiser hätte zehn solche Berater, und wenn Christus mir dies zugestände, brauchte ich mir keine großen Sorgen zu machen, wie Deutschland am besten in Ordnung gebracht werden könne. Außerdem pflegten mehrere andere zu mir zu kommen, bevor der Konvent derer, die an den Höfen der Fürsten weilen, aufgelöst wurde. Viel sehe ich Jacob Spiegel, der sowohl bei anderen beliebt als auch mir ein angenehmer Freund ist; ebenso Conrad Peutinger, mit dem ich, wie du weißt, schon lange befreundet bin. Allerdings rauben mir die Geschäfte, die ihn bedrängen, die Gesellschaft des Mannes, der von allen der Wissenschaft Beflissenen unserer Zeit der schärfste Beobachter ist. Ich genieße die Gastfreundschaft des Kanonikers Georg Gros, in dessen Haus mich während seiner Abwesenheit mein Verwandter Johannes Wirsberg, selbst ein Kanoniker und Beamter, einführte, als in seinem Haus kein Platz war. Er schätzt mich sehr, nachdem meine Arbeiten ihm zuerst von den so trefflichen Andreas und Jacob Fuchs empfohlen worden waren; sodann weil ich im vorigen Jahr, aus Italien kommend, mit dem Ritter und Rechtsgelehrten Georg von Streitberg zufällig in sein Haus geriet. Du kannst dir nicht vorstellen, wie erwünscht ihm dies war und wie er diese Freundschaft pflegt. Daß er dies von Herzen meint, beweist mir die Tatsache, daß er vor Rederei und dem großartig verhüllenden Geschwätz zurückschreckt und sich mit der Tat als Freund zeigt. Er hat sich oft in meinem Krankenzimmer aufgehalten, auch wenn ich von der abscheulichen Krankheit ekelhaft stank. Er ist stundenlang bei mir gesessen, hat mir nach seiner Weise schöne Geschichten erzählt und mit großer Gewissenhaftigkeit dafür gesorgt, daß ich alles Nötige habe. Du wirst mir einen Gefallen tun, wenn du in deinen Briefen ihn grüßen läßt. Er ist allen Trefflichen geneigt, vor allem den Gebildeten, und er hat vielen in Italien sowohl meine anderen Werkchen als auch jenen neuen unschicklichen Dialog gesandt. Ich lege ihn dir ans Herz, damit du ihn den deinen empfiehlst, das heißt den Musen und der Wissenschaft. Außerdem pflegt mich der Augustiner Aegidius Remus zu besuchen, mit dem ich einst in Pavia studierte, als wir unter demselben Lehrer in das Studium des Griechischen eingeweiht wurden, und der Italiener Tribatius Vicentinus, der im Griechischen und Latein hervorragend bewandert ist und nur das eine gegen sich hat, daß ihn seine Bildung nicht aufgeblasen gemacht hat; ferner Johannes Foeniseca, der sich in der Lehre von den okkulten Künsten und der Geheimphilosophie auszeichnet. Es kommt uns zu Ohren, Erasmus habe das Neue Testament wieder revidiert und angemerkt und es seien einige kleinere Werke von ihm erschienen. Ich wundere mich, daß die Neuerscheinungen so spät hierher kommen. Julius Pollux, Hesych und die anderen Bücher, die du geschickt hast, habe ich erhalten. Sie zeugen von deiner Sorge um meine Angelegenheiten. Während ich dies schreibe, kommt ein zweiter Brief von dir, in dem du dich nach der Volha erkundigst, die der Verfasser des Buches über die beiden Sarmatien so benennt. Da dieser schreibt, sie sei ein sehr großer Fluß, noch viel länger als der Tanais, und durchfließe einen riesigen Raum Asiens, bevor sie sich ins Schwarze Meer ergieße, so möchtest du gerne wissen, welcher der von den Alten erwähnte Fluß sie vermutlich ist. Mir ist bei der Lektüre dieses Buches dieselbe Frage aufgestoßen. Als ich dies sorgfältiger, als es die Sache wert ist, untersuchte, ergab es sich glücklich, daß ich den berühmten Ritter Sigismund von Herberstein, einen Ratsherrn des Kaisers, kennenlernte. Er ist im vergangenen Winter ein Sprecher des Kaisers bei dem Fürsten der Moschen gewesen, hat einen großen Teil von Skythien durchwandert und ist bis ins barbarische Asien vorgestoßen. Er hat mich belehrt, was ich vorher schon vermutete, aber nicht sicher wußte, daß der Fluß, den die Moschen, bei denen er entspringt, Volha nennen, bei Ptolemaeus Rha heißt. Doch habe sich der Verfasser der sarmatischen Kosmographie insofern geirrt, als die Rha sich nicht ins Schwarze, sondern ins Kaspische Meer ergieße, und er habe in Buda bei den Ungarn in der Bibliothek des Königs Matthias eine in sehr alten Schriftformen geschriebene Geographie des Ptolemaeus gesehen, in der nicht

Rha, wie der Übersetzer schrieb, sondern Rhas steht. Eben dieser Sigismund hat mir in diesem Buch über Sarmatien glaubhaft gemacht und mich beinahe überzeugt, daß es keine rhypeischen und hyperboreischen Berge gibt. Dies wurde mir um so leichter, als Sigismund mit dem Idiom der Moscher vertraut ist, mit dem die Illyrer und einige Leute in Kärnten, woher er stammt, am meisten gemeinsam haben; zumal er die Frage eingehend studiert hat und, sich auf den Sprachenaustausch verlassend, es leicht hat erfahren und schwer hat getäuscht werden können, besonders da er viele Menschen in ganz verschiedenen Orten über diese Sache befragte und keine voneinander abweichenden Auskünfte erhielt. Dazu kommt, daß er die Quellen des Tanais umwanderte und bis zur Volha vordrang, aber keine Berge sah und in einem Umkreis von beinahe 200 deutschen Meilen auf seine Umfragen von keinen Bergen hörte. Wenn es sie irgendwo gäbe, hätten diese den Moschern nicht entgehen können, die weit herumschweifen und in kurzer Zeit die größten Reisen machen. Auch hätte dem Umfang des Moscher-Reiches nach der größte Teil jener Berge in ihm einbeschlossen sein müssen. Jedenfalls schwört Sigismund, daß in der Hauptstadt der Moscher, wo er vieles von dem, was er in seinen Kommentaren auseinandersetzt, erfahren hat, alle erklärten, was die Menschen über diese Berge dächten und die Alten überliefert hätten, sei reine Erfindung. Denn alle diese Gegenden seien flach, und es gäbe nirgendwo Berge, wie weit man auch nach Norden ginge, es sei denn, man wolle kleine Hügel, die auch er gesehen habe, unter die Berge zählen. Es hat mich maßlos erstaunt, daß sich eine Sache so im Glauben der Menschen festgesetzt hat und so in der Überlieferung hervorragender Männer abgedroschen wird, daß sie zur Fabel entartet, zu Lappalien und nichts daran wahr ist, oder wenn es jemals war, zu sein aufgehört hat. Da du dem Hofe fern und von den Geschäften befreit bist, schlage du Massen von Büchern nach und erkläre uns jene hyperboreischen Berge.

Gestern besuchte mich, von Basel kommend, Oecolampadius, ein Theologe mit scharfen Zähnen, die so eifrig die Schriften aller drei Sprachen klein machen, daß ihn jene bekannten zahnlosen Gesellen darum beneiden. Er erzählte mir, Erasmus sei zu seinen Brabantern zurückgekehrt und mein »Nemo« sei bei Froben neu gedruckt worden. O jenes dienstfertige Druckervolk, verwegenes Menschengeschlecht! Schon werden sie die beiden Gallien durchstreifen, und diese Possen werden jenen

Theologen, die voller Geschwüre sind und an jeder Berührung Anstoß nehmen, dargeboten. Es wird dem Hutten schlecht gehen, wehe mir, es ist aus, ich bin verloren. Schon fährt mir dieses Geschäft in die Knochen, so viel kostet es, von Lappereien zu reden. Sorge fürs Allgemeine Beste, Willibald: ich brauche einen Freund, einen Ratgeber. Eck hat Karlstadt, meinen Mitbürger und einen rechtschaffenen Theologen, beschimpft; mit Luther hat er Krieg, Luther hat Krieg mit vielen. Sieh doch die Theologen, die sich zerreißen, indem sie sich ineinander verbeißen. Eck hat viele Ermahnungen für Erasmus, und dieser schweigt (was sollte er auch anders tun?). Vorgestern haben mir die Ärzte ein Klistier gegeben. Dies ist das Ende der Behandlung. Dann wird Luft zugelassen und Wein, aber nur in sehr verdünnter Form, konsumiert sowie eine größere Mahlzeit vorgesetzt, obgleich wir uns immer noch mit dem Essen zurückhalten müssen, damit es keinen Durchfall gibt. Oecolampad läßt dich grüßen. Ich glaube, er wird einen Prediger abgeben. Wilhelm Budaeus, der edelste Gelehrte und gelehrteste Adlige in Frankreich, arbeitet an seinen Anmerkungen zu den Pandekten. Ich bin vor Freude in die Luft gesprungen, als ich es erfuhr. Hier haben wir gleichzeitig zwei Herkulese, die Vernichter entsetzlicher Seuchen und gewissermaßen dreimal Abwehrer der Übel, Budaeus und Erasmus, und ich würde alles eher tun, als einen Vergleich zwischen ihnen anstellen. Jener hat in Frankreich die Nachkommenschaft des Accursius bekriegt und das ganze Geschlecht der Bartholisten ausgerottet, dieser die Barbaren, die den Rauch der Theologie verhalten, angegriffen und unterdrückt, hat der Heiligen Schrift das Tageslicht zurückgegeben und Helligkeit hereingelassen. Dazu noch Faber, der mit der Erklärung des Aristoteles die Philosophie geschickt aufgebaut hat. Denke an Copus und Ruellius. Dieser edierte Dioskorides, jener Galenus. O Jahrhundert, o Wissenschaften! Es ist eine Lust zu leben, wenn auch noch nicht in der Stille. Die Studien blühen, die Geister regen sich. Barbarei, nimm dir einen Strick und mach dich auf Verbannung gefaßt.

Hier will ich meinen Brief beschließen, der deshalb so lang geworden ist, weil du nicht weißt, wie sehr ich von dir ganz lange Briefe zu erhalten wünsche. Tu mir diesen Gefallen, grüße deine Mitbürger von mir, zuerst diejenigen, die ich kenne, danach alle, die es verdienen, und lebe wohl, so wie du es verdienst; du verdienst es aufs beste.

Augsburg, den 25. Oktober 1518

Biographisches Nachwort

Als 1523 im Herbst Ulrich von Hutten fünfunddreißigjährig starb, war er ein gescheiterter Mann. Erasmus, immer noch der angesehenste und umworbenste Gelehrte seiner Zeit, dem er sich wie Alkibiades dem Sokrates hatte anschließen wollen, war sein literarischer Gegner geworden und hatte gerade eine vernichtende Schrift gegen ihn unter der Feder. Martin Luther, dem er angeboten hatte, litteris et armis gegen die päpstliche Tyrannei vorzugehen, bedurfte seiner Hilfe nicht. Kaiser Karl V., auf den er wie viele andere anfangs die Hoffnungen übertragen hatte, die der alte Maximilian nicht zu erfüllen vermochte, hatte ihn tief enttäuscht. Und – wohl das Schlimmste – Franz von Sickingen, der ihm mit der Ebernburg eine »Herberge der Gerechtigkeit« geboten hatte, war selbst das Opfer des von Hutten propagierten Pfaffenkrieges geworden und bereits im Mai 1523 seinen Wunden erlegen. Der Pfarrer schließlich, der auf der Insel Ufenau im Zürichsee den Ritter gepflegt und beerdigt hatte, mußte den Ort verlassen. Hutten starb, als das Rad der Fortuna, jener Göttin, die er geachtet, aber nicht angebetet hatte, ihn zutiefst herabgedrückt hatte. Gleichwohl hat die Nachwelt ihm Kränze geflochten, die sie manchem seiner nicht minder bedeutenden Zeitgenossen versagte. Schon 1524 weist ein Holzschnitt mit dem »Triumph der Wahrheit« Ulrich von Hutten die Rolle zu, die er sich selbst erträumt hatte: Das Bild zeigt auf der rechten Seite einen von den Evangelistensymbolen gezogenen, von Luther und Karlstadt begleiteten Wagen, auf dem der Heiland sitzt, links die Danksagung des Volkes und das von Patriarchen, Propheten und Aposteln getragene wiedergewonnene Grab der Heiligen Schrift, in der Mitte jedoch mit einem Palmzweig in der Hand Ulrich von Hutten, als Ritter, der am Schweif seines Rosses die gefesselte Schar des Antichrist, d. h. den Papst und seinen Klerus, darunter den katzenköpfigen Murner und den steinbockhäuptigen Emser, schleppt. Spätere Generationen, sofern sie selbst zu neuen Ufern aufbrachen, haben ihn als Geistesverwandten oder Vorbild gefeiert und ihn dabei zum Spiegelbild ihrer eigenen Wünsche gemacht. Herder verfaßte ein »Denkmal Ulrichs von Hutten«. Dem jüngeren Goethe erschien es bei der Lektüre seiner Werke »wundersam, daß in unseren neuern Tagen sich das Ähnliche, was dort hervorgetreten, hier gleichfalls wieder zu manifestiren schien«. Heinrich von Kleist beschwört im Freiheitskrieg seinen Namen in einem Atemzug mit denen Keplers, Dürers, Friedrichs des Großen und Klopstocks. 1870 tat C. F. Meyer »das französische Wesen ab« und dichtete, um dieser Sinnesänderung Ausdruck zu geben, »Huttens letzte Tage«. Schon vorher hatte die Huttenverehrung des 19. Jahrhunderts ihren Höhepunkt gefunden in der großen Edition der »Opera Ulrici Hutteni« Eduard Böckings sowie in der Biographie des David Friedrich Strauß, der Huttens Scheitern nicht bestritt, ihn aber als Prophet der Zusammengehörigkeit der »im Protestantismus wurzelnden humanen Bildung und der politischen Einheit und Macht der so gebildeten Nation« vorstellte. In unserem Jahrhundert haben nach dem Angriff auf die »Hutten-Legende« durch den gelehrten Eiferer Kalkhoff, der den »verkommenen Edelmann« mit der Elle protestantischer Ethik maß, vor allem Holborn, Newald und Seidlmayer den Weg zu einem unbefangeren Verständnis Huttens aufgewiesen, der den Ritter in das variantenreiche Spannungsfeld seiner Tage hineinstellt, ohne damit seine uns unmittelbar ansprechende, Zustimmung und Ablehnung herausfordernde Individualität zu verdecken.

Auf der Burg Steckelberg (Kreis Schlüchtern) nahe der das Fuldaer Land mit Franken verbindenden Weinstraße wurde Ulrich von Hutten am 21. April 1488 geboren. Die Herkunft aus ritterlichem Geschlecht hat ihn zutiefst geprägt. Mochte er seinem Stand auch kritisch gegenüberstehen und gemäß alter kirchlicher Tradition, die zu seiner Zeit von den Humanisten aufgegriffen und in verwandelter Form zum theoretischen Allgemeingut gemacht worden war, vor dem Adel des Blutes dem Adel der Seele, des Geistes und der Bildung den Vorzug geben, so blieb er doch in seinem Charakter wie in vielen seiner Ansichten ein echtes Kind des spätmittelalterlichen Rittertums: streitsüchtig, rechthaberisch, voller Vorurteile gegenüber den Städten, in denen das neuere wirtschaftliche Leben pulsierte, und gegenüber den Fürsten, die im Aufbau ihrer Landesherrschaften dem sonstigen Adel seine eigenständige Bedeutung nahmen, aber auch erfüllt von einem besonderen Ehrenkodex und von einem Pflichtgefühl, das ihn zum tätigen Einsatz der ganzen Person drängte, wo seine humanistischen Freunde sich mit dem Gebrauch ihrer Schreibfeder begnügten. Anders als viele Humanisten hat Ulrich von Hutten seinen Geburtsnamen auch nicht ins Lateinische oder Griechische übersetzt, um so seine geistige Wiedergeburt und seine Zugehörigkeit zum neuen Staat oder Stand der Gelehrten zu dokumentieren, sondern er hat auch in der Selbstbenennung das Band zu seiner Familie nie gelöst; wie er sich denn mit Vorliebe auch als Ritter abbilden ließ. Dabei hatten seine Eltern ihn, sei es aus Gründen der Devotion oder sei es wegen seiner konstitutionellen Schwächlichkeit, 1499 in das altehrwürdige Kloster Fulda, dessen Lehnsmann der Vater war und das mit seinen im allgemeinen dem umliegenden Adel vorbehaltenen Kapitelstellen eine angemessene Versorgung in Aussicht stellen mochte, gegeben. Sechs Jahre Klosterschule haben ihm zumindest die soliden Lateinkenntnisse eingebracht, deren er sich später mit so auffallender Leichtigkeit und Gewandtheit zu bedienen wußte. Doch war es gewiß eine höfliche Übertreibung, wenn 1510 der ehemalige Schüler in einer Elegie an die deutschen Poeten auch Fulda als eine der Stätten neuer Bildung lobte. – 1505, im selben Jahr, als Luther in das Kloster der Augustinereremiten in Erfurt eintrat, floh der jetzt 17-jährige Hutten aus Fulda. Daß er, wie er in der »Entschüldigung« (Dez. 1520) schreiben sollte, das Mönchsgelübde noch nicht abgelegt hatte, wird man ihm glauben, nicht jedoch die ebendort angebotene Motivation für seinen Fortgang aus dem Kloster: er habe erkannt, »in einem andern stand vil baß got gefällig vnd der welt nützlich zu wandelenn«. So konnte er erst nach der Begegnung mit lutherischem Gedankengut argumentieren. Im Blick auf die der Klosterflucht folgende Vagantenzeit Huttens scheinen die Beweggründe für seinen Schritt weniger religiös-ethischer Natur gewesen zu sein als vielmehr in jener Unruhe und Aufbruchsstimmung seiner Zeit zu liegen, die auch Regiomontan, Celtis, Paracelsus nebst vielen anderen dazu trieben, als Wanderlehrer und Wanderschüler von einer Quelle neuer Weisheit und unmittelbarer Lebenserfahrung zur anderen zu ziehen. Wie dornenreich mitunter der 1505 gegen den väterlichen Willen eingeschlagene Weg sein würde, hat der junge Hutten wohl nicht geahnt, aber er hat an seinem Entschluß festgehalten und ihn niemals bedauert.

Sich nach den langfristigen Studienplänen der damaligen Universitäten zu richten war nicht Huttens Sache. Seine ersten fünf Semester hat er an vier verschiedenen Universitäten zugebracht: den Winter 1505/06 in Köln, wo er mit dem etwas älteren Johannes Crotus Rubianus Freundschaft schloß; den Sommer 1506 in Erfurt, wo er durch Mutian (Konrad Muth) und durch den im benachbarten Gotha lebenden Eobanus Hessus die ersten Kontakte mit humanistischen Kreisen fand; den Winter 1506/07 und den Sommer 1507 als Schüler des Johannes Rhagius Aesticampianus in Frankfurt an der Oder, wo er eines seiner ersten gedruckten Gedichte, ein Lob auf die Mark Brandenburg (Laus Marchiae), veröffentlichte und sogar durch den Erwerb des Baccalaureats das übliche Grundstudium erfolgreich abschloß; den Winter 1507/08 schließlich mit Aesticampian in Leipzig. Nicht minder bewegt sind auch die folgenden Jahre. Als Opfer eigener Triebhaftigkeit und der auf Deutschlands Straßen immer noch bestehenden Rechtsunsicherheit, aber mit ungebrochenem Selbstbewußtsein, taucht Hutten, von der Syphilis befallen und von Räubern ausgeplündert, im Herbst 1509 in Greifswald auf. Schon im Dezember dieses Jahres will er sich nach Rostock von seinen auf Entgelt drängenden Greifswalder Gastgebern, der angesehenen Familie Lötze, absetzen, wird jedoch unterwegs gepfändet und muß sich seine Kleider und Bücher abnehmen lassen. Das Verhalten der Lötzes war nicht gerade mäzenatisch, aber rechtlich kaum zu beanstanden, und die ganze Angelegenheit war gewiß kein den damaligen Rahmen sprengender Einzelfall. Hutten dachte darüber anders. Als Ritter ebenso beleidigt wie als Poet ließ er seine Lötze-Klagen in alle Welt ausgehen. Sie sind ein erstes Zeugnis seines skrupellos ausgespielten publizistisch-agitatorischen Talents. Nach Rostock wird für einige Monate Wittenberg Station auf der Huttenschen Odyssee. Das Angebot, nach Fulda heimzukehren oder wenigstens Jura zu studieren, schlägt er aus, um sich u. a. durch ein ausführliches und in der Tat Verbreitung und Anklang findendes Poem über die Verskunst (De arte versificandi) den Anhängern und Förderern der neuen Geistesrichtung zu empfehlen und um im Sommer 1511 über Böhmen und Mähren nach Wien zu reisen. »Weichere Tage« hatte sich Hutten in der österreichischen Hauptstadt erhofft, aber sein eigenes rauhes Wesen ließ ihn auch hier keine Wurzeln schlagen. Da er gegen ausdrückliches Verbot an der Wiener Universität Vorlesungen über Dichtkunst hielt und dem dortigen Rektor im wörtlichen Sinne geharnischte Antwort entbot, mußte er die Stadt bald wieder verlassen.

Gleichwohl ist die Wiener Episode für Huttens Entwicklung von großer Bedeutung gewesen, da er Aufnahme in dem von Conrad Celtis ins Leben gerufenen und in jenen Tagen besonders durch Vadian repräsentierten Humanistenkreis fand, der, von Kaiser Maximilian gefördert und genutzt, ähnlich wie Bebel in Tübingen oder wie namentlich die oberrheinische und elsässische Humanistengruppe um Wimpheling die gelehrte Erforschung der Vergangenheit mit der Liebe zum deutschen Vaterland und der Sorge um den Bestand und um das Heil des Reiches verband. Die ersten literarischen Früchte der in Wien gewonnenen historisch-politischen Horizonterweiterung sind seine »Ermahnung an Kaiser Maximilian, den Krieg gegen Venedig fortzusetzen« und ein in Hexameter gefaßter Beweis, daß das gegenwärtige Deutschland, wo das Schießpulver und der Buchdruck erfunden seien, gegenüber seiner heroischen Vorzeit keineswegs als entartet gelten könne. Unmittelbaren politischen Anschauungsunterricht erhielt Hutten in Italien, freilich ohne daß ihm das komplizierte diplomatische und militärische Verhalten der im raschen Wechsel mit- und gegeneinander koalierenden italienischen und außeritalienischen Mächte, die um die Vorherrschaft über Italien rangen, durchsichtig geworden wäre.

Seit April 1512 studierte Hutten, nun also doch dem Wunsch des Vaters folgend, zunächst in Pavia und dann in Bologna das römische Recht, solange seine kargen Mittel, seine angeschlagene Gesundheit und die kriegerischen Wirren es zuließen. Nachdem ihn die Not gezwungen hatte, sich für einige Zeit zum Kriegsdienst im kaiserlichen Heer anwerben zu lassen, kehrte er schließlich 1513 auf die heimatliche Burg Steckelberg zurück.

Getreu seiner Grabinschrift, die sich Hutten nicht ohne Selbstmitleid und Pathos in bedrängter Lage vorsorglich in Pavia gedichtet hatte – »Er, von Gefahren umringt, wich nicht vom Dienste der Musen,/ Und, so gut er's vermocht, sprach er im Liede sich aus [Ipse suas coluit per mille pericula Musas,/ Et quanti potuit, carminis auctor erat]« – hat er bei seinem ersten Italienaufenthalt die Feder nicht aus der Hand gelegt und mit seinen Epigrammen an Kaiser Maximilian gleichsam ein poetisches Kriegs- und Propagandatagebuch der Jahre 1512/13 hinterlassen. Noch ganz im Bann des spätmittelalterlichen imperialen Gedankengutes, wonach der Kaiser auf der Erde wie Christus im Himmel herrscht, feiert er die Erfolge Maximilians, beklagt dessen Niederlagen, sinnt über die launische und scheinbar ungerechte Schicksalsgöttin nach, eifert – oft mit dem stereotypen Vokabular herabsetzender Stammes- oder Nationencharakteristik – gegen Venezianer und Franzosen und – das sollte für die weitere Entwicklung seiner politischen und religiösen Ideen von entscheidender Bedeutung werden – lernt das damals in dem kriegsfreudigen, prachtliebenden und verschlagenen Julius II. verkörperte Renaissancepapsttum als das eigentliche Verderbnis der Zeit und zumal des deutschen Reiches darzustellen.

Huttens Heimkehr auf die Steckelburg glich nicht der des biblischen verlorenen Sohnes: Sein Vater sah keinen Grund, ihn mit offenen Armen zu empfangen, und er selbst dachte nicht daran, die Ideale der Wissenschaft und der Poesie, um derentwillen er das Vagantenleben auf sich genommen hatte, zu verleugnen. Mochten ihn seine Verwandten als einen verkrachten Studenten, als einen titellosen Niemand hänseln, so rächte er sich, indem er seinen Standesgenossen ihren törichten Adelsstolz und ihre barbarische Bildungsfeindlichkeit vorwarf, sie als Kentauren karikierte und ihnen als vorbildliche Ausnahmen seine verständnisvollen Förderer und Gönner seit den Fuldaer Tagen, Eitelwolf von Stein und Frowin von Hutten, gegenüberstellte.

1514 wurde mit knapp 24 Jahren Albrecht von Brandenburg, der bereits das Erzbistum Magdeburg und die Administration des Bistums Halberstadt in seiner Hand vereinigte, auch noch Erzbischof von Mainz und damit Kurfürst und Erzkanzler des Reiches: eine Kumulation, die bekanntlich wegen der erforderlichen Dispensgelder zu dem großen Ablaßgeschäft führte, das Luther zu seiner die Reformation auslösenden Thesenveröffentlichung bewegte. Ulrich von Hutten sah die Erhebung Albrechts auf den Mainzer Erzstuhl anders. Er erhoffte sich, daß unter Albrecht die Mainzer Universität und die Mainzer Lande zur Heimat humanistischer Wissenschaften und Künste würden, und verfaßte, angestoßen von Eitelwolf und Frowin, die beide hohe Ämter in der Umgebung des neuen Erzbischofs innehatten, zum Einzug Albrechts in Mainz ein langes Begrüßungsgedicht. Der von dem zwei Jahre Jüngeren erwartete Lohn für die 1300 Hexameter, die bei aller formalen Anlehnung an das Vorbild italienischer Panegyriken doch in ihrer Herausstreichung deutschen Landes und deutscher Geschichte sowie in ihrem Eintreten für die neue Bildungsrichtung echt Huttenschen Geist verraten, blieb nicht aus: 200 Goldgulden und die Aussicht auf eine Stellung am kurfürstlichen Hof nach beendetem Studium. Um diese – unbequeme – Auflage zu erfüllen, mußte Hutten erneut nach Italien, doch verzögerte sich sein Fortgang durch den Ausbruch des Streites um Herzog Ulrich von Württemberg.

Dieser Streit muß uns zumindest in seinen Grundzügen interessieren, weil er ein wichtiges Kapitel Huttenscher Publizistik bestimmt und weil er darüberhinaus Kräfte und Spannungen hervorhebt, von denen die inneren Verhältnisse des Reiches zu Beginn des 16. Jahrhunderts mitgeprägt waren. Die Hauptperson in diesem Streit, Herzog Ulrich, kann in seinem gescheiterten rücksichtslosen Streben nach Macht und willkürlicher Eigenständigkeit gegenüber seinen Untergebenen wie gegenüber dem Kaiser als Zerrspiegelung des Territorialfürstentums gelten. Als er die Schulden seines Landes durch neue Steuern tilgen wollte, stieß er auf den Widerstand der Bauern (Aufstand des »Armen Konrad«) und mußte im Tübinger Vertrag (1514) dem Landtag ein Beratungsrecht im Kriegsfalle zugestehen. Ohne aus dieser Niederlage gelernt zu haben, legte er auch in Zukunft seinem Willen und seinen Leidenschaften keine Zügel an. Verheiratet mit einer bayerischen Herzogstochter, begehrte er doch die Frau eines anderen: seine Jugendliebe, Ursula Thumm, die sein zum Stallmeister avancierter Freund und Vertrauter, Hans von Hutten, geehelicht hatte. Als Hans, ein Vetter unseres Ulrich von Hutten, daraufhin vom Württembergischen Hof fortstrebte und sich auch mit seiner Familie darüber beriet, empfand das der Herzog als Verrat und ermordete, ein Femeurteil vortäuschend, seinen wehrlosen Stallmeister am 7. Mai 1515 im Walde bei Böblingen. Die ganze Familie der Hutten, deren Empörung von weiten Teilen der fränkischen Ritterschaft geteilt wurde, sann auf Genugtuung und Rache, doch zeigte es sich, daß der ritterliche Adel allein zu schwach war, um gegen einen Landesfürsten vorzugehen. Erst als sich das bayerische Herzogshaus, in dessen Schoß sich die Frau des Württembergers zurückgeflüchtet hatte, in die Front einreihte, konnten die Hutten mehr als ein vom Kaiser vorgeschlagenes, ziemlich unbefriedigendes Sühneangebot erwarten. Nach langwierigen Prozessen wurde bestimmt, daß der Herzog für einige Jahre die Herrschaft von einem auf Betreiben Maximilians berufenen Regimentsrat ausüben lassen solle. Doch Ulrich von Württemberg wäre nicht er selbst gewesen, hätte er sich an diese Entscheidung gehalten. Er ließ Mitglieder des Regimentsrats hinrichten und überfiel die Reichsstadt Reutlingen, bis schließlich (1519) ein Heer des Schwäbischen Bundes den Landfriedensbrecher aus Württemberg vertrieb. Für Ulrich von Hutten waren die Ermordung seines Vetters und die zögernde Einleitung wirksamer Maßnahmen gegen den fürstlichen Täter Anlaß und Ursache, seine eminent agitatorische Begabung zur Mobilisierung der öffentlichen Meinung im Interesse seiner Familie einzusetzen. Die vier »Ulrich-Reden«, die Hutten zwischen 1515 und 1517 schrieb, sind nicht zu Unrecht neben die Reden des Demosthenes gegen Philipp von Mazedonien und die des Cicero gegen Catilina, in deren Tradition sie gehören, gestellt worden. Mit heißem Herzen und einem abgrundtiefen Haß, dessen erschreckende Maßlosigkeit ihn zuweilen in eine beklemmende Nähe zum Charakter des Angegriffenen rückt, will Hutten mit dem Arsenal seiner Bildung und den Methoden forensischer Rhetorik das schwäbische Volk zur Entsetzung seines Herrn aufwiegeln sowie Kaiser und Reich zur tatkräftigen Wiederherstellung des Rechts bewegen. Ergänzt und künstlerisch überhöht werden die »Ulrich-Reden« 1517 durch den »Phalarismus« (s. o. S. 5), jenen in die klassische Unterwelt verlegten, von Merkur und Charon eingeleiteten sarkastischen Dialog zwischen dem deutschen Tyrannen und seinem antiken Vorbild und Lehrmeister Phalaris, der trotz seines geringen Umfanges aus Huttens Schrifttum hervorgehoben zu werden verdient. Abgesehen von dem schon die »Reden« bestimmenden Angriff auf die fürstliche Tyrannis, der sich noch auf eine Einzelperson konzentriert, um erst später auf den ganzen Fürstenstand ausgedehnt zu werden, verlangt die Form des »Phalarismus« Beachtung. Erstmals verwendet hier Hutten in Nachfolge des Satirikers Lukian (2. Jahrhundert n. Ch.) den fiktiven Dialog, dessen seinem polemischen Temperament entgegenkommenden und entsprechenden Ausdrucksmöglichkeiten er in seinen späteren Gesprächen noch lebendiger Meister zu werden lernt. Erstmals mit dem Druck des »Phalarismus« setzt Hutten auch auf ein Titelblatt als seine persönliche Devise jene Worte Caesars, die seitdem seine eigenen sind: Jacta est alea. Schließlich ist der »Phalarismus« Huttens früheste vom Lateinischen ins Deutsche übertragene Schrift (1519).

Huttens Aufbruch zum zweiten Italienaufenthalt – wir greifen also seinen Lebensfaden im Herbst 1515 wieder auf – geschah mit durchaus gemischten Gefühlen. Deutschland erschien ihm angesichts der ihm von den Seinen zuteil gewordenen Behandlung und der Bedrängnisse, die der Humanismus in Reuchlin erfahren mußte, vom Nebel überholter Vorurteile verhüllt, andererseits hätte er gerne bei Erasmus, dem »deutschen Sokrates«, in Basel Griechisch studiert. Italien wiederum, immer noch das Mekka aller Humanisten, mochte ihn wohl reizen, doch stieß ihn ab, daß er dort nicht die neuen Wissenschaften pflegen sollte, sondern sich dem römischen Recht zu widmen hatte. Mochten Männer wie Pirckheimer, Peutinger, Brant und andere auch beweisen, daß sich das Studium und die Anwendung des römischen Rechts durchaus mit der Verehrung der Musen oder mit der Zuwendung zu den Klassikern vereinen ließen, so zählte doch Hutten wie vor ihm schon Wimpheling und der anonym gebliebene »Oberrheinische Revolutionär«, mit dem er noch viele andere Ansichten gemein hatte, zu denjenigen, die in der Verdrängung der deutschen Rechte durch das römische aus nationalromantischen, sittlichen und ständischen Motiven ein gefährliches Verderbnis sahen. – Unter diesen Umständen verwundert es wenig, daß Hutten seine ohnehin durch Krankheit geschwächten Kräfte nicht ungeteilt für das Jurastudium verwandte, sondern daneben auch seinen persönlichen Neigungen nachging. Empfehlungsbriefe aus der Heimat, sein Talent und seine Lernbegier öffneten ihm die Türen zu geistesverwandten Kreisen in Rom, Bologna, Ferrara und sogar Venedig. Daß die Spanne vom Winter 1515/16 bis zum Sommer 1517 für ihn gleichwohl keine Zeit gelehrter Muße wurde, dafür sorgten die immer noch anhaltenden Kriegswirren in Italien und besonders Hutten selbst. Aus dem Kirchenstaat mußte er fliehen, weil er bei einem Wirtshausstreit mit französischen Soldaten einen seiner Gegner niedergestochen hatte (später von ihm als patriotisch-ritterlicher Ehrenhandel hochstilisiert); und aus Bologna mußte er weichen, da er als Syndikus und Sprecher der deutschen Universitätsnation bei Studentenunruhen eine wohl führende Rolle gespielt hatte. Außer seinem junkerlichen Wesen brachte Hutten aber auch sein publizistisches Engagement gegen Ulrich von Württemberg und für den von der Inquisition angegriffenen Reuchlin mit über die Alpen. Zwei seiner »Ulrich-Reden«, der »Phalarismus« und der größte Teil seiner Beiträge für die »Briefe der Dunkelmänner« sind hier entstanden.

Von dem, was Italien dem Verehrer der Antike oder dem Freund der bildenden Künste zu bieten hatte, scheint Hutten kaum tiefer beeindruckt worden zu sein. »Für ihn besteht keine Trennung zwischen intellektuellem und politischem Verhalten« (Holborn). Was er sieht, erfährt und lernt, fordert ihn auf den Plan, oder umgekehrt: er hat Augen und Ohren nur für das, was ihm aktive politische bzw. gesellschaftliche Stellungnahme abverlangt oder ermöglicht. Seine römischen Erfahrungen und Beobachtungen schlagen sich in Epigrammen nieder, in denen er Heuchelei, Käuflichkeit, Prunk und Sittenlosigkeit des kirchlichen Apparats klagend der altrömischen Größe gegenüberstellt und – gleich manchen seiner Landsleute – die Torheit der Deutschen, die sich auspressen lassen, tadelt. Die militärischen und diplomatischen Auseinandersetzungen um die Vormacht in Italien, bei denen Maximilian keine besonders gute Figur machte, regen ihn zur Weiternutzung seines beim ersten Italienaufenthalt schon erprobten Talents an, wobei jetzt noch stärker Venedig zum Gegenstand seiner Invektiven wird. Die Lektüre der Annalen des Tacitus erlaubt es ihm, seine altdeutschen Idealvorstellungen zu personalisieren, nämlich in Arminius, der nun auch zum Vorläufer und Vorbild Maximilians wird, wodurch Huttens universale Reichsidee eine autochthon deutsche Komponente hinzugewinnt, deren Gewicht ständig zunimmt. Bei der Einsicht in die Schrift des Lorenzo Valla endlich, die die konstantinische Schenkung als Fälschung entlarvt, erkennt er, daß er in ihr die Axt gefunden hat, mit der er die Wurzel päpstlicher Oberherrschaftsansprüche treffen kann, und beeilt sich, kaum nach Deutschland zurückgekehrt, sie – mit einer Widmung an Papst Leo X.! – zu edieren.

Hutten stand im 30. Lebensjahr, als er im Sommer 1517 wieder in Deutschland eintraf. Obwohl er seine juristischen Studien noch immer nicht erfolgreich abgeschlossen hatte, erwartete ihn diesmal kein frostiger Empfang durch seine väterliche Familie, sondern freundliche Aufnahme im Schoß der großen geistesverwandten Familie der deutschen Humanisten. Der Augsburger Konrad Peutinger (1454–1547), Vertrauensmann seiner Stadt, des schwäbischen Bundes und des Kaisers, bewirkte zusammen mit Jacob Spiegel und Johann Stabius, daß Maximilian, der die Förderung der Künste und Wissenschaften trefflich mit ihrer Ausnutzung zu verbinden verstand, im Juli 1517 Ulrich von Hutten mit einem Lorbeerkranz feierlich zum Dichter krönte. Nun war der Ritter gleich Celtis (1487), Bebel (1501), Murner (1505) und Glarean (1512) ein Poeta laureatus, was ihn mit lebenslangem Stolz erfüllte und überdies als Ersatz für die ausgebliebene akademische Würde gelten konnte. Für knapp zwei Jahre stand Hutten nun im Dienst des Mainzer Erzbischofs. Als Beauftragter oder Begleiter Albrechts reist er u. a. nach Frankreich an den Hof Franz I. (Dezember 1517), zum Augsburger Reichstag (Sommer 1518) und zur Wahl Kaiser Karls V. nach Frankfurt (Juni 1519). Zwischendurch bleibt ihm genügend Zeit zur Pflege seiner stark angegriffenen Gesundheit, zur Teilnahme an den Feldzügen gegen Ulrich von Württemberg und natürlich zum Studium, zum Briefwechsel mit den humanistischen Freunden sowie zur literarisch-publizistischen Arbeit. Bei aller Verschiedenheit der behandelten Themen haben Huttens Schriften aus diesen Jahren wiederum gemeinsam, daß sie aus dem unmittelbaren oder mittelbaren Betroffensein des Verfassers hervorgewachsen sind. Die guten Erfahrungen, die Hutten bei der Behandlung seiner Syphilis am eigenen Leibe mit einer Kur sammeln konnte, die im wesentlichen auf der Einnahme eines aus dem amerikanischen Guajak-Holzes gebrauten Sudes beruhte, beflügelte ihn zu der ausführlichen medizinischen Abhandlung »De Guaíaci medicina et morbo Gallico«. Von Hutten in aufschlußreicher Unbefangenheit dem Mainzer Erzbischof gewidmet, fand diese Studie rasche Verbreitung. Murner übersetzte sie ins Deutsche und andere ins Französische und Englische.

Der propagandistischen Vorbereitung und Beeinflussung des Reichstages sollte Huttens an die deutschen Fürsten adressierte Türkenrede dienen, die er seinem Freund Peutinger nach Augsburg vorausschickte. Er schlug damit ein Thema an, das die abendländische Christenheit des ausgehenden Mittelalters wie kein zweites beschäftigte. Besonders seit der Eroberung Konstantinopels durch Sultan Mehmed II. (1453) vereinte die Türkenfrage die christliche Welt und offenbarte zugleich deren Uneinigkeit; denn ebenso stark wie die Furcht vor den Türken und wie der ehrliche Wille, in gemeinsamer Anstrengung diese antichristliche Großmacht niederzuwerfen, war die Versuchung, den geplanten Osmanenkreuzzug als Deckmantel eigensüchtiger Interessen zu mißbrauchen oder gar das türkische Potential in das internchristliche politische Kalkül einzubeziehen. Brennend aktuell wurde das Türkenproblem, als Sultan Selim I., der seit seinem Regierungsantritt (1512) schon Persien, Syrien und Ägypten unterworfen hatte, nun auch gegen das Abendland zu rüsten begann. Papst Leo X. sandte seine Kreuzzugslegaten an alle christlichen Fürsten und stieß besonders bei Maximilian offene Türen ein. Der Kaiser hoffte, sein Lebenswerk mit dem seit je von ihm erstrebten Türkenkreuzzug zu krönen und dabei zugleich seinen Ehrenvorrang vor den Häuptern der anderen christlichen Staaten sichtbar zu machen. Da er dazu die Billigung der Reichsstände benötigte, wurde die Frage der Türkenhilfe neben dem Versuch, die Nachfolge im Reich seinem Enkel Karl zu sichern, zum Hauptgegenstand des Augsburger Reichstages. Huttens Mahnrede zum Türkenkrieg mag in ihrer allgemeinen Tendenz den Erwartungen des Kaisers, der ihn zum Dichter gekrönt hatte, entsprochen haben; im einzelnen, d. h. in der angestrebten Nationalisierung des Kreuzzuges, in der bitteren Kritik an territorialer Fürstenmacht und Fürstenselbstsucht, in der Hoffnung auf erneute Kräftigung und Bewährung altgermanischer Tüchtigkeit sowie in dem unverhohlenen Mißtrauen gegenüber den Ränken Roms trägt sie Huttens ganz persönlichen Stempel. – Vielleicht noch in Augsburg, sicher jedoch unter dem Eindruck der Stimmung auf dem dortigen Reichstag entstand »Das erste Fieber« (s. o. S. 27), in dem Hutten, die bereits im »Phalarismus« erprobte Form des lukianischen Dialogs nutzend, aus dem persönlich untadeligen Kardinal Kajetan einen unsittlichen Prasser, Geldschneider und Heuchler machte, um an dieser verzeichneten Karikatur römisch-klerikale Perfidie gegenüber den Deutschen aufzuzeigen. Huttens im »Fieber« nicht zum ersten- und nicht zum letzten Mal angewandte Methode, einen persönlichen politischen oder literarischen Gegner ins einseitig Negative zu typisieren und ihn bedenkenlos zu diffamieren, entspricht nicht unserem Begriff von der Würde des Menschen. Verständlich, wenn auch nicht verzeihlich wird dieser inhumane Zug an dem Humanisten Hutten, wenn man ihn nicht als individuelles Merkmal Ulrichs, sondern als weithin typisch für den Stil der geistigen Auseinandersetzung seiner Epoche, die weder den Grobianismus noch die gegenseitige Verketzerung scheute, begreift. Selbst dann bleibt allerdings festzuhalten, daß er es zu besonders befremdlicher Meisterschaft auf diesem Gebiet gebracht hat.

In wohltuendem Gegensatz zu Huttens Unvermögen und Unwillen, fremde Individualität zu respektieren und ihr literarisch gerecht zu werden, steht sein Bestreben, sich selbst und die eigene Situation zu reflektieren sowie Selbstbesinnung mit Selbstbestimmung zu verbinden. Noch während des Augsburger Reichstages überdenkt er im Dialog »Aula«, der sich in der Verarbeitung eigener erster Erfahrungen an zwei Gespräche Lukians über das Hofleben und noch mehr an des Aeneas Silvio Piccolomini

(1405–1464) Klagen über die Leiden der Höflinge anlehnt, das Für und Wider höfischen Dienstes. Hutten machte diesen Dialog dem Willibald Pirckheimer (1470–1530) zugänglich. Einen kompetenteren Kritiker hätte er kaum finden können, denn der Nürnberger Patrizier war ebenso wie als diplomatischer und militärischer Fachmann im Dienst des Bischofs von Eichstätt, des Kaisers und seiner Vaterstadt auch als universal beschlagener Gelehrter von Rang ausgewiesen. Öffentliche Tätigkeit und humanistische Studien vereinigte Pirckheimer zwar in seiner Person, doch scheint er beides als im Grunde einander ausschließend angesehen zu haben; hierin ist er ein typischer Vertreter des bürgerlichen Humanismus, der auch Elemente antikstoischer Distanz und christlich-eremitärer Weltflucht enthielt und nicht zufällig das Bild des Hieronymus in der Klause liebte. Nach der Lektüre der »Aula« verhehlte Pirckheimer seinem jungen ritterlichen Freund nicht, daß zur reiferen Behandlung seines Themas doch wohl langjährige Erfahrungen im Hofdienst notwendig seien, und wünschte zugleich, daß Hutten im Interesse des Dienstes an den Musen diese Erfahrungen nicht zu sammeln brauche. Hutten antwortete ihm mit seinem Brief vom 25. Oktober 1518 (s. o. S. 317), der zu den bedeutendsten und gelungensten Konfessionen und Programmschriften seiner Zeit zählt. Man wird über diesem Sendschreiben weder die Schlacken in Huttens Charakter noch andere weniger aus dem Geist der Zuversicht geborene Gedanken und Betrachtungen des Verfassers vergessen und es doch als reinsten Ausdruck seines Wesens verstehen dürfen. Indem Hutten Rechenschaft ablegt über sein bisheriges Leben, die Normen prüft, unter die er sich in Zukunft stellen könnte, die Felder vor ihm liegender Aufgaben abschreitet und die eigenen Kräfte und Möglichkeiten abschätzt, kreisen seine Gedanken um die Pole vita contemplativa und vita activa, deren von Pirckheimer unterstellte Antinomie er im Grunde nicht anerkennen möchte. »Bei den Geschäften, die Wissenschaften und mit den Wissenschaften die Geschäfte zu betreiben«, erfordern nicht nur die äußeren Umstände Huttens, sondern erfordern ebenso sein individuelles aktivistisches und geltungssüchtiges Temperament wie seine ritterständische Herkunft.

Scheinbar im Widerspruch zum Grundtenor des berühmten Pirckheimerbriefes stehen Huttens schon bald einsetzende und im Spätsommer 1519 abgeschlossene Bemühungen, unter Weitererhalt der Bezüge vom eigentlichen Hofdienst bei Erzbischof

Albrecht beurlaubt zu werden. Er hatte wohl erkannt, daß der Mainzer Erzbischof bei allem persönlichen Entgegenkommen wider seine ursprüngliche Hoffnung nicht der Mann war, in dessen Gefolge er der neuen Welt zum Durchbruch verhelfen könne, und daß unter diesen Umständen das Leben am Hof mit dem Leben für die Wissenschaft nicht genügend in Einklang zu bringen war. Unverkennbar steht bei diesen Bemühungen vor Huttens Auge auch das humanistische Ideal gelehrter Tranquillitas, aber es vermochte ihn doch nicht irre zu machen bei seiner Suche nach der Einheit von Gedanke und Tat, an dem Einsatz seiner ganzen Person. Welche Erfolge möglich waren, wenn sich Feder und Schwert verbündeten oder wenn das Schwert an die Stelle der Feder trat, erlebte Hutten 1519 gleich auf zwei Gebieten, auf denen bislang sein literarisches Bemühen keine rechten Früchte gezeitigt hatte: der Herzog-Ulrich-Angelegenheit und dem Reuchlin-Streit. An dem Frühjahrsfeldzug des Schwäbischen Bundes gegen den Württemberger nahm er, wie schon bemerkt, selbst teil und feierte den Sieg in seiner fünften Ulrich-Rede. Im immer noch schwebenden Inquisitionsverfahren der Dominikaner gegen Reuchlin erwirkte er eine Fehdeansage gegen den Predigerorden für den Fall, daß Reuchlin nicht fürderhin in Ruhe gelassen würde und nicht die hohen Prozeßkosten zurückerstattet bekäme. Das Schwert, das diesen Forderungen ihr erfolgverheißendes Gewicht verlieh, gehörte Franz von Sickingen, in dem Hutten nun den für sich und seine Pläne geeigneten und bewährten Protektor gefunden zu haben glaubte. In der Tat war Sickingen, als Hutten mit ihm in nähere Verbindung trat, eine ernstzunehmende politische Potenz. Wie Hutten reichsritterlicher Herkunft, war er durch geschickte Vermehrung seines Erbes und noch mehr durch seine mit condottierehafter Bedenkenlosigkeit eingesetzten militärischen Fähigkeiten emporgekommen und offenbar geneigt, nicht nur seine Hand schützend über Humanisten und Reformer zu halten, sondern sich deren Ideen auch anzueignen oder sie doch, soweit er sie verstand, den eigenen Absichten nutzbar zu machen. Hutten hätte politisch scharfblickender und weitsichtiger sein müssen, als es ihm gegeben war, um vorauszusehen, daß Sickingens Höhenflug mit einem jähem Absturz enden würde.

Nach der Frankfurter Kaiserwahl (28. Juni 1519) erwartete Hutten eine Erstarkung und Reform des Reiches, die er als Wiedererringung deutscher Freiheit besonders im Kampf gegen päpstliche Bevormundung und gegen die Ausbeutung einer durch Sittenlosigkeit doppelt disqualifizierten römischen Klerisei begriff. Romkritik war nichts Neues, und auch die Methode, nationales Selbstbewußtsein aus dieser Romkritik zu entwickeln und an ihr zu schärfen, war nicht Huttens Erfindung; wohl aber war seine Agitation in ihrer unerbittlichen Heftigkeit sowie in ihrer Anwendung poetisch-literarischer Techniken und humanistisch-historischen Wissens von ungewöhnlicher Wirksamkeit, zumal nachdem Hutten gelernt hatte, sich der Volkssprache ebenso gewandt wie des Lateins zu bedienen, und nachdem er in Luther den geistesverwandten Kampfgenossen entdeckt zu haben meinte.

Das Schrifttum zur Reichs- und Kirchenreform des 15. und frühen 16. Jahrhunderts stellt Huttens Publikationen hinsichtlich der Tiefe philosophischer oder theologischer Gedanken, der Ausbreitung verfassungstheoretischer Reflexionen, der Radikalität und Kühnheit der Zielvorstellungen, der Realitätsbezogenheit und der konkreten Programmatik fast durchweg in den Schatten und vermag sie dennoch weder ihrer Bedeutung für die Beeinflussung der öffentlichen Meinung zur Zeit ihrer Abfassung noch ihres eigenständigen Ranges im Raum der Begegnung von Humanismus und Reformation noch auch ihrer wirksam gebliebenen individuellen Leuchtkraft zu berauben. Huttens Vorstellungen finden sich in den drei Dialogen »Vadiscus«, »Inspicientes« und »Febris secunda«. An dem etwas langatmigen und das Triadenprinzip überstrapazierenden »Vadiscus« hat er bereits Anfang August 1519 gearbeitet und damals seine Freunde aufgefordert, gleich ihm gegen die »römischen Blutsauger« und für den Ruhm des Vaterlandes zu schreiben. Die drei Gespräche, von denen die »Anschauenden« noch einmal auf Erfahrungen vom Augsburger Reichstag zurückgreifen, waren im Februar 1520 im Druck – eingeleitet von einer Widmungsvorrede, die erfüllt ist von Huttens Sendungsbewußtsein, mit dem der für ihn ebenso bezeichnende Wunsch korrespondiert, »daß, wenn jemand mich deswegen verfolgen sollte, alle Guten die Verteidigung meiner Sache übernehmen mögen«.

Zunächst gab er sich allerdings wie so viele seiner Zeit- und Gesinnungsgenossen noch der Illusion hin, daß der junge Kaiser Karl oder doch dessen Bruder Ferdinand auf der Linie seines Reformprogramms operieren würden. Im März 1520 widmet er Ferdinand den Druck einer seitdem verschollenen Handschrift aus dem Investiturstreit: den »Liber de unitate ecclesiae conservanda«, dessen (anonym gebliebener) Autor, wie er meint, bereits »gegen die Tyrannei der Päpste und für die deutsche Freiheit« stritt, wodurch die gegenwärtige Problematik ihre historische Dimension erhielt. Im Frühsommer begab sich Hutten in die Niederlande zu Ferdinand, um, gefördert von Sickingen, durch persönliche Einflußnahme »der Freiheit einen Weg zu bahnen«, wie Melanchthon mit vielen anderen hoffte. Unmittelbare Erfolge lassen sich nicht feststellen, zumal nicht einmal sicher ist, ob Hutten den Erzherzog überhaupt sprechen konnte. Jedoch traf er in Löwen mit Erasmus zusammen und stieß unterwegs auf Streitschriften aus der Zeit des großen abendländischen Schismas (1378 ff.), die er aus denselben Gründen wie vorher schon die Arbeit des Lorenzo Valla und den Liber de unitate sogleich – mit einem Sendschreiben an alle freien Deutschen als Widmung – edierte.

Aus Brabant heimgekehrt, erfuhr Hutten, daß »die römischen Löwen nach (seinem) Blute lechzten«. Vermutlich wäre er noch länger unbehelligt geblieben, wenn nicht seine Schriften im Zusammenhang mit der von Wittenberg ausgehenden religiösen Krise gesehen worden wären. Es war nämlich Johannes Eck, der die Aufmerksamkeit der Kurie auf den ritterlichen Publizisten gelenkt hatte; derselbe Mann also, der mit Luther in Leipzig (1519) disputiert und (1520) die Bannandrohungsbulle gegen den Reformator erwirkt hatte. Wirklich zählte Hutten zu den frühesten und energischsten Bundesgenossen Luthers aus dem Humanistenlager. Beim Ausbruch des Ablaßstreites (1517) hatte er zwar noch gewünscht, daß sich nun die Mönche gegenseitig fressen würden, aber bereits nach der Leipziger Disputation begriff er, daß der Wittenberger Augustinereremit und Professor die päpstliche Autorität ins Wanken brachte, suchte das Ansehen des Erasmus für Luther zu mobilisieren und vermittelte zu Beginn des Jahres 1520 ein Schutzangebot Sickingens für ihn. Am Tage der Abreise zu Erzherzog Ferdinand (4. Juni) schreibt er an Luther u. a.: »Verfechten wir die gemeinsame Freiheit! Befreien wir das unterdrückte Vaterland!« Er begriff damals sowenig wie später, daß sein eigener (im wesentlichen politisch-patriotischer) Freiheitsbegriff aus anderen Quellgründen stammte als Luthers religiöse Rede von der Freiheit eines Christenmenschen.

In Mainz scheint man die direkte Konfrontation mit dem aus den Niederlanden zurückgekommenen Hutten zunächst gescheut zu haben und bereit gewesen zu sein, auf einen Prozeß zu verzichten, falls der Ritter seine Agitation gegen Rom einstellen würde, – doch war die Gefangensetzung seines Druckers, Johann Schöffer, eine unmißverständliche Drohung. Vor die Entscheidung gestellt, hat Hutten nicht gezögert, seinen Weg weiterzugehen, und in dieser Situation Worte gefunden, deren moralischer Gehalt ihn ehrt, auch wenn er selbst ihrem Anspruch nur selten genügte: »Aber in diesem Handel habe ich mehr Kraft der Gesinnung als jene äußere Macht« (8. August 1520 an Capito).

Aufgestachelt von der persönlichen Bedrohung, verurteilt zu werden, ohne zuvor, wie es rechtens gewesen wäre und wie Karl V. es in seinem Wahlversprechen zugesichert hatte, Gehör vor dem Kaiser gefunden zu haben, erregt durch die einer Reichs- und Kirchenreform scheinbar günstige politische Konstellation (Oktober 1520 Kaiserkrönung in Aachen; Vorbereitung des am 27. Januar 1521 eröffneten Wormser Reichstages), hat Hutten im Herbst und Winter 1520 von Sickingens Ebernburg Publikation auf Publikation ausgehen lassen. In den »Klagschriften und Ermahnungen« vom September (s. o. S. 164) wendet er sich an den Kaiser, an den Kurfürsten von Sachsen, an Erzbischof Albrecht und an alle Stände deutscher Nation in eigener Sache, die aber, wie er meint, zugleich exemplarisch die Angelegenheit aller Deutschen sei, und kommt so rasch dazu, aus der Rolle des Verteidigers in die ihm passendere Rolle des Anklägers und Aufwieglers überzuwechseln. Bislang hatte Hutten in der Sprache der Gelehrten und der Kirche, d. h. in Latein geschrieben. Das entsprach nicht nur seinem Bildungsgang, sondern auch seinem Streben nach einer Reform von oben. Wenn er in der »Klagschrift an die gemeine deutsche Nation« betont, er habe sich bei der Aufdeckung der kirchlichen Gebrechen des Lateinischen bedient, um diese Dinge dem gemeinen Haufen noch nicht zu offenbaren und dem Volk keinen Anlaß zur Empörung zu geben, dann ist das gewiß bestenfalls eine Teilwahrheit, eine Schutzbehauptung, die den für einen Humanisten selbstverständlichen Gebrauch des Lateinischen ausnutzt; es ist aber auch ein Hinweis auf die Gründe, die ihn veranlaßten, die Volkssprache nicht länger brachliegen zu lassen. Die »Klag und Vormahnung« (s. o. S. 200), wohl im selben Monat wie die »Klagschriften« verfaßt, ist Huttens erste von vornherein für die deutschlesende Öffentlichkeit konzipierte Arbeit. Seitdem focht er zugleich in Lateinisch und Deutsch wie mit einem zweischneidigen Schwert. So schlägt er mit seinem Gedicht gegen die Verbrennung lutherischer Schriften in Mainz (s. o. S. 244) vom November 1520 in die Kerbe, die er bereits mit seiner bissigen Glossierung der päpstlichen Bannbulle – sie war vom Nuntius Aleander verbreitet und hatte auch die Vernichtung beanstandeter Werke Luthers angeordnet – sowie durch ein lateinisches Poem (In incendium Lutherianum exclamatio) gehauen hatte. Huttens niemals antiquarisches, sondern seit je engagiertes, zielgerichtetes Interesse an der Vergangenheit schlug sich in jenen polemischen Wochen in seiner »Anzöig« (s. o. S. 249) nieder, in der er, die Grenzen zur Geschichtsklitterung durch einseitige Quellenauswahl und tendenziöse Interpretation überschreitend, beweisen will, daß die Päpste immer schon das Verderben der deutschen Kaiser erstrebt haben. Als Anhang zu dieser historischen Diognose folgt, offenbar als Vorschlag zur Therapie, der Beleg dafür, daß ursprünglich die Kaiser Päpste ein- und absetzen konnten. So weit war vordem kein noch so kaisertreuer deutscher Humanist in seinen Überlegungen gegangen, nur der »Oberrheinische Revolutionär« hatte ähnliches zu äußern gewagt. Hinter der »Anzöig« steht der Wunsch, der Kaiser möge die ihm gebührende Rolle eines Vorkämpfers für die Freiheit des Reiches und die Reinheit der Kirche auf sich nehmen. Aber schon ist Huttens Vertrauen zu Karl V. erschüttert. »Die Hoffnung auf den Kaiser ist gering«, schreibt er am 9. Dezember an Luther. Selbst sein Bleiben bei Sickingen scheint ihm wegen mancherlei Verdächtigungen nicht mehr ausreichend gesichert. Unter diesen Eindrücken entstand etwa gleichzeitig mit der »Anzöig« im Dezember die »Entschüldigung«, in der Hutten Rechenschaft über sein bisheriges Verhalten ablegt, seine Anklagen gegen die römischen Kurtisanen erneuert und verschärft sowie, den Einsatz für sein persönliches Geschick mit dem für die allgemeinen kirchlichen und politischen Verhältnisse verschmelzend, die in der Tradition der ritterlichen Selbsthilfe und des Notrechtes begründete Absicht bekundet, auch ohne den Kaiser und die Fürsten der Gewalt der Romanisten mit der Schärfe des Schwertes entgegenzutreten.

Fieberhaft publizierte Hutten auch in den ersten Tagen des Jahres 1521, um seinen Gastgeber auf der Ebernburg und die öffentliche Meinung am Vorabend des Wormser Reichstages zu beeinflussen. Am 1. Januar eignet er seine Verdeutschung der früheren Gespräche Sickingen zu, und kaum zwei Wochen später sind vier neue lateinische Dialoge fertig (Bulla, vel Bullicida; Monitor primus; Monitor secundus; Praedones). Gesprächspartner im »Bullentöter«, bei dessen Abfassung der Humanist seine Plautuskenntnisse einbringt, sind die deutsche Freiheit, die päpstliche Bulle, Hutten selbst sowie Franz von Sickingen und einige Deutsche. Im »Warner I« läßt er Luther mit einem mehr aus Angst und Eigensucht denn aus Überzeugung papsttreuen Geistlichen diskutieren. Im »Warner II« legt er Sickingen gegenüber einem anfangs skeptischen Zögerer die Worte standhafter Überzeugung in den Mund, die zwar seine eigenen Ansichten wiedergeben, aber seinen Beschützer offenbar auf diese Gedanken verpflichten und ihn in den Augen der Öffentlichkeit als lutherisch-huttenschen Parteimann ausweisen sollen. Dabei fällt auf, daß auf das glückhafte Beispiel des hussitischen Heerführers Ziska (gest. 1424) gedeutet wird: »Hat er nicht den Ruhm hinter sich gelassen, sein Vaterland von der Zwingherrschaft befreit, aus ganz Böhmen die nichtswürdigen Menschen, die faulen Pfaffen und unnützen Mönche, vertrieben ..., den Räubereien der Päpste das Land verschlossen ... und, ohne eine Unterbrechung seines Glückslaufes sein Leben beschlossen?« – In den »Räubern« schließlich, in denen ein Kaufmann mit Hutten und Franz von Sickingen spricht, wird eine Stufenfolge von Ausbeutern aufgestellt vom simplen Wegelagerer über Kaufleute, Schreiber und Juristen bis hin zu Weltgeistlichen, Ordensgeistlichen und den Angehörigen des römischen Hofes. In seiner Gedankenführung und Intention ist dieses Gespräch von auffallender, jedoch für Huttens Bewußtseinslage sehr typischer Unausgeglichenheit. Einerseits wird nämlich versucht, für den bevorstehenden Pfaffenkrieg die Städte als geldkräftige Bundesgenossen der Ritterschaft zu gewinnen, und andererseits verharrt Hutten in ritterständischer Borniertheit bei seiner prinzipiellen Abqualifizierung nicht nur der modernen, das schriftliche Recht handhabenden Juristen, sondern auch der auf Geldgewinn und verfeinerte Lebensart ausgerichteten Kaufmannschaft, die doch der Motor städtischer Entwicklung war.

Als der Wormser Reichstag begann, stand Hutten wohl auf dem Höhepunkt seiner publizistischen Bedeutung. Freunde und Feinde waren sich einig in der Beachtung seiner Schriften, und schon wurde er selbst zum Gegenstand politischer Tagesdichtung, wobei natürlich ins Gewicht fiel, daß jedermann in ihm zugleich das Sprachrohr Sickingens sah, wie denn auch dieser energisch für ihn bei Kaiser Karl V. eintrat (19. Februar 1521). Es scheint freilich, als ob gerade seine enge Bindung an Sickingen ihn gehindert hätte, mit dem ihm eigenen Draufgängertum die Szene des Reichstages zum Tribunal für seine Gegner zu machen, und ihn statt dessen bewog, eine eher defensive Haltung einzunehmen.

Erst als Ende März das Sequestrationsmandat erging, das Luther noch vor der Anhörung als gebannten Ketzer behandelte, veröffentlichte er seine Invektiven gegen die päpstlichen Nuntien Aleander und Caracciolo und richtete einen ungemein freimütigen Brief an Karl V., in dem er seiner tiefen Enttäuschung über den Kaiser, der, statt das römische Joch von Deutschland zu nehmen, sich mit dem wortbrüchigen Papst zu verbinden trachte, Ausdruck gab. Nur wenige Tage später (am 8. April) schreibt Hutten erneut an den Kaiser, entschuldigt sich für seine unbedachten Vorwürfe und Unterstellungen und verspricht für die Zukunft volle Loyalität. Es kam zu dieser merkwürdigen und befremdlichen Kehrtwendung, weil Hutten die Schachzüge kaiserlicher Politik nicht durchschaute und wohl auch zu gerne bereit war, seine alten Hoffnungen auf Karl V. wieder auszugraben. Der Kaiser konnte damals angesichts einer akuten Bedrohung Burgunds den Heerführer Sickingen nicht verprellen und wollte sich überdies seiner bedienen, um Luthers Erscheinen in Worms zu verhindern oder mindestens hinauszuziehen. Also schickte er einen Gesandten sowie seinen Beichtvater, Glapion, auf die Ebernburg, die Sickingen und mit ihm Hutten überzeugten, daß Karl V. im Grunde reformwillig sei, daß aber einige Lehren des Wittenberger Professors noch der Überprüfung bedürften und daß es besser sei, wenn Luther nicht unmittelbar nach Worms ginge, sondern vorerst von der Ebernburg aus mit dem Hofe Karls V. in Verbindung träte. Für sich selbst erhielt Hutten ein Jahrgeld, das ihn zum Dienst für den Kaiser verpflichtete und zugleich als Zeichen kaiserlichen Wohlwollens und Schutzes gewertet werden konnte.

Luthers Auftreten in Worms (17./18. April) und seine Behandlung durch den Kaiser und die kirchlichen Amtsträger haben Huttens Illusionen rasch und gründlich zerstört. Wie er die Lage beurteilte und wo er mit seinem Herzen stand, machte er in mehreren Briefen u. a. an Luther vom 20. April sowie an Pirckheimer vom 1. Mai deutlich, wenngleich ihn Sickingens Verharren im ertragsversprechenden Dienste Karls V. und seine eigene Krankheit vom bewaffneten Losschlagen vorerst abhielten. Immerhin hat er – vielleicht noch im Mai dieses Jahres – dem Kaiser seinen Dienst gekündigt.

Bevor Hutten im Herbst 1521 mit seiner Pfaffenfehde begann, dichtete er »Ain new Lied« (s. o. S. 259), das man das einzige große deutsche Lied in der weltlichen Literatur zwischen Walther von der Vogelweide und Klopstock genannt hat. In ihm hat

Hutten sich selbst und darüberhinaus dem von Humanismus und Reformation berührten späten Rittertum das würdigste Denkmal gesetzt; verweist er doch bei aller Bindung an seine konkrete Situation nach dem Wormser Reichstag hoffnungsvoll-trotzig, selbstbewußt und zugleich Solidarität heischend, ganz ohne falsches Pathos auf die allgemeineren Werte seiner Zeit und seines Standes: Wahrheit, Gewissen, Ehre, Recht, Treue und Nation. Hutten wünschte, wie er in seinem »Lied« andeutet, sein Vorgehen gegen die Kurtisanen werde der Funke sein, der den reinigenden Brand eines ganz Deutschland ergreifenden Krieges gegen das verderbte römische Kirchenwesen auslösen würde. Diesem Wunsch lag aber eine krasse Fehleinschätzung sowohl der Abwehrkraft des kirchlichen Systems als auch des Umsturzwillens der politisch und militärisch relevanten Machtträger in Deutschland zugrunde. Hutten war wieder einmal in seinen alten Fehler verfallen, indem er unterstellte, daß er den richtigen Weg repräsentiere, und erwartete, daß alle Einsichtigen sich mit ihm im selben Maße identifizierten, wie er den allgemeineren Nutzen zu seiner persönlichen Sache machte. Möglicherweise hätte Hutten tatsächlich einen großen Brand entfacht, wenn er den Volksaufstand propagiert und mithin die Kräfte geweckt hätte, die wenig später im Bauernkrieg losbrachen –, aber dem stand sein Rittertum entgegen. Er hielt sich an das alte Rechtsmittel der Fehde, obwohl sie 1495 endgültig verboten worden war und obwohl der Reichstag gerade erst wieder ein Landfriedensgesetz erlassen hatte. Im Rahmen einer Fehde nach Beute zu trachten, galt ehedem als legitim, doch hat es Huttens Ziel und seinem Ansehen schwer geschadet, daß sein Kampf um die persönliche Ehre und um die Freiheit des Vaterlandes immer ausschließlicher zur Erpressung und Räuberei denaturierte. Von den Straßburger Kartäusern verlangte er wegen Beleidigung im Oktober 1521 10 000 Gulden und erhielt, weil die Stadt sich mit Rücksicht auf Sickingen für ihn einsetzte, immerhin 2000 Gulden, – sein »stolzester« Erfolg. Neuerliche Fehdebriefe u. a. vom April 1522 gegen das »goldgierige räuberische Volk der Kurtisanen« (s. o. S. 262) bewirkten indes nur, daß Straßburg und Frankfurt sich schützend vor ihren Klerus stellten. In Straßenraub ausartende Fehde war gewiß das ungeeignetste Mittel, die Städte, die ohne Sicherheit und Recht nicht existieren konnten, zu gewinnen. Und doch bemüht Hutten im Sommer 1522 noch einmal sein publizistisches Talent, um die Städte in einem Bündnis mit der Ritterschaft zu einen. Vielleicht wollte er auf diese Weise Propaganda für Sickingen machen, der sich auf seinen großen Kampf mit dem Erzbischof von Trier vorbereitete. Aber auch für die Durchführung seines nationalen Reformprogramms mochte die erstrebte Vereinigung mehr sein als eine historisch groteske Mesalliance. Nachdem Karl V. sich mit dem Papst ausgesöhnt hatte und, ein im wesentlichen von den Fürsten bestelltes Reichsregiment zurücklassend, nach Spanien aufgebrochen war (Mai 1522), die Fürsten aber in ihrer Mehrzahl weiterhin ohne nationale Rührung der Sorge für das Reich ihr territoriales Sonderinteresse voranstellten, war die Hoffnung auf eine romunabhängige religiöse Erneuerung durch den Kaiser dahin und die Gefahr, daß die Städte ebenso wie die Ritterschaft ihre Freiheit an die Landesherren vollends verlieren würden, evident. Huttens Konzept war also nicht schlechtweg absurd, sondern in Anbetracht der realen Machtverhältnisse und des eingefleischten Mißtrauens zwischen Adel und Bürgertum lediglich illusionär. Er argumentiert vorwiegend theologisch mit einer Fülle von Bibelzitaten, wenn er sich mit seiner »Demütigen ermanung an ein gemeyne statt Wormbß« zu selbständigem Handeln aufmunternd in die kommunalen Reformationsbemühungen einschaltet. Nahezu rein politisch ist dagegen seine »Beklagunge der Freistädte deutscher Nation«, in der er die fürstliche Tyrannei mit derselben Heftigkeit und z. T. aus denselben Motiven und also auch mit sehr ähnlichen Argumenten angreift wie früher die päpstliche. Im übrigen ist Huttens letztlich wohl aus ritterständischer Existenzangst geborene Tyrannei-Anklage gegen die Fürsten bei ihm nichts Ephemeres. Wie erinnerlich, hat er das Thema bereits im »Phalarismus« angeschlagen, und noch seine letzte – leider verlorene – Schrift sollte den Titel »In tyrannos« tragen. Der in der »Beklagunge« geforderte Freundschaftsbund des Adels mit den Freistädten kam nicht zustande, und daß die Ritterschaft allein, selbst wenn sie von einem Franz von Sickingen geführt wurde, auf verlorenem Posten stand, mußte Hutten sehr bald miterleben. Sickingens Pfaffenkrieg mutet wie eine Neuauflage der Fehden Huttens auf höherer Ebene an. In einer Mischung von persönlichem Ehrgeiz, Sorge um das Evangelium und national-ständischem Reformwillen legte sich der Hauptmann der »brüderlichen Vereinigung« mittel- und oberrheinischer Ritter mit dem Trierer Erzbischof und Kurfürsten Richard von Greiffenklau an. In seinem Herbstfeldzug des Jahres 1522 wurde er jedoch nach anfänglichen Erfolgen vor den von Richard mit militärischem Geschick und soldatischem Mut verteidigten Mauern

Triers zum Halten gebracht und im Gegenschlag des Frühjahrs 1523 vom Erzbischof und dessen fürstlichen Verbündeten, dem Markgrafen von Hessen und dem Kurfürsten von der Pfalz, völlig besiegt. Am 7. Mai 1523 starb Sickingen in seiner von der unritterlichen Artillerie zerschossenen Festung Landstuhl.

Hutten, durch seine wieder ausbrechende Krankheit für den Waffendienst nicht mehr geeignet, hatte seinen glücklosen Protektor bereits nach dem Herbstfeldzug verlassen und traf im November 1522 schutzsuchend in Basel ein. Eine »Herberge der Gerechtigkeit« nach dem Muster der Ebernburg konnte und wollte Basel für ihn nicht sein. Der innere und äußere Friede der Stadt schienen schon nach zwei Monaten die Ausweisung des unentwegt polemisierenden Ritters notwendig zu machen. Besonders enttäuscht war Hutten darüber, daß Erasmus, der damals in Basel wohnte, jeglichen direkten Kontakt mit ihm vermieden und sich auch sonst nicht für ihn eingesetzt hatte. Wie schon so oft Individuelles mit Allgemeinem verquickend, hat Hutten von Mülhausen aus im Frühjahr 1523 der Verbitterung über seine Behandlung durch das einst so verehrte Haupt der Humanisten und über dessen reservierte Haltung gegenüber der fortschreitenden Reformation in der »Expostulatio« (s. o. S. 263) Ausdruck gegeben. Die »Expostulatio«, die zu den ausführlichsten Schriften Huttens gehört, ist mit ihrer Unterstellung, als müsse sich erasmischer Humanismus aus innerer Notwendigkeit mit lutherischer Reformation verbinden oder als sei die Erneuerung des Glaubens eine zwingende Folge der Erneuerung der Wissenschaften, eines der markantesten zeitgenössischen Zeugnisse für die schier unausrottbare Fehleinschätzung der beiden großen geistigen Bewegungen im Deutschland des frühen 16. Jahrhunderts. Aber indem Hutten das vermeintliche Versagen des Erasmus moralisch auslegte, hat er mittelbar noch einmal seine eigene ethische Maxime deutlich gemacht: die Treue zu sich selbst. Des Erasmus mit intellektuellem Gift vollgesogener »Schwamm gegen die Anspritzungen Huttens« hat den Ritter erst als Toten getroffen. Hutten war auf die Nachricht von Sickingens Ableben aus Mülhausen in die Schweiz geflohen, wo ihm Zwingli auf der Ufenau beim Pfarrer Johannes Klarer Unterschlupf verschaffte. Dort ist er an den Folgen der Syphilis um die Wende vom August zum September 1523 gestorben.

Wer heute Huttens Schriften zur Hand nimmt und seinem – hier nur skizzierten – Lebensweg nachgeht, wird in ihm trotz oder gerade wegen seines Scheiterns, trotz und gerade wegen seiner Schwächen, Grenzen und Widersprüchlichkeiten einen der bedeutendsten Repräsentanten der großen Wende vom Mittelalter zur Neuzeit kennenlernen: den stürmischen Verehrer der Musen und der humanistischen Wissenschaften, den glühenden Patrioten und blindwütigen Verächter alles römischen Wesens, den im Lateinischen wie im Deutschen gewandten politischen Publizisten und Agitator, den Kämpfer für das Evangelium und den Kenner der heidnischen Fortuna, der in allem zugleich auch immer Angehöriger seines von der geschichtlichen Entwicklung überholten Standes blieb: ein Ritter. – Wer Hutten heute aufsucht, begibt sich aber nicht nur auf eine unverbindliche Reise in eine nur noch museal interessante Vergangenheit, deren Themen nicht mehr die unsrigen sind, er muß vielmehr damit rechnen, daß Hutten ihn durch das, was ihn selbst zutiefst auszeichnete, unmittelbar anspricht und in Frage stellt, nämlich durch die stets erstrebte und gelebte Einheit von Gedanke und Tat. Allerdings wird man bei der Antwort auf diese Herausforderung gut daran tun, sich nicht allein an dem Ritter zu orientieren, sondern auch seine größeren Zeitgenossen und Anreger, Erasmus und Luther, zu Rate zu ziehen, denen bei aller Wesensverschiedenheit doch das gemeinsam war, daß sie beide im Gegensatz zu Hutten die Gewalt als Mittel zur Durchsetzung ihrer Erkenntnisse verwarfen.

Dietrich Kurze

Literatur

Ulrichi Hutteni Opera. Ed. Eduardus Böcking. Vol. I–V et Suppl. I–II. Leipzig 1859–69 [Nachdruck Aalen 1963].

Benzing, Josef: Ulrich von Hutten und seine Drucker. Eine Bibliographie der Schriften Huttens im 16. Jahrhundert. Mit Beiträgen von Heinrich Grimm, Wiesbaden 1956 (= Beiträge zum Buch- und Bibliothekswesen. Bd. 6).

Bürck, August: Ulrich von Hutten, der Ritter, der Gelehrte, der Dichter, der Kämpfer für die deutsche Freiheit, Dresden und Leipzig 1846.

Geiger, Ludwig: Ulrich von Hutten. In: Ludwig Geiger, Vorträge und Versuche, Dresden 1890, S. 50–63.

Gewerstock, Olga: Lucian und Hutten. Zur Geschichte des Dialogs im 16. Jahrhundert, Berlin 1924 (= Germanische Studien 31) [Nachdruck Nendeln/Liechtenstein 1967].

Goodell, Robert Carleton: Ulrich von Hutten as a orator-poet: a study in rhetorik. In: Columbia University dissertations, Diss. Abstr. 12 (1952), 63.

Held, Paul: Ulrich von Hutten. Seine religiös-geistige Auseinandersetzung mit Katholizismus, Humanismus, Reformation, Leipzig 1928 (= Schriften des Vereins für Reformationsgeschichte 144).

Holborn, Hajo: Ulrich von Hutten, Göttingen 1968 (= Kleine Vandenhoeck-Reihe Nr. 266).

Kaegi, Werner: Hutten und Erasmus. Ihre Freundschaft und ihr Streit. In: Historische Vierteljahrschrift 22 (1924/25, S. 200 bis 278 und 461–514.

Kalkoff, Paul: Ulrich von Hutten und die Reformation. Eine kritische Geschichte seiner wichtigsten Lebenszeit und der Entscheidungsjahre der Reformation (1517–23), Leipzig 1920 (= Quellen und Forschungen zur Reformationsgeschichte 4).

Kalkoff, Paul: Huttens Vagantenzeit und Untergang. Der geschichtliche Ulrich von Hutten und seine Umwelt, Weimar 1925.

Kalkoff, Paul: Hutten als Humanist. Ein Nachtrag zur Huttenlegende. In: Zeitschrift für die Geschichte des Oberrheins 81 (1928), S. 3–67.

Keller, Hans Gustav: Hutten und Zwingli. Aarau 1952 (= Berner Untersuchungen zur Allgemeinen Geschichte. H. 16).
Newald, Richard: Vier Gestalten aus dem Zeitalter des Humanismus. In: Probleme und Gestalten des deutschen Humanismus. Studien von Richard Newald. (Hrsg. von Hans-Gert Roloff), Berlin 1963, S. 151–325. Zuerst unter dem Pseudonym Harald Drewinc, St. Gallen 1946.
Newald, Richard: Erasmus Roterodamus, Freiburg i. Br. 1947.
Panzer, Georg Wolfgang: Ulrich von Hutten in litterarischer Hinsicht, Nürnberg 1798.
Skalweit, Stephan: Reich und Reformation, Berlin 1967.
Strauß, David Friedrich: Ulrich von Hutten, Leipzig 1858 u. ö. Neu hrsg. von Otto Clemen, Leipzig 1914 u. ö.
Seidlmayer, Michael: Wege und Wandlungen des Humanismus, Göttingen 1965, S. 197–214. Zuerst in: Die großen Deutschen. Bd. 1, Berlin 1956, S. 433–447.
Szamatólski, Siegfried: Ulrichs von Hutten deutsche Schriften. Untersuchungen nebst einer Nachlese, Straßburg 1891 (= Quellen und Forschungen zur Sprach- und Culturgeschichte der germanischen Völker 67).
Wagenseil, C. J.: Ulrich von Hutten nach seinem Leben, seinem Karakter und seinen Schriften geschildert, Nürnberg 1823.
Walser, Fritz: Die politische Entwicklung Ulrichs von Hutten während der Entscheidungsjahre der Reformation, München und Berlin 1928 (= Beiheft 14 der Historischen Zeitschrift).
Wernecke, Karl: Ulrich von Hutten als deutscher Schriftsteller. Eine sprachgeschichtliche Betrachtung. Beilage zum Jahresbericht des Herzogl. Friedrichs-Realgymnasiums nebst Realschule zu Dessau 1899/1900.
Werner, Karl Artur: Studien über Huttens deutschen Stil. Phil. Diss. Greifswald 1922 [Maschinenschrift].
Zimmermann, Erich: Ulrich von Huttens literarische Fehde gegen Herzog Ulrich von Würtemberg. Phil. Diss. Greifswald 1922 [Maschinenschrift].

Register

Caligula, Gaius Cäsar, römischer Kaiser (37–41 n. Chr.). Verschwendung, Wollust und Grausamkeit kennzeichnen die Regierung Caligulas. 41 fiel er einer Verschwörung zum Opfer. 15, 20

Cambyses, König der Perser und Meder (529–522 v. Chr.), Sohn des Cyrus. 20

Camillus, Marcus Furius, gest. 365 v. Chr. Römischer Feldherr, der Rom mehrmals vor dem Untergang bewahrt hat. 292

Capito, Wolfgang Fabricius, 1478–1541. Humanist und Reformator, wirkte in Basel, Mainz und Straßburg (seit 1523). Ratgeber des Erzbischofs Albrecht von Mainz. 278, 280

Caraccioli, Marino (Martinus Caracciolus), 1459–1538. Kardinal und Diplomat. Protonotar Leos X., von diesem 1519–21 zusammen mit → Aleander nach Deutschland geschickt, um dort gegen die Ausbreitung der Lehre Luthers zu wirken. 288, 291

Carolus → Karl

Castor → Dioskuren

Cato, Marcus Porcius, »Censorius«, 234–149 v. Chr. Römischer Politiker, Redner und Schriftsteller: »Origines«, »De agri cultura« u. a. 190

Cato(n), Name einer Familie, aus der mehrere bedeutende römische Bürger hervorgingen. → Cato. 81

Centauri → Kentauren

Charon, Fährmann, der gegen Entgelt die Toten über den Fluß Acheron in die Unterwelt befördert. 5, 7 ff.

Cicero(n), M. Tullius Cicero (der größte römische Redner und Prosaist, 106–43 v. Chr.), sein Bruder Q. Tullius Cicero und deren Söhne. 81

Clemens → Klemens

Coelestin IV. (Goffredo Castiglione), Papst (25. 10. – 10. 11. 1241). → Anm. zu S. 254. 254

Constantinus, Flavius Valerius, »der Große«, etwa 274–337. Römischer Kaiser (306–337). 77–79, 127

Cupido → Amor

Cyprianus, Thascius Cäcilianus, einer der bedeutendsten Kirchenväter, 258 unter Valerian enthauptet. 236

Danaë, Tochter des Akrisios von Argos, von dem sie, nachdem ein Orakel ihm den Tod durch den Sohn Danaës verkündet hatte, in einen Turm eingeschlossen wurde. Ihren Sohn Perseus zeugte Zeus, indem er ihr als goldener Regen in den Schoß fiel. 43

Deian(e)ira, Tochter des Gottes Dionysos und der Althaia, Gemahlin des Herakles. 47

Demokritos (Democritus), Mitte des 5. Jhs. v. Chr. Griechischer Philosoph aus Abdera in Thrakien, Schüler des Leukippos. 47, 294

Diamedes → Diomedes

Diocletianus, Gaius Aurelius Valerius, etwa 245–316. Römischer Kaiser (284–305). 84

Diomedes, König der Bistonen in Thrazien. Diomedes wurde von Herakles besiegt und seinen menschenfressenden Rossen vorgeworfen. 20

Dionysius I., etwa 432–367 v. Chr. Tyrann von Syrakus und Sizilien. 20

Dionysius II., Tyrann von Syrakus seit 367 v.Chr. Seine Willkürherrschaft bewog die Bürger, sich 345 an die Korinther um Hilfe zu wenden. Dionysius wurde abgesetzt und soll dann als Lehrer in Korinth gelebt haben. 19

Dioskuren, Castor und Pollux (griech. Kastor und Polydeukes), Zwillingssöhne der Leda. 5

Domicianus → *Domitianus*

Dominicus, 1170–1221. Stifter des Dominikaner-Ordens (1215). 210

Domitianus, Titus Flavius, 51–96. Römischer Kaiser (81–96). Unter der Regierung Domitianus' erlebte das römische Reich eine wirtschaftliche und kulturelle Blütezeit. Wegen seines tyrannischen Regierungsstils und seiner willkürlichen und grausamen Maßnahmen gegen echte und vermeintliche Opponenten verfielen Domitianus' Name und seine Taten der Damnatio Memoriae. 15, 20, 77, 81

Drances, Gegner des → Turnus. Vgl. Vergil, Aeneis 11, 122 f. 78

Ebel(l), Jakob, Hofarzt des Erzbischofs von Köln. Am Ende des 13. Kapitels seiner Syphilisschrift (»De Guaiaci medicina et morbo Gallico« 1519) rühmt Hutten »die hervorragenden Leistungen in seinem eigenen Fach« und die »universelle Bildung« Ebels. 54

Eck, Johann, 1486–1543. Deutscher katholischer Theologe, Gegner Luthers. 288

Edmontanus → *Nikolaus von Egmont*

Eppendorf, Heinrich von, gest. nach 1551. Studierte auf Kosten des Herzogs Georg von Sachsen in Basel und spielte im Streit zwischen Hutten und Erasmus eine zweifelhafte Vermittlerrolle. Eppendorf hat sich sein Rittertum möglicherweise selbst zugelegt. In einem bissigen Dialog wird Eppendorf von Erasmus porträtiert: »Der Ritter ohne Roß, oder der erlogene Adel«. 267

Erasmus von Rotterdam, 1469–1536. Bedeutendster Vertreter des europäischen Humanismus. 263 ff.

Esaias (Jesaias), der erste unter den sogen. großen Propheten. 175

Eugen IV. (Gabriele Condulmer), Papst (1431–1447). → Anm. zu S. 256. 256

Faber, Jakob (Stapulensis), 1455–1536. Humanist, Großvikar des Bischofs von Meaux. Hutten schätzte Faber, den er während seiner Reise nach Frankreich 1517/18 persönlich kennengelernt hatte, als Vertreter des wissenschaftlichen Fortschritts in Frankreich. 279

Faber, Johannes (Heigerlin), 1478–1541. Dominikaner, seit 1516 Generalvikar von Konstanz. Gegner der Reformation: »Opus adversus nova quaedam dogmata Lutheri« (1522) u. a. 288

Anmerkungen

Die vorliegende Ausgabe des größten Teils der deutschen Schriften Huttens soll einen zuverlässigen Lesetext bieten, der nicht nur einem philologisch vorgebildeten Publikum zugänglich ist. Der Herausgeber war sich bei der Textbehandlung der Problematik des zur Erreichung dieses Zieles notwendigen – nie völlig befriedigenden – Kompromisses zwischen originalgetreuer Textgestalt und einer weitgehendes Textverständnis gewährleistenden Bearbeitung als Voraussetzung der Rezeption bewußt. Im einzelnen hielten wir folgende Eingriffe für erforderlich: Groß-, Klein-, Zusammen- und Getrenntschreibung sowie die Interpunktion wurden den Gepflogenheiten der Gegenwartssprache angenähert. Der Konsonantismus wurde konsequent, der Vokalismus vorsichtig modernisiert. Dabei wurde eine durchgehende Normalisierung nicht angestrebt, um die Eigenart der frühneuhochdeutschen Schriftsprache partiell zu erhalten. Die Versdichtungen wurden in bezug auf Orthographie und Interpunktion konservativer als die Prosatexte behandelt. Neben diesen Eingriffen haben auch die eckigen und spitzen Klammern die Funktion von Lesehilfen (die runden Klammern entsprechen den Klammern der Vorlage). Alle Hinzufügungen des Herausgebers stehen in [ ]: 1. Wörter, die im Original fehlen, zum Verständnis des Satzes aber erforderlich sind; 2. Wortteile, deren Ergänzung die neuhochdeutsche Bedeutung erschließt; 3. Übersetzungen von Wörtern oder Satzteilen (in den Versdichtungen Fußnoten). Diese Hinzufügungen haben aufbauenden Charakter, um den Text nicht unnötig zu belasten. Die spitzen Klammern ⟨ ⟩ kennzeichnen Tilgungen des Herausgebers, d. h. die Empfehlung, in spitzen Klammern befindliche Wortteile, Wörter oder Satzteile nicht mitzulesen.

Der Anmerkungsteil erhebt keinen Anspruch auf Vollständigkeit; eine umfassende Kommentierung hätte den Rahmen dieser Ausgabe gesprengt. Das Register, das die in den Texten vorkommenden historischen Personen und mythologischen Gestalten vollständig verzeichnet, erfüllt eine doppelte Funktion. Es ermöglicht das Auffinden von Textstellen und ersetzt durch die den Namen beigegebenen Erklärungen eine Vielzahl von Anmerkungen.

»Deutsche Schriften« heißt für diese Ausgabe, daß Texte Huttens ausgewählt wurden, die Hutten in deutscher Sprache verfaßt bzw. nachträglich selbst ins Deutsche übertragen hat oder die zu Lebzeiten des Autors übersetzt wurden. Als Anhang haben wir den berühmten Brief Huttens an Willibald Pirckheimer in einer modernen Übersetzung beigegeben.

Der Herausgeber dankt Frau Dr. Annemarie Holborn (New Haven/Conn., USA), die den Pirckheimer-Brief übersetzte, und Herrn Prof. Dr. Dietrich Kurze (Berlin), der das biographische Nachwort beisteuerte.

Die Zahlen beziehen sich auf die Seiten im Text. Wird auf einer Seite auf mehrere Anmerkungen verwiesen, so entspricht ihre Reihenfolge den eingeklammerten Zahlen.

PHALARISMUS (S. 5–21)

Hutten verfaßte den »Phalarismus« um die Jahreswende 1516/17 in Bologna in lateinischer Sprache. Im März 1517 erhielt der Text den letzten Schliff und wurde im gleichen Monat in der Offizin Johann Schöffers in Mainz gedruckt (»Phalarismus Dialogus Huttenicus«). Die deutsche Übersetzung stammt mit großer Wahrscheinlichkeit von Hutten selbst (Februar 1519). Sie erschien nicht vor 1521 bei Jakob Schmidt in Speyer. – Unser Text beruht auf Böckings Ausgabe (Vol. IV, S. 1–25).

6 Herzog Ulrich von Württemberg. 8 (1) Hans von Hutten, Stallmeister und Vertrauter Herzog Ulrichs von Württemberg), Vetter Ulrichs von Hutten. Der Mord geschah im Mai 1515 im Böblinger Wald. Über die Motive Herzog Ulrichs und über Huttens Agitation gegen den Herzog vgl. S. 347 f. (2) Hans' Vater, Ludwig von Hutten (Frankenberger Linie), starb 1517. 11 Ludwig von Hutten hatte Herzog Ulrich bei der Niederschlagung des »Armen Konrad« (1514) durch Zusendung von Geld und Mannschaft unterstützt. 12 (1) Ludwig von Huttens Frau lebte 1515 nicht mehr. Aus der Ehe waren vier Söhne (Ludwig, Georg, Hans, Ulrich) und eine Tochter (verheiratet mit Zeisolph von Rosenberg) hervorgegangen. (2) Möglicherweise handelt es sich um einen Angeklagten des »Prozesses gegen die Breuninge und Andere«, mit dem Herzog Ulrich an denjenigen Rache nahm, die die Ernennung des Regimentsrates, der nach dem Vertrag von Blaubeuren (1516) die Herrschaft in Württemberg ausüben sollte, unterstützten. Gefoltert und hingerichtet wurden Conrad Breuning, Sebastian Breuning, Conrad Vaut, Wilhelm Bälz u. a. (3) Feige = Obszöne Handgebärde: Daumen durch Mittel- und Zeigefinger der geschlossenen Hand gesteckt (ital. fica); in übertragener Bedeutung: verhöhnen. 13 Herzog Ulrichs Gattin Sabina, eine Tochter Albrechts von Bayern, flüchtete im November 1515 vor den Gewalttätigkeiten des Herzogs zu ihren bayerischen Verwandten. Vgl. auch S. 347. 16 Das württembergische Wappen zeigt im gespaltenen Schild links drei schwarze Hirschstangen und rechts drei schwarze leopardierte Löwen. – Über willkürliche Folterungen in Württemberg berichten zahlreiche Klagen, die württembergische Untertanen gegen Herzog Ulrich vor dem Kaiser

erhoben. 18 Bundschuh: Name mehrerer Bauernaufstände im 15. und frühen 16. Jahrhundert (nach dem zum Zeichen der Sammlung auf eine Stange gesteckten oder auf eine Fahne gemalten geschnürten Bauernschuh). Das Wort »Bundschuh« wurde zum Synonym für Aufruhr und Revolution. – Tatsächlich stellte sich der inzwischen aus seinem Land vertriebene Herzog Ulrich, der 1514 den Aufstand des Armen Konrad blutig niedergeworfen hatte!, im Jahre 1525 der Bauernbewegung zur Verfügung, um die Herrschaft in Württemberg zurückzugewinnen. Geschickt verstand es Ulrich, den Aufstand der Bauern für seine Zwecke auszunutzen. Er konspirierte mit den Bauernführern und fiel mehrere Male an der Spitze der Bauernheere in Württemberg ein. Ein Sieg der württembergischen Bauernbewegung hätte mit ziemlicher Sicherheit zur Übernahme der Regierungsgewalt durch Herzog Ulrich geführt. 20 (1) Die Gattin Hans von Huttens, Ursula von Thumm, war die Tochter des württembergischen Erbmarschalls Conrad von Thumm. Die Familie von Hutten verübelte es Thumm und seiner Tochter, daß sie nach dem Mord weder die Nähe des Herzogs mieden noch sonst irgendein Zeichen ihrer Empörung öffentlich kundtaten. In seiner vierten »Ulrich – Rede« (August 1517) macht Hutten die Thumms zu Mitschuldigen Herzog Ulrichs: Ursula sei schon zu Lebzeiten ihres Gemahls die Hure des Herzogs gewesen, der Vater hätte Kupplerdienste verrichtet, der Bruder sei ein Lustknabe des Mörders. Die Aufforderung des Phalaris, der Tyrann solle seinem Marschall, der ihm sein Fleisch und Blut dargegeben habe, das Hirschhorn aufbrennen, ist eine Anspielung auf Thumm als Kuppler zwischen seiner Tochter und dem Herzog. Der unvollendete Satz des Tyrannen (»Meinem Marschalck, des[sen] Tochter ich bei dem Franken ...«) muß als Aposiopese aufgefaßt werden. Mit dem Franken ist Hans von Hutten gemeint. (2) Herzog Ulrichs Oheim, Eberhard II., wurde 1498 wegen Regierungsunfähigkeit abgesetzt. Er starb 1504.

GESPRÄCHBÜCHLIN (S. 22–163)

Die »Dialogi« (›Fortuna‹, ›Febris secunda‹, ›Trias Romana‹, ›Inspicientes‹) entstanden 1519/20 in Mainz und auf Steckelberg. ›Febris prima‹ hatte Hutten bereits Ende 1518, vermutlich noch in den letzten Novembertagen seines Augsburger Aufenthalts, verfaßt. Die Erstausgabe der »Dialogi« erschien im April 1520 bei Johann Schöffer in Mainz; ›Febris prima‹ war schon im Februar 1519 in der gleichen Offizin als Einzelausgabe gedruckt worden. ›Febris secunda‹ ›Trias Romana‹ und ›Inspicientes‹ übersetzte Hutten selbst. Er beendete diese Arbeit 1520 auf der Ebernburg. ›Febris prima‹ wurde vermutlich von Martin Butzer ins Deutsche übertragen. ›Fortuna‹ liegt in einer zeitgenössischen deutschen Übersetzung nicht vor. Die Erstausgabe des »Gesprächbüchlins« druckte Johann Schott in Straßburg Anfang 1521. ›Febris prima‹ erschien bereits nach dem 1. März 1519 bei Johann Schöffer in der Übertragung eines unbekannten Übersetzers. – Unser Text beruht auf Böckings Ausgabe (Vol. I, S. 323, 447–452; Vol. IV, S. 27–41, 101–308). Die Erstausgabe wurde verschiedentlich zu Rate gezogen. Das Titelblattfaksimile wurde mit freundlicher Genehmigung der Herzog August Bibliothek Wolfenbüttel nach dem Exemplar 127.2 Quodl. angefertigt.

24 Kurtisanen: Päpstliche Höflinge, insbesondere deutsche Geistliche, die aus Karrieregründen in Rom dienen oder gedient haben. Auch Geistliche, die sich durch Breve vom römischen Hof Pfründen verschaffen. Romanisten: Verfechter der römischen Hegemonie, ›Römlinge‹. **27** Cajetan (Thomas de Vio), Kardinal von St. Sixt zu Rom. Vgl. Register und S. 352. **29** (1) Im Winter 1510 in Rostock. Hutten beschreibt die Krankheit, unter der er während seiner Vagantenzeit in Norddeutschland litt, als viertägiges Fieber in Verbindung mit einer oder mehreren eiternden Wunden. Vermutlich handelte es sich um Symptome der Syphilis, die Huttens frühen Tod verursachte. (2) Gemeint ist der griechische Redner und Polyhistor Favorinus (etwa 80–150 n. Chr.). **31** (1) Vgl. Anm. 3 zu S. 12. (2) Wem Hutten hier das Fieber schickt, ist nicht bekannt. Die gelegentlich geäußerte Ansicht, daß Cajetan gemeint sei, steht im Widerspruch zum Text. **32** Vgl. Martialis, Epigramme VI, 59. **37** Pythagoras verbot den Genuß von Fleisch. Hülsenfrüchte, vor allem Linsen, waren die bevorzugten Nahrungsmittel der Pythagoreer. Pythagoras' Seelenwanderungslehre entspricht die Wiedergeburt seiner Seele in einem Hahn. **45** Seneca, Epist. 23,9: »Male vivunt qui semper vivere incipiunt.« **46** Ägyra: Griechische Stadt auf Sizilien. **57** (1) Psalm 131,9 und 5,10. (2) Hesekiel 34,2. (3) Matthäus 3,12 und Jeremia 12,10. **60** In der Erstausgabe (1521) stehen die folgenden Verse am Schluß des »Zweiten Fiebers« nach »Hutten zu den Lesern«. Wir folgen Böcking, der sie dem »Vadiscus« voranstellt. **65** Es handelt sich um die Bücher 1–4 und 6 sowie um Bruchstücke des 5. Buches der »Annales« des Tacitus, die – mit einem Druckmonopol Leos X. – 1515 bei Beroaldus in Rom zum ersten Mal gedruckt wurden, nachdem die Handschrift zuvor außerhalb der Legalität aus dem Kloster Korvey nach Rom gelangt war. Hutten lernte diese Tacitus-Ausgabe kurz nach ihrem Erscheinen in Rom kennen. Huttens Germanenbild, das den Arminius-Kult in Deutschland begründete, entstand in dieser Zeit (die »Germania« des Tacitus kannte Hutten seit 1509). Arminius wurde ihm zum Symbol deutschen Wesens und deutscher Tugenden (Freiheitssinn, Mut, Tapferkeit, Willenskraft, Treue, Redlichkeit, Aufrichtigkeit, Gerechtigkeitssinn usw.). Im Kampf gegen Rom sah Hutten in Arminius ein frühes Vorbild. Vgl. auch S. 144 ff., 190 f. und ›Arminius‹ im Register. – In dem Mainzer Drucker vermutet Böcking Johann Schöffer. **67** Karl V., seit 1519 Nachfolger Maximilians I. **68** Reichstag zu Augsburg 1518, an dem Hutten im Dienst Albrechts von Hohenzollern teilnahm. Der päpstliche Legat war Cajetan (vgl. Register). **69** Papst Leo X. unter-

stützte Franz I. von Frankreich und versuchte vergeblich, die Wahl Karls V. zu verhindern. **72** Vgl. Matthäus 21,12; Markus 11,15; Lukas 19,45. **75** Kuratlehen: Lehen, die den Inhaber verpflichten, die Seelsorge (cura animarum) selbst wahrzunehmen. Fakultäten: Päpstliche Vollmachten. Gratien: Päpstliche Gnadenerweise. Reservationen: Päpstliche Vorbehalte, durch welche die Päpste die Verleihung von Pfründen für sich beanspruchen. Regresse: Wiedereintrittsrechte in abgesprochene Pfründen. Annaten: Abgaben, die der Papst von den Einnahmen des ersten Pfründenjahres erhob (im allg. die Hälfte des ersten Jahreseinkommens). rota (Sacra Rota Romana): Oberste Appellationsinstanz in Rom. Patronenrecht: Mitspracherecht des Stifters einer Kirche bei der Einsetzung des Geistlichen. **77** (1) Simonie: Erwerb eines geistlichen Gutes oder Amtes für Geld oder Geldeswert. Vgl. im Register ›Simon Magus‹. (2) Die »Constantinische Schenkung« wurde im Mittelalter von der römischen Kirche durch eine Urkunde belegt, nach der Kaiser Constantin d. Gr. das Primat des Papstes über alle christlichen Kirchen anerkannt und ihm die weltliche Herrschaft über Rom, Italien und alle abendländischen Provinzen des Römischen Reichs verliehen haben soll. Der italienische Humanist Laurentius Valla entlarvte diese Urkunde als Fälschung. Hutten entdeckte Vallas bis dahin ungedruckte Schrift »De donatione Constantini« 1517 in Bologna und veröffentlichte sie 1519/20 mit einer längeren polemischen Widmungsvorrede an Papst Leo X. **80** Innozenz VI. ließ Karl IV. 1355 durch Kardinäle in Rom krönen. Karl hatte Innozenz und dessen Vorgänger Klemens VI. zusagen müssen, Rom und Italien unmittelbar nach der Krönung zu verlassen. Vgl. auch S. 255. **82** Das Konzil von Nicäa, das 325 von Constantin d. Gr. einberufen wurde, stellte die Bischöfe von Alexandrien und Antiochien gleichberechtigt neben den Bischof von Rom. **85** Prytaneum: Mittelpunkt des staatlichen und religiösen Lebens in griechischen Städten, Tagungsort der Volksversammlung. Die lebenslängliche kostenlose Speisung im Prytaneum gehörte zu den größten Ehren, die eine Stadt verleihen konnte. **87** (1) Vgl. Lukas 10,8. (2) 1. Korinther 8,8 und 10,25. (3) Im April 1517 scheiterte eine Kardinalsverschwörung gegen Leo X. Der Papst ließ den Anführer, Alfonso Petrucci, hinrichten und ernannte im Juli 1517 31 neue Kardinäle, um das Übergewicht im Kollegium wiederzugewinnen. Unter den Neuernannten befanden sich nur wenige würdige Persönlichkeiten (u. a. Cajetan). **88** ex(s)pectativae: Anwartschaften, vom Papst für Geld ausgestellte Empfehlungsbriefe, die päpstlichen Befehlen gleichkamen. **89** Concordata principum: Fürstenkonkordate, in denen Papst Eugen IV. Anfang Februar 1447 den opponierenden deutschen Fürsten gewisse Zugeständnisse im kirchlichen Stellenbesetzungsrecht machte. Da Eugen jedoch kurz vor seinem Tode (23. 2. 1447) die Abmachungen noch einmal ändern wollte, waren neue Verhandlungen mit seinem Nachfolger Nikolaus V. erforderlich, deren Ergebnis, das Wiener Konkordat (1448), ungünstiger für die Fürsten ausfiel. Die Reservationen blieben weitgehend erhalten, der Papst behielt das Verwerfungsrecht mit nachfolgender Provision bei der Wahl von Erzbischöfen, Bischöfen und exemten Äbten und konnte in den Papstmonaten die Besetzung eines Teils der niederen Pfründen vornehmen. Da das Wiener Konkordat die Baseler Reformdekrete zum größten Teil ersetzte, hatte das Papsttum letztlich einen Sieg über die Fürsten errungen. **92** Der Krieg zwischen Diether von Isenburg und Adolf von Nassau (1461–63). Diether von Isenburg wurde 1461 von Pius II. abgesetzt. **95** In allen ungeraden Monaten konnte der Papst die fällig werdenden Pfründen besetzen (vgl. Anm. zu S. 89). **100** (1) Kommende: Bezeichnung für Pfründen, die ohne Verpflichtung zur geistlichen Amtsführung nur zur Nutznießung verliehen wurden. (2) Regreß: Recht des Wiedereintritts in eine verfallene Pfründe, die zuvor vom Papst verliehen worden war. (3) Decisiones rotae: Entscheidungen des obersten Appellationsgerichtshofes in Rom, gegen die kein weiterer Einspruch möglich war. **104** (1) Paleae: Ergänzungen zum »Decretum Gratiani«. Extravagantes: Dekrete, die zwar in das »Corpus juris canonici« aufgenommen wurden, aber nicht die Autorität von Gesetzen erlangten. Declaratoriae: Päpstliche Bekanntmachungen. (2) Johannes 21,15–17. (3) Lukas 22,32. **106** (1) Durch die Bulle Execrabilis Pius' II. vom 18. 1. 1460 war jede Appellation an ein künftiges Konzil für nichtig erklärt und mit den schwersten Kirchenstrafen bedroht. Die Bulle wurde 1509 von Julius II. bestätigt. (2) Die Diskussion über das Problem der Superiorität des Konzils über den Papst und der Periodizität des Zusammentritts erschütterte im 15. Jahrhundert das Gebäude des mittelalterlichen kirchlichen Verfassungsrechts. Auf dem Baseler Konzil (1431–1449) führten diese Fragen zum offenen Kampf zwischen Papst und Konzil. (3) Venedig wurde 1509 bei Cremona von den Truppen der Liga von Cambrai (Maximilian I., Ludwig XII., Ferdinand der Katholische und Papst Julius II.) vernichtend geschlagen. Gegen die territorialen Forderungen des Papstes appellierte Venedig an ein künftiges Konzil. Darauf bestätigte Julius II. die Bulle Execrabilis (s. o.). (4) Vgl. Anm. 3 zu S. 12. **108** Gemeint ist die hussitische Bewegung. **112** Matthäus 4,19 und Markus 1,17. **113** (1) Johannes 18,36. (2) Matthäus 6,24 und Lukas 16,13. (3) 2. Korinther 6,15. (4) Vgl. Jakobus 2,5. (5) Matthäus 5,3 und Lukas 6,20. **114** Matthäus 5,13. **117** (1) Der »Trierer Rock« (das angebliche Kleid Christi) wurde 1512 in Trier ausgestellt. (2) Julius II. legte 1506 den Grundstein der neuen Peterskirche. Seitdem wurde wiederholt ein Ablaß ausgeschrieben, dessen Ertrag den Bau fördern sollte. **120** Vgl. Anm. 1 und 3 zu S. 106. **122** 2. Makkabäer 5,19. **124** Die Bulle »In coena domini« (= »Beim Mahle des Herrn«) stammt von Urban V. (1364) und enthält eine Zusammenstellung der Vergehen, die mit Exkommunikation bestraft werden. Sie wurde seit 1511 jährlich am Gründonnerstag, dem Tage des letzten Mahles Christi, an dem die Päpste mit besonderer Vorliebe den Bann aussprachen, verlesen. 125 Leo X. hatte Friedrich III. von Sachsen durch den Kammerherrn Karl von Militz die päpstliche Tugendrose überreichen lassen, um die Beziehungen zwischen Friedrich und seinem Schützling Luther zu stören. Auch Albrecht von Hohenzollern und andere deutsche Fürsten erhielten goldene Rosen vom Papst. 127 Römische Kardinäle waren Nutznießer von Klöstern in ganz Europa. Vgl. Anm. 1 zu S. 100. 129 Vgl. Epheser 6,17; Matthäus 26,52; Offenbarung 13,10. 132 Herzog Ulrich von Württemberg. Über Huttens publizistische Kampagne gegen Herzog Ulrich vgl. S. 348 und 5 ff. 136 Ovid, Metamorphoses 1,750–2,324. 137 (1) Nicht Phaeton, sondern Cycnus, ein Verwandter des Phaeton und König von Ligurien, wurde in einen Schwan verwandelt und unter die Gestirne versetzt. Vgl. Ovid, Metamorphoses 2,367 ff.; Vergil, Aeneis 10,189 ff.; Hyginus, Fabulae 154. (2) Vgl. Persius, Satiren 6,59. (3) Über den Kampf der Lapithen und Kentauren auf der Hochzeit des Pirithous vgl. u. a. Ovid, Metamorphoses 12,210–535; Hyginus, Fabulae 33; Homer, Odyssee 21,295 ff.; Horaz, Oden 1,18. (4) Nieswurz (Helleborus) war lange Zeit als starkes Brech- und Abführmittel offizinell. Außerdem wurde Nieswurz – vermutlich wegen seiner Atmung und Herztätigkeit hemmenden Toxizität – prophylaktisch und therapeutisch gegen Sinnesverwirrung und Wahnsinn verordnet. (5) Vgl. den Anfang der »Ilias«. – Die auf antike Anschauungen zurückgehende Theorie, daß die Pest planetarischen Ursprungs sei, war noch im 16. Jahrhundert offizielle Lehrmeinung. 138 (1) Columneser: Marcus Antonius Colonna, der sich 1516 im Dienst Kaiser Maximilians in Verona gegen die mit Venedig verbündeten Franzosen behauptete. (2) Batholomeo d'Alvian schlug 1508 die Deutschen bei Cadore (Lombardei). Vgl. Anm. zu S. 139. 139 Auf seinem 1507 vom Konstanzer Reichstag bewilligten Romzug mußte Maximilian den Weg über Venedig benutzen, da Mailand von Frankreich besetzt war. Es gelang Maximilian nicht, den Durchzug durch die venetianischen Gebiete zu erzwingen (vgl. Anm. 2 zu S. 138). Er verbündete sich mit Frankreich, Spanien und Papst Julius II. in der Liga von Cambrai (1508). Ohne auf Widerstand zu stoßen, wurden die venetianischen Städte besetzt, bis die vergebliche Belagerung des bereits einmal gewonnenen Padua zur Katastrophe führte. Die Landbevölkerung erhob sich gegen das kaiserliche Regiment, das zuchtlose Heer löste sich auf. Vgl. auch Anm. 3 zu S. 106. Maximilians Kriege in Norditalien dauerten bis 1516. – 1511 verfaßte Hutten eine »Mahnrede an Kaiser Maximilian, den Krieg gegen Venedig fortzusetzen«, 1512 hielt er sich einige Monate im Lager Maximilians auf. Vgl. S. 345 f. 140 Vgl. S. 136 f. 143 Vgl. S. 137. 145 (1) Sachsen: Niedersachsen, Norddeutsche. (2) Vgl. S. 137. 147 Über Platons Güter- und Weibergemeinschaft vgl. De republica, lib. V. 153 (1) Vgl. Matthäus 19,23 ff. (2) Vgl. S. 137. 154 (1) Vgl. Horaz, Oden 2,14: »pontificum potiore coenis«. (2) Philipper 3,19. (3) Aristophanes, Plutos 559 f.: »podagrosi, ventriosi, crassis suris et supra modum obesi«. 158 Vgl. S. 137. 159 (1) Vgl. Anm. zu S. 69. Die »Anschauenden« betrachten den Augsburger Reichstag im Jahre 1518, als Karl V. noch nicht gewählt war. Als Hutten den Dialog verfaßte, war die Wahl bereits vollzogen. (2) Worte des griechischen Tragikers Accius, der sie Caligula sprechen läßt. In anderem Zusammenhang bezieht Hutten das Zitat auf seine Freunde und sich selbst, wenn er in einem Brief an Hermann von Neuenahr 1518 über die Scholastiker schreibt: »Mögen sie uns immer hassen, wenn sie uns nur zugleich fürchten müssen.« (3) Vgl. S. 137. (4) Cajetan gehörte selbst dazu. Vgl. Anm. 3 zu S. 87. 160 Vgl. Johannes 10. 162 Dr. Peter Meyer, Pfarrer in Frankfurt a. M. Seit dem Judenbücherstreit waren Hutten und Meyer unversöhnliche Gegner. Noch 1522 schickte ihm Hutten einen Fehdebrief.

KLAGSCHRIFTEN UND ERMAHNUNGEN (S. 164–199)

Die »Conquestiones« entstanden im September 1520 auf der Ebernburg und wurden nach dem 28. September 1520 von Johann Schott in Straßburg gedruckt. Die deutsche Übersetzung besorgte – mit Ausnahme der »Klagschrift an die gemeine deutsche Nation«, die Hutten wohl selbst übertrug – vermutlich Martin Butzer, der auch als Verfasser der Vorrede gilt, im Oktober / November 1520 auf der Ebernburg. Sie wurde wie die lateinische Ausgabe in der Offizin Johann Schotts gedruckt (November / Dezember 1520). – Im Gegensatz zu Böcking beruht unsere Ausgabe ausschließlich auf dem Text der ersten deutschen Gesamtausgabe (Straßburg: Johann Schott, November / Dezember 1520. Exemplar 147.4 Theol. der Herzog August Bibliothek Wolfenbüttel). Böcking (Vol. I, S. 371–419) wählt eine andere Reihenfolge der Texte und druckt sowohl die Klagschrift an die gemeine deutsche Nation als auch das Sendschreiben an Friedrich von Sachsen nach Einzelausgaben ab. Böckings Textkonstitution wurde von uns gelegentlich zu Rate gezogen.

170 Im 13. Jahrhundert war es dem Papsttum gelungen, eine dauernde Trennung des Königreichs Neapel von der deutschen Krone durchzusetzen. Den Bestrebungen Leos X., die Kaiserwahl Karls V. zu verhindern, lag die Befürchtung zugrunde, Karl könne als König von Neapel mit der Kaiserkrone die staufische Erbschaft erneuern und die italienische Herrschaft des Papstes in Frage stellen. 175 (1) Jesaja 30,1. (2) Jesaja 50,9. (3) Galater 5,16 f. (4) Jesaja 36,6. (5) Psalm 121,2 und 119,30. 176 Vgl. Anm. 1 zu S. 77. 177 Hutten begab sich Mitte 1520 an den Hof Erzherzog Ferdinands nach Brüssel, um den Bruder des Kaisers für seine Ideen zu gewinnen. Vgl. auch S. 356. 178 (1) Albrecht von Hohenzollern wurde in einem päpstlichen Breve vom 12. Juli 1520 aufgefordert, dem Treiben Huttens ein Ende zu machen, ihn entweder zur Bescheidenheit zurückzuführen oder ein Exempel von

Strenge zu statuieren. Die Forderung nach Gefangennahme und Auslieferung Huttens an Rom wird weder in diesem noch in einem anderen Breve an Albrecht erhoben. (2) Hieronymus Aleander. **183** (1) – (3) Zitate aus den Psalmen 22, 17, 54. Gleichzeitig Anspielung auf Papst Leo X. **184** Vgl. Anm. 1 zu S. 77. **185** Vgl. Matthäus 21,12. **188** (1) Zephanja 1,9. (2) Jesaja 28,3. (3) Vgl. Offenbarung 17. **189** (1) Offenbarung 18. (2) Vgl. Offenbarung 17,14. (3) Offenbarung 13,4. **191** Vgl. ›Karl der Große‹ im Register. **193** Vgl. Anm. 3 zu S. 87. – Die Hofhaltung Papst Leos X. zeugte von maßloser Verschwendungssucht und verursachte ungeheure Kosten. Er unterhielt 683 Höflinge, »vom Erzbischof bis zum Elefantenwärter, vom Musiker zum Dichterling und zu den Hofnarren, mit denen Leo selber höchst alberne Späße zu treiben liebte ... Oft war Leo wochenlang auf Jagden, an denen manchmal bis zu zweitausend Reiter teilnahmen, darunter Kardinäle, Spaßmacher und Hofschauspieler.« (Hans Kühner: Lexikon der Päpste. Frankfurt a. M. 1960, S. 114). **196** Die Kontakte Leos X. zur russischen Kirche (1513 und 1519) führten ebensowenig wie die seiner Vorgänger zu einer Annäherung der Standpunkte. **197** (1) Vgl. Offenbarung 13. (2) Vgl. Offenbarung 16.

KLAG UND VORMAHNUNG (S. 200–243)

»Klag und Vormahnung« ist die erste Schrift Huttens, die er von vornherein in deutscher Sprache verfaßte. Die Verse entstanden im Herbst 1520 auf der Ebernburg. Die Erstausgabe druckte Johann Schott in Straßburg im Oktober / November 1520. Unser Text beruht auf Böckings Ausgabe (Vol. III, S. 473–526).

201 (1) Vgl. Johannes 14,6. (2) Vgl. Matthäus 10,28; Jesaja 51,12 ff.; Hesekiel 13,20 ff. **202** (1) Schwerter und Schlüssel: Symbole der weltlichen und geistlichen Gewalt. (2) Vgl. Johannes 6,15. (3) Die dreifache Krone des Papstes, die Tiara, als Symbol der Macht im Himmel, auf Erden und in der Hölle. **206** Vgl. 1. Samuel 15,21 f. **207** Kurtisanen: Vgl. Anm. zu S. 24. **209** (1) Vgl. Matthäus 10,8. (2) Vgl. Lukas 18,25. (3) Vgl. Anm. zu S. 196. **210** Vgl. Galater 3,27. **211** Vgl. Anm. 2 zu S. 117. **212** Vgl. Römer 14,15 ff. **213** Hutten hielt sich während seiner zweiten Italienreise (1515–1517) im Sommer 1516 in Rom auf und nahm die Gelegenheit wahr, das Papsttum in seiner Residenz kennenzulernen. **217** (1) Vgl. Anm. zu S. 125. (2) Vermutlich ist Friedrich der Weise von Sachsen gemeint. (3) Vgl. zu den Versen 662–680: Johannes 13,14 f.; Johannes 14,12 ff.; 1. Timotheus 3; 1. Johannes 2,15 ff.; Matthäus 6,24. **221** (1) Vermutlich eine Anspielung auf Albrecht von Hohenzollern, der sich das Palliengeld von den Fuggern geliehen hatte und beim Papst durchsetzte, daß zur Tilgung seiner Schulden den Fuggern erlaubt wurde, die Hälfte der Ablaßgelder zu erheben. Vgl. auch ›Fugger‹ im Register. (2) Pallium: Ursprünglich ausschließlich Ehrenabzeichen des Papstes; später wurden auch besonders verdiente Bischöfe mit der Verleihung des Pallium geehrt. Seit dem 9. Jahrhundert müssen alle Vikarien des Papstes, die in einer Kirchenprovinz Vollmachten ausüben, binnen dreier Monate nach der Konsekration das Pallium in Rom erbitten, für dessen Verleihung der Papst eine Taxe (Palliengelder) erhebt. Da die Höhe der Palliengelder ständig zunahm, wurden sie zu einer wichtigen Einnahmequelle der römischen Kurie. **223** Vgl. Apostelgeschichte 20,33 ff.; 1. Timotheus 6,11 f.; 2. Timotheus 2,14 ff. **224** Vgl. Jesaja 5. **226** (1) König Sigmund hatte Huß am 18. Oktober 1414 einen Geleitsbrief ausgestellt, der ihn auf dem Konstanzer Konzil schützen sollte. Dennoch wurde Huß auf Befehl des Papstes inhaftiert. Nach anfänglichen Protesten ließ Sigmund Huß aus politischen Erwägungen fallen; Huß wurde verurteilt und als Ketzer verbrannt. (2) Hieronymus von Prag, ein Freund und Gesinnungsgenosse Johann Huß', hatte 1415 nach mehrmonatiger Kerkerhaft seine Lehren widerrufen. Als die versprochene Freilassung ausblieb, nahm er seinen Widerruf zurück und erlitt am 30. Mai 1416 den Tod auf dem Scheiterhaufen. **228** (1) Vgl. S. 177–179. (2) Johannes Glapion (vgl. Register). **235** Vgl. Johannes 21,15–17. **236** Cyprianus vertrat 256 auf der Synode zu Karthago die Ansicht, daß dem römischen Bischof trotz des Primats Petri eine oberrichterliche Gewalt über andere Bischöfe nicht zuerkannt werden dürfe. **237** Vgl. Anm. 2 zu S. 106. **239** Vgl. Johannes 10,1. **241** Vgl. Philipper 3,15 f.; 1. Korinther 1 und 3.

EIN KLAG ÜBER DEN LUTHERISCHEN BRAND ZU MENTZ
(S. 244–248)

Hutten schrieb die Verse über die Verbrennung der Bücher Luthers Ende November / Anfang Dezember 1520 auf der Ebernburg. Die Erstausgabe druckte Hans (Werlich) von Erfurt Anfang 1521 in Worms. Es handelt sich nicht um eine Übersetzung der Mitte November 1520 auf der Ebernburg entstandenen und 1521 bei Johann Rhau-Grunenberg in Wittenberg gedruckten, das gleiche Thema behandelnden »Exclamatio in Incendium Lutherianum«. – Unser Text beruht auf Böckings Ausgabe (Vol. III, S. 455–459).

244 Am 15. Juni 1520 erging die Bulle »Exsurge Domine«, die 41 Lehrsätze Luthers als ketzerisch verurteilte. Allen Christen wurde geboten, seine Schriften zu verbrennen. Luther und seine Anhänger, darunter auch Hutten, sollten innerhalb von 60 Tagen widerrufen, andernfalls würden sie gebannt. Zur Veröffentlichung und Vollstrekkung der Bulle wurden Johann Eck und Hieronymus Aleander nach Deutschland geschickt. Hutten ließ die Bulle 1520 mit Marginalien und einer Vorrede an alle Deutschen bei Johann Schott in Straßburg drucken. Die meisten Städte weigerten sich, Luthers Schriften zu verbrennen; nur in Löwen, Lüttich, Köln und Mainz (29. November 1520) kam es zu Bücherverbrennungen. **247** Luther appellierte gegen die Bulle »Exsurge Domine« an ein künftiges Konzil. Vgl. auch Anm. 1 zu S. 106.

HERR ULRICHS VON HUTTEN ANZÖIG (S. 249–258)

Die »Anzöig« entstand in der Zeit von Dezember 1520 bis März 1521 auf der Ebernburg. Der Erstdruck wurde vor dem 9. April 1521 in der Offizin Johann Schotts in Straßburg hergestellt. – Vgl. auch S. 358. – Unser Text folgt der Erstausgabe. Die Ergänzungen aus späteren Ausgaben, die Böcking einschaltet (Vol. V, S. 363–384), haben wir nicht übernommen.

250 (1) Als Berengar II. und sein Sohn Adalbert von Ivrea 960 nach Süden vordrangen, wurde Otto I. von Papst Johann XII. zu Hilfe gerufen. 963 begann der Papst eine kaiserfeindliche Politik zu betreiben und verbündete sich mit Adalbert. Im November 963 erschien Otto wieder in Rom und ließ Johann XII. – »eine der erbärmlichsten und niederträchtigsten Figuren, die je den Heiligen Stuhl entweiht haben« (Kühner a. a. O., S. 52) – wegen seiner zahllosen Verbrechen (Unzucht, Blutschande, Mord, Brandstiftung) absetzen. Zum neuen Papst wurde Leo VIII. gewählt. Nachdem Otto I. Rom verlassen hatte, kehrte Johann XII. zurück und richtete unter seinen Gegnern ein Blutbad an. Johann starb kurze Zeit später an den Folgen einer handgreiflichen Auseinandersetzung mit einem betrogenen Ehemann. (2) Nachdem Otto III. Rom verlassen hatte, wurde Gregor V. von Crescentius Nomentanus vertrieben. Crescentius, der schon Johann XV. zum Pontifikat verholfen hatte, setzte den Gegenpapst Johann XVI. ein. Otto kehrte nach Rom zurück, Johann wurde gefangen und – ohne Wissen des Kaisers – entsetzlich verstümmelt. (3) Vgl. Anm. 1 zu S. 77. **251** Die Sachsenkriege Heinrichs IV. dauerten mit wechselndem Erfolg 1070–1075. – 1075 verbot Gregor VII. die königliche Investitur der Bischöfe. Heinrich IV. antwortete mit der Ernennung italienischer Bischöfe. 1077 erreichte der Kampf zwischen Kaiser und Papst einen Höhepunkt mit dem Bußgang Heinrichs nach Canossa. In der Folgezeit mußte sich Heinrich des Gegenkönigs Rudolf von Schwaben erwehren. 1084 zog Heinrich in Rom ein, Gregor flüchtete in die stark befestigte Engelsburg. Der zweite Gegenkönig, Hermann von Salm, starb nach erfolglosen Kämpfen 1088. 1093 trat Heinrichs Sohn Konrad als dritter Gegenkönig zur päpstlichen Partei über (seit 1088 war Urban II. Papst), aber erst der zweite Sohn, Heinrich (V.), war erfolgreich. Er zwang seinen Vater zum Thronverzicht und wurde noch zu dessen Lebzeiten gekrönt (1106). Heinrich IV. gelang es kurz vor seinem Tode, der Gefangenschaft seines Sohnes zu entfliehen. Er starb am 7. 8. 1106 in Lüttich. – Agnes, die Mutter Heinrichs IV., war nach dem Tode Heinrichs III. Regentin des Reichs. Durch den Staatsstreich Erzbischof Annos von Köln (1062) entmachtet, lebte sie seitdem vorwiegend in Italien. **252** (1) Nachfolger Heinrichs V. wurde

1125 der Sachse Lothar III. Im Dezember 1127 erhob die staufische Partei Konrad von Schwaben (III.) zum Gegenkönig. Lothar III. vermied Konflikte mit der Kirche, unternahm aber trotzdem einige Versuche, das Investiturrecht zurückzuerlangen und Reichsrechte auf verschiedene Territorien gegen päpstlichen Widerspruch durchzusetzen. (2) Friedrich I. hatte sich während seiner Regierungszeit mit acht Päpsten auseinanderzusetzen. Papst Alexander III., gegen den vier Gegenpäpste auftraten, wurde erst 1177 von Friedrich anerkannt. (3) Mit Coelestin III. wurde 1191 ein entschiedener Gegner der Sizilien-Politik Heinrichs VI. Papst. Er verzögerte seine eigene Konsekration, um das Krönungsversprechen seines Vorgängers (Klemens III.) nicht einlösen zu müssen. Der Zug Heinrichs gegen Neapel (1191) scheiterte an Krankheiten und Seuchen, die im deutschen Heer grassierten. 1194 gelang Heinrich die Eroberung Siziliens. Sein Erbreichsplan, der die Verbindung Deutschlands mit dem Königreich Sizilien für alle Zeiten sicherstellen sollte, war wegen des Widerstands der Kurie nicht zu realisieren. Der Tod Heinrichs (1197) verhinderte eine Regelung der neapolitanisch-sizilianischen Frage im Sinne des Kaisers. **253** (1) Bei der Doppelwahl von 1198 wurden Philipp von Schwaben und – von der antistaufischen Partei – Otto IV. zu deutschen Königen gewählt. Der Papst hatte auf die deutsche Doppelwahl keinen Einfluß genommen, unterstützte aber bald Otto IV., der auf Grund seiner wenig erfolgreichen Politik gegen Philipp eher bereit war, den gewaltigen territorialen Forderungen (»Rekuperationen«) Innozenz' III. nachzugeben. 1204 kapitulierte Otto IV. vor seinem staufischen Gegner. 1208 wurde König Philipp von Otto von Wittelsbach ermordet. Der Papst bezeichnete das Verbrechen als Gottesurteil. (2) Otto IV., der nach Philipps Ermordung allgemein anerkannt wurde, rüstete 1210 zum Angriff auf Sizilien. Innozenz III. reagierte mit dem Bann und unterstützte die Wahl Friedrichs II., des Sohnes Heinrichs VI. (nicht Philipps!). **254** (1) Friedrich II. hatte bereits 1215 ein Kreuzzugsgelübde abgelegt, auf dessen Erfüllung sowohl Honorius III. als auch Gregor IX. wiederholt drangen. Den abgebrochenen Kreuzzug von 1227 beantwortete Gregor, indem er den Kaiser bannte. 1228 brach Friedrich erneut auf und krönte sich 1229 zum König von Jerusalem. Inzwischen war Gregor in Sizilien eingedrungen. Friedrich kehrte zurück und nahm Unteritalien wieder ein. Im Frieden von San Germano (1230) löste Gregor den Bann. Die Empörung seines Sohnes Heinrich (VII.) konnte Friedrich 1235 niederwerfen. Der Kampf mit den lombardischen Städten führte dazu, daß Gregor den Kaiser zum zweiten Mal bannte (1239). Friedrich intensivierte seinen Kampf gegen Gregor, und als der Papst 1241 ein Konzil nach Rom berief, um den Kaiser absetzen zu lassen, besetzte er große Gebiete des Kirchenstaates und rückte auf Rom vor. Gregor IX. starb am 22. 8. 1241, sein Nachfolger, der greise Coelestin IV., starb nach 17 Tagen. Erst Mitte 1243 wurde ein neuer Papst gewählt (Innozenz IV.), der den Kampf Gregors gegen den Kaiser fortsetzte. Er flüchtete nach Frankreich und berief 1245 ein Konzil nach Lyon ein, das Friedrich für abgesetzt erklärte. Ein vom Papst geförderter Anschlag auf das Leben Friedrichs mißlang. Auf dem Zug gegen Lyon starb Friedrich 1250. (2) Innozenz IV. setzte nach Friedrichs Tod den Kampf gegen die Staufer fort. Nachdem Konrad IV. 1254 gestorben war, übernahm sein Halbbruder Manfred die Regentschaft. (3) Der Nachfolger Innozenz' IV., Alexander IV., unterstützte den Gegenkönig Wilhelm von Holland. Manfred hatte Sizilien fest in der Hand und eroberte große Teile des Kirchenstaates. Im Bündnis mit Frankreich gelang es den Päpsten Urban IV. und Klemens IV. die Macht Manfreds zu brechen. Manfred fiel in der Schlacht bei Benevent (1266); den letzten staufischen Thronfolger, Konradin, ließ Karl von Anjou 1268 hinrichten. **255** (1) Papst Honorius IV. war bezüglich der Romzugspläne Kaiser Rudolfs verständigungsbereiter als seine Vorgänger. Seine Geldforderungen erregten jedoch heftiges Mißfallen in Deutschland. (2) Heinrich VII. wurde 1312 von Kardinälen in Rom gekrönt. Klemens V., der in Avignon residierte, hatte Heinrich verpflichten wollen, vier Tage nach der Krönung Rom wieder zu verlassen. Heinrich VII. starb während des Zuges gegen Robert von Neapel 1313. Das Gerücht, er sei auf Befehl des Papstes oder des französischen Königs von seinem Beichtvater vergiftet worden, ist nicht glaubhaft. (3) Ludwig IV. hatte sich 1322 gegen Friedrich den Schönen durchgesetzt. Johann XXII., der jahrelang keinen von beiden anerkannt hatte, erklärte nunmehr, Ludwig sei nicht rechtmäßig gewählt worden, da ihm die päpstliche Approbation fehle. Ludwig appellierte an ein künftiges Konzil und wurde gebannt. Die Krönung Ludwigs IV. besorgte 1328 Sciarra Colonna als Vertreter des römischen Volkes in der Peterskirche. **256** (1) Vgl. Anm. zu S. 80. (2) Über die »Hussische Sach« vgl. Anm. zu S. 226. – Das Baseler Konzil dekretierte 1432 die Superiorität der Konzilien über den Papst, bestritt Eugen IV. die weltliche Herrschaft und untersagte ihm, Kardinäle zu ernennen. Kaiser Sigmund gelang es, den Konflikt zwischen Papst und Konzil für eine gewisse Zeit zu neutralisieren, nachdem er – zwischen den Parteien stehend – vom Juli 1432 bis zum Mai 1433 in Siena auf seine Krönung gewartet hatte. Vgl. auch Anm. 2 zu S. 106. **257** (1) 1442 versuchte Friedrich III., mit Hilfe Frankreichs ehemals habsburgische Gebiete in der Schweiz zurückzuerobern. Der französische Dauphin Ludwig (XI.) nutzte den Feldzug, um das Elsaß und Lothringen zu besetzen. Hartnäckiger Widerstand bewog die Franzosen 1445, diese Gebiete gegen Zahlung eines hohen Lösegelds wieder zu räumen. – Friedrich III. war während des Pontifikats Pauls II. 1468 in Rom. – Enea Silvio de' Piccolomini, der spätere Papst Pius II., studierte in Siena, nahm als Sekretär Kardinals Capranicas am Basler Konzil teil, wo er sich durch Intelligenz und diplomatische Fähigkeiten auszeichnete. 1442 berief ihn Kaiser Friedrich III. zum Rat und krönte ihn später zum Dichter. Der deutsche Humanismus erhielt von Enea Silvio wichtige Impulse. 1446 schickte ihn Friedrich als Gesandten auf den Frankfurter Reichstag. Sein grundlegender Einfluß auf das Denken und Handeln des Kaisers ist erst in der neueren Forschung erkannt worden. 1446 empfing Enea Silvio die Weihen, 1447 wurde er Bischof von Triest, 1449 Bischof von Siena, 1456 Kardinal, 1458 Papst. Pius II. lehnte jede Überordnung von Konzilien über den Papst ab und verwarf seine auf dem Basler Konzil vertretenen Reformvorstellungen. Vgl. auch Anm. 1 zu S. 106. (2) Maximilian I. starb 1519.

EIN NEU LIED (S. 259–261)

Das einzige Lied Huttens entstand im Juni / Juli 1521 auf der Burg Dürmstein. Nikolaus Küffer in Schlettstadt druckte es im Sommer 1521 als Einblattdruck. Vgl. S. 360 f. – Unser Text beruht auf Böckings Ausgabe (Vol. II, S. 92–94).

FEHDEBRIEF AN DIE KURTISANEN (S. 262)

Der Fehdebrief ist datiert vom 4. April 1522. Er war zum Aushang in den befehdeten Städten bestimmt und wurde als Einblattdruck in der Offizin Hans (Werlich) von Erfurt in Worms gedruckt. Vgl. S. 361. – Unser Text beruht auf dem von Gustav Knod besorgten Abdruck des Straßburger Exemplars in: Zeitschrift für Kirchengeschichte 14 (1894), S. 128–129. Die eigenhändigen Korrekturen Huttens wurden übernommen.

ULRICHS VON HUTTEN MIT ERASMO VON ROTTERDAM HANDLUNG (S. 263–316)

Die »Expostulatio cum Erasmo« verfaßte Hutten nach seiner Ausweisung aus Basel im Frühjahr 1523 in Mülhausen (Elsaß). Die Erstausgabe erschien Anfang Juni 1523 bei Johann Schott in Straßburg. Die deutsche Übersetzung druckte vermutlich Lorenz Stuchs 1523 in Halberstadt. Vgl. S. 363. – Unser Text beruht auf Böckings Ausgabe (Vol. II, S. 180–248).

263 (1) Hutten traf im November 1522 in Basel ein und suchte den Kontakt mit Erasmus, der ihm jedoch zu verstehen gab, daß er ihn nicht zu sehen wünsche. (2) »Erasmus Roterodamus Marco Laurino Collegii S. Donotiani apud Brugas Decano S. D.« Der Brief ist vom 1. Februar 1523. Er wurde in Basel gedruckt. **265** Im Judenbücherstreit ergriff Hutten leidenschaftlich Partei für Reuchlin. **266** Hutten hatte beim Basler Rat um Schutz nachgesucht, der ihm auch zugesagt wurde. Als er in Basel eintraf, wurde er als prominenter Gast empfangen. **267** Hutten hatte Basel im Januar 1523 verlassen müssen und hielt sich seitdem in Mülhausen auf. 276 Vgl. Cicero, De amicitia 25, 192. 277 »Epistolae obscurorum virorum« (»Dunkelmännerbriefe«), 1515. Hutten gilt als Verfasser eines Teils der Briefe. 282 Herzog Ulrich von Württemberg. 285 Gemeint ist wieder der gedruckte Brief des Erasmus an Laurinus (vgl. Anm. 2 zu S. 263). 288 »ander Schmidt«: Johannes Faber (Heigerlin). Der zuerst genannte Schmidt: Johannes Faber, Prior in Augsburg. Vgl. ›Faber‹ im Register. 298 Vgl. Matthäus 10, 34; Lukas 12, 51. 299 Vgl. 2. Timotheus 4, 2. 302 Eine Anspielung auf Phaetons Mißgeschick (vgl. S. 136 f.). Im lateinischen Text lautet die Stelle: »Sed nondum, inquis, malum Eridis proiecerat in mundum ille.« In einem Brief des Erasmus an Warham (23. 8. 1521) heißt es: »Lutherus veluti malum Eridis misit in mundum.« 307 Vgl. Anm. 2 zu S. 265.

Inhalt